인식론평석

인식론평석: 지각론

초판1쇄 펴냄 2021년 6월 23일

지은이 다르마키르티
옮긴이 권서용
펴낸이 유재건
펴낸곳 그린비
주소 서울시 마포구 와우산로 180, 4층
대표전화 02-702-2717 | **팩스** 02-703-0272
홈페이지 www.greenbee.co.kr
원고투고 및 문의 editor@greenbee.co.kr

주간 임유진 | **편집** 홍민기, 신효섭, 구세주, 송예진 | **디자인** 권희원 | **마케팅** 유하나
물류유통 유재영, 한동훈 | **경영관리** 유수진

ISBN 978-89-7682-650-3 93150

धर्मकीर्ति

인식론평석

지각론

다르마키르티 • 권서용 옮기고 풀어 씀

그린비

옮긴이 서문

경허(鏡虛, 1849~1912)와 만공(滿空, 1871~1946) 선사의 제자인 혜암(惠菴, 1885~1986) 선사의 법어를 모은 『조사선에로의 길』에는 다음과 같은 화두가 있다. "'쥐가 고양이밥을 먹었는데, 고양이 밥그릇이 이미 깨져 버렸다'라는 화두에서 쥐가 고양이밥을 먹은 소식을 알면 사람[人]과 신[天]의 스승이 될 것이요, 고양이 밥그릇이 이미 깨져 버린 소식을 알면 부처[佛]와 조사[祖]의 스승이 될 것이다. 누가 한마디 해보라." 쥐가 고양이밥을 먹었다는 것은 무슨 소식이며, 또한 고양이 밥그릇이 이미 깨져 버렸다는 것, 또한 무슨 소식인가? 이 한 소식 아는 것, 그것이 곧 깨달음인 것이다. 깨달음은 쥐와 고양이밥을 둘로 알 때 오는 것이 아니라 둘이 아닌 줄 아는 그 앎조차 본래 없는 것인 줄 알 때 열리는 것이다.

또 『조사선에로의 길』에는 다음과 같은 재미있는 화두가 있다. "가톨릭 수녀 6~7명이 혜암 스님께 와서 법문을 청하면서 물었다. '극락(極樂)은 있습니까? 있습니다. 그러면 그 극락세계가 보입니까? 보입니다. 그러면 도를 깨달은 사람에게는 보이고, 도를 깨닫지 못한 사람에게는 보이지 않습니까? 누구나 다 볼 수 있습니다.' 수녀들은 다 아무 말 없이 그대로 돌아갔다. 그 뒤에 스님께서는 그들은 왜 물어 놓고는 그대로 돌아갔을까? 만일 그때 나에게 '어떻게 볼 수 있느냐?'고 물었더라면, 나는 좌복(座服, 방석)을 가리키면서, '이렇게 보인다'고 답했을 것이라고 스스로 대답하시었다." 기독교나 천주교에서의 극락은 천당(天堂)이다. 살아서 가는 이곳이 아니라 죽어서 가는 저곳이다. 반면 불교에서의 극락은 천당이 아니라 그냥 지극할 극(極)에 즐거울 락(樂), 즉 지극한 즐거움일 뿐이다. 즉, 극락은 죽어서 가는 신의 나라인 천당이 아니라 살아 있는 지금, 여기서 지극하게 즐거움을 느끼는 그 순간을 말하는 것이다. 수녀들은 무상(無常)한 시간 속에 있는 인간의 구체적 경험을 상주(常住)인 공간 속에서 분별적 개념으로 해석하려는 '시간의 공간화의 오류'를 범했던 것이다.

'나는 내 글로 인해 다른 사람들이 스스로 생각하는 수고를 덜게 하는 일은 없었으면 한다. 오히려 가능하다면 내 글이 누군가의 생각을 자극하는 촉매제가 되기를 바라는', 서양의 혜암 선사라 할 수 있는 비트겐슈타인(Ludwig Wittgenstein, 1889~1951)은 자신의 주저인 『철학적 탐구』에서 다음과 같은 화두를 던진다. "우리가 '게임'이라고 부르는 활동들을 생각해 보라. 보드게임, 카드게임, 구기게임, 격투게임 등등. 이 모두에 공통된 것은 무엇인가? 다음과 같이 말하지 말라. 이것들에는 공통된 어떤 것이 있음이 틀림없다. 그렇지 않다면 '게임'이라고 불리지 않을 것이다. 대신 이 모두에 공통된 어떤 것이 있는지 보라. 만약 당신이 그 게임들을 본다면, 그 모두에 공통된 어떤 것이 아니라 유사성들, 연관성들 그리고 이것들의 전체적인 연속을 보게 될 것이다. 다시 말하건대 생각하지 말고 보라!"

여기서 '모두에 공통된 것'이란 '보편'개념인데, 이것이 실재한다고 주장하는 것이 보편실재론이다. 그런데 보편은 무분별지각[無分別知]의 대상이 아니라 유분별사유[分別知]의 대상이다. 우리의 사유는 분별(分別), 즉 나누어서[分] 아는 것[別]을 본질로 하는 인식수단(프라마나)이다. 이것은 대상을 '있는 그대로' 파악하는 것이 아니라 '~인 것'과 '~이 아닌 것' 혹은 '천당과 지옥', '중생과 부처', '신과 인간'으로 이분하여 그 가운데 하나를 배제하고 다른 하나에 의미와 가치를 부여하는 왜곡된 인식수단이며, 또한 이분법적 사고에 의해 파악된 것을 '있는 그대로'의 실상과 같은 것이라고 착각을 한다는 점에서 착오적 인식에 지나지 않는 것이다. 이 인식, 즉 유분별적 사유는 개체의 '차이성'을 인식할 수 없고 개체들의 '동일성'만을 파악하게 된다. 하지만 모든 개체는 자기차이성을 본질로 함과 동시에 다른 개체와 연기적 관계를 맺고 있기 때문에 '유사성'과 '연관성' 및 개체들 간의 전체적인 연속의 고리 속에 있는 것이다. 이렇게 영원의 상(相) 아래에서 '전체적인 연속의 고리'를 인식하는 것은 생각(유분별사유)을 통해서 아는 것이 아니라 지각(무분별지각)을 통해서 보는 것이다. 그래서 비트겐슈타인은 '생각하지 말고 보라'고 했던 것이다.

비트겐슈타인은 "세계는 사실들의 총체이다. 세계가 어떻게 존재하는가 하는 것이 신비스러운 것이 아니라 세계가 존재한다는 것이 신비스러운 것이다. 영원의 상(相) 아래서 세계를 본다는 것은 세계를 전체—한계 지어진 전체—로서 본다는 것이다. 말할 수 없는 것에 관해서는 우리는 침묵해야 한다"고 말한다. 일반적으로 신(비스러운 것)은 초자연적 현상이나 초능력의 영역을 의미한다. 하지만 그에 의하면 신(비스러운 것)은 말할 수 없는 것에 대한 느낌이다. 사실들의 총체로서의 세계가 존재한다는 것은 사유(생각)로 분별하기 이전의 세계이며, 언어로 표현하기 이전의 우리의 경험인 것이다. 내가 존재한다는 것, 아침에 해가 뜨고 저녁에 해가 진다는 것, 길을 가고 멈추고 앉고 서는 것, 일체 존재가 태어나고 늙어 가며 병들고 죽어 가는 것, 한 번 음이 되고 한 번 양이 되는 것 그것을 일컬어 도(一陰一陽之謂道)라 하고, 그 음과 양 그것을 헤아리지 못하는 것을 신(陰陽不測之謂神)이라 하는 것 등은 저절로[自] 그러한[然] 무위자연(無爲自然)의 세계를 구성하는 사실들일 뿐이다. 이것들은 말할 수 있는 앎(knowing)의 대상이 아니라 말할 수 없는 봄(seeing)의 대상이다. 그래서 비트겐슈타인은 '말할 수 없는 것에 관해서 침묵해야 한다'고 일갈한 것이다. 침묵을 통해서만 신비스러운 것은 드러나기 때문이다.

'말할 수 있는 것은 명료하게 말할 수 있고, 말할 수 없는 것은 침묵해야 한다'는 비트겐슈타인의 잠언은 7세기 인도불교인식논리학의 집대성자인 다르마키르티(Dharmakīrti, 600~660)에 연원한다. 다르마키르티는 우리가 살아가는 세계를 이분한다. 하나는 명료하게 말할 수 있는 세계이며 또 하나는 말할 수 없는 세계이다. 전자는 입만 열면 어긋나는 개구즉착(開口卽錯)의 세계이자 생각이 일어나면 무너지는 동념즉괴(動念卽乖)의 세계, 즉 세속의 세계인 반면, 후자는 언어의 길이 끊어진 언어도단(言語道斷)의 세계이자 생각 가는 곳이 소멸한 심행처멸(心行處滅)의 세계, 즉 초세속의 세계(승의의 세계)이다. 이러한 두 개의 세계를 전제로 다르마키르티의 주저 『인식론평석』(프라마나바르티카) 지각론 서두는 다음과 같이 시작한다. "[인식]수단은 2종이다. 왜냐하면 [인식]대상이 2종이기 때문이다. [즉, 대상은] 인과적 효과성이든가 혹은 인과적 효과성이 아니든가[둘 중의 하나]이기 때문이다. [눈병에 걸린 눈의 인식에 현현하는] 털 등은 대상이 아니다. … 왜냐하면 [그것은] 대상이라고 확신할 수 없기 때문이다. 여기서 인과적 효과성 그것은 궁극적 차원의 존재[勝義有]이며, 다른 것은 일상언어 차원의 존재[世俗有]이다. 이 둘은 [전자는] 자상(自相), [후자는] 공상(共相)이라 불린다."

2종의 인식수단은 자상을 대상으로 하는 직접적 인식인 지각(pratyakṣa)과 공상을 대상으로 하는 간접적 인식인 추론(anumāna)이다. 지각은 무분별(無分別)을 본질로 하며, 추론은 분별(分別)을 본질로 하는 인식수단, 즉 프라마나(pramāṇa)이다. 이렇게 무분별을 본질로 하는 지각의 대상인 자상은, 비트겐슈타인식으로 말하면, 말할 수 없는 세계인 반면 분별을 본질로 하는 추론의 대상인 공상은 말할 수 있는 세계이다. 또한 말할 수 없는 지각의 대상인 자상은 인과적 효과성을 본질로 하는 궁극적 차원의 존재라고 한다면, 말할 수 있는 추론의 대상인 공상은 인과적 효과성을 결여한 일상언어 차원의 존재라고 할 수 있다. 즉, 전자는 승의적 존재이며 후자는 세속적 존재이다.

이 말할 수 없는, 인과적 효과성을 본질로 하는, 궁극적 존재이자 신비스러운 존재인 자상을 인식하는 것이 지각이다. 다르마키르티의 주저인 『인식론평석』(프라마나바르티카) 지각론은 바로 이 지각을 주제로 한다. 동서고금을 막론하고 서양의 유기체 철학자인 앨프리드 노스 화이트헤드의 『과정과 실재』를 제외하고는 인간의 지각에 대해서 이렇게 깊게 통찰한 철학서는 아마도 없다고 해도 과언은 아닐 것이다. 다르마키르티의 또 다른 저서인 『니야야빈두』(정리일적론)의 서두에서 "인간의 모든 목적 성취는 바른 인식에 근거한다"고 했을 때, 인식은 바로 추론과 더불어 지각이었던 것이다. 혜암 스님의 '쥐와 고양이밥', 그리고 '극락과 좌복', 비트겐슈타인의 '생각하지 말고 보라' 및 '말할 수 없는 것이야말로 신비스러운 것'이라는 화두는 다르마키르티의 궁극적 존재인 자상을 파악하는 우리의 직접적 인식인 지각과 관련되는 것이다.

이 책 『인식론평석: 지각론』은 인도불교인식논리학의 집대성자인 다르마키르티의 주저 『프라마나바르티카』(Pramāṇavarttika) 제3장 지각론을 번역[譯]하고, 역자의 생각[案]을 덧붙인 것이다. 그런데 『프라마나바르티카』는 인도불교인식논리학의 개창자인 디그나가(Dignāga, 480~540)의 주저 『프라마나삼웃차야』(Pramāṇasamuccaya)를 비판적으로 해석한 주석서이다. 프라마나(Pramāṇa)는 인식도구, 인식수단, 인식 등을 의미하며, 동아시아문명권에서는 '양'(量)으로 한역된다. 그리고 삼웃차야(samuccaya)는 '인식에 관한 논의를 모아 놓은 것'이라는 의미에서 집성(集成)이라 하고, 바르티카(varttika)는 '인식에 관한 논의를 비평적으로 해석한 것'이라는 의미에서 평석(評釋)이라 한다. 따라서 『프라마나삼웃차야』는 『인식론집성』 혹은 『양집성』(量集成)이라 하고, 『프라마나바르티카』는 『인식론평석』 혹은 『양평석』(量評釋)이라 한다. 요컨대 인도불교인식논리학은 디그나가의 『프라마나삼웃차야』로부터 시작하여 다르마키르티의 『프라마나바르티카』에서 완성되었다고 말할 수 있다. 따라서 인도불교인식논리학의 역사에서 이 두 권의 저술을 빼놓고는 논할 수가 없을 정도로 중요한 텍스트이다.

다르마키르티의 『프라마나바르티카』 제3장 지각론을 옮기고 풀어 쓴[譯案] 『인식론평석: 지각론』은 인간의 지각에 대해 전혀 새로운 인식의 전환을 가져다줄 것이다. 그런데 이 책은 두 사람의 철학자에게 빚을 지고 있다. 한 분은 도사키 히로마사(戶崎宏正, 1930~)이다. 그의 대저 『불교인식론연구』(佛教認識論の硏究)는 다르마키르티의 『인식론평석』(프라마나바르티카) 지각론을 엄밀한 주석과 함께 온전하게 번역하고 연구한 서물(書物)이다. 이분의 노작이 없었더라면 지각론 번역은 불가능했을 것이다. 또 한 분은 앨프리드 노스 화이트헤드(Alfred North Whitehead, 1861~1947)이다. 그의 주저 『과정과 실재』의 백미는 지각론에 있다고 해도 과언이 아닐 정도로 인간의 지각에 대해 전혀 새로운 통찰을 던지고 있다. 요컨대 이 『인식론평석: 지각론』은 『불교인식론연구』와 『과정과 실재』에 전적으로 의지하고 있다. 다르마키르티의 지각론을 이해하고자 하는 분들은 반드시 이 두 권의 텍스트를 보기를 권유드린다. 마지막으로 어려운 출판 여건 속에서도 이 책의 출판을 수락해 준 그린비 출판사와 편집을 담당해 준 김혜미 선생께 감사의 마음을 전하고 싶다.

2021년 5월

권서용

차례

일러두기

1 이 책에 기술되어 있는 산스크리트 원문과 목차는 도사키 히로마사(戸崎宏正)의 『불교인식론연구』(佛教認識論の研究[上·下])에 의한다.

2 원문은 모두 게송(시) 즉 운문이다. 하지만 번역할 때에는 운문조의 번역으로 하지 않고 가능한 한 원문의 문장의 의미에서 충실한 산문 번역을 제시하였다.

3 원문 번역 속의 ( )은 원어나 환언에 의한 설명이고, [ ]은 원문의 의미를 보충하기 위해 삽입한 어구이다. 다만 가독성을 위해 보충은 최소한으로 했다.

4 본문의 'T'와 'T하'는 도사키 히로마사의 『불교인식론연구』와 쪽수를, k는 송의 번호를 뜻한다. 이 외에 인용한 글들의 자세한 서지사항은 참고문헌에 밝혀 놓았으며 본문에는 저자, 책(글)명, 옮긴이 순으로 표시했다.

5 본문의 반론은 도사키 히로마사의 『불교인식론연구』와 혼다 메구무(本多惠)의 『다르마키르티의 인식론비판』(ダルマキールティの『認識批判』)을 참고했으며, 본문의 답론은 도사키 히로마사의 상기 저서에 의존했음을 밝힌다.

6 외국어 고유명사는 2002년에 국립국어원에서 펴낸 외래어표기법을 따르는 것을 원칙으로 하되, 관례가 굳어서 쓰이는 것은 관례를 따랐다.

인식론평석

지각론

I. 인식수단의 수

1. 인식수단은 지각과 추론의 2종뿐이다

인식대상은 자상과 공상의 2종뿐이다

[디그나가의 견해]

인식수단은 지각과 추론의 2종뿐이다. 왜냐하면 인식대상이 [자상과 공상의] 2종의 형상뿐이기 때문이다. 자상(自相)과 공상(共相) 이외에 인식대상인 다른 형상은 있을 수 없다. 자상을 대상으로 하는 것은 지각이며 공상을 대상으로 하는 것은 추론임을 알아야만 한다.(T.57)

案

인식수단에 대해서 인도철학학파 간에 의견이 분분하다. 특히 인식수단의 수, 인식수단의 특징, 인식의 영역, 인식의 결과, 인식의 대상에 대해서 불교인식논리학파와 인도철학학파 간 의견을 달리한다. 고대 인도의 유물론적 쾌락주의학파인 차르바카는 지각 1종만을, 바라문교계의 일파인 상키야학파는 지각과 추론 그리고 증언의 3종을, 바라문교계의 논리학파인 니야야학파는 지각과 추론 그리고 유추(비정)와 증언의 4종을, 바라문교계의 미망사학파의 일파인 프라바카라 미망사학파는 지각과 추론 그리고 증언과 유추(비정) 및 요청의 5종을, 미망사학파의 고파인 바타 미망사학파는 앞의 5종에다 비존재를 더한 6종을 인식수단으로 제시한다. 이에 대해 불교인식논리학의 정초자인 디그나가는 그의 주저 『프라마나삼웃차야』에서 다음과 같이 말한다. "인식수단은 지각과 추론의 2종뿐이다. 왜냐하면 인식대상이 자상과 공상의 2종의 형상뿐이기 때문이다. 자상과 공상 이외에 다른 인식대상은 없다. 자상을 대상으로 하는 것이 지각이며, 공상을 대상으로 하는 것이 추론임을 알아야 한다." 인식수단이 1종·3종·4종·5종·6종이라고 주장하는 다른 학파와는 달리 디그나가는 2종임을 선언한다. 아울러 인식수단이 2종인 이유는 인식대상이 2종뿐이라는 근거를 제시하여 자기 주장을 뒷받침하고 있다. 디그나가의 인식수단 2종설에 대해 다르마키르티는 예상되는 대론자의 반론들을 제시하면서 디그나가 견해를 평석하여 옹호한다.

1.

[반론]

왜 인식수단은 2종뿐인가?

[답론1]

[인식]수단은 2종이다. 왜냐하면 [인식]대상이 2종이기 때문이다. [즉, 대상은] 인과적 효과성이든가 혹은 인과적 효과성이 아니든가[둘 중의 하나]이기 때문이다. [눈병에 걸린 눈의 인식에 현현하는] 털 등은 대상이 아니다. 왜냐하면 [그것은] 대상이라고 확신할 수 없기 때문이다.

mānaṃ dvividhaṃ visayadvaividhyat śaktyaśaktitaḥ/

arthakriyāyāṃ keśādir na artho 'narthādhimokṣataḥ//(k.1)

案

인식수단은 산스크리트어로 프라마나(pramāṇa)의 번역이다. 프라마나는 '헤아리다', '계측하다', '측량하다', '재다'라는 동사어근 마(mā)에 '~대하여'를 의미하는 접두어 프라(pra)가 붙고, '수단', '도구', '방법', '근거'를 의미하는 접미사 아나(aṇa)가 합성되어 이루어진 말이다. 보통 계측수단, 계량수단, 인식수단, 인식방법 등으로 번역되기도 한다. 한역으로는 헤아린다는 의미에서 양(量)이라 한다. 불교인식논리학에서는 인식수단은 지각과 추론의 2종만을 인정한다. 지각은 산스크리트어로 프라티아크샤(pratyakṣa)로서 직접적 인식이다. 한역으로는 현량(現量, 직접적 인식)이라 한다. 그리고 추론은 산스크리트어로 아누마나(anumāna)로서 간접적 인식이다. 한역으로는 비량(比量, 간접적 인식)이라 한다. 다르마키르티는 주저『프라마나바르티카』제2장 종교론에서 인식수단을 다음의 두 가지로 정의한다. 하나는 '정합적 인식'이며 또 하나는 '미지의 실재를 밝히는 인식'이다. 또한 인과적 효과성은 산스크리트어 아르타크리야삼아르타(arthakriyāsamartha), 혹은 아르타크리야삭티(arthakriyāśakty)의 번역이다. 이것은 글자 그대로는 '결과를 낳는 힘', '유효한 작용능력', '목적 실현의 능력' 등으로 번역된다. 하지만 역자의 '인과적 효과성'(causal efficacy)이라는 번역과 대차는 없다. 인과적 효과성이란 궁극적 존재인 현실적 존재(vastu, actual entity)의 본질로서 어떤 존재가 원인이 되어 결과나 목적이라는 유용한 효과를 가져오는 힘이다. 이 인과적 효과성은 다르마키르티의 불교인식논리학에서 아주 중요한 범주적 용어로 사용된다.

2.

[답론2]

[덧붙여 말하면, 인식수단이 2종인 것은 그것 이외에 다음과 같은 이유에 의거한다. 즉, 인식대상은] 유사한 것이든가 혹은 유사한 것이 아니든가[둘 중의 하나]이기 때문이다. 또한 [인식대상은] 언어의 [지시]대상이든가 혹은 언어의 [지시]대상이 아니든가[둘 중의 하나]이기 때문이다. 또한 [인식대상은] 다른 동력인(動力因)이 있을 때 앎(dhi)이 존재하든가 혹은 앎이 존재하지 않든가[둘 중의 하나]이기 때문이다.

sadṛśāsadṛśatvāc ca viṣayāviṣayatvataḥ/
śabdasya anyanimittānāṃ bhāve dhīsadasattvataḥ//(k.2)

案

2종의 인식수단이란 지각과 추론이다. 왜 인식수단은 2종뿐인가? 인식대상이 2종뿐이기 때문이다. 즉, 인식대상은 인과적 효과성이 아닌 것과 인과적 효과성인 것, 유사한 것과 유사하지 않은 것, 언어의 지시대상인 것과 지시대상이 아닌 것, 다른 동력인이 있을 때 앎이 존재하지 않는 것과 앎이 존재하는 것 등 2종이기 때문이다. 전자는 추론의 대상으로서의 공상이며, 후자는 지각의 대상으로서의 자상이다. '다른 동력인이 있을 때 인식이 존재한다'는 것은 대상이 존재하지 않아도 인식이 생긴다는 의미이기 때문에 이때의 대상은 자상이 아니라 공상이다. 또한 '다른 동력인이 있을 때 인식이 존재하지 않는다'는 것은 다른 원인들이 다 갖추어져 있다 하더라도 대상이 존재하지 않으면 인식이 생기지 않는다는 의미이기 때문에 이때의 대상은 공상이 아니라 자상이다. 정리하면 다음과 같다.

지각 → 자상 = 인과적 효과성인 것, 유사하지 않은 것, 언어의 지시대상이 아닌 것, 다른 동력인이 있을 때 앎이 존재하지 않는 것

추론 → 공상 = 인과적 효과성이 아닌 것, 유사한 것, 언어의 지시대상인 것, 다른 동력인이 있을 때 앎이 존재하는 것

3.

[답론3]

여기서 인과적 효과성 그것은 궁극적 차원의 존재[勝義有]이며, 다른 것은 일상언어 차원의 존재[世俗有]이다. 이 둘은 [전자는] 자상(自相), [후자는] 공상(共相)이라 불린다.

arthakriyāsamarthaṃ yat tad atra paramārthasat/
anyat saṃvṛtisat proktaṃ te svasāmānyalakṣaṇe//(k.3)

案

다르마키르티가 존재를 궁극적 차원과 일상언어 차원으로 나누는 것은, 나가르주나(Nāgārjuna, 150?~250?)의 이제설(二諦說)의 영향일 것이다. 나가르주나는 그의 주저 『중론』(中論) 제24장 8송에 존재의 진실을 다음과 같이 둘로 나눈다. "모든 부처님은 이제(二諦)[라는 2종의 다른 차원의 진실]에 의거해서 가르침[法]을 설한다. 즉, 세간 상식으로서의 진실(세간세속제)과 궁극적인 의미에서의 진실(승의제)이다." 나가르주나의 세간 상식으로서의 진실(세간세속제)에 입각하여 파악된 존재가 다르마

키르티의 일상언어 차원의 존재[世俗有]이며, 궁극적 의미에서의 진실에 입각하여 파악된 존재는 궁극적 차원의 존재[勝義有]이다. 보다 직절하게 말하면 나가르주나의 세간세속제와 다르마키르티의 세속유는 생각[念]으로 분별되고 언어[言]로 규정된 일상언어 차원의 세계이며, 승의제와 승의유는 생각으로 분별되기 이전, 언어로 규정되기 이전의 궁극적 차원의 세계이다.

계속해서 나가르주나는 "그 이제(二諦)의 구별을 알지 못하는 사람들은 모든 부처님들의 심원한 가르침의 진실을 알지 못한다(9송). 언어활동(언설)에 의하지 않고 궁극적인 것(승의)은 설시되지 않는다. 궁극적인 것을 이해하지 못하고서 열반의 증득은 있을 수 없다(10송)"고 언명한다. 나가르주나에 의하면 존재의 실상은 본래 없는 것[本無], 즉 공(空)이다. 그렇다고 절대무(絶對無)가 공은 아니다. 공은 자성(自性)이 없다는 의미에서 무자성(無自性)이며, 무자성이기에 일체는 반드시 어떤 것과 관계를 맺고 있는 연기(緣起)인 것이다. 이렇게 관계로서 존재하는 공한 세계를 생각으로 분별하고 언어로 규정하게 되어 일상언어 차원의 세계가 구성되는 것이다. 따라서 진실한 세계는 공한 승의의 세계이며, 허망한 세계는 생각으로 분별되고 언어로 규정된 일상언어 차원의 세계이다. 하지만 나가르주나는 승의의 세계와 세속의 세계를 분할하거나 분리하지는 않는다. 왜냐하면 언어활동에 의하지 않고서는 궁극적인 세계는 표현되지 않기 때문이다. 우리의 생각과 언어는 궁극적 진실에 이르기 위한 뗏목이며 달을 가리키는 손가락이다. 뗏목 없이는 강을 건널 수 없고 손가락 없이는 달을 지시할 수가 없다. 이 손가락과 뗏목은 바로 다르마키르티의 프라마나인 것이다.

한편, 지각의 대상인 자상과 추론의 대상인 공상은 산스크리트어로 전자는 스바락샤나(svalakṣaṇa), 후자는 사만야락샤나(sāmānyalakṣaṇa)이다. 스바락샤나는 스바(sva)와 락샤나(lakṣaṇa)가 결합한 것이다. 스바란 '자기의', '스스로의', '독자적인', '개별적인' 등을 의미하며 락샤나는 '모습', '특징', '특성', '정의', '조건' 등을 의미한다. 따라서 스바락샤나는 개별상, 독자상 등으로 번역된다. 그리고 사만야락샤나는 사만야와 락샤나가 결합한 것이다. 사만야란 '공통의', '일반의', '보편의' 등을 의미하기 때문에 사만야락샤나는 공통상, 일반상, 보편상 등으로 번역된다. 한역으로는 전자를 자상(自相), 후자를 공상(共相)이라 한다. 아비다르마 불교의 최대부파인 설일체유부(說一切有部, 이하 유부)는 자기 고유의 본성(자성)을 가진 존재(다르마)만이 실재하며 그 밖의 존재들은 다르마의 결합이나 집적에 지나지 않는 비실재라고 하는 입장인 법유설(法有說)을 견지하기 때문에 다르마가 가진 개별적이며 고유하며 독특한 특성을 자상이라 하고 공통적이며 일반적이며 보편적인 특성을 공상이라 한다. 그러나 불교인식논리학파에 의하면 유부의 자상도 공상에 지나지 않는 것이다.

4.

[반론]

만약 '모든 것은 [인과적 효과의] 능력이 없다'고 한다면?

aśaktaṃ sarvam iti ced

[답론[1]]

종자 등의 싹 등에 있어서 [인과적 효과의] 능력은 [경험상] 알려진다. 만약 '그것은 일상언어 차원에서 고려된 것이다'라고 한다면 그와 같을 것이다.

bījāder aṅkurādiṣu /

dṛṣṭā śaktir matā sā cet saṃvṛtyā astu yathā tathā //(k.4)

案

[데벤드라붓디의 주석]

이 게송에 대한 주석가들의 주는 아주 많다. 가령 데벤드라붓디(Devendrabuddhi)는 다음과 같이 말한다. “[반론] 모든 것은 [인과적 효과의] 능력이 없다.” 즉, 승의에는 효과적 작용을 하는 능력을 갖는 것은 전혀 존재하지 않는다. 따라서 승의의 존재로서 [그대에게] 인정되고 있는 실재에는 [효과적 작용을 하는 능력을 갖는 것이라는] 특질은 존재하지 않는 것이다. 이것을 추론식으로 제시하면 아래와 같다. [변충] X가 Y에 존재하지 않으면 X는 Y의 특질은 아니다. 예를 들면 말에게 뿔이 있다는 특성과 같이. [주제소속성] 자상이라고 인정하고 있는 것에도 효과적 작용을 하는 능력을 갖는 것은 존재하지 않는다. 이것은 능변의 비지각이다.

이것에 답한다. “[답] 종자 등의 싹 등에 있어서 [인과적 효과의] 능력은 [경험상] 알려진다.” 즉, 결과가 생기는 것이 실제로 보인다. 이것은 이하와 같은 의미이다. 즉, X가 근접하여 존재할 때 Y가 생긴다면 X는 Y에 대한 능력을 갖는 것이다. 효과적 작용을 하는 능력을 갖는다는 것은 다만 그것만을 특질로 하는 것에 지나지 않기 때문이다. 그리고 그것은 싹 등에 대한 종자 등에도 존재한다. 따라서 여기서 다르마키르티에 의해서 대론자가 위에서 기술한 추론인은 불성인(不成因)이라고 설해지게 된다. 또한 이것에 대해서 아래와 같이 생각할지도 모른다. [반론] "그것(능력)은 일상언어 차원에서 고려된 것이다." 즉, 종자 등이 존재한다면 싹 등이 생긴다는 것은 세속에 의해서 생기는 것이며 승의에 생기는 것은 아니다. 따라서 승의에 생긴다는 것에 의해서 존재의 특질이 효과적 작용을 하는 능력을 갖는 것이라면 그 특질은 특징지어져야 할 존재를 포함하지 않는 것이기 때문에 [즉, 존재는 승의에 생길 수는 없기 때문에] 특질이 아니다. 또한 만약 효과적 작용을 하는 능력을 갖는 것은 세속으로서 존재라고 한다면 그것은 보편에도 존재하는 것이기 때문에 그 특질은 특징지어져야 할 것을 과대로 포함하는 것이 되기 때문에 특질은 일탈하는 것으로 될 것이다. 이것에 답한다. "그와 같을 것이다." 만약 그렇다고 한다면 우리들은 그대가 말하는 세속에 의해서 존재하는 효과적 작용을 하는 능력을 갖는다는 특질도 특징지어져야 할 것을 포함하지 않는다고 그대에 대해서 말한다. 그러므로 효과적 작용을 하는 능력을 갖는 것은 어떠한 존재방식이든 실제로 경험되며, 그것은 부정할 수 없는 것이다. 그리고 그것이 존재의 특질인 것이다. 그것을 바라는 대로 세속 등이라 이름 붙이는 것에 이론은 전혀 없다.

[프라즈냐카라굽타의 주석]

"[반론] 그것(능력)은 일상언어 차원에서 고려된 것이다."

여기서는 이하의 것이 의도된다. 프라마나에 의해서 실재가 존재하는 그대로의 방식을 확립하는 것 없이 무시이래의 영위의 잠재여력에서 존재하는 다만 확신밖에 없는 것, 그것은 단순한 일상언어 차원에 지나지 않는다. 왜냐하면 음미되지 않는 인식의 대상은 일상언어 차원의 대상이기 때문이다. 가령 어느 곳에 데바닷타 등이 실제로는 보이지 않아도 보았다고 생각할 수 있지만 그 생각은 숙려에 의해서 소멸된다. 따라서 그것(데바닷타 등)은 궁극적 차원(승의)으로서 존재하는 것이 아니다. 모든 세간의 영위도 전적으로 이것과 마찬가지이다. 세속이란 프라마나 없이 알았다고 생각하는 것에 지나지 않은 것이기 때문이다. … "그것(능력)은 일상언어 차원에서 고려된 것이라고 한다면 그와 같은 것이다." 세간의 영위는 실로 이와 같은 것이기 때문에 문제는 없다. 세간의 영위에서는 승의는 사용되지 않는다. 세간의 영위가 붕괴하는 것으로 되어 버리기 때문이다. 일상의 영위에서는 다만 확신에 의한 구별만으로부터 인과관계 등은 성립한다. 꿈으로 한정된 행위와 같이. 세간의 영위의 원인으로서는 무시이래의 습기(習氣)의 한정만이 남는다. 그렇지 않다면 인식대상을 가진 앎과 인식대상을 갖지 않는 앎 등의 구별이야말로 성립하게 되어 버린다.

[즈냐나슈리미트라의 주석]

[반론] 존재의 능력은 반드시 미세한 음미를 견딜 수 없는 것이기 때문에 "모든 것은 [인과적 효과의] 능력이 없다". 따라서 어떠한 것에 대해서 주제를 설정하여 어떠한 논증을 하는 것인가? [답론] "종자 등의 싹 등에 있어서 [인과적 효과의] 능력은 [경험상] 알려진다." 실로 경험되고 있는 이상, 타당하지 않는 것은 아니다. 왜냐하면 음미의 이름으로 불리는 모든 인식수단 중에서 직접적 경험이야말로 경계선이다. 나아가 프라마나에 근거한 자는 그렇지 않다고 한다면 어떻게 해서 연기에서도 불을 추리할 수 있을까? 혹은 풍질에 의해서 더위나 추위로 괴로워하는 자는 물이나 불에 대해서 그것에 적합한 행동을 반드시 일으키는 것인가? 그렇지 않으면 행동을 일으키지 않는 것인가? 또한 오류인 능력을 개념적으로 구성하듯 타자에 의해서 논증이 기술될 때 그것(능력)의 비존재를 알

고 있는 그대만이 이 논증을 패배시키기를 바라고 논란을 기술하여 답해지는 것은 어떻게 해서 그러한가? 그대는 그것에 대해서 불성 등의 오류만을 기술하는 것에 열중하지만, 그것이 착오라는 지적에 대한 답을 기술하려고 하지 않는다. 그렇기 때문에 그러한 것이 된다. 요컨대 그대는 스스로 잘 알지 못하고 있다. 따라서 그대는 누군가를 속여서 조금 기술하고 있는 것이다. 그러나 사물들에서 [인과적 효과의] 능력은 부정되기 어렵다.

[반론] 그것(능력)은 세속에 의해서 인정되는 것이지 승의에 의한 것은 아니다. [답론] 세속이든 승의이든 그 어느 쪽도 상관없다. 이것에 고집하여 무슨 이득이 있을 수 있을까?

결국 이 '그와 같은 것이다'(astu yathā thatā)에 대해 세 사상가의 주석을 정리하면 다음과 같다. 데벤드라붓디는 '어쨌든 그러하다'라는 의미라고 하고 승의이든 세속이든 인과적 효과성이 있는 것에 관계없다는 것을 기술한 것이라고 한다. 프라즈냐카라굽타는 '세속이라고 해도 좋다'의 의미라고 하고 인과적 효과성은 확실히 세속이지만 지금은 그것도 좋다라고 기술한다. 즈냐나슈리미트라는 '승의이든 세속이든 어느 쪽이든 상관 없다'의 의미라고 하고 인과적 효과성은 어떤 점에서는 세속이며 또 다른 점에서는 승의이기 때문에 어느 쪽도 상관 없다, 또는 인과적 효과성을 초월한 차원에서 본다면 그것이 승의인가 아니면 세속인가 하는 것도 문제가 되지 않기 때문에 그 어느 쪽도 좋다는 이해이다. (稲見正浩, 「astu yathā thatā」, 『インドの文化と論理』, 359~379쪽에서 발췌)

5.

[반론]

만약 '그것(인과적 효과성)이 [자상뿐만 아니라 공상을 포함한] 모든 곳에 존재한다'고 한다면?

sā asti sarvatra ced

[답론1]

[그렇지 않다.] 공상에는 [인과적 효과성은] 없다. 왜냐하면 [공상에는] 인식에 대한 수반과 배제[의 관계]를 [우리들은] 경험적으로 알 수 없기 때문이다. 가령 눈과 색깔 있는 모양[色] 등의 인식[의 관계와]같이.

buddher na anvayavyatirekayoḥ/
sāmānyalakṣaṇe adṛṣṭeś cakṣūrūpādibuddhivat//(k.5)

案

4송과 5송에서 궁극적 차원의 존재[勝義有]와 일상언어 차원의 존재[世俗有] 그리고 자상과 공상의 관계를 그림으로 제시하면 다음과 같다.(T.64)

세속(saṃvṛti)
- 인과적 효과성 - 자상(지각대상) - 궁극적 차원의 존재(paramāthasat)
- 비인과적 효과성 - 공상(추론대상) - 일상언어 차원의 존재(saṃvṛtisat)

그런데 4송에서 '모든 것은 [인과적 효과의] 능력이 없다'는 것은 '일체는 공이다'(一切皆空)라는 중관학파의 궁극적 차원의 존재 입장을 표현한 것이다. 그렇다면 중관학파는 일상언어 차원에서는 존재를 어떻게 이해하고 있는가? 이것이 논의되어야 한다. 중관학파에는 2개의 흐름이 있다. 하나는 바비베카(청변)로 대표되는 자립논증파이며, 또 하나는 찬드라키르티(월칭)로 대표되는 귀류논증파이다. 그들은 일상언어 차원 즉 세속을 2종으로 나눈다.

세속 ┌ 진실한 세속(bhūtasaṃvṛti), 세간세속제(世間世俗諦, lokasaṃvṛtisatya)
　　 └ 허망한 세속(mithyāsaṃvṛti), 비세간세속(非世間世俗, alokasaṃvṛti)

그런데 바비베카는 진실한 세속을 인과적 효과성이라 하고, 허망한 세속을 허공의 꽃이나 토끼의 뿔과 같이 전적으로 비존재이며 비인과적 효과성인 것으로 간주하는 한편 찬드라키르티는 진실한 세속을 건전한 감관지각의 대상이라 하고, 허망한 세속을 불건전한 감관지각에 현현하는 것, 가령 눈병에 걸린 눈에 현현하는 털 등이라 한다. 반면 다르마키르티는 바비베카 등이 말하는 진실한 세속을 둘로 나눈다. 하나는 지각의 대상이자 인과적 효과성을 본질로 하는 자상을 궁극적 차원의 존재[勝義有]라 하고, 또 하나는 추론의 대상이자 비인과적 효과성을 본질로 하는 공상을 일상언어 차원의 존재[世俗有]라 한다. 그리고 다르마키르티가 말한 눈병에 걸린 눈에 현현한 털 등이 바비베카 등이 말하는 허망한 세속에 해당한다. 이것을 그림으로 제시하면 다음과 같다.(T.65)

중관학파　　　　　　　　　　다르마키르티

세속
- 진실한 세속 (인과적 효과성-바비베카, 건전한 감관지각대상-찬드라키르티)
  - 자상 — 궁극적 차원의 존재 (인과적 효과성, 지각대상)
  - 공상 — 일상언어 차원의 존재 (비인과적 효과성, 추론대상)
- 허망한 세속 (비인과적 효과성-바비베카 불건전한 감관지각대상-찬드라키르티) — 눈병에 걸린 눈에 현현한 털 등

이상을 정리하면 "바비베카는 진실한 세속을 '인과적 효과성을 본질로 하는 존재'라고 하지만, 다르마키르티는 그 인과적 효과성을 직접적으로는 자상에만 인정하여 궁극적 차원의 존재라 하고, 공상에는 그 인과적 효과성을 인정하지 않고—물론 간접적으로는 공상의 인과적 효과성을 인정하지만—그것을 일상언어 차원의 존재라 한다. 그렇게 다르마키르티가 대상을 둘로 나눈 것은 중관학파와 다른 불교논리학파의 독자적 견해"라고 할 수 있다.(T.66)

6.

[답론2]

이상으로 [실체로서의] 병(瓶)·[병을 드는] 운동·[병성(瓶性)으로서의] 보편·[병의] 수(속성) 등의 인식은 [자상이 아니라 공상임이] 이해된다. [또한 그들 병·운동·보편·수(속성) 등은 인식을 낳는 인과적 효과의 능력이 없기 때문에 그것들은 공상이다.] 왜냐하면 [그들 앎은] 사회적 약속이나 노력 등의 내적인 것에 수반하여 생기는 것이기 때문이다.

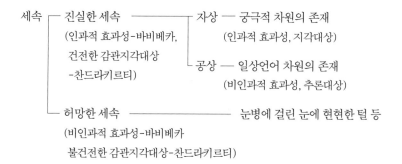

etena samayābhogādyantaraṅgānurodhataḥ/

ghaṭautkṣepaṇasāmānyaṃsaṃkhyādiṣu dhiyo gatāḥ//(k.6)

案

이것은 바이세시카(勝論)학파의 여섯 범주, 즉 실체(dravya), 속성(guṇa), 운동(karma), 보편(sāmānya), 특수(viséṣa), 내속(samavāya) 등은 자상이 아니라 공상에 속한다는 것을 기술한 것이다. 다시 말하면 다른 원인이 있을 때 그것(실체, 속성, 운동 등)이 존재하지 않는다고 하더라도 그것(실체, 속성, 운동 등)의 인식이 생길 때, 그것(실체, 속성, 운동 등)은 공상이다. 반면 다른 원인이 있다고 해도 그것(실체, 속성, 운동 등)이 존재하지 않으면, 그것(실체, 속성, 운동 등)의 인식이 생기지 않을 때 그것은 자상이다. 그런데 사실은 실체, 속성, 운동 등 여섯 범주가 존재하지 않는다고 하더라도 그것에 대한 인식은 생기기 때문에 바이세시카학파가 말하는 여섯 범주는 자상이 아니라 공상이라고 할 수 있다. 요컨대 여섯 범주는 인식과 수반/배제의 관계가 없기 때문에 공상이다.

7-1.

[반론]

눈병에 걸린 눈의 앎에 현현하는 털 등은 스스로 존재하지 않음에도 불구하고 그 앎에 현현한다. 달리 말하면 그것은 앎에 대해서 수반과 배제의 관계가 없다. 따라서 자상은 수반과 배제의 관계가 있는 것이며, 공상은 수반과 배제의 관계가 없는 것이라는 위에서 기술한 규정에서 본다면 눈병에 걸린 눈의 앎에 현현하는 털 등은 공상이라고 할 수 있을 것이다.

[답론]

[눈병에 걸린 눈의 앎에 현현하는] 털 등은 공상이 아니다. 왜냐하면 대상이 아닌 것에 집착하기 때문이다.

keśādayo na sāmānyam anarthābhiniveśataḥ/(k.7-1)

7-2.

[반론]

그런데 일상의 언어공동체에서 생활하는 사람들이, 비존재(abhāva, 無)에 관해서도 눈병에 걸린 앎[翳眼知]에 현현하는 털과 마찬가지로 고집하지 않기 때문에 비존재도 대상으로부터 배제되어야만 할 것이다. 그런데 다르마키르티는 비존재도 추론(anumāna)의 일종인 비인식추론(anupalabdhyanumāna)의 대상으로서 공상이라고 한다면 모순이 아닌가?

[답론]

[한편] 비존재에 대해서 인식대상으로 파악하기 때문에 [공상이 아니라고 하는] 오류는 범하지 않는다.

jñeyatvena grahād doṣo na abhāveṣu prasajyate//(k.7-2)

8-1, 8-2, 9-1.

[반론]

그렇다면 눈병에 걸린 눈의 앎에 현현한 털 등도 비존재와 마찬가지로 공상이라고 해야 되지 않는가?

[답론]

[대상인식의 차원에서는 눈병에 걸린 눈의 앎에 현현하는 털 등은 인식의 대상이 되기 때문에 공상이라고 우리는 인정한다.] 왜냐하면 그것(눈병에 걸린 눈의 앎에 현현하는 털 등)들도 그[비존재]와 같이 [인식대상으로서] 존재한다는 것을 부정할 수 없기 때문이다. [그러나 자기인식의 차원에서는 눈병에 걸린 눈의 앎에 현현하는 털 등이] 선명하게 드러난다. 왜냐하면 인식의 형상으로서 [인식 자신의] 대상이기 때문이다. 그렇지만 '[그것은 눈병에 걸린 눈의 앎에 현현하는] 털 등이다'라고 하는 [분별적] 인식은 공상을 대상으로 한다. 털의 현현은 [외계에 존재하는] 대상을 갖는 것이 아니다.

teṣām api tathābhāve apratiṣedhāt(k.8-1)

sphuṭābhatā /

jñānarūpatayā arthatvāt keśādi iti matiḥ punaḥ//(k.8-2)

sāmānyaviṣayā keśapratibhāsam anarthakam/(k.9-1)

案

눈병에 걸린 눈의 앎[翳眼知]에 현현하는 털 등에 대해 두 개의 차원에서 논할 수가 있다. 하나는 존재론적 차원이며 또 하나는 인식론적 차원이다. 먼저 존재론의 차원에서는 인식에 대한 수반과 배제의 관계에 있는 것이 자상이고, 그 관계가 없는 것이 공상이기 때문에 바이세시카학파의 여섯 범주[六句義]가 공상임과 마찬가지로 털 등도 공상이어야 할 것이다. 하지만 이것은 바이세시카학파의 여섯 범주처럼 공상일 수가 없다. 왜냐하면 일상의 언어공동체에서는 바이세시카학파의 여섯 범주는 대상이라고 인정되지만, 눈병에 걸린 눈의 앎에 현현하는 털 등은 대상이라고 인정되지 않기 때문이다. 따라서 그것은 공상이 아니다. 하지만 인식론적 차원에서는 논의가 달라진다. 여기에도 두 개의 차원에서 논해야 하는데, 하나는 대상인식의 차원이며 또 하나는 자기인식의 차원이다. 대상인식의 차원에서는 눈병에 걸린 눈의 앎에 현현하는 털 등이 "이것은 눈병에 걸린 눈의 앎에 현현한 대상이다"라고 하는 분별적 인식의 대상이 될 때는 공상이 된다. 이 분별적 인식의 대상인 털 등은 분별적 인식에 선명하게 현현하지 않기 때문에 또한 공상이라고도 할 수 있다. 그런데 자기인식의 차원에서는 "그것은 눈병에 걸린 눈의 앎에 현현한 털이다"라고 하는 분별적 인식에 현현하는 털 등도 분별적 인식 자신의 형상으로, 즉 자기인식의 대상일 때에는 자상이 되는 것이다. 이 때 분별적 인식 자신의 자기인식에 현현하는 털 등은 선명하다. 따라서 자기인식의 차원에서는 눈병에 걸린 눈의 앎에 현현하는 털 등은 자상이 된다.

9-2.

[반론]

만약 '공상[도 분별적] 앎[자신]의 형상으로서 대상일 경우, [자상이라는] 오류를 범한다'고 한다면?

jñānarūpatayā arthatve sāmānye cet prasajyate//(k.9-2)

10.

[답론]

[그러한 주장은] 오류가 아니다. 왜냐하면 그와 같이 [공상도 분별적인 앎 자신의 대상으로서는 자상이라고] 인정되기 때문이다. [다만 그것은 분별

적인 앎 자신의 대상으로서는 자상이지만 외계] 대상의 형상일 경우에는 공상성이다. 모든 것에 관해서 그것[이외의 존재]을 배제하는 것(아포하)에 근거하여 공통의 형상이 있기 때문이다.

thatā iṣṭatvād adoṣa artharūpatvena samānatā/
sarvatra samarūpatvāt tadvyāvṛttisamāśrayāt//(k.10)

案

여기서 '모든 것에 관해서 그것[이외의 존재]을 배제하는 것(아포하)에 근거하여 공상이 있기 때문'이라는 것은 설명이 필요하다. 눈병에 걸린 눈의 앎에 현현하는 털 등은 대상인식이라는 차원에서는 공상이다. 다시 말하면 특수한 털의 인식에 현현하고 있는 털의 '그것[이외의 존재]을 배제하는 것(아포하)'에 근거하여 "그것은 털이다"라고 분별적으로 인식될 때, 그 분별적 인식의 대상은 공상이다. 하지만 분별적 인식인 털 등도 그것들이 그 분별적 인식의 대상이 되어 그 분별적 인식 자신에 의해서 인식되는 경우 그 털은 자상이다. 그런데 이렇게 객관적으로 존재하지 않는 털 등뿐만 아니라 객관적으로 존재한다고 인정되는 색깔 있는 모양[色], 소리[聲], 향기[香], 맛[味], 감촉[觸] 등과 같은 시각대상, 청각대상, 미각대상, 후각대상, 촉각대상 등에 있어서도 '그것[이외의 존재]을 배제하는 것'에 근거해서 "이것은 색(·성·향·미·촉)이다"라고 분별적으로 인식될 때 그 분별적 인식의 대상은 자상이 아니라 공상이다. 그러나 분별적 인식 자신의 형상으로 된 색깔 있는 모양[色]의 공상이 분별적 인식 자신에 의해서 인식될 때, 즉 분별적 인식 자신이 자기 인식될 때 그 대상은 공상이 아니라 자상이다. 요컨대 분별적 인식 자신의 대상으로서는 자상이라고 할 때 이것은 자기인식 차원에서 말하는 것이며, 외계대상의 형상일 경우에는 공상이라고 할 때 이것은 대상인식 차원에서 말한 것이다.

공상은 현실적 존재가 아니다

11-1.

[주장]

그것(공상)은 현실적 존재(vastu)가 아니다. 왜냐하면 [그것은 언어에 의해] 지시되는 것이기 때문이다. [만약 공상이 현실적 존재라면] 감관의 결합(감관지각)이 결과를 갖[는다는 사실을 위배하는 오류를 범하]기 때문이다.

tad avastv abhidheyatvāt sāphalyād akṣasaṃhateḥ (k.11-1)

案

현실적 존재(actual entity)라고 번역한 산스크리트어는 바스투(vastu)이다. 이 바스투는 다르마키르티의 인식논리학에서 아주 중요한 범주적 용어이다. 이것은 다르마키르티에 의해서만 사용되는 특수한 용어가 아니라 인도사상 일반에 널리 사용되는 일반명사이다. 대개 재화나 사물, 장소, 근거, 의지처 등의 의미로 주로 사용되었다. 바수반두(Vasubandhu, 320?~400?)의 『구사론』(俱舍論)에서는 자성(svabhāva)으로서의 바스투, 대상(ālambana)으로서의 바스투, 계박 혹은 결박(saṃyoga)으로서의 바스투, 원인(hetu)으로서의 바스투, 소유물(parigraha)로서의 바스투 5종을 들고 있다. 그리고 유식학파의 전적인 『보살지』(菩薩地)에서는 바스투를 언어 표현의 기체이며, 언어로 표현할 수 없는 본질을 가진 승의적 존재라고 하는 것은 특기할 만하다. 한역으로는 물(物), 사(事), 법(法), 제법(諸法), 사실(事實), 체상(體相), 사물(事物), 본유(本有), 근본(根本), 의(依), 의처(依處), 실유(實有) 등이다.

다르마키르티는 이 바스투를 궁극적 실재(final reality)의 의미로 사용한다. 이 『프라마나바르티카』 「지각론」 제3송("인과적 효과성 그것은 궁극적 차원의 존재이며, 다른 것은 일상언어 차원의 존재이다. 전자는 자상, 후자는 공상")에서 인과적 효과성을 본질로 하며 자상을 존재방식으로 하는 궁극적 차원의 존재를 다르마키르티는 바스투라 했던 것이다. 이 바스투는 궁극적 차원에서 '없는 것'이 아니라 '있는 것'이라는 의미에서 존재(entity)이며, 지각을 생기게 하는 인과적 효과성이라는 측면에서 현실적(actual) 존재이다. 따라서 바스투를 현실적 존재(actual entity)라고 번역할 수 있다. 궁극적 실재이자 현실적 존재인 바스투의 본성은 인과적 효과성과 찰나멸성이다. 바스투의 찰나멸성은 공성(空性)과 연계되며 인과적 효과성은 연기성(緣起性)과 연결된다. 요컨대 바스투의 본질은 전통적 용어로 말하면 공성과 연기성을 본질로 한다고 할 수 있다. 이런 측면에서 공상은 비현실적 존재이며 인과적 효과성과 찰나멸성을 결여한 존재라 할 수 있다.

한편 여기서 "공상은 현실적 존재가 아니다"라는 명제는, 공상은 색깔 있는 모양[色] 등[의 현실적 존재]을 본질로 하는 것이 아니라는 의미이다. 그런데 만약 공상이 현실적 존재라고 한다면, 즉 언어의 지시대상인 공상이 색깔 있는 모양 등을 본질로 하는 현실적 존재라고 한다면 눈먼 맹인도 색깔 있는 모양이라는 말을 듣는 것만으로 색깔 있는 모양이라는 현실적 존재를 인식하게 될 것이다. 그렇게 되면 대상인 현실적 존재에 대한 감관의 결합은 무의미하게 될 것이다. 하지만 "이것은 색깔 있는 모양이다"라는 말만을 듣고서 객관적으로 존재하는 현실적 존재인 색깔 있는 모양을 지각한다는 것은 우리가 경험하는 사실과는 다르다. 요컨대 맹인은 아무리 색깔 있는 모양이라는 말을 듣는다고 해도 실제의 색깔 있는 모양을 결코 지각할 수는 없다. 이것은 맹인뿐만 아니라 청각을 상실한 농아(聾啞)에게도 똑같이 적용된다.

11-2, 12-1.

[반론]

설일체유부 논사들은 언어의 지시대상을 색깔 있는 모양[色]의 현실적 존재라고는 생각하지 않지만 그러나 언어, 이름, 대상을 각각 별개의 현실적 존재라고 간주하여 그들 삼자의 관계에 관해서 이름은 언어의 지시대상이며, 이름이 대상을 현현한다고 한다. 즉, 그들은 언어의 지시대상으로서 실제로 존재하는 이름을 제시한다.

[답론]

[가령 설일체유부가 객관적으로 실재한다고 주장하는] 낱말[名] 등을 [언어로] 표현할 경우, 비록 낱말 등이 말하는 사람(화자)·듣는 사람(청자)·[화자에 의해] 표현되는 것(대상=의미)과 결합하든 결합하지 않든 간에 [사람이] 대상에 대해서 행동을 하지 않을 것이다.

nāmādivacane vaktṛśrotṛvācyānubandhini//(k.11-2)

asambandhini nāmādāv arthe syād apravartanam(k.12-1)

案

그러나 실제로 사람은 타인의 말을 듣고서 낱말 등에 대해서 행동을 하는 것이 아니라 객관적으로 실재하는 대상에 대해서 행동을 한다.

12-2.

[반론]

'만약 유사성 때문에 착오해 대상을 향해 행동할 것이다'라고 한다면?

sārūpyād bhrāntito vṛttir arthe cet syān/(k.12-2)

12-3, 13-1.

[답론]

[대상을 향한 행동이] 항상[일어나는 것]은 아닐 것이다. 그리고 [낱말과 대상은 서로 다른 존재이기 때문에 장소를 달리한다. 왜냐하면 어떤 장소에 한정된 낱말을 듣고서 다른 장소에 있는 대상을 향해 행동을 하지 않기 때문에] 장소에 관해서는 [대상과 낱말의] 착오는 [일어날 수] 없다.

na sarvadā//(k.12-3)

deśabhrāntiś ca/(k.13-1)

13-2, 13-3.

[반론]

그렇다면 화자가 청자의 말을 듣고서 대상을 향해 행동을 하는 것은 어떻게 설명할 수 있는가?

[답론]

[화자의 말을 듣고서 생기는] 앎[의 형상]인 경우 [낱말 등과] 동일하지 않다. [즉, 대상을 향해 행동을 한다.] 왜냐하면 그와 같이 한정된 앎이 [무시

이래의 무명으로 인해 인식의 형상을 외계대상으로 착오하여] 생기기 때문이다.

na jñāne tulyam utpattito dhiyaḥ/(k.13-2)

tathāvidhāyā(k.13-3)

案

우리는 남의 말을 듣고 행동을 취한다. 가령 '저 꽃 좀 봐!'라고 했을 때 꽃을 볼 것이다. 혹은 '방 안에 있는 책을 가져와'라고 했을 때 그 말을 들은 누군가가 책을 가져오는 행동을 할 것이다. 그런데 이 '대상의 행동'에 대해서 설일체유부와 불교인식논리학파는 전혀 다르게 설명한다. 지각이든 사유든 인식의 대상은 실재하고 또한 그것들은 우리의 관념이 아니라 외계에 실재한다고 주장하는 인도의 실재론의 무형상 인식론을 견지하는 설일체유부는 "책을 가져와!"라는 말을 듣고서 책을 가져오는 행동을 일으키는 것에 대해 '책'이라는 말의 지시대상인 낱말[名] 등은 앎의 형상 속에 있는 것이 아니라 앎 밖의 외계에 실재하는, 즉 외계에 존재하는 책 속에 실재하는 것으로 간주하여 책을 가져오는 행동을 한다는 것이다. 반면 다르마키르티에 의하면 "책을 가져와!"라는 말을 듣고서 책에 대한 형상이 청자의 앎 속에 현현하고 그 앎 속에 현현한 형상을 무시 이래의 본래적 무지 때문에 외계의 대상인 책이라고 분별하여 대상에 대한 행동을 일으킨다고 설명한다.

13-4.

[반론]

무형상인식론을 주장하는 설일체유부에 의하면 언어를 듣고서 앎에 형상이 현현하는 것은 인정하지 않는다. 달리 말하면 언어의 지시대상인 이름 등은 앎의 형상일 수가 없다. 즉, 이름 등은 앎 이외의 외계의 존재이다. 그래서 형상을 가진 앎 그 자체의 본래적 착오에 의해 대상에로의 행동을 설명할 수가 없다.

[답론]

다른 것(낱말 등을 대상으로 한다고 말해지는 앎)의 경우에는 그것(앎에 있는 형상을 무시이래의 무명 때문에 외계대상이라고 판단하고 그것에 행동을 일으키는 것)은 없다. 왜냐하면 [외계대상으로서의 현현을 자신이 갖는] 앎을 [설일체유부는] 인정하지 않기 때문이다.

anyatra tan nānupagamād dhiyaḥ//(k.13-4)

案

인도사상에서 불교 외부로는 상키야·바이세시카·니야야·미망사학파가, 불교 내부로는 설일체유부가 우리의 앎(인식)에는 형상이 없다는 무형상인식론(無形象認識論)을 취한다. 따라서 대상을 향한 우리의 행동에 대해서 무형상인식론자들은 다음과 같이 설명한다. 즉, 언어를 듣고서 인식에 형상이 현현하는 것을 인정하지 않는다. 달리 말하면 언어의 지시대상인 명칭 등은 인식의 형상에는 존재하지 않는다. 그들에 의하면 명칭 등은 인식 내부에 존재하는 것이 아니라 외부에 객체적으로 존재하는 것이다. 따라서 그들은 형상을 가진 인식 그 자체의 본래적 착오에 의해서 대상에 대한 행동을 설명할 수 없다. 한편, 인도사상에서 우리의 앎(인식) 속에 형상이 있다는 유형상인식론(有形象認識論)을 취하는 학파는 불교 외부로는 베단타학파이며, 내부로는 경량부와 유식학파이다. 유형상인식론자는 대상을 향한 우리의 행동에 대해서 다음과 같이 설명한다. 언어를 듣고서 인식에 형상이 생기하고 사실 인식은 그 형상을 소연으로 하는 것이지만 무시이래의 무명에 의해서 외경을 대상으로 하는 것처럼 분별한다. 언어를 듣고서 그와 같은 본래적인 착오에 의한 인식이 생기기 때문에 대상에의 행동은 있는 것이다. 즉, 그 경우 대상에 행동을 일으키는 원인은 외부에 있는 것이 아니라 인식 그 자체의 착오에 있다. 이에 대해서 데벤드라붓디는 다음과 같이 말한다. "대상의 어떤 형상에 따라서 생기는 직접적 경험(anubhava)에 의해서 훈습된 습기(vāsanā)가 언어에 의해서 소생되어 그와 같은 형상을 가진 개념적 인식이 생긴다. 그것(개념적 인식)은 직접적으로는 자기의 내적인 부분을 소연으로 하는 것이지만 본래적 착오 때문에 (외계) 존재를 파악하는 것처럼 현현한다."(T.75) 언어에 의해 생긴 인식 내의 형상은 인식에 의해 훈습된 습기를 원인으로 생긴 것이지만, 본래적 착오 때문에 내적 형상을 외계의 존재로 파악하여 그 외계 대상에로 행동을 한다는 것이다. 다르마키르티는 자비량장에서 "그것(개념적 인식)은 그것(개념적 인식에 현현한 것)만을 파악하는 것이지만 개념 구성[分別]은 본래적인 착오 때문에 마치 (외계대상) 실재를 파악하는 것처럼 현현한다"고 해설한다.(T.75)

14.

[반론]

앎 자체에 인식대상의 형상이 있다고 인정하고서 그 앎에 존재하는 인식대상의 형상을 본래적 무명 때문에 외계대상으로 분별하여 외계대상 그 자체에 행동한다고 대상에 대한 행동을 설명하는 것을 부정하는 설일체유부는, 앎 자체와는 독립적인 심불상응행(心不相應行)으로 외계에 존재하는 이름[名]에 근거하여 대상에로의 행동을 한다고 반론한다.

[답론]

혹은 외계대상의 현현을 [자신 속에] 지닌 [인식을 대상에 대한 행동의] 근거로 [삼을] 경우, 인식으로부터 배제된 [낱말 등의 심불상응행을 세울] 인식수단은 존재하지 않는다. 왜냐하면 [낱말 등이 인식으로부터] 배제되어 [객관적으로 실재한다는 것은] 일반적으로 승인되지 않기 때문이다.

bāhyārthapratibhāsāyā upāye vā apramāṇatā/
vijñānavyatiriktasya vyatirekāprasiddhitaḥ//(k.14)

案

대상의 형상이 대상 속에 있는가, 아니면 앎 자체 속에 있는가에 따라 입장이 나누어진다. 전자, 즉 대상의 형상이 외계대상 속에 있다고 주장하는 것을 무형상인식론 혹은 식무상설(識無相說, nirākāravāda)이라 하고, 후자, 즉 대상의 형상이 외계대상 속에 있는 것이 아니라 앎 자체 속에 있다고 주장하는 것을 유형상인식론 혹은 식유상설(識有相說, sākāravāda)이라 한다. 설일체유부는 무형상인식론(식무상설)에 입각해 있는 반면 유식학파는 유형상인식론(식유상설)에 의거해 있다. 다르마키르티는 13송과 14송에서 유식의 유형상인식론의 관점에 입각하여, 사실은 인식에 현현하는 형상을 무시이래의 무지 때문에 외계대상이라고 분별하여 그것에 행동을 개시하는 것임에도 불구하고, 무형상인식론을 고집하는 학파들은 그것을 인정하지 못하고 있다고 비판하고 있다.

15-1.

[반론]

만약 모든 앎은 대상을 지니고 있기 때문에[언어에서 생긴 앎의 대상으로서 낱말 등의 존재가 추론된다]라고 한다면?

sarvajñānārthavattvāc cet

[답론]

꿈 등에서는 [외계대상에 의해 생기는 감관지각과] 달리 [외계대상을 갖지 않는 것이] 경험적으로 알려지기 때문에 [그 주장은] 이치에 맞지 않다.

svapnādāv anyathā īkṣaṇāt /

ayuktaṃ(k.15-1)

案

외계대상 실재론자들에 의하면 인식의 대상과 언어 표현의 의미는 반드시 외계에 실재한다고 간주한다. 즉 [외계]대상 없이 인식은 생길 수가 없고, [외계]대상 없이 언어는 표현될 수가 없다는 것이다. 하지만 다르마키르티는 외계대상이 존재하지 않아도 인식이 생긴다고 하는 자신의 주장의 사례로 꿈에서의 인식이나 눈병에 걸린 눈에 비치는 털 등을 제시한다.

15-2.

[반론]

꿈의 대상은 내부에 있는 것이 아니라 외부에 심불상응행 유위법의 모습(nimitta, 相)으로 실재한다. 이 유위법을 대상으로 우리는 꿈을 꾼다.

[답론]

또한 [꿈은 상(相)이라는 심불상응]행에서 [생길 수가] 없다. 왜냐하면 [꿈에는] 푸른색 등의 현현이 있기 때문이다.

na ca saṃskārān nīlādipratibhāsataḥ//(k.15-2)

案

만약 꿈이 색깔 있는 모양[色] 등의 형상을 가지지 않는 심불상응행의 존재로부터 생긴다면 그 꿈에는 색깔 있는 모양 등의 형상이 현현하지 않아야 할 것이다. 하지만 꿈은 색깔 있는 모양 등의 현현을 갖는다. 따라서 외계대상이 존재하지 않아도 인식(앎)은 생성된다.

16-1.

[반론]

꿈은 외계에 실재하는 푸른색 등을 대상으로 한다.

[답론]

[외계에 실재하는] 푸른색 등은 [꿈의 대상이] 아니다. 왜냐하면 [꿈에 현현한 푸른색 등에는] 장애가 없기 때문이다.

nīlādy apratighātān na(k.16-1)

案

꿈에도 색깔 있는 모양[色]이 현현한다. 그런데 색깔 있는 모양은 외계의 대상에 의해 주어지는 것이기 때문에 꿈은 외계대상에 의해서 생긴다고 하는 것이 대론자의 반론의 핵심이다. 하지만 꿈속에서 현현하는 대상은 외계의 대상이 아니다. 왜냐하면 그것은 장애가 없기 때문이다.

16-2.

[반론]

꿈속의 푸른색 등은 무엇인가?

[답론1]

그것(꿈에 현현하는 푸른색 등)은 인식이다. 왜냐하면 [인식 가능한] 적절한 장소에 있는 [다른] 사람에게는 인식되지 않는 것을 자기 자신은 인식하기 때문이다.

jñānaṃ tad yogyadeśakaiḥ/

ajñātasya svayaṃ jñānān(k.16-2)

16-3

[답론2]

낱말 등도 이것에 의해서 설명되었다.

nāmādy etena varṇitam//(k.16-3)

案

꿈에 현현한 푸른색 등이 외계에 실재하는 대상이 아니라 인식의 형상인 것과 마찬가지로, 설일체유부가 외계에 실재하는 대상이라고 간주하는 낱말 등이 인식을 떠나서 외계에 객관적으로 존재하는 것이라고 한다면, 가까이에 있는 다른 사람들도 그 낱말 등의 인식이 있어야만 할 것이지만, 그것은 사실이 아닌 것처럼, 낱말 등도 외계에 실재하는 대상이 아니라 인식의 형상인 것이다. 왜냐하면 언어를 귀로 듣는 사람만이 그러한 앎이 생기기 때문이다.

17.

[반론]

언어를 듣고서 생기는 앎이 앎을 떠난 객관적 대상을 갖는다.

[답론1]

그 눈 등의 [감관]지각은 [색깔 있는 모양 등의] 대상을 갖는 것이라고 간주되는 것은 무엇을 근거로 [그렇게] 생각하는가? 만약 [색깔 있는 모양 등의] 대상에 [인식을 생기게 하는 인과적 효과의] 능력이 있다는 것을 경험적으로 알기 때문에[눈에 의한 지각 등은 색깔 있는 모양 등을 대상으로 한다]라고 한다면, 다른 것(언어로부터 생긴 분별적 인식, 공상에 의한 인식)은 [외계]대상을 가지지 않는[다고 해야만 한]다.

sā eva iṣṭā arthavatī kena cakṣurādimatiḥ matā/
arthasāmarthyadṛṣṭeś ced anyat prāptam anarthakam//(k.17)

案

대론자는 인식되는 것은 존재하는 것(爲境生覺眞是有)이라는 입장을 견지한다. 지각이든 사유 분별이든 간에 이것들은 반드시 대상을 갖는다고 주장한다. 이것과 마찬가지로 언어로부터 생긴 분별적 인식도 대상을 갖기 마련이며, 그 대상은 외계에 존재하는 것이다. 하지만 다르마키르티는 자상을 대상으로 하는 지각을 제외하고 사유 분별에 의한 분별적 인식이나 언어에 의한 분별적 인식은 지각과는 달리 내적인 요인으로부터 생기기 때문에 앎과는 분리된 외계대상을 갖는다고 생각하지 않는다.

18.

[반론]

설일체유부에 의하면 독립적으로 존재하는 낱말(명) 등이 외계에 존재하는 대상들과 결합한다.

[답론]

[낱말 등이 대상과] 결합하지 않을 경우에도 [인과적 효과성인 대상을 향해] 행동할 수 없을 것이다. 만약 [낱말 등이] 대상과 결합한다면 과거와 미래[의 대상]는 표현될 수 없을 것이다. 왜냐하면 그것(과거와 미래의 대상과 결합한 낱말 등)은 대상과 함께 소멸하기 때문이다.

apravṛttir asambandhe apy arthasambandhavad yadi/
atītānāgataṃ vācyaṃ na syād arthena tat kṣayāt//(k.18)

案

낱말이 대상과 결합하지 않는 경우, 즉 화자와 청자 사이에 표현되어야 할 대상과 결합하지 않는 낱말 등이 어떠한 것에도 의존하지 않고서 독립해 있다고 말하는 경우, 그 낱말 등은 인과적 효과성을 본질로 하는 대상에 행동할 수가 없다. 왜냐하면 화자는 낱말과 대상을 결합해야만 그 대상에 대해 행동을 일으킬 수 있기 때문이다. 또한 낱말 등이 대상과 결합하는 경우, 가령, '어제 태양은 떴다'라거나 '내일 태양은 뜰 것이다'라고 표현할 수가 없을 것이기 때문이다. 왜냐하면 어제의 태양은 소멸했을 뿐만 아니라 그것과 결합한 낱말 등도 소멸해 버렸기 때문에 어제의 태양을 표현할 수가 없을 것이다. 그렇지만 우리는 '어제 태양은 떴다'라고 표현한다. 마찬가지로 내일의 태양은 아직 생기지 않았을 뿐만 아니라 그것과 결합한 낱말 등도 아직 생기지 않았기 때문에 내일의 태양을 표현할 수가 없을 것이다. 하지만 우리는 '내일 태양은 뜰 것이다'라고 자연스럽게 표현한다. 따라서 낱말 등이 대상과 결합한다고 해도, 또는 결합하지 않는다고 해도 과거와 미래의 대상은 표현되지 않을 것이라는 모순이 발생한다.

19, 20-1, 20-2.

[반론]

만약 [당신이] 언어를 통해 공상을 파악하[고 감관지각에 의해서 개체를 파악하]기 때문에 ['감관의 결합은 무의미하다'라는] 오류는 범하지 않는다고 생각한다면?

sāmānyagrahaṇāc chabdād aprasaṅgo mato yadi/

[답론]

그것은 [이치에] 맞지 않다. 왜냐하면 [당신의 주장에 의하면 언어를 통해서] 다만 공상만을 파악하는 것이 아니[라 공상과 함께 개체를 파악하]기 때문이다. 가령 [공상만을] 파악한다고 하더라도 [그 경우 다음과 같은 오류가 발생한다. 즉] '그것(개체)의 공상'이[라는 동일관계가 성립할 수] 없게 된다[는 오류], '그것(개체)으로부터의 현현'이[라는 인과관계가 성립할 수] 없게 된다[는 오류], 그와 더불어 [당신에 의하면 공상은] 상주이기 때문에 항상 [개체의 유무에 관계없이] 인식되게 된다[라는 3가지 오류가 발생할 것이다].

tan na kevalasāmānyāgrahaṇād
grahaṇe api vā//(k.19)
atatsamānatā avyaktī tena nityopalambhanam/(k.20-1)
nityatvāc ca(k.20-2)

案

이 19송은 앞의 11송과 연관해서 고찰되어야 한다. 11송에서 공상은 언어의 지시대상이기 때문에 현실적 존재가 아니라고 기술한다. 그런데 만약 공상이 현실적 존재라고 한다면 감관의 결합, 즉 감관지각이 결과를 갖는다는 사실에 위배되는 오류를 범하게 되어 결국에 감관의 결합(감관지각)이 무의미하게 되어 버린다는 결론에 이르게 된다. 그런데 이 19송에서 언어를 통해 공상을 파악하고 감관지각에 의해서 개체를 파악하기 때문에 감관의 결합은 무의미하다는 오류를 범하지 않는다고 하는 반론은 공상을 현실적 존재(vastu)라고 하는 주장을 굽히지 않고 다만 색깔 있는 모양 등의 현실적 존재와는 다른 별개의 현실적 존재로서의 공상을 고집하려는 것이다. 따라서 공상이 현실적 존재인지 아닌지를 논할 때 그 현실적 존재의 의미를 '색깔 있는 모양 등'이라고 생각한다면 감관지각은 무의미하게 된다는 오류를 범하지만, 그 현실적 존재의 의미를 '색깔 있는 모양' 등의 개체, 즉 자상과는 별개의 현실적 존재라고 한다면 그 별개의 현실적 존재인 공상이 언어의 지시대상이며 색깔 있는 모양 등의 현실적 존재는 감관지각의 대상이라 생각되기 때문에 그 의미에서 감관지각은 유의미한 것이 아닌가 하는 것이 반론의 취지이다.

이러한 반론에 대해 다르마키르티는 '언어를 통해서 다만 공상만을 파악하는 것이 아니라 공상과 함께 개체를 파악'한다는 주장으로 위의 반론을 논파한다. 다시 말하면 색깔 있는 모양 등의 현실적 존재를 감관지각이 파악하고 그것과는 별개의 현실적 존재인 공상을 사유를 통해 파악한다고 해도, 공상은 단독으로 파악되는 것이 아니다. 왜냐하면 공상을 파악할 때 개체도 함께 파악된다고 그들(니야야학파)의 경전에서도 기술하기 때문이다. 따라서 공상을 파악할 때 이미 공상뿐만 아니라 개체인 색깔 있는 모양 등의 현실적 존재를 파악하는 것이 되기 때문에 감관의 결합 즉 감관지각이 결과를 갖는다는 사실에 위배되어 감관지각의 존재 자체가 무의미하게 된다는 사실은 변함이 없다. 따라서 공상은 현실적 존재일 수가 없다는 것이 다르마키르티의 일관된 주장이다.

20-3.

[반론]

만약 [무상(찰나멸, 자기차이성)을 본질로 하는] 개체로부터 현현한 것(공상)이 지각[의 대상]이라고 한다면?

yadi vyaktir vyakteḥ pratyakṣatāṃ prati//(k.20-3)

21.

[답론1]

[무상(찰나멸, 자기차이성)을 본질로 하는 개체가 존재하더라도 '상주'를 본질로 하는 공상] 자신이 인식을 생기게 하는 [인과적 효과의] 능력이 있다면, 그것은 실로 [개체가 존재하지 않더라도 인식을 생기게 하는 인과적 효과의] 능력이 있을 것이다. 만약 어떤 경우(개체가 존재하지 않는 경우)

[인식을 생기게 하는 인과적 효과의] 능력이 없다면, 그것은 어떠한 경우에도(개체가 존재하는 경우에도) [인식을 생기게 하는 인과적 효과의] 능력은 없을 것이다.

ātmani jñānajanane yac śaktaṃ śaktam eva tat/
atha aśaktaṃ kadācic ced aśaktaṃ sarvadā eva tat//(k.21)

22.

[답론2]

[개체가 존재할 때 스스로 현현하는] 그것(공상)의 능력 혹은 [개체가 존재하지 않을 때 스스로 현현하지 못하는] 그것(공상)의 무능력이 본질[自性]에 의해 한정될 때, 그 구제대상이 아닌 것(공상)은 상주[를 본질로]하기 때문에 무엇이 그것(능력 내지 무능력)을 소멸하게 할 수 있을까?

tasya śaktir aśaktir vā yā svabhāvena saṃsthitā/
nityatvād acikitsyasya kas tāṃ kṣapayituṃ kṣamaḥ//(k.22)

案

이 반론의 핵심은 공상이 추론에 의해서만 파악된다는 것이 불교인식논리학파의 입장인 데 반해 공상은 지각에 의해서도 파악된다고 하는 것이다. 그래서 공상은 개체가 존재하든 존재하지 않든 간에 관계없이 항상 인식된다고 하는 오류는 범하지 않는다고 하는 것이 이 반론의 요지이다. 요컨대 상주를 본질로 하는 공상은 개체가 존재할 때 스스로 현현하는 인과적 효과의 능력을 갖고, 개체가 존재하지 않을 때 스스로 현현하는 인과적 효과의 능력을 갖지 않는다고 하는 것은 이치에 맞지 않다.

23.

[반론]

공상은 지각에 의해서도 파악된다.

[답론] 다르마키르티의 반문

또한 푸른색 등의 형상의 부분이 그 공상의 인식에 수반하고 있다고 알려져 있지만, 그것(푸른색 등의 형상의 부분)은 무엇에 의해 그것(공상의 인식)으로 지어지는 것인가?

tac ca sāmānyavijñānam anurundhan vibhāvyate/

nīlādyākāraleśo yaḥ sa tasmin kena nirmitaḥ//(k.23)

案

다만 공상만을 파악한다고 하는 경우, 두 가지 난점이 발생한다. 하나, 대론자에 의하면 개체는 공상을 대상으로 하는 앎의 생기에 즈음하여 전혀 의지하지 않기 때문에 개체로부터 생기는 푸른색 등의 형상의 부분이 공상을 대상으로 하는 앎에 수반한다는 것을 설명할 수 없다. 또 하나는 대론자에 의하면 공상과 푸른색 등은 별개의 존재이므로 공상에 푸른색 등의 형상은 있을 수 없기 때문에 공상으로부터 푸른색 등의 형상의 부분은 공상을 대상으로 하는 앎에 생긴다고도 할 수 없다. 따라서 공상만을 파악한다고 전제하는 경우, 이 두 난점을 해결하기 쉽지 않다.

24.

[반론]

만약 [당신이 색깔 있는 모양 등의 현실적 존재가 언어와 결합한 분별적 인식의 대상임과 동시에] 지각에 의한 인식의 대상이기 때문에 '감관이 아무 소용이 없는 것은 아니다'라고 한다면?

pratyakṣapratyayārthatvān na akṣāṇāṃ vyarthatā iti cet /

[답론]

[그것은 바르지 않다.] 어떻게 오직 하나의 형상만을 가진 [색깔]·소리·[향기] 등으로부터 실로 그 현현이 다른 인식이 생길 수 있을까? [결코 생길 수가 없다.]

sā eva ekarūpāc śabdāder bhinnābhāsā matiḥ kutaḥ//(k.24)

案

대론자에 의하면 색깔 있는 모양 등의 현실적 존재가 분별적 인식의 대상이 됨과 동시에 지각의 대상의 된다는 것이다. 하지만 현실적 존재이자 자상인, 색깔 있는 모양[色]인 지각대상으로부터 지각만이 생길 수가 있다. 분별적 인식은 색깔 있는 모양 등의 공통상, 즉 공상으로부터 생길 수가 있다. 이상으로 공상은 현실적 존재가 아니라는 주장에 대한 제1의 논증 즉 언어의 지시대상이기 때문이라는 논증을 마친다.

25-1.

[반론]

공상(보편)은 공상을 지닌 것(개체) 그 자체이다.

[답론]

보편(jāti)은 보편을 지닌 것(jātimad, 개체)이 아니다. 왜냐하면 [보편은 여러 개체들을 근거로 하지만, 자기차이성을 본질로 하는] 개체(vyakti)의 형상은 [자기 자신 외에] 다른 근거를 갖지 않는다고 증명되기 때문이다.

na jātir jātimad vyaktirūpaṃ yena aparāśrayam/
siddhaṃ(k.25-1)

案

이 송은 '공상(보편)은 개체와 같다'고 하는 주장을 비판한 것이다. 다시 말하면 보편(공상)은 다수의 개체에 공통하지만, 개체의 형상은 다른 개체에 공통하지 않는다. 따라서 보편(공상)과 개체는 같은 것일 수 없다.

25-2.

[반론]

만약 [보편이 개체와] 별개[의 존재]라고 한다면?

pṛthak cet

[답론]

[그 경우, '개체의 보편'이라는 본질적 결합관계가 성립하지 않게 된다. 보편과 개체의 상의관계에 근거해서 '개체의 보편'이라고 표현될지도 모른다. 그러나] 인과관계가 '상의관계'로 간주되는 것이다. [그런데 대론자에 의하면 보편은 상주를 본질로 하는 존재이기 때문에 보편과 개체 사이의 인과관계와 상의관계는 성립하지 않는다.]

kāryatvaṃ hy apekṣā ity abhidhīyate//(k.25-2)

案

이 게송은 '공상(보편)은 개체(자상)와 별개의 존재이다'라는 주장을 귀류법으로 비판한 것이다. 만약 공상(보편)이 개체(자상)와 별개의 존재라고 한다면 '소나무는 나무이다'라는 본질적 결합관계를 설명할 수가 없을 것이다. 왜냐하면 '소나무는 나무이다'라는 추론이나 언어표현이 가능한 것은 소나무라는 개체의 본질이 나무라는 보편의 본질과 간접적이기는 하지만 본질적 결합관계(동일관계)를 맺고 있기 때문에 가능한 것이다. 또한 만약 '공상(보편)이 개체(자상)와 별개의 존재이다'라고 한다면 '연기에 의한 불'이라는 본질적 결합관계를 설명할 수가 없을 것이다. 왜냐하면 '연기에 근거하여 불이 있다'라는 추론이나 언어 표현이 가능한 것은 결과인 연기라는 공상(보편)이 원인인 불이라는 개체(자상)와 본질에 근거한 인과관계라는 본질적 결합관계(인과관계, 상의관계)를 맺고 있기 때문이다. 그러므로 공상과 개체가 같다고 해도, 다르다고 해도 난점이 발생하는 것은 마찬가지이다. 요컨대 공상과 개체는 같은 것도 아니고 다른 것도 아니다.

26.

[반론]

보편은 개체와 별개의 존재이다. 왜냐하면 보편은 상주를 본질로 하지만 개체는 무상을 본질로 하기 때문이다.

[답론]

결과는 다른 것에 의존하지 않는다. 왜냐하면 [결과는] 자기 원인에 의해서 성취되기 때문이다. [그러나 원인과 결과는 다만] 분별적 인식에 의해 결합되는 것이다. 하물며 결과가 아닌 것(상주를 본질로 한다고 간주되는 보편)이 어떻게[원인과 결합할 수 있는가]?

nişpatter aparādhīnam api kāryaṃ svahetutaḥ/

sambadhyate kalpanayā kim akāryaṃ kathañcana//(k.26)

案

인과관계에 의한 본질적 결합관계에 대해서 도사키 히로마사(戸崎宏正)의 다음 설명이 위의 게송을 이해하는 데는 많은 도움이 될 것이다. "또한 갑이 을에서 생길 때, 그 인과관계에 근거해서 '을의 갑'이라고 표현할 수가 있지만, 그 갑과 을의 인과관계조차 실은 분별[적 인식]의 소산이며, 궁극적 차원(승의)에서는 존재하는 것이 아니다. 가령 종자와 싹에 관해서 본다면 종자에서 생긴 싹은 생성을 완료했을 때는 오히려 종자의 작용을 받지 않는다. 즉 독존자이다. 생성을 완료한 싹은 종자에 대해서 전적으로 독립한 존재이지 종자와의 사실적 관계는 존재하지 않는다. 그러나 생성을 완료한 싹을 종자와 관계 짓는 것은 분별[적 인식]에 지나지 않는다. 이와 같이 결과라고 해도 원인과 사실적 결합이 있는 것이 아니다. 그리고 그것들을 관계 짓는 것은 분별이다. 그런데 대론자에 의하면 종자는 상주를 본질로 하는 것으로 간주되고 따라서 어떠한 사물의 결과도 아닌 것이 된다. 결과조차 위에서 기술한 바와 같이 원인에 대해서 사실적 관계가 없는데 하물며 어떠한 것의 결과도 아닌 보편이 어떻게 해서 개체에 대해서 결합을 갖는다고 할 수 있는가."(T.90) 요컨대 모든 인과관계는 분별적 인식의 소산이다.

27-1.

[반론]

만약 [보편과 개체가] 다른 것이라고 한다면?

anyatve(k.27-1)

[답론]

그것(보편)은 [개체와] 관계가 없게 된다. [따라서 보편과 개체는 서로 다른 존재라고 할 수 없다.]

tad asambaddhaṃ

案

여기서 '보편이 무자성성(無自性性)'이라는 말은 보편은 현실적 존재가 아니라 비현실적 존재, 즉 비존재라는 것을 의미한다.

27-2.

[결론]

이것으로 [보편의] 무자성성이 증명된다.

siddhā ato niḥsvabhāvatā/(k.27-2)

27-3.

[반론]

만약 공상(보편)이 무자성이라면 즉, 공상이 비존재라면, 토끼의 뿔, 허공의 꽃, 거북의 털과 같은 비존재(abhāva)도 무자성이기 때문에 공상(보편)이 될 것이다.

[답론]

[토끼의 뿔 등과 같은] '비존재는 보편(공상)이 된다'고 하는 오류는 [발생할 수] 없다. 왜냐하면 두 가지(개체와 비존재)에는 의존관계가 [성립할 수] 없기 때문이다.

jātiprasaṅgo abhāvasya na apekṣā abhāvatas tayoḥ//(k.27-3)

案

이렇게 공상이 개체와 다르다고 해도, 다르지 않다고 해도 오류가 발생하기 때문에 공상은 개체와 다른 것도 아니고 같은 것도 아니다. 이렇게 해서 공상의 무자성성, 즉 공상은 현실적 존재가 아니라고 하는 것이 논증된다. 그렇다면 공상이 무자성, 즉 비현실적 존재라면 토끼의 뿔이나 허공의 꽃 및 거북의 털 등도 무자성, 즉 비현실적 존재라는 측면에서는 똑같기 때문에 토끼의 뿔 등도 공상(보편)이 될 것이라고 하는 반론에 대해 개체와 토끼의 뿔 등의 비존재에는 상호의존관계가 성립하지 않기 때문에 '비존재는 보편[공상]이 된다'는 오류를 범하지 않는다고 답론한다. 즉, 병(甁)이라는 개체와 병성(甁性)이라는 공상(보편) 사이에는 상호의존관계(인과관계)가 존재하지만, 토끼(개체)와 토끼의 뿔 사이에는 상호의존관계가 존재하지 않는다는 것이다. 그러나 병과 병성의 상호의존관계(인과관계)도 현실적 존재의 차원[勝義]에서 성립하는 것이 아니라 일상언어 차원[世俗]에서 성립하는 것에 지나지 않는다는 것을 유념할 필요가 있다. 데벤드라붓디의 다음과 같은 기술은 참고할 만하다. "병과 그것의 공상(병성)에 상호의존관계가 있을 때, 병이 유법(有法, dharmin)이며, 병성이 법(法, dharma)인 것은 이치에 맞다. 만약 이 경우에도 법과 유법의 관계는 어떻게 존재하는가라고 묻는다면,

그렇다(법과 유법의 관계는 현실적 존재 차원에서는 존재하는 것이 아니다). 그러나 외계대상과 '그것으로부터의 배제(tadvyāvṛtti, anyāpoha)'라고 말해지는 저 견해에 의지하여, 다수의 법을 집착하는 본래적 착오인 분별적 인식이 생기고, 그 분별적 인식이 본래적 착오 때문에 자기의 현현에 존재하는 각각의 자기차이성으로 존재하는 법을 실재하는 법과 같이 확립한다. 그것(분별적 인식)의 현현에 의해서 법과 유법이라는 이 언설(vyavahāra)을 사람들은 행하는 것이다. 이와 같은 사정이기 때문에 그들 병과 병성에는 상호의존관계(인과관계)가 있는 것이다. 하지만 병과 토끼의 뿔에는 그와 같은 상호의존관계(인과관계)가 없다."(T.92) 그렇지만 존재론적 차원에서는 토끼의 뿔 등은 공상이 아니지만, 인식론적 차원에서는 토끼의 뿔 등은 비인식이라는 추론인에 의해 추론되는 대상이라는 점에서는 공상이다.

28.

[반론]

보편은 외계대상의 형상이다.

[답론]

그러므로 보편은 [외계대상의] 형상이 아니다. [그것은 외계대상의] 형상에 근거하여 [개념적으로] 구성된 것이다. 그 개체에 두루 미치는 목적을 가진 언어에 의해서 표현된다.

tasmād arūpā rūpāṇām āśrayeṇa upakalpitā/

tadviśeṣāvagāhārthair jātiḥ śabdaiḥ prakāśyate//(k.28)

案

외계대상의 형상은 보편(공상)이 아니라 자상이다. 보편은 자성을 가진 현실적 존재가 아니라 여러 현실적 존재들(개체들)의 형상에 근거하여 개념적으로 구성된 것이며, 또한 언어는 구성된 개념을 의미대상으로 한다.

29.

[반론]

왜 앎에 현현한 보편을 마치 어떤 특정한 본질을 가진 것으로 파악하는가? 또 현실적으로 존재하지 않는 보편(개념)을 가지고 실재하는 외계대상의 동일성을 인식한다고 하는가?

[답론]

그것(보편)에 대해서, [외계대상의] 형상이 현현한 것[이라고 파악하거나] 혹은 그 자체로서 [외계]대상을 파악하는 것, 그것은 무시이래 [전도된] 견해의 반복된 습관으로 형성된 착오[에 의한 분별적 인식의 소산]이다.

tasyāṃ rūpāvabhāso yas tattvena arthasya vā grahaḥ/
bhrāntiḥ sā anādikālīnadarśanābhyāsanirmitā//(k.29)

案

그렇다면 외계실재론자들은 왜 앎에 현현한 보편을 마치 어떤 특정한 본질을 가진 것으로 파악하는가? 또 현실적으로 존재하지 않는 보편(개념)을 가지고 실재하는 외계대상의 동일성을 인식한다고 하는가? 라는 의문에 대해서 다르마키르티는 '그것은 무시이래의 (잘못된) 견해의 반복된 습관으로 형성된 착오(에 의한 개념적 인식의 소산)이다'라고 답론 한 것이다.

30.

[반론]

공상은 타자의 배제를 특징으로 하는 비현실적 존재가 아니라 상주를 본질로 하는 현실적 존재이다.

[답론]

또한 여러 대상들의 공상은 '타자의 배제'를 특징으로 하며, 이러저러한 언어가 그것과 관련을 맺는다. 그것(공상)에 [대상의 존재방식으로서의] 형상은 전혀 존재하지 않는다.

arthānāṃ yac ca sāmānyam anyavyāvṛttilakṣaṇam/
yan niṣṭhās ta ime śabdā na rūpaṃ tasya kiñcana//(k.30)

案

니야야·바이세시카학파와 디그나가가 공유하는 것은 언어의 지시대상이 자상이 아니라 개체 일반에 존재하는 공상이라는 관념이다. 하지만 언어의 지시대상인 공상이 실재인가 아니면 비실재(관념)인가에 따라 양자는 의견을 달리한다. 전자는 실재로, 후자는 비실재로 간주한다. 또한 언어의 지시대상이 공상이라 할 때, 그 공상의 내용은 양자가 판이하다. 전자는 여섯 범주[六句義]에 의해 한정된 대상이지만, 디그나가는 '타자의 배제'가 언어의 대상이라 간주한다. 다르마키르티는 니야야·바이세시카학파의 보편실재론을 아포하론으로 극복하려는 디그나가의 언어론을 수용하지만 단순히 디그나가의 에피고넨으로 머물지 않는다. 즉, 언어의 지시대상을 실재가 아니라 비실재·공상이며, 이 공상의 본질은 '타자의 배제'라는 디그나가의 아포하론을 수용하지만, 역으로 보편자 등의 개념의 존재론적 근거나 개념형성의 과정을 체계적·합리적으로 기술한다는 측면에서 다르마키르티의 독창성이 있다. 가쓰라 쇼류(桂紹隆)에 의하면 "그(다르마키르티)는 언어의 표시대상으로서의 '타자의 배제'가 단순히 부정적인 것이 아니라 언어의 의미대상으로서 어떤 긍정적인 형상을 지닌 개념임을 명시한다. 그리고 그와 같은 개념 상호간에는 구별이 성립하며, 또한 두 단어 사이의 한정-피한정의 관계나 동일기체성도 성립한다는 것을 논증한다". 여기서 두 단어 사이의 한정-피한정의 관계나 동일기체성은 니야야·바이세시카학파 언어이론의 핵심사상으로 그들에 따르면 언어의 지시대상이 디그나가처럼 비실재라고 할 때 두 단어 사이의 한정-피한정 관계도 동일기체성도 성립하지 않는다. 그렇다면 두 단어 사이의 한정-피한정의 관계란 무엇인가? 그것은 다음과 같다. 가령, '붉은 꽃'이라 할 때 '붉은'은 '꽃'을 한정한다. 또한 '붉은'은 속성(guna)으로서 실재하고, '꽃'은 실체(dravya)로서 실재한다. 그리고 실재하는 속성 '붉은'이 실재하는 기체인 '꽃'을 한정하기 때문에 한정사(붉은)-피한정사(꽃)의 관계가 성립한다. 만약 디그나가처럼 '붉은'이라는 단어에 의해 지시되는 대상이 비실재이고, '꽃'이라는 언어에 의해 지시되는 대상 또한 비실재라고 한다면 비실재가 비실재를 한정하는 것은 있을 수 없을 것이다. 또한 두 단어 사이의 동일기체성이란, '붉은'이라는 속성언어가 지시하는 대상과, '꽃'이라는 실체언어가 지시하는 대상은 다른 것이 아니라 동일한 하나의 대상을 지시하는 것이다. '붉은 꽃'은 '붉은'이라는 속성을 담지하는 X와 꽃이라는 보편을 담지하는 X가 동일한 것으로 존재해야만 우리는 그 하나의 대상에 대해서 '붉은 꽃'이라 말할 수 있다는 것이다. 만약 디그나가처럼 비실재라고 한다면 '붉은'이라는 속성이 귀속되는 것이 없고 '꽃'이라고 하는 보편이 내재할 존재가 없게 되어 '붉은 꽃'이라는 말은 의미가 없게 될 것이다. 이에 대해 디그나가는 별다른 언급이 없지만, 다르마키르티는 위에서도 본 바와 같이 두 단어 사이의 한정사-피한정사의 관계와 동일기체성을 인정한다. 다만 니야야·바이세시카학파는 실재론의 관점에서 인정하는 반면, 다르마키르티는 개념론의 관점에서 즉, 개념 상호간의 한정사-피한정사의 관계가 성립하며, 두 개념 사이의 동일기체성을 설정할 수 있음을 언급하고 있다.

31-1.

[반론]

불교인식논리학파에서도 공상을 대상으로 하는 앎에 형상은 현현한다는 것을 인정한다. 그렇다면 그 형상이야말로 공상이 아닌가? 그리고 그들 형상은 서로 구별되기 때문에 자성이 있는 것이다. 따라서 공상은 자성이 있는 것이다. 요컨대 공상은 현실적 존재이다.

[답론]

공상의 인식에는 [무상(찰나멸)을 본질로 하는 외계대상의] 형상은 [있을 수] 없다. [무상(찰나멸)을 본질로 하는 개개의 외계대상을] 공상(타자의 배제에 의해서 개념적으로 형성된 공통의 형상)으로 인식하기 때문에 [그 인식의 형상이] 공상이다. [그런데] 그것(공상의 인식)은 [무상(찰나멸)을 본질로 하는] 대상에 대한 착오라고 [현자에 의해서] 인정된다.

sāmānyabuddhau sāmānyena arūpāyām api īkṣaṇāt/(k.31-1)

arthabhrāntir api iṣyeta sāmānyaṃ sā apy

31-2, 32-1.

[반론]

공상을 대상으로 하는 앎(공상지)은 객관적 실재 그것을 대상으로 한다.

[답론1]

[이와 같은 공상을 대상으로 하는 앎은 외계]대상의 형상을 갖는 것이 아니다. 왜냐하면 [공상을 대상으로 하는 앎의 형상은 외계]대상의 형상으로 여러 개체들에 널리 편재되어 있기 때문이며, 또한 [그 형상은] 그 자체(대상의 형상)로서 존재하지 않기 때문이다. [그러므로 공상을 대상으로 하는 앎의 대상은 객관적으로 존재하는 것이 아니다.]

abhiplavāt//(k.31-2)

artharūpatayā tattvena abhāvāc ca na rūpiṇī/(k.32-1)

32-2.

[답론2]

[이와 같이 공상은] 무자성(無自性)이기 때문에 [무상(찰나멸)을 본질로 하는 개체 그 자체라고 하거나 개체와 다른 것이라고도] 말할 수 없다.

niḥsvabhāvatayā avācyaṃ

案

대론자와 같이 '공상은 현실적 존재이다'(共相有自性)라는 주장에 입각한다면 '공상은 개체 그 자체라고도 말할 수 없고 혹은 별개라고도 말할 수 없다'라는 것은 모순이지만, 다르마키르티와 같이 '공상은 비현실적 존재이다'(共相無自性)라는 주장에 입각한다면 '공상은 개체 그 자체라고도 말할 수 없고 혹은 별개라고도 말할 수 없다'라는 것은 모순이 아니다. 결국 자상은 현실적 존재이며 공상은 비현실적 존재이다.

[반론]

만약 [당신은 가령 병의 보편이라는 공상이] 어떤 [다른 공상 즉 천[布]의 보편 등의] 것과 [다른 존재라고] 말할 수 있기 때문에 현실적 존재라고 생각한다면?

kutaścid vacanān matam//(k.32-2)

yadi vastu

33.

[답론]

[그것은 이치에 맞지 않다.] [공상은 찰나멸을 본질로 하는 개체 그 자체 혹은 그것과 다른 것이라고 말할 수 없기 때문에] 현실적 존재들이라고 결코 말할 수 없다. 또한 [공상은] 질료인의 차이로부터 [공상 상호간의] 차이가 비유적으로 표현되는 것이기 때문에 [다른 공상과 별개로 존재하는 현실적 존재(공상)라고] 말할 수 없다.

na vastūnām avācyatvaṃ kathañcana/

na eva vācyam upādānabhedād bhedopacārataḥ//(k.33)

案

공상이 무상(찰나멸)을 본질로 하는 개체 그 자체라고는 하지 않는다. 하지만 공상이 다른 공상과 다른 것은 그 공상에 다른 공상과 차이화하는 본성, 즉 자성이 있기 때문에 현실적 존재라고 하는 것이 반론의 핵심이다. 쉽게 말하면 흰말[白馬]의 공상은 개체인 흰말과 같다거나 같지 않다거나 말할 수 없지만, 얼룩소[斑牛]나 검은 고양이[黑猫]의 공상과는 다르다고 말할 수 있기 때문에 흰말의 공상은 실재한다는 것이다.

이러한 반론에 대해 다르마키르티는 두 가지 근거를 제시하여 공상이 비현실적 존재임을 논증한다. 하나는 공상이 현실적 존재라고 한다면 그것은 개체 그 자체이든가 아니면 개체와 별개의 존재이든가 둘 중의 하나이어야 하는데, 공상은 그 둘 다 아니다. 따라서 공상은 현실적 존재가 아니다. 또 하나는 어떤 공상과 다른 공상 간의 차이는 실재하는 특성의 차이에 기인하는 것이 아니라 개체를 구성하는 요소(색깔이나 모양 등)들인 질료인의 차이에 의해 비유적으로 표현된 것에 지나지 않는다는 것이다. 따라서 공상은 현실적 존재가 아니다.

34.

[반론]

공상은 자성을 지닌 현실적 존재이다.

[답론]

[공상을 자성을 지닌 현실적 존재라고 인정하는 경우, 다음과 같은 오류를 범한다.] 공상과 결합한 언어는 과거·미래의 대상에 대해서도 사용된다. 어떻게 해서 존재가 비존재의 속성이 될 수 있는가? [존재는 비존재의 속

성일 수 없다.]

atītānāgate apy arthe sāmānyavinibandhanāḥ/

śrutayo niviśante sad asaddharmaḥ kathaṃ bhavet//(k.34)

案

언어의 지시대상 가운데 하나인 공상도 객관적으로 실재한다고 공상실재론자들은 말한다. 가령, 어제 본 꽃을 지금 '꽃'이라 말하고 내일 필 꽃을 지금 '꽃'이라 말할 때 '꽃'이라는 말은 어제 본 꽃에 속하는 공상이라는 성질이며, 내일 필 꽃에 속하는 공상이라는 성질을 의미하는 것이다. 그런데 어제의 꽃은 비존재이며 내일 필 꽃도 비존재이다. 그런데 '꽃'이라는 말이 지시하는 공상이 비존재에 속한다는 것이 가능한가? 공상실재론자에 의하면 존재가 비존재의 속성이 되어 버린다. 이것은 불합리하다. 그러므로 만약 언어가 실재하는 공상을 대상으로 한다면 과거·미래의 존재에 관해서 어떠한 것도 말할 수 없을 것이다. 즉, '공상과 결합한 언어'인 '병'(甁)이라는 공상을 지시하는 언어가 '이미 그 병은 존재했다'라거나 '아마도 그 병은 계속해서 존재할 것이다'라는 과거의 병과 미래의 병에 대해 그 어떠한 언표행위도 불가능할 것이다. 그런데 과거의 병은 이미 소멸했기 때문에 비존재이고, 미래의 병은 아직 생기지 않았기 때문에 비존재이다. 하지만 그 '병'이라는 언어가 지시하는 병의 공상인 병성은 대론자에 의하면 [현실적] 존재이다. 그렇게 되면 존재(병성)가 비존재(과거의 병과 미래의 병)의 속성이 된다. 이것은 이치에 맞지 않다. 만약 언어가 현실적으로 존재하는 공상을 대상으로 한다면 과거와 미래의 존재에 대해 전혀 언표할 수 없을 것이다. 그런데 우리의 언어공동체는 현재의 존재에 대해서 혹은 과거의 존재나 미래의 존재에 대해서 자유자재하게 언표한다. 이때 언어가 지시하는 대상은 현실적 존재가 아니다. 개념적 존재이기 때문에 개념적 존재인 과거의 존재나 미래의 존재의 속성이 될 수가 있는 것이다. 실로 토끼의 뿔은 예리하지도 않고, 허공의 꽃은 아름답지도 않다.

35.

[반론]

어떤 대론자는 '항아리성[甁性, 有]이 과거 혹은 미래의 항아리[無]의 속성이다'라는 비유적 표현을 허용한다.

[답론]

만약 그것(존재가 비존재의 속성이라는 것)이 비유적 표현으로 허용된다면, 현재의 항아리[甁]가 [현존하는] 천[布] 등과 시·공간적 근접관계를 갖지 않는데, 어떻게 [존재하지 않는] 비존재와 시·공간적 근접관계를 갖는다고 할 수 있는가? [그와 같은 근접관계는 있을 수 없다. 따라서 비유적 표현은 허용되지 않는다.]

upacārāt tad iṣṭaṃ ced varttamānaghaṭasya kā/
pratyāsattir abhāvena yā paṭādau na vidyate//(k.35)

案

대론자에 의하면 공상은 객관적인 현실적 존재이다. 과거의 존재나 미래의 존재가 그 존재로서 사유되고 언표되는 것은 객관적/현실적으로 존재하는 공상 때문이다. 따라서 어떤 것이 존재하지 않을 때에도 공상은 미래의 존재, 현재의 존재, 과거의 존재의 속성이라고 비유적으로 표현될 수 있는 것이다. 그들에 의하면 현재의 존재가 공상을 속성으로 갖는다는 것을 알고 있기 때문에 과거의 존재나 미래의 존재에 대해서도 공상을 속성으로 갖는다고 비유적으로 표현된다는 것이다. 하지만 다르마키르티에 의하면 '존재가 비존재의 속성이다'라고 하는 것이 비유적 표현으로 의미가 있으려면 두 대상 사이에 시공간적 근접관계가 존재해야만 한다. 여기서 시공간적 근접관계란 대상들이 동일한 인식이나 언어 사용을 생성할 때 그 자기차이성으로 존재하는 각각의 대상들은 시공간적 근접관계에 있다고 하는 것이다. 가령, 감관지각이라는 결과가 발생할 때 그 원인이 되는 눈, 대상, 빛, 주의집중 등이 바로 시공간적 근접관계에 있다고 하는 것과 같다. 따라서 '항아리의 보편[항아리성]이 과거의 병 혹은 미래의 항아리의 속성이다'라고 하는 비유적 표현이 의미를 갖기 위해서는 현재의 항아리와 과거의 항아리 혹은 미래의 항아리 사이에 무엇인가 시공간적 근접관계가 있어야만 한다. 그런데 현존하는 항아리와 현존하는 천[布] 사이에도 시공간적 근접관계가 있을 수 없는데 어떻게 현존하지 않는 과거의 항아리나 미래의 항아리와 현존하는 항아리 사이에 근접관계가 있을 수 있을까? 그러므로 '존재가 비존재의 속성이다'라고 하는 것은 비유적 표현으로 허용될 수가 없는 것이다.

36.

[반론]

'과거의 항아리 혹은 미래의 항아리'와 '현재의 항아리'에서 전자는 증익된 것(āropita, 제2차적으로 표현되는 것)이며, 후자는 제1차적인 것(mukhya, 제1차적으로 표현되는 것)이다. 따라서 비유적 표현은 성립 가능하다.

[답론]

‘어린아이는 사자이다’라고 말할 때, 제1차적인 것과 증익된 것[이란 기준]은 인식이 항상 일탈 없이 작용하든가[혹은 일탈하여 작용하든가 둘 중의 하나]라는 일상언어 차원의 언명도 존재한다.

buddher askhalitā vṛttir mukhyāropitayoḥ sadā/
siṃhe māṇavake ca iti ghoṣaṇā apy asti laukikī//(k.36)

案

일상의 언어공동체는 언어와 그 지시대상이 착오 없이 정합적으로 관계를 맺을 때 그 언어는 제1차적인 것이라고 하며, 언어와 그 지시대상이 착오하여 부정합적으로 관계를 맺을 때, 그 언어는 제2차적인 것이라고 한다. 가령, ‘어린아이는 사자이다’라고 비유적으로 표현할 때 ‘사자’라는 언어는 개체인 사자에 대해서 착오 없이 정합적으로 관계를 맺기 때문에 제1차적인 것이지만, ‘사자’라는 언어가 항상 어린아이를 지시하는 것은 아니다. 즉, 어린아이에 대해서 ‘사자’라는 언어는 착오를 하여 부정합적일 경우가 있다. 따라서 어린아이는 ‘사자’라는 언어에 대해서는 제2차적인 것(증익된 것)이다. 이러한 일상의 언어공동체의 언명에 근거하여 ‘현재의 항아리’와 ‘과거의 항아리 혹은 미래의 항아리’는 항상 ‘항아리’라는 앎 내지 언어가 착오 없이 정합적 관계를 맺기 때문에 ‘현재의 항아리’라는 언어와 ‘과거의 항아리 혹은 미래의 항아리’라는 언어는 모두 제1차적인 것이다. 따라서 ‘현재의 항아리’는 제1차적인 것이고, ‘과거의 항아리 혹은 미래의 항아리’는 제2차적인 것이기 때문에 비유적 표현이 성립한다고 하는 대론자의 주장은 성립할 수가 없다.

37.

[반론]

비존재[無]에 관한 표현은 제2차적이며, '존재'[有]에 관한 표현은 제1차적이다. [과거와 미래의 병은 비존재이기 때문에 그것을 표현하는 언어는 제2차적이다.]

[답론[1]]

언어는 비존재를 대상으로 해도 [일상언어] 습관에 근거해서 사람들에 의해서 어떤 것(A)으로 사회적으로 약속된다. 그것(사회적으로 약속된 언어)이 제1차적인 것이다. 그 경우 [그 언어가 또한] 다른 것에, 그것(A)과의 공통성에 근거해서, 일탈 작용 등을 할 [때, 그것은] 제2차적인 것이다.

yatra rūḍhyā asadartho api janaiḥ śabdo niveśitaḥ/
sa mukhyas tatra tadsāmyād gauṇo anyatra skhaladgatiḥ//(k.37)

案

대론자는 계속해서 존재를 지시하는 언어는 제1차적인 것이며, 비존재를 지시하는 언어는 제2차적인 것이라고 주장한다. 하지만 다르마키르티는 언어의 의미가 1차적, 2차적이라고 하는 것은 일상의 언어공동체의 관습에 의해 사회적으로 약정된다는 입장을 견지한다. 가령 '사자'라는 말은 사자라는 동물을 표현(지시)한다는 관습에 의해서 사회적으로 약정된다. 이 경우 '사자'라는 말은 사자에 대해서 제1차적이라고 할 수 있다. 또한 우리는 어린아이와 사자의 공통성, 즉 낙타와 같은 구속된 정신이 아니라 자유로운 정신 등을 어린아이와 사자는 공통적으로 가지고 있다는 것을 근거로 '어린아이는 사자이다'라고 비유적으로 표현한다. 이때 사자라는 말은 착오 없이 어린아이를 표현하는 것이 아니기 때문에 제2차적이다. 따라서 언어의 의미가 제1차적이다, 제2차적이라고 하는 것은 사회적 관습에 의한 것이지 비존재에 관한 표현이 제2차적이고, 존재에 관한 표현이 제1차적이라고 할 수 없다.

38.

[답론2]

가령 어떤 사람이 존재에 대해서도 비존재라고 표현하거나 혹은 가령 실로 분별적 인식을 통해 무능력인 것 혹은 유능력인 것에 대해서 근본원인 등으로 표현할 것이다.

yathā bhāve apy abhāvākhyāṃ yathākalpanam eva vā/
kuryād aśakte śakte vā pradhānādiśrutiṃ janaḥ//(k.38)

案

이 송은 존재를 지시하는 언어가 제1차적인 것이며, 비존재를 지시하는 것이 제2차적인 것이라고 하는 대론자의 주장에 대해 언어가 비존재를 지시하는 경우에도 제1차적인 것이 되며 존재를 지시하는 경우에도 제2차적인 것이 된다는 것을 말한 것이다. 도사키 히로마사는 다음과 같이 38송을 해설한다. 가령 "어린아이(존재)가 능력이 없을 때 사람들은 그 어린아이를 '토끼의 뿔'이라 부르기도 한다. 그런데 어린아이는 '존재'이기 때문에 대론자의 규정에 따르면 어린아이에 대한 '토끼의 뿔'이라는 말은 제1차적인 것이어야 한다. 그런데 일반적으로 그 경우 '토끼의 뿔'이라는 말은 제2차적인 것으로 간주된다. '토끼의 뿔'이라는 말은 '비존재'에 대해서 제1차적이다. 혹은 상키야학파에서는 프라크리티(prakṛti, 자성)를 '프라다나'(pradhāna, 勝因)라 부른다. 그러나 현상세계를 현현하게 하는 순수물질인 프라크리티나 순수정신인 푸루샤는 현실적 존재 차원(vastu)에서는 인과적 효과성을 본질로 하는 존재가 아니다. 다시 말하면 어떤 결과(현상세계)에 대해 인과적 효과의 능력이 없는 것(무능력)임에도 불구하고 상키야학파는 일체의 모든 것이 순수정신인 푸루샤와 순수물질인 프라크리티의 인과적 효과의 능력의 결과라고 인정하기 때문에 상키야학파에서는 '프라다나'라는 말은 프라크리티에 대해서 제1차적인 것으로 간주된다. 따라서 존재와 비존재를 대상으로 한다는 것에 의해 언어의 제1차성, 제2차성을 약정하는 것은 승인되지 않는다".(T.103)

39.

[반론]

공상은 객관적으로 실재하는 것이다.

[답론]

언어로부터 [생긴] 앎은 [대상이] 소멸하지 않는 경우에도 [대상이] 소멸한 경우와 마찬가지로 경험된다. [그러나 직접적으로] 존재하는 대상들에 대한 귀 등의 [감관에 의한] 지각은 그것(언어로부터 생긴 인식)과 같이 [경험]되지는 않는다.

śabdebhyo yādṛśī buddhir naṣṭe anaṣṭe api dṛśyate/
tādṛśy eva sadarthānāṃ na etac śrotṛādicetasām//(k.39)

案

눈앞에 존재하는 대상이든, 소멸하여 존재하지 않는 대상이든, 감관을 넘어서 있는 미지의 대상이든 간에 언어에 의해 지시(표현)되는 대상은 자상이 아니라 공상이다. 반면 감관지각의 대상은, 언어로부터 생긴 인식의 대상인 공상과는 달리 자상일 뿐이다. 추론식으로 정리하면 다음과 같다. [주장명제] 언어로부터 생긴 앎은 가령 거기에 현실적 존재가 있다고 해도, 그 현실적 존재를 대상으로 하지 않는다. [이유명제] 현실적 존재가 존재하지 않는 경우와 마찬가지로 경험적으로 알려지기 때문이다.(T.105 참조)

40.

[반론]

[그런데 눈앞에 있는 현재의 대상을 지시하는 언어로부터 생긴 혹은 과거·미래의 대상을 지시하는 언어로부터 생긴] 두 앎에는 [동일한] 공상이 있다. 왜냐하면 [그 두 앎이] 공상만을 파악하기 때문이라[당신이 주장한다]면?

sāmānyamātragrahaṇāt sāmānyaṃ cetasor dvayoḥ/

[답론]

[언어에 의한 앎은] 오직 그것(공상)만을 파악한다는 것도 이미 부정되었다.

tasya api kevalasya prāg grahaṇaṃ vinivāritam//(k.40)

案

대론자의 반론에 의하면, 언어로부터 생긴 앎은 대상이 눈앞에 있는 경우에도 개체(자상)를 대상으로 하지 않고 개체에 의지하여 현현하는 공상만을 대상으로 한다. 또한 대상이 눈앞에 없는 경우에도 공상만을 대상으로 한다. 따라서 언어로부터 생긴 앎은 실재하는 공상을 대상으로 하기 때문에 두 앎, 즉 눈앞에 있는 개체를 언어를 통해 인식할 때의 형상(앎)과 눈앞에 없는 과거나 미래의 대상을 언어를 통해 인식할 때의 형상(앎)은 동일하다고 하는 것은 전혀 모순이 아니다.

다르마키르티가 "[언어에 의한 앎은] 오직 그것(공상)만을 파악한다는 것도 이미 부정되었다"는 것은 앞의 19~20송에서 공상만을 파악한다고 할 때 발생하는 오류를 기술하고 있다. 게송은 다음과 같다. "가령 [공상만을] 파악한다고 하더라도 [그 경우 다음과 같은 오류가 발생한다. 즉] '그것(개체)의 공상'이[라는 동일관계가 성립할 수] 없게 된다는 [오류], '그것(개체)으로부터의 현현'이[라는 인과관계가 성립할 수] 없게 된다[는 오류], 그와 더불어 [당신에 의하면 공상은] 상주이기 때문에 항상 [개체의 유무에 관계없이] 인식되게 된다[라는 3가지 오류가 발생할 것이다]." 이 세 가지 오류 가운데 앞의 두 오류는 공상이 객관적 실재라고 간주했을 때 발생하는 것이며, 뒤의 오류는 공상이 상주하는 것이라고 간주했을 때 발생하는 것이다.

공상은 공통하는 것이기 때문이다

41.

[반론]

공상은 객관적으로 실재하는 현실적 존재이다.

[주장: 개체(현실적 존재)는 공통하지 않는다.]

[현실적 존재는] 상호 [자기차이성을 본질로 하는] 다른 것들인데, 어떻게 다르지 않은 [대상의] 형상이 있을 수가 있는가? [만약 하나의 현실적 존재에] 두 개의 형상[즉, 자기차이성을 본질로 하는 형상(자상)과 다른 것과 다르지 않은 형상(공상)]이 있다면 그것은 어떻게 하나의 현실적 존재라고 할 수 있는가?

parasparaviśiṣṭānām aviśiṣṭaṃ kathaṃ bhavet/
rūpaṃ dvirūpatāyāṃ vā tad vastv ekaṃ kathaṃ bhavet//(k.41)

案

그러므로 만약 어떤 존재에 차이를 본질로 하는 형상과 비차이를 본질로 하는 형상이 존재한다면, 그것은 두 개의 존재이지 하나의 존재가 아니다.

42.

[반론]

동일한 형상이 두 개의 개체(현실적 존재)에 존재한다.

[답론]

만약 두 개[의 현실적 존재]에 동일한 [대상의] 형상이 있다고 한다면, 그것(동일한 형상을 지닌 현실적 존재)은 그들 두 개[의 현실적 존재]와 실로 다른 것이 될 것이다. 만약 '[동일한 형상이] 두 개[의 현실적 존재의 형상]이다'라고 한다면, ['그것(공상)은 현실적 존재의 형상이다'라는 두 존재 사이의 본질적 결합]관계가 성립하지 않는다[라는 오류를 범하게 될 것이다].

그러나 [타자의] 배제[가 공상의 본질이라는 우리의 주장]는 논박되지 않는다.

tābhyāṃ tad anyad eva syād yadi rūpaṃ samaṃ tayoḥ/

tayor iti na sambandho vyāvṛttis tu na duṣyate//(k.42)

案

다르마키르티는 대론자의 반론에 대해 귀류법으로 응수한다. 만약 두 개의 현실적 존재에 동일한 대상의 형상이 있다고 한다면 그것은 그들 두 개의 현실적 존재와 실로 다른 것이 될 것이다. 왜냐하면 현실적 존재는 차이를 본질로 하기 때문에 동일한 형상(공상)을 지닌 제3의 현실적 존재가 있게 된다. 이렇게 되면 공상과 현실적 존재(개체)는 별개의 존재가 된다. 만약 공상과 개체가 별개의 존재라고 한다면 두 존재 사이에 '그것(공상)은 현실적 존재의 형상이다'라는 본질적 결합관계가 성립하지 않을 것이다. 따라서 동일한 형상(공상)이 두 개의 현실적 존재에 편재해 있다고 할 수 없다. 결국 공상은 타자의 배제(부정)를 본질로 하는 추상적 개념일 뿐 현실적 존재는 아닌 것이다.

43-1.

[결론]

그러므로 이 공상에서 공통성만이 비현실적 존재의 특성이다.

tasmāt samānatā eva asmin sāmānye avastulakṣaṇam/(k.43-1)

案

공상은 현실적 존재(개체)들의 공통적 특성이 타자의 배제에 의해 개념

화된 것이기 때문에 비현실적 존재이다. 또한 비현실적 존재의 특성은 공통성이다.

43-2.

[반론]

공상 실재론자에 의하면 공상은 개체에 의지하여 현현한다. 따라서 공상은 개체의 결과이다.

[답론[1]]

만약 [당신은 공상이 개체인 현실적 존재의] 결과라고 한다면, 그것(공상)은 다자가 될 것이다. [그렇게 되면 공상은 현실적 존재들에 편재하는 일자라고 하는 당신의 주장과 배치될 것이다.] 또한 그것(공상)은 소멸하는 것이다. [그렇게 되면 공상은 소멸하지 않고 상주한다고 생각하는 당신에게는] 생각될 수 없는 것이다.

kāryañ cet tad anekaṃ syān naśvarañ ca na tan matam//(k.43-2)

案

공상이 현실적 존재(개체)의 결과라고 한다면, 그것(공상)은 다자가 될 것이다. 왜냐하면 현실적 존재는 자기차이성을 본질로 하는 각기 다른 존재들이기 때문에 그것의 결과인 공상도 각 현실적 존재에 편재하는 일자가 아니라 각각에 산재하는 다자가 되는 것이다. 이렇게 되면 존재성(satta)이라는 공상(보편)은 모든 존재(sat)들에 편재하는 일자이며, 병성(瓶性)이라는 공상도 모든 병에 편재하는 일자라고 하는 바이세시카 학파의 주장과 모순되는 것이다. 또한 공상이 현실적 존재(개체)의 결과라고 한다면 그것(공상)은 소멸하게 될 것이다. 그렇게 되면 존재성이나 병성과 같은 공상은 상주를 본질로 한다는 바이세시카학파의 주장과도 모순되는 것이다. 따라서 공상은 현실적 존재의 결과라고 하는 주장은 이치에 맞지 않다.

44.

[답론2]

[만약 당신이 공상을 현실적 존재라고 생각한다면 현실적으로 존재하는 공상은] 상주할 수 없다. 왜냐하면 [순간적] 소멸은 오직 현실적 존재에서만 발생하기 때문이다. 보편들은 [개체인 현실적 존재의] 결과가 아니기 때문에 [보편은 개체와] 관계가 없는 것, 또한 [개체의] 형상을 갖지 않는 것(無自性性)이[귀결된]다.

vastumātrānubandhitvād vināśasya na nityatā/
asambandhaś ca jātīnām akāryatvād arūpatā//(k.44)

案

공상이 개체의 결과라는 주장이 범하는 오류는 다음 세 가지로 정리할 수 있다. 하나, 공상이 현실적 존재인 개체의 결과라면 개체 각각에 공상이 존재하게 될 것이다. 이렇게 되면 공상의 일자성을 주장하는 공상(보편) 실재론자의 주장과 배치되는 결론에 이르게 된다. 둘, 공상이 현실적 존재인 개체의 결과라고 한다면 그 현실적 존재인 개체는 소멸을 본질로 하기 때문에 개체의 결과인 공상도 소멸을 본질로 할 것이다. 이렇게 되면 공상의 상주성을 주장하는 공상 실재론자의 주장을 위배하는 결론에 이르게 된다. 셋, 공상이 현실적 존재라고 한다면 현실적 존재는 소멸을 본질로 하기 때문에 공상도 마찬가지로 소멸을 본질로 해야 할 것이다. 이렇게 되면 공상의 상주성을 주장하는 그들의 입장과 배치된다.

45.

[반론]

공상은 현실적 존재이며, 따라서 공상에 의한 인식은 현실적 존재를 대상으로 한다.

[답론]

그리고 현실적 존재의 [인과적 효과의] 능력으로부터 [직접적으로] 인식이 생길 때, 그것(인식)은 사회적 약속을 필요로 하지 않는다. [그러나] 공상에 의한 인식에는 그와 같은 것(사회적 약속을 필요로 하지 않는 것)은 생각될 수 없다.

yac ca vastubalāj jñānaṃ jāyate tad apekṣyate/
na saṃketaṃ na sāmānyabuddhiṣv etad vibhāvyate//(k.45)

案

지각은 대상에 대한 직접적 인식이기 때문에 사회적 약속의 기억을 필요로 하지 않는 반면, 공상에 의한 인식[추론]은 대상에 대한 간접적 인식이기 때문에 사회적 약속의 기억을 필요로 한다. 따라서 공상은 사회적 약속의 기억을 필요로 하는 앎(공상에 의한 인식)의 대상이기 때문에 현실적 존재가 아니다.

46.

[반론]

'공상에 의한 인식은 사회적 약속을 필요로 한다'라고 할 수는 없다. 가령, 샤바레야 소를 보고서 뒤에 카루카 말을 볼 때는 '이것(카루카 말)은 그것(샤바레야 소)이다'라고 양자의 비차이를 결정하는 인식은 생기지 않지만, 샤바레야 소를 보고서 뒤에 바후레야 소를 볼 때 가령 양자는 서로 다르지만 양자의 비차이를 결정하는 인식은 발생한다. 즉 '샤바레야 소'와 '카루카 말' 사이에는 존재하지 않는 동일성을 '샤바레야 소'와 '바후레야 소' 사이에 결정하는 인식은 발생한다. 이와 같이 양자의 비차이를 결정하는 인식은 공상에 의한 인식이다. 그 공상에 의한 인식은 사회적 약속을 필요로 하지 않는다. 그렇지 않고 그 공상에 의한 인식의 발생에는 실재하는 공상이 관여하는 것이다.(T.114)

[답론]

사회적 약속을 [기억]하지 않고 두 [마리의 흰 소, 검은 소와 같은 유사한] 현실적 존재를 지각할 때, [두 현실적 존재에] 차이가 없다는 것을 결정하는 무엇인가의 인식 또한 그것(인식)은 대상[인 두 현실적 존재]의 시공간적 근접관계를 원인으로 한다.

yā apy abhedānugā buddhiḥ kācid vastudvayekṣaṇe/
saṃketena vinā sā arthapratyāsattinibandhanā//(k.46)

案

여기서 '시공간적 근접관계'는 프라티야사티 니반다나(pratyāsatti nibandhanā)의 번역이다. 시공간적 근접관계에 대해서 마노라타난딘(Manorathanandin, 1040~1100)은 '동일한 인식 등을 결과로 하는 것'(pratyāsattir ekabuddhyādikāryatvam)으로 정의한다. 이것은 다음과 같이 설명할 수 있다. 각각의 현실적 존재들은 상호 간에 자기차이성을 본질로 하지만 동일한 인식이나 언어 등을 생기게 한다는 점에서 그 원인이 되는 존재들은 '시공간적 근접관계'에 있다고 할 수 있다. 가령, 눈·대상·빛·주의집중 등은 인식을 생기게 하는 최초의 원인들이다. 이 원인들은 자기차이성을 본질로 한다는 점에서 각각 다른 현실적 존재들이다. 그럼에도 불구하고 이들 존재들이 일정한 시간과 일정한 공간에 놓여 있을 때 동일한 하나의 인식을 생기게 하는 인과적 효과의 능력을 발휘한다. 이렇게 최초의 원인들이 동일한 인식을 결과로 낳는 것은 그들이 시공간적 근접관계에 있기 때문이다. 마찬가지로 흰 소와 검은 소는 동일한 인식을 결과로 한다는 점에서 시공간적 근접관계가 있다고 할 수 있지만, 얼룩말과 흰 소는 동일한 인식을 낳지 않는다는 점에서 시공간적 근접관계에 있다고 말할 수가 없다.

그렇다면 다르마키르티는 왜 이러한 어려운 개념을 설정하였던가? 공상이 실재한다고 하는 공상실재론자들을 논박하기 위해서이다. 공상실재론자들에 의하면 흰 소와 얼룩소가 동일한 인식을 낳는 것은 흰 소라는 개체와 얼룩소라는 개체에 보편하는 '소'라는 공상이 실재하기 때문에 우리는 그것을 원인으로 '소'라는 일반적 관념을 가진다는 것이다. 다르마키르티는 이것을 관념이 관념을 낳는다고 생각한다. 다르마키르티는 관념이 관념을 낳는 것이 아니라 현실적 존재가 관념을 낳는다고 보는 입장이다. 정리하면 공상 실재론자는 공상(실재) → 동일한 인식(소), 다르마키르티는 현실적 존재들의 시공간적 근접관계 → 동일한 인식(소)이다.

그렇다면 공상은 어떻게 생기는가? 우선 자기차이성을 본질로 하는 현실적 존재들은 동일한 결과를 낳는가, 즉 시공간적 근접관계에 있는가 아닌가에 의해서 대상을 분할하고 난 다음 시공간적 근접관계에 근거해서 개념 구성에 의한 인식(분별)이 생기하는 바로 그때 그 개념 구성의 인식(분별) 대상이 되는 것이 공상이다.(T.116 참조)

47.

[반론]

공상[보편] 없이는 단일한 결과는 있을 수 없다.

[답론]

가령, 보편 없이 [색깔 있는 모양의] 인식을 결과로 하는 눈 등(대상·빛·주의집중 등)에 [시공간적] 근접관계가 인정되는 것처럼, 혹은 그것(시공간적 근접관계)에 의한 [대상의] 분류[분별]로 인해 보편[인 공상]을 수반한다.

pratyāsattir vinā jātyā yatheṣṭā cakṣurādiṣu/

jñānakāryeṣu jātir vā yayā anveti vibhāgataḥ//(k.47)

案

우리가 대상의 색깔 있는 모양을 지각할 때 대상뿐만 아니라 빛과 주의집중 등도 동일한 지각의 원인이 된다는 점에서 대상과 빛 그리고 주의집중 등은 [시공간적] 근접관계에 있다고 할 수 있다. 마찬가지로 자기차이성을 본질로 하는 현실적 존재인 얼룩소나 검정소 등에 의해 소를 인식할 때, 다시 말해 각각의 존재가 동일한 인식을 결과로 할 때 그 얼룩

소나 검정소 등은 시공간적 근접관계에 있다고 할 수 있다. 이와 같이 동일한 결과를 초래하면 시공간적 근접관계에 있는 것이고 흰 소와 말과 같이 동일한 인식을 초래하지 못할 경우에는 그 두 대상은 시공간적 근접관계에 있다고 할 수 없다. 이렇게 대상을 분류하여 근접관계에 있는 것에 대해 공상이 수반되는 것이다. 따라서 공상은 시공간적 근접관계에 근거한 분별적 인식의 소산이기 때문에 공상이 실재한다고 하는 공상 실재론자의 주장은 성립할 수가 없다.

다른 상을 여읜 자기의 상이 현현하지 않기 때문이다

48-1.

[반론]

감관은 감관지각에 현현하지 않지만 실재한다. 따라서 감관지각에 현현하지 않기 때문에 실재가 아니라고 말할 수는 없다. 다시 말하면 앞서 기술한 '앎에 현현하지 않기 때문이다'라는 추론인은 '추론대상을 확정하기에 불충분한 불확정의 오류'[不定過]를 범하는 것이라는 비난이다.

[답론]

[공상은 현실적 존재가 아니다.] 왜냐하면 그것(공상)의 형상은 결코 인식에 현현하지 않기 때문이다.

kathañcid api vijñāne tadrūpānavabhāsataḥ/(k.48-1)

案

공상이 현실적 존재라고 한다면 감관지각에 현현할 것이다. 하지만 공상은 자상과 별개로 감관지각에 현현하지 않는다. 감관지각에 현현하는 것은 자상뿐이다. 그러므로 공상은 별개의 현실적 존재가 아니다.

48-2, 49-1.

[반론]

감관은 감관지각에 현현하지 않지만 실재한다. 따라서 감관지각에 현현하지 않기 때문에 현실적 존재가 아니라고 할 수는 없다.

[답론]

만약 감관을 지각하는 사람이 있다면, [그 사람의 인식에] 그것(감관)의 형상이 현현할 것이다. 왜냐하면 [감관은] 색깔 있는 모양[色]을 지니고 있기 때문이다.

yadi nāma indriyāṇāṃ syād draṣṭā bhāseta tadvapuḥ//(k.48-2)
rūpavattvān(k.49-1)

49-2.

[반론]

공상은 현실적으로 존재한다. 따라서 공상은 감관지각에 현현한다. 만약 공상이 현실적으로 존재하기 때문에 그것은 감관지각에 현현한다고 당신이 주장한다면?

[답론]

[한편] 보편(공상)에 관해서는 [감관지각에 단독으로 현현할 논리적 가능성은] 없다. 왜냐하면 [감관지각은] 다만 보편들만을 인식하는 것이 아

니기 때문이다. 또한 [무상(찰나멸)을 본질로 하는] 개체를 파악할 경우, 그것(개체)의 언어와 형상 이외의 다른 것은 인식되지 않는다.

na jātīnāṃ kevalānām adarśanāt/

vyaktigrahe ca tac śabdarūpād anyan na dṛśyate//(k.49-2)

案

공상이 현실적 존재라고 한다면 감관지각에 현현해야 한다. 그런데 감관지각은 자기차이성을 본질로 하는 자상만을 인식한다. 따라서 공상은 감관지각에 현현하지 않는다.

50.

[주장 : 공상은 인과적 효과의 능력이 없기 때문에 현실적 존재가 아니다.]

실로 그렇기 때문에(인식에 자기의 형상이 현현하지 않기 때문에) 그것(공상)은 인식이라는 목적을 달성하는 것조차 불가능하다. 그것(공상)은 [인식을 생기게 하는 인과적 효과의] 능력이 없으므로 무형상[인 비현실적 존재]이다. 왜냐하면 그것(인식을 생기게 할 수 있는 인과적 효과의 능력이 없다는 것)은 비현실적 존재의 특성이기 때문이다.

jñānamātrārthakaraṇe apy ayogyam ata eva tat/

tad ayogyatayā arūpaṃ tad hy avastuṣu lakṣaṇam//(k.50)

案

이 게송의 주장을 추론식으로 구성하면 다음과 같다.

주장명제 : 공상은 현실적 존재가 아니다.

이유명제 : 왜냐하면 공상은 인과적 효과의 능력이 없기 때문이다.

자상의 특성과 공상의 종류

51, 52.

[반론]

그렇다면 자상의 특성은 무엇이며, 공상은 몇 종류가 있는가?

[답론]

이상 기술된 것과 다른 것, 그것이 자상이라 인정된다. 또한 공상은 3종이다. 왜냐하면 그것은 존재에 의존하거나 비존재에 의존하거나 [존재·비존재] 양자에 의존하기 때문이다. 만약 존재에 의존하는 [공상의] 인식은 존재와 관계를 맺기 때문에 존재에 관한 인식이라고 한다면, [이러한 주장은 이치에 맞는 것이] 아니다. 왜냐하면 [공상의 인식은 존재를 대상으로 한다는 당신의 주장은] 이미 논박되었기 때문이며, 또한 [공상의 인식은 존재가 있을 때 생기고, 존재가 없을 때 생기지 않는다는 당신의 주장은] 과거 등에 있어서 다른 것이 경험되기 때문이다.

yathoktaviparītaṃ yat tat svalakṣaṇam iṣyate/
sāmānyaṃ trividhaṃ tac ca bhāvābhāvobhayāśrayāt//(k.51)
yadi bhāvāśrayaṃ jñānaṃ bhāve bhāvānubandhataḥ/
na uktottaratvād dṛṣṭatvād atītādiṣu ca anyathā//(k.52)

案

데벤드라붓디 및 마노라타난딘은 이들 3종의 공상을 다음과 같이 예시한다. 첫째, 색 등의 소작성(kṛatakatva)과 같이 존재에 의존하는 공상, 둘째, 인식되기 위한 다른 조건이 갖추어져 있는 비존재의 비인식(upalabdhilakṣaṇaprāpt asyāsato'nupalabdhiḥ)이나 불생성(anutpattimattva) 등과 같이 비존재에 의존하는 공상, 셋째, 단순한 비인식(anupalabdhimātra)이나 소지성(jñeyatva) 등과 같이 존재와 비존재 양자에 의존하는 공상 등이다.(T.121)

53-1.

[반론]

그렇다면 존재에 의존하는 공상이라고 할 때, 존재와 공상과의 관계는 어떠한 것일까? 즉, 만약 위에서 기술한 것처럼 존재가 없어도 공상에 대한 앎이 생긴다면 존재와 공상은 아무 관계가 없다고 생각된다. 환언하면 공상이 존재의 속성인 것은 불가능할 것이다.

[답론]

만약 [당신이 공상은] 존재의 속성이라는 [우리의] 주장이 오류라고 한다면, 그것(공상)의 인식은 존재의 파악(지각)을 전제하기 때문에 이것(공상이 존재의 속성이라는 우리의 주장)은 오류[를 범하는 것]가 아니다. [이와 같이 분별적 인식(공상에 의한 인식)은 존재의 인식으로부터 간접적으로 생기기 때문에, 또한 분별적 인식(공상에 의한 인식)은 자기의 내적인 부분의 형상을 객관적으로 실재하는 존재의 형상이라고 집착하기 때문에, 이 두 개의 이유에서 공상이 '존재의 속성'이라고 말해진다.]

bhāvadharmatvahāniś ced bhāvagrahaṇapūrvakam/(k.53-1)
tajjñānam ity adoṣo ayaṃ

案

다르마키르티에 의하면 공상의 인식은 존재의 인식을 전제로 하기 때문에 공상은 '존재의 속성(dharma)'이라고 할 수 있다. 이것에 대해 데벤드라붓디는 다음과 같이 주석한다. "색 등(존재)의 지각에 의해서 훈습된 습기에 의지하여 분별적 인식이 생기할 때, (그 분별적 인식은 자신의 본래적 착오적 특성 때문에) 자신에 내재하는 인식대상(소취)의 형상을 바로 색 등의 형상이라 집착하는 것에 의해서 작용한다. 이와 같이 첫째, (분별적 인식=공상에 의한 인식이 간접적이지만) 색 등(존재)의 지각에 의해서 생기기 때문에, 둘째, 또한 (분별적 인식=공상에 의한 인식은 자기의 내적인 부분의 형상을) 그것(색 등의 존재의 형상)이라고 집착하기 때문에 (이들 두 개의 이유에 의해서, 공상은) '존재의 법'이라 일상적으로 표현된다."(T.123) 이 데벤드라붓디의 주석은 도사키에 의해 다음과 같이 부가설명된다. "개념적 인식(공상의 인식)은 존재의 지각(현량)으로부터 간접적으로 — 결국 습기를 통해서 — 생긴다. 개념적 인식 자신은 자기의 내적인 부분을 소연으로 하는 한 자기지각임에도 개념적 인식에 본래적으로 있는 착오 때문에 반드시 개념적 인식은 자기의 내적인 부분의 형상을 외계대상(자상)으로서 집착한다. 이와 같이 (1)개념적 인식(공통상의 인식)이 존재의 인식으로부터 간접적으로 생기기 때문에, 또한 (2)개념적 인식(공통상의 인식)은 자기의 내적인 부분의 형상을 존재의 형상으로 집착하기 때문에 이 두 가지 이유로부터 공상은 '존재의 속성'이라고 말해진다."(T.123)

승의에는 자상만이 인식의 대상이다

53-2, 54-1.

[반론]

왜 궁극적 차원(승의)에서는 자상만이 인식수단의 대상인가?

[답론1]

그러나 [궁극적 차원에서는] 자상만이 인식 [수단의] 대상이다.

meyaṃ tv ekaṃ svalakṣaṇam//(k.53-2)

[답론2]

[왜 자상만이 인식수단의 대상인가라고 당신이 묻는다면] 그것(자상)으로부터 인과적 효과성이 증명되기 때문이며, [그 자상에 대해서 우리들은] 존재와 비존재를 구별할 수 있기 때문이다.

tasmād arthakriyāsiddheḥ sadasattāvicāraṇāt/(k.54-1)

54-2.

[답론3]

그것(다만 하나의 자상)을 그 자신의 형상으로 인식하는 경우와 그 이외의 형상으로 인식하는 경우가 있기 때문에 [인식]수단의 대상은 [자상과 공상의] 2종이라고 생각된다.

tasya svapararūpābhyāṃ gater meyadvayaṃ matam//(k.54-2)

案

다르마키르티의 존재론에서 실제로 존재하는 것은 자상뿐이다. 그런데 그것을 자신의 형상으로 인식할 때 그 인식대상은 자상이며, 그것 이외의 형상으로 인식할 때 그 인식대상은 공상이다. 이에 대해 도사키는 다음과 같이 설명한다. "인과적 효과의 능력이 있는 것을 추구하는 인간의 인식(지각이든 추리든)의 대상은 앞에서 기술한 바와 같이 자상뿐이지만, 그러나 그 인식대상(자상)에는 그 자신의 형상에 의해서 인식되는 경우와 다른 형상(공상, 일반 개념)에 의해서 인식되는 경우가 있다. 이 의미에서 '인식대상은 자상과 공상의 2종이다'라고 말해졌던 것이다. 따라서 자상 이외에 별도로 공상이라고 불리는 인식대상이 독립적으로 실재하는 것을 의미하는 것은 아니다. 여기서 우리들은 다음과 같은 것을 주의하지 않으면 안 된다. 즉, '자상을 그 자신의 형상에 의해서 인식한다'고 말해지는 앎과 '자상을 공상(일반개념)에 의해서 인식한다'고 말해지는 앎은 모두 자상을 인식하지만 그 인식구조에 본질적으로 차이가 있다는 것이다. '자상을 그 자신의 형상에 의해서 인식한다'고 말해지는 인식은 지각이 그것이지만, 그 지각은 '자상 그 자신의 형상을 가지고 생긴다'(역으로 말하면 '자상이 자신의 형상을 인식에 부여한다')라는 인식구조를 갖는다. 이와 같은 인식구조를 앎이 가질 때 그 앎은 자상을 파악한다(혹은 역으로 '자상은 그 앎의 파악대상')라고 말해진다. 한편 '자상을 공상(일반개념)에 의해서 인식한다'고 말해지는 앎은 추론이 그것이지만, 그 추론(개념적 인식)은 '자기의 본래적 착오 때문에 자기의 내적인 부분인 형상을 자상이라고 집착(판단)하여 작용한다'고 말해지는 인식구조를 갖는다. 따라서 추론의 자상 인식이라고 하는 것은 지각의 경우와 같이 '자상을 파악하는 것'이 아니라 '착오하여 자상이라 집착(판단)한다'

는 것이다. 따라서 추론의 자상 인식은 착오에 의한 인식이라고 해야 한다."(T.125~126)

55-1.

[반론]

왜 추론은 착오적 인식인가?

[답론]

제2[의 인식수단, 즉 현실적 존재인 자상을 다른 형상에 의해서 인식한다고 말해지는 추론]는 잘못 집착한 것이기 때문에, 착오[에 의한 인식이]라고 [우리들에 의해서] 승인된다.

ayathābhiniveśena dvitīyā bhrāntir iṣyate/(k.55-1)

55-2.

[반론]

만약 [당신이 추론은] 다른 형상에 의한 인식[이기 때문에 착오]이며, 그리고 착오는 인식수단이 아니라고 한다면?

gatiś cet pararūpeṇa na ca bhrānteḥ pramāṇatā//(k.55-2)

56.

[답론1]

비록 [추론이] 착오라고 해도 목적하는 것에 대해서 일탈하지 않기 때문에 인식수단이다. 허망한 인식(착오에 의한 인식)이라고 해도 [목적하는 대상을 일탈하지 않는다는 것이 우리들에게] 경험된다. 그리고 ['추론이 자상을 파악한다'고 하는 당신의] 이 주장은 이미 논박되었다.

abhiprāyāvisaṃvādād api bhrānteḥ pramāṇatā/
gatir apy anyathā dṛṣṭā pakṣaś ca ayaṃ kṛtottaraḥ//(k.56)

57.

[답론2]

'황금의 빛'을 '황금'으로 인식하여 [황금을 손에 넣기 위해] 달려가는 것과 '등불의 빛'을 '황금'으로 인식하여 달려가는 것은 [모두] 허망분별에 근거하고 있다는 점에서 차이는 없지만, 인과적 효과성(목적의 성취능력, 결과를 낳는 힘)과의 관련에서 차이가 있다.

maṇipradīpaprabhayor maṇibuddhyā abhidhāvataḥ/
mithyājñānāviśeṣe api viśeṣo arthakriyāṃ prati//(k.57)

58.

[답론3]

마찬가지로 추론과 '그것과 유사하지만 그것과 같지 않은 것'(사이비추론)은 [실재하는 대상을 직접적으로 인식하는 지각과는 달리 대상을 간접적으로 인식하는 추론과 사이비추론, 이 둘은] 실재하지 않는 것을 대상으로 한다[는 점에서 같다고] 하더라도, 인과적 효과성과의 관계[라는 측면]에서 [전자, 즉 추론만이] 인식수단임이 확립된다.

yathā tathā ayathārthatve apy anumānatadābhayoḥ/
arthakriyānurodhena pramāṇatvaṃ vyavasthitam//(k.58)

案

모든 추론에 기반한 인식은 본질적으로 착오임에 틀림없지만, 그 인식의 결과 인과적 효과를 달성케 하는 추론만이 인식수단이다. 예를 들면 게송에 잘 나와 있듯이 '황금의 빛'을 보고서 '황금'이라 추론하여 달려가는 것과 '등불의 빛'을 보고서 '황금'이라고 추론하여 달려가는 것은 둘 다 허망분별을 본질로 하는 추론이지만 전자의 추론만이 인과적 효과를 달성케 한다는 점에서 인식수단인 것과 같다.

인식대상이 2종이기 때문에 인식수단도 2종이다

59.

[반론]

왜 인식대상은 2종뿐인가?

[답론[1]]

인과적 효과성을 갖는 어떤 존재로부터 수반과 배제의 관계를 갖는 앎[이 직접적으로 생길] 경우, 그것의 파악은 자력적(自力的)이다. 그것 이외의 다른 현실적 존재(즉, 앎을 직접적으로 생기게 하지 못하는 현실적 존재)는 감관을 넘어서 있는 것이다.

buddhir yatra arthasāmarthyād anvayavyatirekiṇī/

tasya svatantraṃ grahaṇam ato anyad vastv atīndriyam//(k.59)

案

인과적 효과성을 갖는 현실적 존재가 우리 앞에 현전할 때, 우리의 지각이 생기한다. 만약 다른 모든 인식의 조건이 갖추어져 있음에도 불구하고 인식이 생기하지 않는다면 우리 앞에 인과적 효과성을 가진 현실적 존재가 없음을 의미할 것이다. 가령, 눈앞에 있는 불을 보는 경우 지각이 발생하지만 산 너머에 있는 불은 직접 지각되지는 않는다. 모든 조건이 다 갖추어져 있음에도 불구하고, 이렇게 지각을 넘어서 있는 현실적 존재는 대상을 직접적인 방식으로 파악할 수 없고 간접적인 방식으로 파악할 수밖에 없다. 그것이 바로 추론이다. 추론은 지각을 넘어서 있는 현실적 존재를 매개자를 통해 간접적으로 대상에 도달하는 인식수단인 것이다.

60.

[답론2]

[그 유일한 인식대상인 자상을] 자신의 형상으로 [직접적으로] 지각하지 못하는, 그것(감관을 넘어서 존재하는 현실적 존재)에 대한 인식은 다른 대상(추론인)에 근거한다. 만약 [그 추론인이] 그것(추론대상)과 [그것의] 근거(추론주제)가 관계를 맺는다면, 그 경우 [그 추론인은] 알게 하는 것(gamaka)이 될 것이다.

tasya adṛṣṭātmarūpasya gater anyo arthāśrayaḥ/
tadāśrayeṇa sambandhī yadi syād gamakas tadā//(k.60)

61.

[답론3]

그 경우 [감관을 넘어서 있는 현실적 존재는] 알게 하는 것(추론인)으로부터 도출되는 공통의 형상에 의해서만 인식된다. 그러므로 감관을 넘어서 있는 대상은 모두 [자기차이성을 본질로 하는] 개체 [그 자신의 형상으]로 인식되지는 않는다.

gamakānugasāmānyarūpeṇa eva tadā gatiḥ/

tasmāt sarvaḥ parokṣo artho viśeṣeṇa na gamyate//(k.61)

62.

[결론1]

그리고 [추론대상과 수반·배제의] 관계를 갖는 [추론인이라는] 속성(dharma)과 [그 속성을 담지하고 있는] 기체(dharmin)에 관해서 생기는 인식 그것이 추론이며, [이 추론이] 감관을 넘어서 있는 것(추론대상)을 일방적으로 논증하는 수단이다.

yā ca sambandhino dharmād gatir dharmiṇi jāyate/

sā anumānaṃ parokṣāṇām ekaṃ tena eva sādhanam//(k.62)

63.

[결론2]

[유일하게 현실적으로 존재하는] 인식대상[인 자상]은 감관 앞에 있든가 아니면 감관을 넘어서 있든가[둘 중의 하나]이므로 그 이외에는 있을 수 없다. 따라서 '인식대상이 2종인 것'에 의해서 '인식수단이 2종인 것'이 승인된다.

na pratyakṣaparokṣābhyāṃ meyasya anyasya sambhavaḥ/

tasmāt prameyadvitvena pramāṇadvitvam iṣyate//(k.63)

2. 대론자와의 대론

대론자에 대한 총괄적 논파

디그나가의 견해

만약 그 경우 현색 등이 '이것은 무상이다' 등의 형상에 의해서 파악된다든지, 또한 (일찍이 한번 지각된 적이 있는 현색 등이) 반복해서 파악된다고 하는 사실은 어떻게 설명할 수 있는가—그것들을 파악하는 앎은 지각이나 추론과는 다른 인식수단이 아닌가—라고 묻는다면 (답한다.) 그와 같은 파악이 있다고 해도 그러나 우선 (그것들에 있어서 무상 등과 현색 등에 있어서) 결합에 관해서 별개의 인식수단은 아니다. 현색 등을 (최초에 지각에 의해서) 언어의 지시대상이 아닌 자상으로서 파악하고 (뒤에 분별적 인식에 의해서) 현색성 등이라는 공상으로서 파악하고, 나아가 그 공상(현색성 등)에 '현색은 무상이다'라고 하는 것처럼 무상성 등을 의(意, 분별지)에 의해서 결합한다. 그러므로 별개의 인식수단이 아니다. 또한 재차 (동일대상을 인식하는) 재인식도 (별개의 인식수단은) 아니다. 가령 동일대상을 반복해서 결지하는 것이 있다고 해도 그것(뒤에 생기는 앎)은 별개의 인식수단은 아니다. 왜냐하면 헤아릴 수 없이 많기 때문이다. 만약 (뒤에 생기는) 모든 앎을 인식수단이라고 인정한다면 인식수단은 무수히 많게 될 것이다. 가령 기억 등과 같이. 기억이라고 하는 것은 생각을 일으키는 것이다. 가령, 기억, 욕망, 노여움 등과 같이 이전에 인식된 것을 대상으로 하는 것은 별개의 인식수단으로서 인정되지 않는다.(T.132~133)

인식수단은 지각 1종뿐이라고 주장하는 대론자와의 대론

64-1.

[반론]

인식수단의 수는 2종이 아니라 1종, 3종, 4종, 5종, 6종 등 다수가 존재한다.

[답론]

인식대상이 2종이라는 것을 제시함으로써 [인식수단의 수를] 1종 혹은 3종으로 헤아리는 것은 논박된다.

tryekasaṃkhyānirāso vā prameyadvayadarśanāt/(k.64-1)

64-2.

[반론]

[유물론자에 의하면] 비존재[인 공상]는 인식대상이 아니므로 [자상] 하나만[인식대상]이라고 한다면?

ekam eva aprameyatvād asataś cen

[답론]

[비존재가 인식대상이 아니라는 것은] 우리들도 또한 인정한다.

matañ ca naḥ//(k.64-2)

案

인식수단의 수에 대해서 불교와 비불교 간에 차이가 있다. 유물론을 주장하는 차르바카학파는 지각만을 유일한 인식수단으로 간주하는 반면, 불교인식논리학파는 지각과 추리의 2종을 인식수단으로 제시하며, 상키야학파는 지각과 추리 그리고 증언의 3종, 니야야·바이세시카학파는 지각·추리·비교·증언의 4종, 프라바카라·미망사학파는 지각·추리·비교·증언·요청의 5종, 바타·미망사학파는 지각·추리·비교·증언·요청·비존재의 6종을 인식수단으로 제시한다. 여기서 다르마키르티는 지각만을 유일한 인식수단으로 간주하는 차르바카에 대해 비판하고 있다.

65-1.

[반론]

공상은 비존재이기 때문에 인식대상이 아니다.

[답론]

[비존재는] 어떠한 경우에도 인식대상이 [될 수] 없다고 할 수는 없다. 왜냐하면 비존재도 [추론에 의해] 판단되기 때문이다.

anekānto aprameyatve hy abhāvasya api niścayāt/(k.65-1)

案

인도의 유물론을 주장하는 차르바카파는 인식수단을 지각의 1종만을 인정한다. 따라서 지각되지 않는 비존재는 어떤 경우이든 인식대상이 될 수 없다는 것이 그들의 입장이다. 그런데 저승과 같은 다른 세계는 비존재라고 판단할 때 이 판단의 대상은 비존재이다. 따라서 비존재도 비인식이라는 추론인에 의해 추론(판단)되기 때문에 인식대상이 되는 것이다.

65-2, 66.

[반론]

비존재를 인식하는 인식수단은 무엇인가?

[답론]

혹은 그것(비존재)을 판단하는 인식수단은 [지각 이외의] 제2[의 인식수단]이다. 비존재일 경우 감관에 의해 생기는 인식은 있을 수 없다. 왜냐하면 [감관에 의한 인식은] 대상의 [인과적 효과로서의] 능력에 의존하여 생기기 때문이다. 만약 [감관에 의한 인식이] 대상의 [인과적 효과로서의] 능력에 의존하지 않[고 생긴]다면, 장애물 등이 존재하는 경우에도 감관에 의한 인식이 생겨야만 할 것이다.

tan niścayapramāṇaṃ vā dvitīyaṃ na akṣajā matiḥ//(k.65-2)
abhāve arthabalāj jāte arthaśaktyanapekṣaṇe/
vyavadhānādibhāve api jāyeta indriyajā matiḥ//(k.66)

案

감관지각은 반드시 인과적 효과성을 본질로 하는 대상(자상)을 필요로 한다. 그런데 감관지각이 대상의 인과적 효과성을 필요로 하지 않고 생긴다면 대상과 인식 사이에 장애물이 있다고 해도 감관지각이 생길 것이다. 하지만 이러한 일은 있을 수 없다.

67.

[반론]

만약 [어떤 대상에 대해] 감관지각이 생기지 않는 것만으로 [그 대상의]

비존재[임]가 판단(결정)된다(따라서 지각이 비존재를 판단한다)고 한다면?

abhāve vinivṛttiś cet pratyakṣasya eva niścayaḥ/

[답론]

[그러한 주장은] 모순이다. 혹은 바로 그것(지각이 생기지 않는 것, 즉 비인식)이 수반과 배제의 관계를 갖는 추론인이다.

viruddhaṃ sā eva vā liñgam anvayavyatirekiṇī//(k.67)

案

차르바카파는 지각이 비존재를 판단한다고 하지만, 그러한 판단도 비인식이라는 추론인에 근거하여 비존재를 추론한 것이기 때문에 추론이라는 제2의 인식수단을 인정해야 한다.

68.

[반론]

타인의 마음이 존재한다는 것은 어떤 인식수단에 의해서 알려지는가?

[답론]

또한 다른 사람의 마음[작용이 있음]을 알 수 있기 때문에 '인식수단은 2종'이다라는 주장이 논증된다. 그리고 [다른 사람의] 언어 표현 등을 통해 [그 사람에게 마음작용이 있다는 인식이] 생기기 때문에 그것(다른 사람의 마음작용에 대한 인식)이 있다는 판단은 성취된다.

siddhaṃ ca paracaitanyapratipatteḥ pramādvayam/

vyavahārādau pravṛtteś ca siddhas tadbhāvaniścayaḥ//(k.68)

案

다르마키르티의 7부의 저서 가운데 마지막 논서가 『타상속(他相續)의 존재 증명』(Santānāntarasiddhi)이다. 이 텍스트의 내용에 대해서 가쓰라 쇼류는 다음과 같이 쉽게 설명하고 있다. "다른 사람의 마음이 존재하는가? 이것은 인도철학의 주요 쟁점의 하나였다. 이 문제에 대해 명확한 입장을 취한 것은 대승불교의 유가행유식학파(유가행파)이다. 유가행파에 의하면, 외계에 실재하는 것은 우리 '마음의 표상일 뿐'(유식)이라고 하여 외계실재론을 부정한다. 이론적으로 말하면 외부세계에 대한 부정은 다른 사람의 마음에 대한 부정에 이르게 될 것이고, 더 나아가 붓다의 특수한 다른 사람의 마음을 통찰하는 지혜(타심통의 지)와 중생 구제의 가능성을 부정하는 것으로 귀결될 것이다. 만일 유가행파가 정통 불법에 부합하기 위하여 다른 사람의 마음이 있다고 인정한다면, 이 학파는 외계의 존재를 승인해야만 할 것이다. 왜냐하면 다른 사람의 마음은 외계에 존재하기 때문이다. 이러한 딜레마에 직면해서 유가행파는 그들의 논서, 예를 들면 바수반두의 『유식이십론』(唯識二十論)에서 다른 사람의 마음에 대한 문제를 부분적으로 논의한다.

하지만 불교사에서 점차 이 주제만을 다루는 논서가 출현하게 되는데, 최초의 것은 다르마키르티의 『타상속의 존재 증명』이다. 다르마키르티의 논지는 다음과 같다. 만일 외부의 존재를 인정하는 경량부가 다른 사람의 마음의 존재를 그들의 행위에 입각해서 논증할 수 있다면, 외계의 존재를 인정하지 않는 유가행파 또한 그것을 다른 사람의 행위가 식의 현현일 뿐이라는 사실에 의거해서 논증할 수 있다. 다르마키르티의 인식논리학을 논의할 때 그가 일반적으로 경량부의 입장을 취한다는 것은 주지의 사실이다. 하지만 그는 지각에 대한 논의에서 바른 인식수단의 결과에 대한 문제를 다룰 때에만 유가행파의 입장을 따른다. 특히 그의 논서인 『타상속의 존재 증명』에서는 논의의 시작부터 명백하게 유가행파의 입장에서 경량부와 대론한다. 그러나 여기서 주목할 점은 이 논서가 두 학파 사이의 어떤 실질적인 논쟁도 포함하고 있지 않다는 점이다. 다르마키르티 스스로가 다른 사람의 마음이 외계에 있다는 것은 경량부의 입장으로, 외부에 있지 않다는 것은 유가행파의 입장으로 상정한다. 경량부는 다른 사람의 마음이 외부에 있다는 것을 다음과 같은 유추를 통해서 논증한다. (1) 우리는 움직이고 말하려는 의도가 신체의 행위와 언어의 행위에 선행한다는 것을 관찰한다. (2) 우리는 다른 사람들이 우리의 행위와 유사한 신체와 언어의 행위를 한다는 것을 관찰한다. (3) 그러므로 우리는 다른 사람들의 의도가 그들의 신체와 언어의 행위에 선행한다는 것을 추론할 수 있다. 다시 말해 다른 사람의 마음은 존재한다. 경량부는 외부대상표상론을 주장하는 학파이기 때문에 마음에 생기는 표상은 원인이 없을 수 없으며, 그 원인은 마음 밖에 존재하는 것이다. 그렇지만 외부에 존재하는 대상은 직접적으로 파악할 수는 없어도 간접적으로 매개를 통해 추리할 수 있다는 입장을 제시한다. 그들은 외부대상과 마음의 인과적 관계를 밝히는 데 주력하였기 때문이다.

반면 유가행파는 앞에서 본 바와 같이 존재하는 것은 오직 마음뿐(유식)이라는 명제를 일관되게 관철한다. 경량부와 마찬가지로 유가행파도 다른 사람의 마음이 존재한다는 것을 유추를 통해 다음과 같이 논증한다. (1) 우리는 움직이고 말하려는 의도가 신체와 언어의 행위로서의 식의 현현에 선행한다는 것을 관찰한다. (2) 우리는 다른 사람들에게 우리의 행위와 유사한 신체와 언어의 행위로서의 식의 현현이 있다는 것을 관찰한다. (3) 그러므로 우리는 다른 사람들의 의도가 그들의 신체와 언어의 행위로서의 식의 현현에 선행한다는 것을 추론할 수 있다. 다시 말해 다른 사람의 마음은 존재한다.(가쓰라 쇼류, 「다르마끼르띠의 타심존재 논증」, 우제선 옮김)

69.

[반론]

추론은 바른 인식수단이라고 어떻게 말할 수 있는가?

[답론]

그것(추론)은 인식수단이다. 왜냐하면 [그 인식수단은 인식대상이나 인식주관이 바라는 목적과] 정합하기 때문이다. 만약 [간혹] 어떤 경우에는 부정합하기 때문에 신뢰할 수 없다고 한다면 이 추론인은 잘못된 견해에 의거한 것이다.

pramāṇam avisaṃvādāt ta kvacid vyabhicārataḥ/
na āśvāsa iti cel liñgaṃ durdṛṣṭer etad īdṛśam//(k.69)

案

다르마키르티는 『프라마나바르티카』 제2장 종교론의 서두에서 프라마나를 다음과 같이 기술한다. "프라마나란 정합적인 인식이다. 정합적이란 목적 실현으로 결정되는 것이다. 언어에 근거한 인식에도 화자의 발화 의도를 나타내는 활동이 있기 때문에 청자의 인식에 현현하는 화자가 지시하는 사상에 관해서 언어에 프라마나성이 있다. 그러나 프라마나성은 사상 그것에는 의거하지 않는다. 개념적 인식은 이미 알고 있는 것을 파악하기 때문에 프라마나라고는 인정되지 않지만 인식은 취사해야 할 사상에로의 행위에 있어서, 그것이 가장 중요한 한에서 또한 인식에는 인식의 결과의 차이에 근거하여 대상 영역의 형상에 차이가 있는 한에서 프라마나이다. 왜냐하면 대상의 형상이 존재하는 경우에만 인식의 결과는 존재하기 때문이다. 인식 그것 자신은 자신에 의해서 알려지지만 인식의 참됨은 행위를 매개로 하여 알려진다. 또한 학문적 영위는 오류를 배제한다. 혹은 미지의 실재를 밝히는 것이다. 개체의 인식 뒤에 있는 보편의 인식은 프라마나가 될 수 없다. 미지의 개체에 대한 인식이 프라마나라고 의도되기 때문이다. 실재인 개체만이 탐구되는 것이기 때문이다. 세존은 그것을 지닌 프라마나이다. 생성이라는 말은 불생인 존재의 배제를 위한 것이다. 따라서 세존이 프라마나임은 논증에 근거하여 타당하다." 후대의 다르마키르티의 계승자들은 '프라마나란 정합적인 인식이다'라는 것과 '프라마나는 미지의 대상에 대한 인식이다'라는 것을 프라마나의 정의로 보고 있다. "여기서 정합적이란 인식과 대상이 일치하며 또한 인식주체의 의도나 목적을 실현시켜 주는 것, 즉 프라마나가 부여하는 정보가 사람의 기대에 어긋나지 않는 것을 의미하고, 미지의 실재를 밝히는 것이란 프라마나가 이미 알고 있는 정보와는 다른 새로운 정보를 사람에게 가져오는 것을 의미한다."(가쓰라 쇼류 외, 『불교 인식론과 논리학』, 권서용 옮김)

70.

[반론]

사람을 기만하지 않는 정합적인 추론의 근거란 어떠한 것인가?

[답론]

어떤 것(긍정추론)에 있어서, 그것에 속한 어떤 것을 현실적 존재에 근거해서 인식하는 것이 논증될 때, 그것(추론인의 근거인 현실적 존재)은 반드시 그것(추론대상의 근거인 현실적 존재)으로부터 생긴 것(결과)이든가 혹은 그것(추론대상의 근거인 현실적 존재)이 본질[로 하는 것]이든가 [둘 중 하나]이어야 한다.

yataḥ kadācit siddhā asya pratītir vastunaḥ kvacit/
tad avaśyaṃ tato jātaṃ tad svabhāvo api vā bhavet//(k.70)

案

다르마키르티는 인식대상이 2종이기 때문에 인식수단이 2종이라 한다. 즉, 자상을 대상으로 하여 생기는 지각과 공상을 대상으로 하여 생기는 추론이다. 지각은 직접적 인식이며 추론은 간접적 인식이다. 이 간접적 인식인 추론에는 또한 존재에 대한 인식인 긍정추론과 비존재에 대한 인식인 부정추론 두 가지가 있다. 추론이란 지각을 통해 인식한 것을 근거로 감관을 넘어서 있는 대상을 아는 것이다. 지각을 통해 인식한 것은 추론인이며 그것을 통해 아는 것은 추론대상이다. 따라서 추론인을 근거로 추론대상을 아는 것이 추론과정이다. 추론인에는 세 가지가 있다. 하나는 '결과로서의 추론인'(kārya hetu)이며, 둘은 '본질로서의 추론인'(svabhāva hetu)이며, 셋은 '비인식으로서의 추론인'(anupalabdhi hetu)이다. 앞의 둘은 긍정추론의 추론인이며, 마지막은 부정추론의 추론인이다. 그렇다면 추론인에서 추론대상을 추론할 때 그 추론의 논리적 타당성의 근거는 무엇인가? 다르마키르티는 그 논리적 타당성의 근거를 추론인과 추론대상의 존재론적 관계에서 찾는다. 다시 말하면 추론대상의 근거인 현실적 존재와 추론인의 근거인 현실적 존재 두 존재 사이에 '본질적 결합관계'(svabhāvapratibandha)가 있을 때에만 추론인에서 추론대상을 추론할 때 추론의 논리적 타당성이 보장된다는 것이다. 다르마키르티는 존재 간의 본질적 결합관계를 두 가지 상정하는데 하나는 '인과관계'(tadutpatti)이며 또 하나는 '동일관계'(tādātmya)이다. 이 인과관계에 있는 하나의 현실적 존재를 근거로 다른 현실적 존재를 추론할 때 그 근거가 되는 것을 '결과로서의 추론인'이라고 하고, 동일관계에 있는 하나의 현실적 존재를 근거로 다른 현실적 존재를 추론할 때 그 근거가 되는 것을 '본질로서의 추론인'이라 한다. 이 둘은 긍정추론의 추론인이며, '비인식으로서의 추론인'은 인식되지 않는 것을 근거로 비존재를 추론하는 것이다. 이것을 부정추론이라 한다.

71.

[반론]

결과인 것 혹은 본질인 것이 알고자 하는 대상에 대해 착오가 없이 사람을 기만하지 않는다고 어떻게 말할 수 있는가?

[답론]

[연기나 싱샤빠나무와 같은] 존재는 자기원인이나 혹은 자기본질이 없이는 존재할 수 없다. 그리고 그것(연기나 싱샤빠나무)의 형상(즉, 연기는 불의 결과라는 형상으로 존재하며, 싱샤빠나무는 나무의 본질이라는 형상으로 존재하는 것)이 경험될 때, 바로 그것(형상)이 다른 경우(추론근거가 되는 경우)에 있어서 특징이다.

svanimittāt svabhāvad vā vinā na arthasya sambhavaḥ/

yac ca rūpaṃ tayor dṛṣṭaṃ tad eva anyatra lakṣaṇam//(k.71)

案

'결과로서의 추론인'을 근거로 한 추론에 대해서 예를 들면, 연기를 근거로 불을 추론하는 것이다. 이 추론의 타당성의 근거는 현실적 존재인 불과 현실적 존재인 연기는 인과관계라는 본질적 결합관계를 맺고 있기 때문이다. 다시 말하면 불이라는 현실적 존재를 원인으로 연기라는 현실적 존재가 결과로 생성된다는 것이다. 이렇게 존재론적으로 '인과관계'라는 본질적 결합관계를 맺고 있는 두 개의 항을 전제로 연기에서 불을 추론할 때 그 추론은 타당한 것이 되는 것이다. 또한 '본질로서의 추론인'을 근거로 한 추론에 대해서 예를 들면, 소나무를 통해 나무를 추론하는 것이다. 마찬가지로 이 추론의 타당성의 근거는 현실적 존재인 나무와 현실적 존재인 소나무는 '동일관계'라는 본질적 결합관계를 맺고 있기 때문이다. 다시 말하면 소나무라는 현실적 존재는 나무라는 현실적 존재와 본질을 매개로 동일관계를 맺고 있다는 것이다. 이렇게 존재론적으로 동일관계라는 본질적 결합관계를 맺고 있는 두 개의 항을 전제로 소나무에서 나무를 추론할 때 그 추론은 타당한 것이 된다. 따라서 현실에 존재하는 모든 존재들은 두 개의 관계를 벗어날 수 없다. 하나는 인과관계, 또 하나는 동일관계이다. 이 인과관계를 전제로 하여 결과로서의 추론인을 근거로 추론대상을 인식하며, 또한 동일관계를 전제로 하여 본질로서의 추론인을 근거로 추론대상을 인식한다. 이상은 긍정추론이다. 다음은 부정추론의 경우이다.

72.

[반론]

부정추론의 근거인 비인식이 어떻게 해서 착오가 없이 작용하는가?

[답론]

본질 혹은 자기원인은 지각될 수 있을 것이다. 그런데 다른 지각의 원인들(감관이나 주의집중)이 존재함에도 불구하고 지각되지 않을 때 어떻게 그와 같은 것(지각의 조건들이 다 갖추어졌음에도 불구하고 지각되지 않는 것)에 존재성이 있을 수 있는가? [그러한 것은 있을 수 없다.]

svabhāve svanimitte vā dṛśye darśanahetuṣu/
anyeṣu satsv adṛśye ca sattā vā tadvataḥ katham//(k.72)

案

다른 지각의 원인이 갖추어져 있음에도 불구하고 대상이 존재하지 않을 때 비인식을 근거로 비존재를 추론하는 것이 부정추론이다. 예를 들면 "방 안에는 사람이 없다. 왜냐하면 아무도 인식되지 않기 때문이다"와 같은 것이다. 만약 사람이 방 안에 있다면 인식이 가능하지만 아무도 없기 때문에 인식작용이 일어나지 않는다. 따라서 방 안에는 그 누구도 인식되지 않기 때문에 방 안에는 사람이 없다.

73, 74.

[반론]

추론을 인식수단으로 인정하지 않는 차르바카파에 의하면 지각에 의해 파악되는 것만이 존재이고, 따라서 지각에 의해 파악되지 않는 사후 세계와 같은 것은 존재가 아니다. 그리고 사후 세계의 존재는 추론에 의해서 알려진다는 견해에 대해서 추론은 바른 인식수단이 아니라고 반박한다.

[답론]

또한 공상에 의한 인식[인 추론]은 인식수단이 아니라고 한다면, [지각되지 않는] 사후의 존재와 같은 것은 [모두] 존재하지 않게 될 것이다.

aprāmāṇye ca sāmānyabuddhes tallopa āgataḥ/
pretyabhāvavad

[반론]

만약 [당신은 지금 이 순간에는 지각되지 않는다고 해도] 뒤에 감관에 의해 인식된다고 한다면?

akṣaiś cet paryāyeṇa pratīyate//(k.73)

[답론]

그것은 [이치에] 맞지 않다. 비록 감관[의 인과적 효과의] 능력 등이 있다고 해도 감관[에 의한] 인식은 [뒤에도 결코] 생기지 않기 때문[에 감관의 인과적 효과의 능력 등은 비존재가 될 것]이다. 만약 [감관의 인과적 효과의 능력 등을] 비존재라고 주장한다면 [감관에 의한] 인식의 생성은 원인을 가지지 않는 것이 될 것이다.

tac ca na indriyaśaktyādāv akṣabuddher asambhavāt/
abhāvapratipattau syād buddher janmānimittakam//(k.74)

案

유물론자는, 가령 서양의 주관적 관념론자인 조지 버클리가 "지각되는 것만이 존재하는 것이다"라고 하는 것과 같이, 지각만이 유일한 인식수단, 즉 프라마나라고 주장한다. 그렇다면 외출하여 집에 없는 부모는 지각되지 않기 때문에 부모는 없는 것인가? 그런데 유물론자에 의하면 부모가 지금은 없다고 해도 집에 돌아오면 지각되기 때문에 부모는 존재한다는 것이다. 하지만 사후의 존재는 뒤에도 결코 지각되지 않기 때문에 비존재라고 그들은 주장한다. 그렇다면 감관의 인과적 효과의 능력은 지각되지 않기 때문에 비존재가 될 것이다. 그렇게 되면 눈에 의한 감관지각은 결코 생길 수가 없을 것이다. 그런데 눈에 의한 감관지각은 생기기 때문에 감관의 인과적 효과의 능력은 존재한다고 해야만 한다. 이럴 때 감관의 인과적 효과의 능력의 존재성은 추론에 의해 논증되는 것이다. 그러므로 지각만이 아니라 추론도 인식수단, 즉 프라마나라고 다르마키르티는 주장한다.

75.

[반론]

공상도 지각에 의해서만 인식되기 때문에 추론은 불필요하다.

[답론]

자상에서는 [허망]분별이 없는 지각이 생긴다. [반면] 공상의 파악은 [허망]분별이 없이는 [생길 수] 없다. 따라서 그것(공상)에서는 추론이[작동한]다.

svalakṣaṇe ca pratyakṣam avikalpatayā vinā/

vikalpena na sāmānyagrahas tasmiṃs tato anumā//(k.75)

案

자상은 지각의 대상이다. 그리고 지각은 허망분별이 없는 인식수단이다. 한편 공상은 추론의 대상이다. 그리고 추론은 허망분별을 본질로 하는 인식수단이다.

인식수단을 3종 이상의 다수라고 주장하는 대론자와의 대론

76.

[반론1]

만약 인식대상을 [자상과 공상의 2종으로] 한정한다면, '현색(顯色)의 무상성'은 인식되지 않을 것이다. [왜냐하면 '현색의 무상성'은 자상도 아니고 공상도 아닌 자상 '현색'과 공상 '무상성'으로 이루어진 것이기 때문이다. 그런데 실제로는 '현색의 무상성'은 인식된다.] 그것(현색의 무상성)에 대한 인식은 [자상을 인식하는 지각과 공상을 인식하는 추론과는] 다른 [별개의] 인식수단이다. [우선 지각은 아니다. 왜냐하면 그 인식은 공상을 파악하기 때문이다. 또한 추론도 아니다. 왜냐하면 '현색의 무상성'에 대한 인식은] 추론인 없이 생기기 때문이다.

prameyaniyame varṇānityatā na pratīyate/
pramāṇam anyat tad buddhir vinā liṅgena sambhavāt//(k.76)

77-1, **77-2**.

[반론2]

[또한 시야에 들어오지 않는 특수를 대상으로 한 '특수의 인식'이라 불리는 추론의 1종이 있지만, 그] 특수를 인식할 때, 그것(특수의 인식)은 [당신(다르마키르티)이 말하는 추론과는 별개의] 다른 인식수단이다. 왜냐하면 [그 인식의 대상인 특수와] 추론인과[의 논리적] 관계가 [미리] 확립되지 않았기 때문이다.

viśeṣadṛṣṭe liṅgasya sambandhasya aprasiddhitaḥ/(k.77-1)

tat pramāṇāntaraṃ(k.77-2)

案

앞의 75송은 인식수단이 1종뿐이라는 유물론자의 주장을 반박한 것이다. 다시 여기 76송과 77송은 인식수단이 3종 이상, 즉 다수라는 주장을 피력하고 있다. 먼저 76송은 인식대상이 자상과 공상의 2종뿐이라면 인식수단도 지각과 추론의 2종만이 있을 것이다. 하지만 '현색의 무상성'이라는 대상은 자상도 아니고 공상도 아닌, 자상(현색)+공상(무상성)인데, 이것을 인식하기 위해서는 지각과 추론 이외에 다른 인식수단을 필요로 한다는 것이다. 다음으로 77송은 어떤 곳에서 불과 연기를 지각하고 난 뒤, 멀리 떨어진 다른 곳에서 이전에 보았던 연기를 보고서 저곳에 이전에 보았던 불이 있다고 인식하는 경우, 이전에 지각한 특수에 대한 인식은 추론이 아니다. 원래 추론이란 추론인과 추론대상과의 관계가 확립되어 있을 경우에만 성립한다. 가령, 공상인 연기와 공상인 불의 존재론적 근거인 현실적 존재인 불과 현실적 존재인 연기 사이에 인과관계라는 본질적 결합관계가 이미 다른 곳, 즉 동류인 아궁이에서 확립되어 있기 때문에 연기를 보고서 불을 추론할 수 있는 것이다. 그런데 '이전에 지각한 특수에 대한 인식'은 그와 같은 본질적 결합관계가 미리 다른 곳에서 확립되어 있을 필요가 없다. 따라서 그것은 프라마나로서의 추론이 아니다. 아울러 '이전에 지각한 특수에 대한 인식'은 지각이 아니다. 왜냐하면 너무 멀리 떨어져 있어서 특수인 불을 직접 지각할 수 없고 다만 연기라는 매개자를 통해 간접적으로 인식하기 때문이다. 요컨대 '현색의 무상성'이라는 인식대상은 자상도 공상도 아니기 때문에 지각과 추론 이외의 다른 인식수단을 필요로 하며, 또한 '이미 지각한 특수의 인식'은 지각도 아니고 추론도 아니기 때문에 인식수단을 지각과 추론의 2종으로 한정하는 불교인식논리학파의 주장은 바르지 않다는 것이다.

77-3, 78, 79-1.

[다르마키르티의 앞의 두 반론에 대한 요약]

[이상과 같이, 우선 '현색의 무상성'과 같은 것(자상+공상)도 인식대상이기 때문에 인식대상을 자상과 공상의 2종으로 한정할 수가 없다. 따라서] 인식대상이 다수이기 때문에 인식수단은 다수이다. 혹은 [지각의 대상인 자상이] 특수의 인식에 의해서[인식되는 것]처럼 하나[의 대상]에 다수[의 인식수단]가 작용하기 때문[에 인식수단은 다수]이다. 혹은 [인식수단의 수가] '1종이다', '3종이다'라고 헤아리는 것(주장)을 배제(부정)할 수는 없을 것이다. 왜냐하면 [자상에는 지각만이, 공상에는 추론만이 작용한다는] 대상[에 의한 인식수단의] 한정이 있을 수 없기 때문이며 또한 [자상과 공상 이외에] 다른 인식대상은 있을 수 있기 때문이다.

meyabahutvād bahutā api vā//(k.77-3)

pramāṇānām anekasya vṛtter ekatra vā yathā/

viśeṣadṛṣṭer ekatrisaṃkhyāpoho na vā bhavet//(k.78)

viṣayāniyamād anyaprameyasya ca sambhavāt(k.79-1)

79-2.

[반론]

'현색의 무상성'이라는 대상은 자상과 공상으로 이루어진 것(자상+공상)이다. 앎의 측면에서 말하면 그 앎은 자상(현색 그 자체)에 공상(무상성)을 결합한 것이다. 요컨대 인식대상이 다수이기 때문에 인식수단도 다수이다.

[답론]

['현색은 무상하다'라는 추론은] 현색의 공상에 [공상으로서의 무상성이] 결합하기 때문에 이 [자상과 공상의 결합을 결정하는 제3의 인식수단이 있다는] 오류는 범하지는 않는다.

yojanād varṇasāmānye na ayaṃ doṣaḥ prsajyeta//(k.79-2)

案

'현색은 무상이다'라는 추론에서 주어인 현색도 공상이고 주어를 한정하는 술어인 무상도 공상이다. 따라서 그 명제는 공상+공상이기 때문에 추론의 대상이다.

80.

[반론]

현실적 존재 그 자체(자상)가 무상성이 아니라 현실적 존재의 공상이 무상성이다.

[답론]

[무상성은] 비현실적 존재의 형상이 아니다. 왜냐하면 실로 그것(현실적 존재인 현색 자체의 무상성)만이 [추론에 의해서 간접적으로] 그와 같이(무상성의 형상과 같이) [세간 일반에서] 논리적으로 증명되기 때문이다.

na avasturūpaṃ tasya eva tathā siddhe prasādhanāt/

[반론]

만약 [당신은] '다른 경우(비현실적 존재인 공상의 무상성이 성립하지 않는 경우) 다른 것(현실적 존재인 자상의 무상성)이 성립하지 않는다'고 한다면?

anyatra na anyasiddhiś cen

[답론]

[그러한 반론은 이치에 맞는 것이] 아니다. 왜냐하면 실로 그것(현실적 존재인 현색자체의 무상성)만이 [추론에 의해서 간접적으로] 논증되기 때문이다.

na tasya eva prasiddhitaḥ//(k.80)

案

'현색은 무상이다'라는 앎, 즉 현색의 공상에 무상성을 결합하는 앎은 바로 앎(인식수단)이라고 말할 수 없는 것은 아닌가? 왜냐하면 '현색은 무상이다'라는 앎은 현색의 공상에 무상성을 결합하는 것이지 현색 자체의 무상성을 알게 하지는 않기 때문이다.(T.153)

81.

[반론]

그렇다면 추론에서 다른 것, 즉 현색의 공상의 무상성이 성취될 때 어떻게 해서 다른 것, 즉 현색 자체의 무상성이 성취되는가?

[답론]

실로 어떤 [현실적] 존재가 어떤 상태에 있을 때, 그것(어떤 현실적 존재)은 그와 같은(어떤 상태에 상응하는 것과 같은) 추론인에 의한 앎의 [간접적] 원인이다. 그러므로 현실적 존재에 근거해서, 그것(추론인의 앎)으로부터 생긴 추론대상의 앎이 존재한다.

yo hi bhāvo yathābhūto sa tādṛgliṅgacetasaḥ/

hetus tajjā tathābhūte tasmād vastuni liṅgidhīḥ//(k.81)

82.

[반론]

추론인도 추론대상과 같이 공상임에 틀림없다. 마찬가지로 연기 혹은 지어진 것(소작성)만이 추론인은 아니다. 그렇다면 무엇인가? 불의 결과로서 또한 무상성(無常性)에 포함되는 것으로 파악된다. 그러나 특수에는 포함관계의 파악은 있을 수 없다. 공상은 눈으로 지각되지 않는다. 분별에 의해서만 인식된다면 그렇지 않다.

[답론]

이와 같이 그것의 [직접적] 현현이 결여된 추론인의 앎과 추론대상의 앎은 [현실적 존재를] 기만하지 않는다. 왜냐하면 [추론인의 앎과 추론대상의 앎은] 간접적으로 현실적 존재와 결합하[고 있]기 때문이다.

liṅgaliṅgidhiyor evaṃ pāraṃparyeṇa vastuni/
pratibandhāt tadābhāsaśūnyayor apy avañcanam//(k.82)

案

긍정추론에는 두 가지가 있다. 하나는 인과관계에 근거한 추론이며 또 하나는 동일관계에 근거한 추론이다. 우선 인과관계에 근거한 추론을 살펴보자. 이것은 '결과로서의 추론인'에 근거한 추론이다. 즉, '결과로서의 추론인'을 근거로 추론대상을 추론하는 경우, 추론인과 추론대상 간의 논리적 필연성을 보증하는 존재론적 근거는 인과관계(tadutpatti)이다. 이것은 현실적 존재로서는 별개의 대상이 추론되어야 할 경우, 결과가 그 추론에 있어서 추론인이 되는 것이다. 엄밀한 의미에서 추론은 추론대상 A를 B로 인식하는 착오적 인식이다. 즉, 사람을 기만하는 인식이라는 의미이다. 그렇다고 대론자들이 말하는 것처럼 착오적 인식이기 때문에 올바른 인식이 아니라고 할 수는 없다. 이에 대해 다르마키르티는 추론이 비록 착오적 인식이기는 하나 궁극적으로 대상의 인식에 이르게 하는 것이라는 것을 다음과 같이 언급한다. "실로 어떤 존재가 어떤 상태에 있을 때, 그것은 그와 같은 추론인의 앎의 원인이다. 그러므로 그것으로부터 생긴 추론대상의 앎은 그와 같은 상태에 있는 현실적 존재에 근거하는 것이다. 이와 같이 그것의 [직접적] 현현이 결여된 추론인의 앎과 추론대상의 앎은, 간접적으로 현실적 존재와 결합하기 때문에, (현실적 존재를) 기만하지 않는다."

연기→불의 사례를 들어 추론이 왜 올바른 인식수단인가를 살펴보고자 한다. 우선 연기→불의 추론을 삼지작법(三支作法, 인도의 삼단논법)으로 온전하게 복원하면 다음과 같다.

주장명제 : 저 산에 불이 있다.

이유명제 : (저 산에) 연기가 있기 때문이다.

동류명제 : 무릇 연기가 있는 곳에는 불이 있다. 아궁이와 같이

이류명제 : 무릇 불이 없는 곳에는 연기는 없다. 호수와 같이

81송에서 어떤 존재(y)는 불 그 자체이며 추론대상이다. 또한 그 y의 상태와 상응한 추론인(X)은 연기 일반이며, 이 X로부터 생기한 추론대상(Y)은 불 일반이다. 그리고 추론인(X), 즉 연기 일반의 원인인 연기 자체를 x라 할 수 있다. 위의 추론 과정을 그림으로 나타내면 다음과 같다.

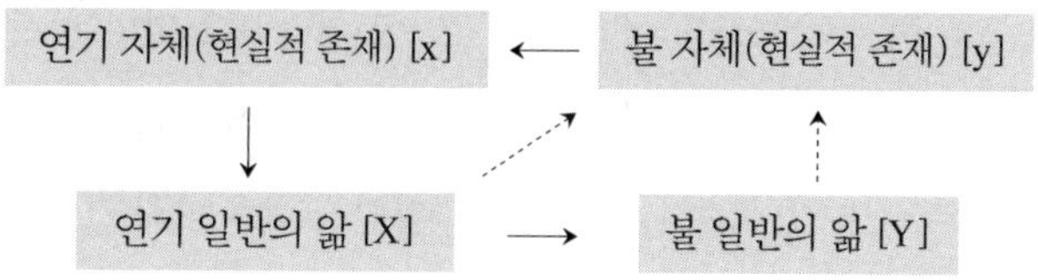

이 그림에서 우리는 추론 과정의 내용적 측면과 구조적 측면을 확인해 두어야 한다. 먼저 추론 과정의 내용적 측면에서 확인해 두어야 할 것은, 연기를 원인으로 불을 추론할 때 추론대상인 불은 불 자체가 아니라 불 일반이 되어 '대상과 인식의 정합성(비기만성)'이라는 인식의 제1 정의를 위반할 수도 있다는 것이다. 이것은 충분히 제기될 수 있는 물음이기도 하다. 이에 대해 다르마키르티는 '간접적으로 현실적 존재와 결합하기 때문에 기만하지 않는다'라고 답한다. 여기서 '간접적으로 현실

적 존재와 결합하는 것'에는 두 가지가 있다. 하나는 연기 일반의 앎으로, 그것은 현실적 존재인 연기 자체의 결과이며 또한 그 연기 자체는 현실적 존재인 불 자체의 결과이다. 따라서 연기 일반의 앎은 현실적 존재인 불 자체와 간접적 관계를 맺고 있다. 또 하나는 불 일반의 앎으로, 그것은 현실적 존재인 불 자체의 결과인 연기 일반을 원인으로 귀결된 결과이다. 따라서 불 일반의 앎은 현실적 존재인 불 자체와 간접적 관계를 맺고 있다. 그러므로 연기를 원인으로 불을 추론할 때 불 자체와 직접적으로 결합하지 않지만 간접적으로 현실적 존재인 불 자체와 관계를 맺기 때문에 기만하는 인식이 아니라는 것을 알 수 있다. 다음으로 추론 과정의 구조적 측면에서 확인해 두어야 할 것은, 위의 인식 과정은 연기 일반의 앎(추론因)→불 일반(추론대상果)이라는 개념 형성의 추론 과정과 현실적 존재인 불 자체(因)→현실적 존재인 연기 자체(果)라는 존재 형성의 생성 과정이 중층적 구조를 이루고 있다는 것, 즉 개념의 인(因)→과(果)는 생성의 과(果)→인(因)에 기반하고 있다는 것이다. 다시 말하면 추론 과정의 타당성은 근본적으로 현실적 존재의 생성 과정을 근거로 하고 있다는 점이다. 따라서 앞의 그림을 다시 그려 보면 다음과 같다.

〈개념적 인식의 추리 과정〉

연기 일반의 인식(果)(因) ⟶ 불 일반의 인식(果)

〈현실적 존재의 인과 과정〉

불 자체(因) ⟶ 연기 자체(果)(因)

이상에서 알 수 있는 것은 첫째, 현실적 존재의 인과 과정이 근거가 되어 추상적 존재(개념적 인식)의 인과 과정이 파생된다는 것, 다시 말하면 개념의 세계가 신이나 제1원인과 같은 추상적 개념에 의해 파생되는 것이 아니라 개념의 세계가 구체적인 현실적 존재에 의해 파생된다는 존재론적 원리에 입각해 설명하고 있다는 것, 둘째는 존재에서 인식에로의 생성의 과정이 불 자체(현실적 존재, 因) → 연기 자체(果인 현실적 존재, 因) → 연기 일반(果인 개념적 인식, 因) → 불 일반(果인 개념적 인식)의 시간적 과정을 거치고 있다는 것, 셋째는 역으로 인식에서 존재에로의 파악의 과정은 불 일반(果인 개념적 인식, 因) ⋯▸ 연기 일반(果인 개념적 인식, 因) ⋯▸ 연기 자체(果인 현실적 존재, 因) ⋯▸ 불 자체(果인 현실적 존재)의 추리의 과정을 거치고 있다는 것이다.

다음으로 동일관계에 근거한 추론을 살펴보자. 이것은 '본질로서의 추론인'에 근거한 추론이다. 즉, '본질로서의 추론인'을 근거로 추론대상을 추론하는 경우, 추론인과 추론대상 간의 논리적 필연성을 보증하는 존재론적 원리(근거)는 동일관계(tādatmya)이다. 이것은 '그것을 본질(自性)로 하는 것'이라는 의미로서 '추론인으로서의 속성이 추론대상으로서의 속성의 본질, 그것 그 자체인 것'이다. 이 '본질로서의 추론인'을 근거로 한 추론 사례로 유명한 것은 다음과 같은 추론이다.

주장명제 : 음성은 무상하다.

이유명제 : (음성은) 존재하는 것이기 때문이다.

81송과 위의 추론을 연관 지어 기술하면 어떤 존재(y)는 '소리의 독자상과 결합한 무상성'(y) 그 자체이며 추론대상이다. 또한 그 y의 상태와 상응한 추론인(X)은 '무상성의 소변으로서의 존재성' 일반이며 이 X로부터 생기한 추론대상(Y)은 존재성의 능변으로서의 무상성(Y) 일반이다. 그리고 추론인(X)의 존재성 일반의 원인인 존재성 그 자체는 x라 할 수 있다. 위의 추리 과정을 그림으로 나타내면 다음과 같다.

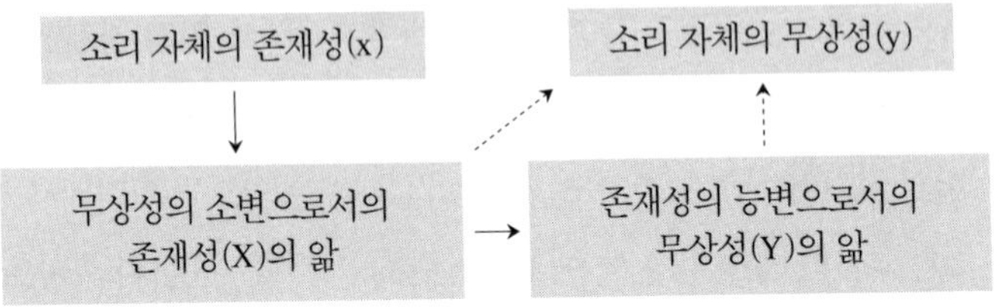

이 '본질로서의 추론인에 근거한 추론 과정'은 앞의 '결과로서의 추론인에 근거한 추론 과정'과 동일한 구조이다. 다만 다른 것은, 전자는 연기→불의 추론 과정으로 두 개의 다른 현실적 존재의 '인과적 관계'인 데 반해, 후자는 소리의 존재성→소리의 무상성의 추론 과정으로 하나의 현실적 존재의 본질적 관계라는 것이다. 하지만 이 추론 과정에서도 다음과 같은 내용적 측면과 구조적 측면을 확인할 수 있겠다. 먼저 추론 과정의 내용적 측면에서 제기되는 문제는 소리의 존재성을 원인으로 소리의 무상성을 추론할 경우 추론 대상인 소리의 무상성은 소리의 공상과 결합한 공상으로서의 무상성이지 소리의 자상과 결합한 무상성이 아니기 때문에 '대상과 인식의 정합성(비기만성)'이라는 인식의 제1정의를 위반할 수도 있다는 것이다. 이에 대해 우리는 '결과로서의 추론인'에 근거한 추론 과정에서와 마찬가지로 답할 수 있다. 즉, 연기→불과 같이 소리의 자상과 결합한 존재성이 무상성의 소변으로서의 존재성으로 개념 구성될 때 소리의 자상과 결합한 무상성이 그 간접적 원인이 된다. 그러므로 무상성의 능변으로서의 존재성에 대한 앎은 소리의 자상과 결합한 무상성에 대해서 사람을 기만하지 않는 것이다. 다음으로 추론 과정의 구조적 측면에서 알 수 있는 것은 위의 추론 과정과 마찬가지로 추론 과정과 현실적 존재의 생성 과정이라는 중층적 구조를 이룬다는 것이다. 다만 다른 것은 위의 추론은 두 개의 현실적 존재의 이행 과정이 근거가 되고 두 개의 개념적 인식 과정이 파생되는 중층적 구조를 이루는 반면, 이 추론은 하나의 현실적 존재의 본질의 생성 과정이 근거가 되고 두 개의 개념적 인식 과정이 파생되는 중층적 구조를 이룬다는 것이다. 그림을 그리면 다음과 같다.

〈개념적 인식의 추리 과정〉

소리 일반의 존재성 인식 → 소리 일반의 무상성 인식

〈현실적 존재의 인과 과정〉

소리 자체의 무상성 → 소리 자체의 존재성

이상에서 알 수 있는 것은 다음과 같다. 우선, 여기서 소리 자체의 무상성은 현실적 존재의 본질인 '찰나멸성'이며, 소리 자체의 존재성은 현실적 존재의 '인과적 효과성'이다. 왜냐하면 다르마키르티에 의하면 존재=인과적 효과성이기 때문이다. 따라서 인과적 효과성과 찰나멸성이 현실적 존재의 본질이라는 점에서 동일하지만 보다 존재론적 근거가 되는 것은 찰나멸성=무상성임을 알 수 있다. 즉, 무상=찰나멸하기 때문에 존재하는 것이지 존재하기 때문에 찰나멸하는 것은 아닌 것이다. 다음으로, 현실적 존재의 본질의 생성 과정이 근거가 되어 개념적 인식의 추론

과정이 파생된다는 것, 즉 개념적 인식이 추상적 존재에서 파생되는 것이 아니라 소리 자체의 무상성이라는 구체적인 현실적 존재에 의해 파생된다는 존재론적 원리에 입각해 설명하고 있다는 것이다. 마지막으로 '존재에서 인식에로의 생성 과정'은 소리 자체의 무상성(능변으로서의 현실적 존재, 능변본질)→소리 자체의 존재성(소변으로서의 현실적 존재, 소변본질, 因)→소리 일반의 존재성 인식(果인 개념적 인식, 因)→소리 일반의 무상성 인식(果인 개념적 인식)의 시간적 과정을 거치고 있다는 것, 역으로 '인식에서 존재에로의 파악 과정'은 소리 일반의 무상성 인식(개념적 인식)⇢소리 일반의 존재성 인식(개념적 인식)⇢소리 자체의 존재성(소변으로서의 현실적 존재)⇢소리 자체의 무상성(능변으로서의 현실적 존재)의 과정을 거치고 있다는 것이다.(82송 해설 전체는 권서용, 『다르마키르티와 불교인식론』에서 가져옴)

83.

[반론]

만약 추론인의 앎과 추론대상의 앎이 인식수단, 즉 프라마나라고 한다면 그때 감관지각처럼 착오는 없을 것이다.

[답론1]

비록 [추론인과 추론대상의] 두 앎은 그것(현실적 존재)의 형상에 대해서 [사람을] 기만하지 않는다고 해도 착오라고 확립된다. 왜냐하면 [그 두 앎은] 그것(현실적 존재)의 형상을 결여하고 있음에도 불구하고, 그것(현실적 존재)의 형상을 판단(확인)하기 때문이다.

tadrūpādhyavasāyāc ca tayos tadrūpaśūnyayoḥ/

tadrūpāvañcakatve api kṛtā bhrāntivyavasthitiḥ//(k.83)

84.

[답론2]

그러므로 현실적 존재가 인식대상일 때, 본질 혹은 원인인 포함하는 것(능변, 현실적 존재인 추론대상, 불, 나무)이 포함되는 것(소변, 현실적 존재인 추론인, 연기, 소나무)의 앎의 원인이며, 그것(포함되는 것의 앎, 추론인의 앎, 연기의 앎, 소나무의 앎)은 그 앎(포함하는 것의 앎, 추론대상의 앎, 불의 앎, 나무의 앎)의 원인이다.

tasmād vastuni boddhavye vyāpakaṃ vyāpyacetasaḥ/

nimittaṃ tat svabhāvo vā kāraṇaṃ tac ca tad dhiyaḥ//(k.84)

案

도사키는 이 게송을 다음과 같이 해설한다. "다르마키르티에 의하면 현실적 존재가 인식대상인 경우 — 환언하면 긍정추론의 경우 — 추론은 인과관계에 근거하든가 혹은 동일관계에 근거하든가 둘 중의 하나이며 다른 경우는 생각되지 않는다. 그리고 앞에서 기술한 것과 같이 인과관계에 근거한 경우는, 가령 지금 지각된 연기 그 자체(x)가 '불의 결과인 연기'(X)라고 개념 구성될 때, 불 자체(y)가 그 개념 구성의 간접적인 원인이 된다. 따라서 또한 '불의 결과인 연기'의 앎으로부터 도출된 '불 일반'(Y)의 앎에 대해서도 불 자체(y)는 간접적인 원인이 된다. 마찬가지로 동일관계에 근거한 경우에도, 가령 소리의 개별상과 결합한 '존재성'(x)이 '무상성의 소변인 존재성'(X)으로 개념 구성될 때 소리의 개별상과 결합한 무상성(y)이 그 개념 구성의 간접적인 원인이 된다. 따라서 또한 '무상성의 소변인 존재성'(X)의 앎으로부터 도출된 '무상성'(소리의 공통상과 결합한 무상성)(Y)의 앎에 대해서도 '소리의 개별상과 결합한 무상성'(y)은 간접적인 원인이 된다. 이와 같이 긍정추론에서는 인과관계에 근거한 경우에도 동일관계에 근거한 경우에도, 'X의 인식' 내지 'Y의 인식'은 (현실적 존재인) y를 간접적인 원인으로 하여 생기기 때문에 (현실적 존재인) y에 대해서 사람을 기만하는 것은 아니다."(T.159)

85.

[반론]

그렇다면 비존재를 추론하는 부정추론의 경우는 어떻게 되는가?

[답론]

그러나 부정[추론]은 비인식[으로서의 추론인]으로부터 입증된다. [존재는] 인식수단으로부터 입증된다고 주장하는 사람들에 있어서는 [인과적 효과성을 본질로 하는] 대상의 역(인식수단이 생기지 않는 것=비인식)으로부터[부정추론이 입증되는 것]이다.

pratiṣedhas tu sarvatra sādhyate anupalambhataḥ/
siddhiṃ pramāṇair vadatām arthād eva viparyayāt//(k.85)

86.

[반론]

부정추론의 추론식 속에는 비인식[無量]이 추론인으로서 제시되고 있지 않은 것이 존재한다. 따라서 '부정은 어떠한 경우에도 비인식으로부터 성취된다'라고 말할 수 없는 것은 아닌가?

[답론1]

부정[추론]의 경우에는 그것(부정대상) 혹은 그것(부정대상)의 원인과 모순되는 성질을 표현하는 것이 [직접적으로] 경험되지만, 그것(모순대상의 표현)도 실로 그것(부정대상)에 대한 비인식수단임을 표현하고 있다. [따라서 부정추론은 어떠한 경우에도 '비인식'을 추론인으로 하여 논증된다.]

dṛṣṭā viruddhadharmauktis tasya tatkāraṇasya vā/
niṣedhe yā api tasya eva sā apramāṇatvasūcanā//(k.86)

案

대론자에 의하면 어떤 존재의 부정이 반드시 비인식에 의해서 추론되는 것은 아니다. 예를 들면 '불을 근거로 차가운 감촉이 없음을 추론하는 경우와 같이, 불이라는 존재로 인해 차가운 감촉의 비존재를 추론하기 때문에 비인식에 의해 비존재가 추론되는 것은 아니라는 것이다. 하지만 다르마키르티에 의하면 이 경우에도 불의 존재가 원인이 되어 차가운 감촉의 비인식이 결과로 도출되며, 다시 또한 차가운 감촉의 비인식이 원인이 되어 차가운 감촉의 비존재가 추론된다는 점에서 모든 부정추론은 반드시 비인식을 추론인으로 하여 논증된다는 것이다. 그림으로 정리하면 다음과 같다.

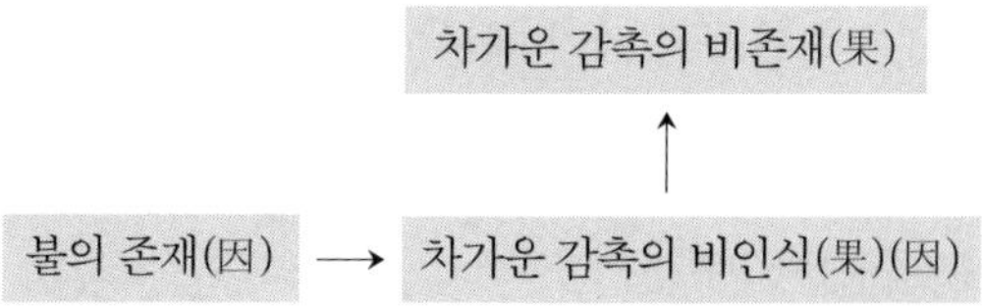

87-1, 87-2.

[답론2]

그렇지 않으면 한쪽 존재의 본질을 기술함으로써 다른 쪽 비존재가 어떻게 알려질 수 있을까?

anyathā ekasya dharmasya svabhāvoktyā parasya tat//(k.87-1)

na astitvaṃ kena gamyeta(k.87-2)

案

한쪽 존재[A]의 본질에 의해 다른 쪽 존재[B]의 비존재를 알 수는 없다. 그런데 한쪽 존재[A]로부터 다른 쪽 존재[B]의 비존재를 추론하는 경우에도 그것이 가능하기 위해서는 한쪽 존재[A]로부터 다른 쪽[B]의 비인식이 지시되고 이 다른 쪽[B]의 비인식에 근거하여 다른 쪽[B]의 비존재가 추론된다.

87-3, 88-1.

[반론]

한쪽과 다른 쪽이 원래 모순관계에 있는 것이 알려져 있기 때문에 한쪽의 존재로부터 다른 쪽의 비존재를 아는 것이 가능하다.

[답론1]

만약 [두 존재가] 모순관계에 있기 때문이라고 한다면, 이것(모순관계)은 또한 무엇에 의해 확립되는가?

virodhāc ced asāv api(k.87-3)

siddhaḥ kena(k.88-1)

88-2.

[답론2]

만약 동시에 존재하지 않기 때문이라고 한다면, 그것(동시에 존재하지 않는다는 것)은 무엇에 근거해서 확립되는가? 만약 지각될 수 있음에도 불구하고 지각되지 않기 때문이라고 한다면 그것은 [우리들이 말하는] 비인식성[인 것]이다.

asahasthānād iti cet tat kuto matam/
dṛśyasya darśanābhāvād iti cet sā apramāṇatā//(k.88-2)

案

위 88송에 대해 도사키는 다음과 같이 설명한다. "만약 A와 B에 모순관계가 있는 것이 A와 B의 '동시에 존재하지 않는 것'에 의해서 알려진다고 한다면 또한 '동시에 존재하지 않는 것'은 어떻게 해서 알려지는 것인가라고 물어야 한다. 만약 'A가 지각되는 것인데도 불구하고 B가 존재할 때 지각되지 않는다'라고 한다면 'A가 지각되는 것인데도 불구하고 지각되지 않는다'라고 하는 것은 우리들이 말하는 비인식 이외의 다른 것이 아니다. 따라서 모순관계는 비인식을 근거로 하여 성립하는 것이다. 그렇기 때문에 A와 B의 모순관계에 근거하여 'B의 존재'로부터 'A의 비존재'를 인식한다고 해도 실은 이론적으로는 'B의 존재'가 나타내는 'A의 비인식'을 경유하는 것이다."(T.163)

89.

[반론]

비인식이 제시되지 않는 경우, 어떻게 해서 비인식으로서의 추론인이 부정추론의 근거가 될 수 있을까?

[답론1]

그러므로 자신의 말(비인식이라는 말)에 의해서 표현된 것이라 해도 [혹은 비인식이라는 말이 표면상 기술되고 있지 않아도] 그것(비인식)이 비존재를 논증하는 것이다. 그것(비인식)이 인식수단[의 추론인]이라고 [인정]하지 않는 자에 의해서는 부정[추론]은 결코 기술될 수 없을 것이다.

tasmāt svaśabdena uktā api sā abhāvasya prasādhikā/
yasyā pramāṇaṃ sā avācyo niṣedhas tena sarvathā//(k.89)

90.

[답론2]

이것(본질과 그것의 원인과의 모순의 인식)에 의해 그것(부정대상 자체와 그 원인)과 모순되는 대상의 결과를 언급하는 것이 자세하게 기술되었다. [그것들은] 모두 [언어] 표현만이 다를 뿐, 의미는 모든 곳에서 차이는 없다.

etena tadviruddhārthakāryauktir upavarṇitā/
prayogaḥ kevalaṃ bhinnaḥ sarvatra artho na bhidyate//(k.90)

案

'부정대상과 모순되는 것의 인식'(모순인식, viruddhopalabdhi)과 '모순대상의 원인과 모순되는 것의 인식'(원인모순인식, kāraṇaviruddhopalabdhi) 모두 부정대상의 비인식을 근거로 비존재를 추론하는 것이다. 마찬가지로 '부정대상과 모순된 대상의 결과의 인식'(모순결과인식,

viruddhakāryopalabdhi) 혹은 '부정대상의 원인과 모순된 대상의 결과의 인식'(원인모순결과인식, kāraṇaviruddhakāryopalbdhi)도 마찬가지로 부정대상의 비인식을 근거로 비존재를 추론한다. 이와 같이 용법의 차이는 각종으로 생각되지만, 모두 비인식을 내용으로 하고 있는 것에 차이는 없다. 다르마키르티는 '자기를 위한 추론장'에서 부정추론을 다음과 같은 8종으로 제시한다. 첫째, '모순되는 것의 성취'(인식)이다. [주장] 여기에 차가운 감촉은 없다. [이유] 불이 있기 때문이다. 둘째, '포함하는 것(능변)과 모순되는 것의 성취'(인식)이다. [주장] 여기에 눈[雪]의 감촉은 없다. [이유] 불이 있기 때문이다. 셋째, '모순되는 것의 결과의 성취'(인식)이다. [주장] 여기에 차가운 감촉은 없다. [이유] 연기가 있기 때문이다. 넷째, '원인의 불성취'(원인의 비인식)이다. [주장] 여기에 연기는 없다. [이유] 불이 없기 때문이다. 다섯째, '원인과 모순되는 것의 성취'(인식)이다. [주장] 그에게 특수한 소름 돋기 등(의 현상)은 없다. [이유] 특수한 연소가 가까이에 있기 때문이다. 여섯째, '원인과 모순되는 것의 결과의 성취'(인식)이다. [주장] 이 장소에 특수한 소름 돋기 등의 현상을 가진 사람은 없다. [이유] 연기가 있기 때문이다. 일곱째, '본질의 불성취'(비인식)이다. [주장] 여기에 연기는 없다. [이유] 인식되지 않기 때문이다. 여덟째, '포함하는 것의 본질의 불성취'(비인식)이다. [주장] 여기에 싱샤빠나무는 없다. 나무가 없기 때문이다.(T.164, 165 참조)

91.

[반론]

어떻게 해서 비인식만이 모든 부정추론의 기본적인 추론인(근거)인가?

[답론]

[이렇게 해서 앞에서 기술한 것처럼 비인식에 기초한 모순관계에 의해서] 모순된 존재를 긍정하는 것도 없이, 또한 수단(방편)을 가진 그것(부정되어야 할 것=부정대상)을 방해하는 것도 없이(비인식도 없이) 부정[추론]에서 인식수단을 기술하는 것은 논리적이지 않다.

viruddhaṃ tac ca sā upāyam avidhāyā api dhāya ca/
pramāṇoktir niṣedhe yā na sā nyāyānusāriṇī//(k.91)

92.

[반론]

그렇다면 비논리적인 부정추론의 사례로는 어떤 것이 있는가?

[답론]

가령 '말을 하는 행위'[나 '인간인 것'] 등에 근거하여 '일체지자'(一切知者)나 '사후의 존재' 등을 부정하는 것과 같은 경우이다. [이들 부정추론은 논리적이지 않다. 왜냐하면 추론인인 '말을 하는 행위'와 추론대상인 '일체지자'의 양자, 추론인인 '인간인 것'과 추론대상인 '사후의 존재' 양자 사이에는 모순관계가 없기 때문이다. 왜 각각의 양자 사이에 모순관계가 없는가? 라고 한다면 그것은] 감관을 초월한 존재(일체지자, 사후의 존재)에는 [다른 것과의] 모순관계가 확립되어 있지 않기 때문이다.

uktyādeḥ sarvavit pretyabhāvādipratiṣedhavat/
atīndriyāṇām arthānāṃ virodhasya aprasiddhitaḥ//(k.92)

案

"그는 일체지자가 아니다. 왜냐하면 그는 말을 하는 존재이기 때문이다"와 "그는 사후의 존재가 아니다. 왜냐하면 그는 인간이기 때문이다"라는 추론식에서 우리가 알 수 있는 것은, 대론자에 의하면 '일체지자'와 '말을 하는 행위' 그리고 '사후의 존재'와 '인간'이 모순관계에 있다는 것이다. 그런데 여기서 '말을 하는 행위'와 '일체지자', '인간'과 '사후의 존재' 사이에는 모순관계가 성립하지 않는다. 왜냐하면 모순관계는 어떤 존재[A]가 인식되지 않음에도 불구하고 다른 존재[B]가 인식될 때, 그 어떤 존재[A]가 인식되지 않는다는 '비인식'에 근거해서 성립하기 때문이다. 따라서 이 모순관계의 논증은 비인식에 근거한 추론에 의해 가능한 것이며 아울러 감관을 넘어선 초감관적인 존재에 대해서는 모순관계를 말할 수가 없다.

93.

[반론]

'말을 하는 행위'와 '일체를 인식하는 능력' 사이에 모순관계가 성립하지 않는다고 하자. 그러나 우리들은 말을 하는 사람이 있고 게다가 일체를 아는 일체지자인 인간을 알지 못한다. 그러므로 그는 말을 하기 때문에 일체지자가 아니다라고 말할 수 있다.

[답론]

만약 '말을 하는 행위'와 '[일체를] 인식[하는 능력]'(一切知)이 [동일한 사람에게] 있다고 한다면, 어떻게 해서 배제되는 것과 배제하는 것[사이]의 [모순]관계가 ['말을 하는 행위'와 '일체지' 사이에] 있을 수 있는가?

만약 그와 같이 [말을 하며, 게다가 일체지인 존재가] 인식되지 않기 때문(비인식이기 때문)이라고 한다면, 바로 그것(비인식)이야말로 추론인(논증하는 것)이라고 말해져야 할 것이다.

bādhyabādhakabhāvaḥ kaḥ syātāṃ yady uktisaṃvidau
tādṛśo anupalabdheś ced ucyatāṃ sā eva sādhanam//(k.93)

案

대론자에 의하면 인간은 일체지자가 결코 될 수가 없다. 하지만 다르마키르티에 의하면 붓다는 일체지자가 아니라 법지자(法知者)이다. 특히 사성제(四聖諦)와 같은 여실한 존재에 대한 앎을 지니고 있기 때문에 세존이야말로 진정 법지자라고 주장한다.

94.

[반론]

그렇다면 비존재를 판단하는 부정추론의 경우, 초감각적인 존재에 대해서 추론이 불가능한 것인가?

[답론]

이와 같은 [감관을 넘어서 있는 존재에 대한] 비인식은 [감관을 넘어서 있는 존재에 대한 비존재를] 결정할 수 없다고 말해진다. 그러므로 언제나 감관을 넘어서 있는 것에 관해서는 존재와 비존재 가운데 어느 것도 결정할 수가 없다.

aniścayakaraṃ proktam īdṛkṣānupalambhanam/
tan nātyantaparokṣeṣu sadasattāviniścayau//(k.94)

95.

[반론]

그렇다면 눈[雪]과 모순하는 불[火]과 같은 모순관계는 부정추론이 어떻게 적용되는가?

[답론]

모순[관계가 적용]되는 [어떤] 속성이 [모순관계가 적용되는 다른 속성과] 다른가, 그렇지 않으면 다르지 않은가[라는 두 가지 경우]에 적용된다. 가령, [전자, 즉 여기에 눈雪은 없다. 왜냐하면 불火이 있기 때문이라고 할 때 눈과 불의 모순관계는 추론대상인] 눈[雪]의 비존재가 추론인인 불[火]의 경우이며, [후자, 즉 대(mahat) 등은 생성하는 것이 아니다. 왜냐하면 그것은 존재를 본질로 하기 때문이라고 할 때 존재와 생성의 모순관계는] 존재성이 생성을 배제하는 경우이다.

bhinno abhinno api vā dharmaḥ sa viruddhaḥ prayujyate/
yathā agnir ahime sādhye sattā vā janmabādhanī//(k.95)

案

모순관계에는 두 항(item)이 서로 본질을 달리하는 별개의 존재인가 아니면 본질을 같이하는 동질적인 존재인가에 따라 두 가지 적용이 존재한다. 가령, 전자의 경우 '여기에 눈[雪]이 없다. 왜냐하면 불[火]이 있기 때문이다'라고 할 때 눈과 불은 본질을 달리하는 별개의 존재이다. 따라서 눈의 비존재는 불의 존재에 의한 눈의 비인식을 근거로 간접적으로 추론되는 것이다. 한편 후자의 경우는 상키야학파의 원리전변설(인중유과론)에 대한 다르마키르티의 비판이기도 하다. 주지하는 바와 같이 상키야학파는 순수정신 푸루샤(puruṣa)와 근본물질인 프라크리티(prakṛti)라는 두 개의 근원적 원리의 전변으로 이 세계가 존재한다고 주장한다. 순수정신인 푸루샤는 실체로서의 개아이며, 그 본질은 순수정신, 순수영혼이며 어떠한 활동도 하지 않고 근본물질인 프라크리티만을 관조할 뿐이다. 한편 물질의 근원이며 자연 그 자체인 프라크리티는 활동성의 성질로 가진 세 개의 구나(guna), 즉 순질인 사트바(sattva), 동질인 라자스(rajas), 예질인 타마스(tamas)에 의하여 균형을 이룬 채 존재하지만 무시이래의 무지에 의해 이 균형이 깨어질 때 물질적 변화를 가져온다. 이로부터 근원적 사유 기능인 마하트(mahat) 혹은 우주적 지성인 붓디(buddhi)가 출현하고 이어서 '나'라는 자아의식인 아함카라(ahaṃkāra)가 생기고 다섯 감각기관인 안·이·비·설·신과 여섯 개의 신체활동 기관인 손, 발, 배설기관, 생식기관과 마음이 생기고 대상영역인 색·성·향·미·촉과 다섯 미세요소를 합쳐서 25개의 원리로 세계의 구조와 생성과 변화를 설명한다. 이들은 "마하트 등은 생성[하여 전변]하는 것이다. 왜냐하면 그것은 존재성을 본질로 하기 때문이다"라고 추론한다. 여기서 핵심은, 마하트 등의 존재성을 본질로 하기 때문에 생성하는 것이라고 하는 것이다. 그러나 다르마키르티에 의하면 상키야학파는 존재성과 생성이 모순관계에 있는 줄을 모르기 때문에 원인 가운데 결과가 있다거나 만물은 원리가 전변하여 생성한다고 주장한다는 것이다. 하지만 존재성은 생성과 모순관계에 있기 때문에 "마하트 등은 생성[하여 전변]하는 것이 아니다. 왜냐하면 그것은 존재성을 본질로 하기 때문이다"라고 반론한 것이다. 어떤 것이 생성[하여 전변]하기 위해서는 자신 속에 비존재를 내장하지 않고서는 불가능하다. 존재는 찰나멸과 인과적 효과성을 본질로 하기 때문에, 다시 말해 존재는 비존재를 내장하기 때문에 다른 것으로 생성하여 전변할 수가 있는 것이다.

96.

[반론]

긍정추론은 현실적 존재(vastu)에 근거해서 생긴다고 할 수 있지만 비존재에 대한 부정추론은 무엇을 근거로 해서 생기는가?

[답론1]

현실적 존재들을 논증하는 [긍정추론의] 경우 현실적 존재만이 [현실적 존재들을] 논증하는 것이라고 인정되는 것과 같이, 그와 같이 [현실적 존재] 자신의 부정[을 논증하는 부정추론]의 경우 현실적 존재만이 현실적 존재들을 부정하는 것이다.

yathā vastv eva vastūnāṃ sādhane sādhanaṃ matam/
tathā vastv eva vastūnāṃ svanivṛttau nivarttakam//(k.96)

97.

[답론2]

이것(현실적 존재들의 논증수단인 것을 이해시키는 것)으로 분별에 의해서 가설된 '소개념과 동류 가운데 어느 한 가지인 것'(宗同品隨一性) 등의 성질(속성)이 [추론인에서] 배제되었다. 왜냐하면 어딘가에 [소개념과 동류 가운데 어느 하나인 것은] 있을 수 있기 때문이다.

etena kalpanānyasto yatra kvacana sambhavāt/
dharmaḥ pakṣasapakṣānyataratvādir apoditaḥ//(k.97)

案

다르마키르티의 존재론에 의하면 궁극적으로 실재하는 것은 현실적 존재이다. 이 현실적 존재를 넘어서 다른 존재란 있을 수 없다. 저 물질성을 본질로 하는 색깔 있는 모양도 인과적 효과성을 갖기 때문에 현실적 존재이며, 또한 저 정신성을 본질로 하는 깨달은 분인 붓다도 인과적 효과성을 갖기 때문에 현실적 존재이다. 일체의 인과적 효과성을 본질로 하는 모든 존재는 현실적 존재라는 점에서 다른 것이 아니다. 긍정추론은 현실적 존재가 인식될 때, 그 인식을 근거로 미지의 대상을 아는 것이며, 부정추론은 현실적 존재가 인식되지 않을 때, 그 비인식을 근거로 미지의 대상, 즉 비존재를 추론하는 것이다.

98.

[반론]

현실적 존재가 없다면 긍정추론이든 부정추론이든 모든 추론은 전혀 불가능한 것은 아닌가?

[답론1]

또한 그 경우 만약 자기부정이 어떤 식으로 확정된다면, 포함하는 주관의 성질[원인과 능변자성]은 포함되는 대상의 부정[결과와 소변자성]을 이해하게 한다는 것이 인정된다.

tatra api vyāpako dharmo nivṛtter gamako mataḥ/
vyāpyasya svanivṛttiś cet paricchinnā kathañcana//(k.98)

99.

[답론2]

어떤 존재에 대해서 인식수단이 생기지 않는 것(비인식)이 실로 그것의 비존재에 관한 추론인이라고 말해지는 것은, 그것은 전적으로 어리석은 사람을 위한 것이다. 왜냐하면 [그것은] 소 치는 목동에 이르기까지 [누구에게나] 알려져 있기 때문이다.

yad apramāṇatā abhāve liṅgaṃ tasya eva kathyate/
tad atyantavimūḍhārtham āgopālam asaṃvṛtteḥ//(k.99)

案

이 현실적 존재의 비존재는 그 존재의 비인식을 근거로 추론된다. 도사키는 다음과 같이 해석한다. "'실로 현실적 존재야말로 자기부정에서 현실적 존재의 부정을 행한다'라는 경우의 현실적 존재의 자기부정(현실적 존재의 비인식)을 다르마키르티는 3종으로 분류한다. 즉, 원인의 비인식(kāraṇāupalabdhi)과 부정대상을 포함하는 본질의 비인식(vyāpaksasvabhāvāupalabdhi)과 본질의 비인식(svabhāvāupalabdha)이다. 앞의 98송은 '원인의 비인식'과 '부정대상을 포함하는 본질의 비인식'에 관해서 논한 것이며 여기 99송은 '본질의 비인식'에 관해서 논한 것이다. 우선 '원인의 비인식'은 다음과 같다. 가령 불(원인)은 직접적으로 그 자신이 인식되지 않는 것에 의해서 혹은 간접적으로 가령 불과 모순하는 것의 인식에 의해서 부정될 때, 연기(결과)의 비존재를 능히 알게 한다.

'부정대상을 포함하는 본질의 비인식'도 다음과 같다. 즉, 가령 차가운 감촉(능변)은 직접적으로 그 자신이 인식되지 않는 것에 의해서 혹은 간접적으로 가령 불의 인식에 의해서 부정될 때 눈의 감촉(소변)의 비존재를 능히 알게 한다.

'본질의 비인식'의 경우는 조금 사정을 달리한다. 앞의 두 비인식의 경우에 준해서 고찰해 본다면 다음과 같이 해석할 수도 있을 것이다. 즉, 어떤 현실적 존재(A)는 자기부정(비인식)에 의해서 어떤 현실적 존재 ― 이 경우는 현실적 존재 자신의 비존재를 성취한다고 한다. 그러나 이와 같이 해석할 수 없다. 왜냐하면 어떤 존재의 '본질의 비인식'은 그 자신이 실로 그것의 비존재성 그것이기 때문이다. 요컨대 본질의 비인식 → 비존재성이라는 것은 A → A라는 것에 다름 아니다. 이것은 전혀 의미가 없는 것이다. 그렇다면 '본질의 비인식'에 의해서 성취되는 것은 무엇일까? 다르마키르티는 '자기를 위한 추론'에서 그것은 유대상(有對象, 비존재에 관한 행위, 구체적으로 말하면 '비존재이다'라는 앎, '비존재이다'라는 언어 표현, '비존재이다'라고 하는 앎에서 생기는 신체적 행동)만이라고 한다. 이와 같이 '본질의 비인식'은 '비존재이다'라는 앎 등을 성취하는 것으로 간주되지만 다르마키르티는 99송에서 그것도 대단히 어리석은 사람을 위한 것이라고 한 것이다."(T.173~175)

100.

[답론3]

다만 이와 같은 비인식[원인의 비인식, 본질의 비인식, 부정대상을 포함하는 본질의 비인식]만이 비존재임을 판단하는 결과를 갖는다. 또한 그것(비존재의 판단)은 원인 혹은 본질이 인식될 수 있는 것으로 간주됨에도 불구하고 인식되지 않을 때, [비존재임을 판단하는 결과를 갖는다고] 인정된다.

etāvan niścayaphalam abhāve anupalambhanam/
tac ca hetau svabhāve vā adṛśye dṛśyatayā mate//(k.100)

101.

[반론]

지각에 의해서 무상성이 인식된 뒤 다시 그것을 인식하는 무엇인가의 앎도 바른 인식수단, 즉 프라마나이다.

[답론1]

추론으로부터 무상성 등을 파악할 때, 이러한 [간접적으로 현실적 존재와 결합관계를 갖는 인식론적] 과정이 인정된다. 다른 경우(추론에 의해 간접적으로 현실적 존재와 결합관계를 갖는 공상인 무상성을 인식하는 것 이외에 지각에 의해 직접적으로 자상인 무상한 현실적 존재를 인식한 뒤에 다시 그것을 인식하는 다른 무엇인가의 인식인 경우), 이미 파악된 것을 [다시] 파악하는 것이 되기 때문에 [인식수단의 제2 정의, 즉 '아직 인식되지 않은 대상을 밝히는 인식'이라는 정의에 저촉되기 때문에] 인식수단[임]이 인정되지 않는다.

anumānād anityāder grahaṇe ayaṃ kramo mataḥ/
prāmāṇyam eva na anyatra gṛhītagrahaṇān matam//(k.101)

案

어떤 앎이 올바른 인식수단이 되기 위해서는 두 가지 조건을 충족시켜야 한다. 하나는 정합적 인식(정합성)이며 또 하나는 미지의 대상에 대한 인식(새로움)이다. 그런데 지각에 의해 인식된 것을 다시 파악하는 앎은 미지의 대상에 대한 인식이라는 조건을 충족시키지 못하므로 인식수단, 즉 프라마나라고 할 수 없다.

102, 103-1.

[답론2]

이 [현색의] 무상성은 [그 현색의] 존재와 다른 것이 아니다. 그리고 그것(존재)은 [분별적 인식] 이전에 지각에 의해 이미 확립되고 있다. 이 다수의 형상을 갖는 그것(존재)은 언어[의 지시]대상이 아니다. [왜냐하면] 언어[의 지시]대상은 분별에 의해서 생긴 속성(무상인 존재를 '이것은 무상이다'라고 분별할 때 주어인 '이것'과 술어인 '무상'은 언어지시대상인 속성)이[기 때문이]다. 공상(무상성 등)의 근거[인 현색 자체]가 [감관지각에 의해서] 확립될 때, 바로 그 공상[인 현색 자체의 무상성 등]은 확립된다.

na anyās yā anityatā bhāvāt pūrvasiddhaḥ sa ca indriyāt/
na anekarūpo vācyo asau vācyo dharmo vikalpajaḥ//(k.102)
sāmānyāśrayasaṃsiddhau sāmānyaṃ siddham eva tat(k.103-1)

案

대론자는 무상성을 존재의 속성으로 보는 반면 다르마키르티는 존재가 곧 무상성이라고 간주한다. 즉, 색깔 있는 모양[色]=무상성, 소리=무상성이다.

103-2.

[반론]

만약 색깔 있는 모양[色] 자체의 무상성이 지각에 의해 파악되었다면 그것을 근거로 지각되지 않은 대상을 인식하는 추론은 인식수단, 즉 프라마나가 아닌 것이 된다. 미지의 대상에 대한 인식(새로움)이 아니기 때문이다.

[답론1]

그것(현색 자체의 무상성)이 [지각에 의해] 확립되지 않을 때, 바로 그것(현색 자체의 무상성)을 그와 같은 것으로 확립하기 위해 실로 추론이 [인식수단으로서] 작동한다.

tadasiddhau tathā asya eva hy anumānaṃ prasiddhaye//(k.103-2)

104.

[답론2]

어떤 경우에는 그것(무상을 본질로 한 현실적 존재)은 명료하게 인식되지 않는다. 동류의 다른 존재가 [그다음 찰나에 연속하여] 계기하는 것으로부터 착오하여 [각 찰나 상호간의] 차이를 지각하지 못하기 때문이다. 마치 마법의 공(의 차이를 보지 못하는 것)처럼.

kvacit tad aparijñānaṃ sadṛśāparasambhavāt/
bhrānter apaśyato bhedaṃ māyāgolakabhedavat//(k.104)

案

우리가 대상을 지각할 때 대상의 무상성이 지각에 현현한다. 그러나 수행 등을 하지 않아 지각에 현현한 무상성 등을 인식하지 못한 채 그대로 대상의 무상성은 소멸해 버린다. 그런데 전 찰나의 대상의 무상성이 소멸하자마자 다음 찰나에 생성하는 대상의 무상성이 앞의 대상과 유사하기 때문에 착오를 해 동일한 대상이 계속 지속하고 있다고 판단해 버린다. 요컨대 그의 지각에 대상의 무상성이 현현함에도 불구하고 완전한 앎(parijñāna), 즉 대원경지(大圓鏡智)가 되지 않는다. 이럴 경우 자기 자신이나 타인에게 현색의 무상성을 알게 하기 위해 지각이 아닌 제2의 인식수단, 즉 프라마나가 필요하다. 이것이 곧 추론이라는 프라마나이다.

105.

[반론]

그렇다면 그것이 완전하게 알려진 경우 추론은 불필요하지만, 이것에 반해 어떤 대상의 무상성이 지각에 현현해도 그것의 무상성이 판단되지 않는 경우 다시 말하면 완전하게 알려지지 않는 경우, 추론은 필요하다는 것을 사례를 들어 설명해 주기 바란다.

[답론1]

그런데 역으로 동류화되지 않는 것이 다음 순간에 발생하는 것을 볼 때, 사람은 어린아이조차 추론인 없이 등불 등을 소멸하는 것이라고 확정한다.

tathā hy aliṅgam ābālam asaṃśliṣṭottaraudayam/
paśyan paricchinatty eva dīpādi nāśinaṃ janaḥ//(k.105)

106.

[답론2]

[이것에 반해 인과적 효과의] 능력이 [현실적] 존재의 본질임에도 불구하고, [그 인과적 효과의 능력의] 결과에 대해 직접적으로 경험되지 않기 때

문에 착오가 발생한다. [왜냐하면] 판단[하는 주체의 인식능력]이 예리하지 못하기 때문이다.

bhāvasvabhāvabhūtāyām api śaktau phale adṛśaḥ/
anānantaryato moho viniścetur apāṭavāt//(k.106)

107.

[답론3]

실로 그것(착오)만을 배제하기 위해 추론을 기술하는 것이다. 위대한 지자는 지각만으로 일체의 형상을 확정한다.

tasya eva vinivṛttyartham anumānopavarṇanam/
vyayasyanti īkṣaṇād eva sarvākārān mahādhiyaḥ//(k.107)

案

다르마키르티는 추론을 필요로 하지 않는 경우와 필요로 하는 경우의 유례를 든다. 먼저 추론을 필요로 하지 않는 경우의 유례로서는 등불이 다른 원인이 없이 소멸하는 것을 보고서 '등불은 소멸을 본질로 한다'고 판단한다. 이것은 추론인을 통해 추론하지 않고서도 누구나 다 아는 것이다. 다음으로 추론을 필요로 하는 경우의 유례로서는 창고 속의 종자를 지각하는 것만으로 '종자는 인과적 효과성을 본질로 한다'고 판단을 할 수가 없다. 이 지점에서 추론이 필요하다. 창고 속의 종자를 보고서 이것이 추론인이 되어 장차 싹이 틀 것이라고 추론한다. 그러나 이것도 인식주체의 인식능력 특히 지각이 예리한 경우에는 추론 없이 지각만으로 이 창고 속의 종자는 인과적 효과성을 본질로 한다는 판단을 내릴 수가 있다. 반면 둔한 경우에는 지각 이후 추론이 필요하다. 요컨대 현색의 무상성을 추론하는 것은 어리석은 자의 어리석음을 제거하기 위한 것이지만, 지혜로운 자는 그 지혜로 인해 지각을 통해서 판단하기 때문에 추론은 불필요하다.

108.

[반론]

지각의 단계에서는 '현색은 무상성이다'라는 명제에서 현색(주어, 유법) 따로 무상(술어, 법) 따로 느껴지는 것이 아니다. 그런데 우리가 그것을 사유 분별하여 언어로 표현할 때 마치 현색(유법)과 무상(법)이 구별되는 것처럼 사유 분별되고 언표되는데, 어떻게 해서 획기적 전체로서 생성하는 것이 구별되어 사유되고 언표되는가?

[답론[1]]

[자상은] 모든 것(동류 및 이류의 존재)으로부터 [자기 자신을] 차이화하기 때문에 차이에 근거한 [분별적] 인식(추론)은, 그 대상(자상)이 [다르민(현색)과 다르마(무상성)로] 분할되어 있지 않음에도 불구하고 마치 [다르마와 다르민의] 분할[을 내장하고 있는 대상]에 근거하고 있는 것처럼, 작동한다.

vyāvṛtteḥ sarvatas tasmin vyāvṛttivinibandhanāḥ/
buddhayo arthe pravartante abhinne bhinnāśrayā iva//(k.108)

案

궁극적 차원의 존재는 하나의 전체로서 '획기적으로' 생성하며, 생성하자마자 소멸하는 것이다. 또한 하나의 전체로서 생성하는 존재는 동류이든 이류이든 모든 다른 존재로부터 자기를 차이화하는 본질을 지니고 있다. 이 차이화하는 작용에 기인하여 개념적 인식이 발생하는 것이다. 달리 말하면 개념적 인식이 생기기 직전의 개념 구성이 배제된 지각의 단계에서는 대상이 하나의 전체로서 수용되었음을 의미하는 것이다. 그런데 대상의 자기차이성에 기인하여 개념적 인식이 생기함에 따라 하나의 전체로서 수용된 대상이 마치 기체와 속성을 가진 것처럼 분할하여 현현하게 된다. 결국 기체·속성의 분할은 개념적 인식에 의해서 형성된 것이다. 그리고 일상언어의 약속에 의해서 기체인 형색과 속성인 무상을 결합하여 '형색은 무상이다'라고 표현하였던 것이다.

109.

[답론2]

그리고 [일상언어의] 약속에 따라 언표된다. ['(다르민인) 현색은 (다르마인) 무상이다'라고 표현된다]. 그러나 [명상수행 등의 힘에 의해서] 착오의 원인이 없는 경우에는 그것(대상 그 자체)은 스스로 자기의 형상에 따른 현현과 결합한다.

yathācodanam ākhyāś ca so asati bhrāntikāraṇe/
pratibhāḥ pratisandhatte svānurūpāḥ svabhāvataḥ//(k.109)

案

사실 '색깔 있는 모양[形色]이 무상이다'라고 언표했을 때 주어인 색깔 있는 모양[色]은 자상이 아니라 공상이다. 다시 말하면 '형색'은 '비형색이 아닌 것'을 대상으로 한 공상인 것이다. 마찬가지로 술어인 '무상'은 '비무상이 아닌 것'을 대상으로 한 공상이다. 따라서 위의 명제는 공상인 형색과 공상인 무상이 결합한 것이다. 공상은 추론의 대상이며 개념 구성의 단계이지 지각의 단계가 아니다. 앞에서도 말한 바와 같이 추론의 단계 내지 개념 구성의 단계에서는, 기체와 속성으로 분할되지 않는 하나의 전체로서 생기하는 대상이 분할되어 분할된 기체인 형색과 분할된 속성인 무상이 결합하여 '형색은 무상이다'라고 언표되는 것이다. 그렇다면 추론은 왜 필요한가? 하나의 전체로서 획기적으로 수용된 대상 그 자체를 있는 그대로 판단하는 것은 쉽지 않다. 특히 기존의 관념이나 무시이래의 습관에 의해서 고착화된 사람에게는 자상으로서의 무상이 그대로 인지되지 않는다. 이러한 어리석은 사람들을 위해서 추론이 필요했던 것이다. 추론을 통해 '형색이 무상임'을 이해하게 하기 위해서이다.

하지만 요가수행자의 수행 등이 깊어짐에 따라 착오의 원인이 제거되는 경우에는 대상 그 자체가 지각될 때 그 지각에 현현하는 무상은 그대로 무상인 채로 판단된다. 따라서 요가수행자는 추론에 의거하지 않고도 대상을 하나의 전체로서 생성하자마자 소멸하는 무상한 존재임을 직관하는 것이다.

110.

[경량부라고 추정되는 대론자의 반론]

혹은 이 중에서도 소멸은 비인식이라는 추론인에 의해 확립된다. 실로 존재가 이전에 있다가 비존재가 되는 것을 무상이라고 한다.

siddho atra apy athavā dhvaṃso liṅgād anupalambhanāt/
prāg bhūtvā hy abhavan bhāvo anitya ity abhidhīyate//(k.110)

案

다르마키르티는 존재=무상성이라는 입장을 견지하는 반면 경량부로 추정되는 대론자는 존재의 속성으로서의 무상성이라는 견해를 고집한다.

111.

[반론]

니야야학파에 의하면 존재=무상이라는 견해와 괴무(壞無)=무상성이라는 견해를 부정하고 존재성(공상)을 무상성이라고 간주한다.

[답론]

어떤 사람(논리학자들 혹은 웃또타카라 등)에 있어서 무상성이라는 말이 양쪽 끝을 분할하는 '존재성'과 '[그 존재성과의] 관계'를 표현하는 것이라고 하지만, 그 사람에 의하여 이것은 양쪽 끝이라고 기억되는 것은 무엇[때문]인가?

yasyobhayāntavyavadhisattāsambandhavācinī/

anityatāśrutis tena tāv antāv iti kau smṛtau//(k.111)

112.

[반론]

양쪽을 분할하는 존재성과 그 존재성과의 관계가 무상성이다.

[답론]

만약 [양쪽 끝이] 이전의 비존재와 이후의 비존재라고 한다면, 왜 실로 그것(이전의 비존재와 이후의 비존재)이야말로 무상성이 아닌가? 만약

['존재의 무상성' 등과 같이] 속격 등을 적용할 수 없기 때문이라고 한다면, 어떻게 해서 양쪽 끝(이전의 비존재와 이후의 비존재)에 그것(속격 등의 적용)이 있을까?[라고 묻지 않으면 안 된다.]

prāk paścād apy abhāvaś cet sa eva anityatā na kim/
ṣaṣṭhyādyayogād iti ced antayoḥ sa kathaṃ bhavet//(k.112)

案

110, 111, 112 이 세 송은 무상성에 대한 이해의 차이를 논한 것이다. 110송에 대해서 다르마키르티는 별다른 언급은 없지만, 111송과 112송에서는 무상성의 이해에 대해서 논박한다. 우선 무상성이란 '존재성'과 그 존재성과의 관계를 표현한 것이라는 111송에 대해서 "어떤 대론자는 양쪽 끝을 분할하는 존재성과 그 존재성과의 관계가 무상성이라 불린다고 생각한다. 여기서 다르마키르티는 그 양쪽 끝이란 무엇인가라고 묻고, 나아가 '만약 이전의 비존재와 이후의 비존재가 양쪽 끝이라고 한다면'이라고 대론자의 견해를 예상한다. 그것은 이전의 비존재와 이후의 비존재를 분할하는――환언하면 이전의 비존재와 이후의 비존재 사이에 존재하는――존재성과 그와 같은 존재성과의 관계가 무상성이라 불린다는 견해이다. 여기서 다르마키르티는 실로 이전의 비존재 혹은 이후의 비존재야말로 무상성이라 불러도 지장은 없을 것이라고 한다. 그것에 대한 대론자의 반론을 예상하여 '만약 속격 등의 적용이 없기 때문이라고 한다면'이라고 말해진다. 그 의미는 이러하다. 만약 무상성=이전의 비존재 내지 이후의 비존재라면 존재물의 무상성 등과 같이 속격 등을 사용한 표현은 불가능하게 된다. 왜냐하면 이전의 비존재와 이후의 비존재는 비존재에 다름 아니다. 그리고 비존재와 존재에는 어떠한 관

계도 있을 수 없기 때문이다. 관계가 없는 양자를 속격 등을 사용하여 결합하여 표현할 수 없다. 이와 같이 '존재물의 무상성' 등과 같이 속격 등을 사용한 표현이 있을 수 없기 때문에 무상성=이전의 비존재 내지 이후의 비존재라고 이해해서는 안 된다"(T.188~189)고 한다. 또한 무상성이란 '양쪽의 끝을 분할하는 존재성과 그 존재성과의 관계'라는 표현에 대해서 "대론자는 지금 이전의 비존재와 이후의 비존재와 존재물 사이에는 어떠한 관계도 없다고 한다. 그런데 그 대론자 자신이 자기의 설을 기술할 때, 무상성이란 양쪽의 끝(이전의 비존재와 이후의 비존재)을 분할하는 존재성이라고 하며 여기서는 두 개의 비존재와 존재성과의 사이에 두 개의 비존재의 분할자로 간주되는 존재성 등의 관계를 인정하고 있는 것은 아닌가? 요컨대 대론자는 이전의 비존재와 이후의 비존재는 존재물에 대해서 어떠한 관계도 없다고 말하면서 한편에서는 이전의 비존재와 이후의 비존재 사이에 위에서 기술한 관계를 인정하고 있다. 이것은 분명히 모순이다. 이것이 다르마키르티의 반론이다"(T.189)라고 도사키는 해설한다.

113.

[반론]

존재성과 존재성과의 관계가 상주이다.

[답론1]

존재성과 [그 존재성과의] 관계 이 둘은 양쪽 끝에 의해서 한정될 수 없다. 왜냐하면 [당신의 주장에 따르면 존재성과 존재성과의 관계는] 상주이기 때문이다. 만약 결과와 원인이 양쪽 끝이라고 한다면, [그 경우에도 결과와 원인이 존재성과의 관계를] 실로 한정할 수 없을 것이다.

sattāsambandhayor dhrauvyād antābhyāṃ na viśeṣaṇam/
aviśeṣaṇam eva syād antau cet kāryakāraṇe//(k.113)

114.

[답론2]

[왜냐하면 당신의 주장에 따른다면 아래에서 기술하는 것처럼 결과와 원인 그 자체가 있을 수 없기 때문이다. 즉] 그는 [존재와 이전의 비존재 사이에] 관계가 없기 때문에 '존재는 이전에 비존재이다'라고 표현하[는 것을 인정하]지 않는다. [따라서] 이것(결과나 원인)에 있어서는 그것(이전에 비존재인 것)을 조건으로 하여 [결과 혹은 원인이라] 부르는 그것들(결과와 원인)도 성립하지 않는다.

asambandhān na bhāvasya prāgabhāvaṃ sa vāñchati/
tadupādhisamākhyāne te apy asya ca na sidhyataḥ//(k.114)

案

다르마키르티의 주저『프라마나바르티카』제2장 종교론에서 존재의 본질은 소멸(찰나멸)임을 다음과 같이 기술한다. "무릇 어떠한 것이든 생성을 본질로 하는 것은 모두 소멸하는 성질을 지니고 있다." 이에 대해 다르마키르티의 에피고넨 중 한 사람인 라트나키르티는 "모든 존재는 순간적으로 소멸한다. 비구름과 같이"라고 보다 직절하게 기술한다. 즉, 존재가 곧 비존재라는 언명이다. 이것을 전제로 도사키는 위의 게송을 설명하고 있다. "여기에 원인과 결과가 양 끝이라고 하는 견해가 예상된다. 이 견해에서 원인 혹은 결과는 존재물의 원인 혹은 결과이다. 그 원인과 결과에 의해서 한정되는 것은 존재성과 존재성과의 관계라고 하는 것이 될 것이다. 요컨대 존재물의 원인과 결과가 존재물에 대해서 화합관계에 있는 존재성과 존재성과 화합관계를 한정한다는 견해일 것이다.

이 견해를 논파하기 위해서 다르마키르티는 원인 혹은 결과 그것이 대론자의 설에 따르는 한 있을 수 없다는 것을 기술한다. 즉, 대론자는 존재물과 이전의 비존재 사이에 어떠한 관계도 없다는 이유에 의해서 존재물의 이전의 비존재 혹은 존재물은 이전에 비존재이다 등과 같이 표현할 수 없다고 한다. 그런데 존재물과 이전의 비존재 사이에 관계가 없고 존재물의 이전의 비존재 등의 표현이 불가능한 사정일 때 그 존재물이 결과라고 불릴 수 있는 것은 없다. 존재물이 생기하여 결과라고 불리기 위해서는 그것이 이전에 비존재였다는 것이 ― 따라서 또한 그 존재물의 이전의 비존재 등의 표현이 가능한 사정이 ― 없을 수는 없다. 이 의미에서 결과는 존재물의 이전의 비존재 등의 관계 내지 표현의 가능성을 조건으로 한다. 또한 결과가 있을 때 그 원인이 원인이라고 불린다. 따라서 원인이라 부른다고 해도 존재물의 이전의 비존재 등의 관계 내지 표현의 가능성이 조건으로 된다. 그런데 대론자는 위에서 기술한 것처럼 그 조건을 인정하지 않는다. 그러므로 대론자에 있어서는 결과라고 불리는 것도 원인이라 불리는 것도 있을 수가 없는 것이 된다. 이와 같이 원인과 결과 그 자체가 성립하지 않기 때문에 따라서 원인과 결과에 의해서 존재성이 한정된다고 말할 수도 없다."(T.191~192)

115.

[반론]

[어떤 것들의 결과인] 생성[果]이란 존재성과의 융합(화합) 혹은 자기원

인(화합인)과의 융합(화합)이며, 어떤 존재가 그들 융합의 원인이 되기 때문에 그것이 바로 지금 문제가 되고 있는 원인이다.

[답론]

실로 [대론자의 견해에 의하면] 원인인 그 존재성과 그 [존재성과의] 내속은 상주이다. 왜냐하면 존재성과의 내속 혹은 자기원인과의 내속의 원인이 되기 때문이다. 그 경우 이것들 가운데 어떤 것이 결과일 수 있는가? [어떠한 것도 결과가 될 수 없다.]

sattā svakāraṇāśleṣakaraṇāt kāraṇaṃ kila/
sā sattā sa ca sambandho nityau kāryam atha iha kim//(k.115)

案

내속(samavāya)에는 2종이 있다. 하나는 '존재성과의 내속'과 또 하나는 '자기원인과의 내속'이다. 그렇다면 결과인 생성은 어떠한 것과의 내속으로 발생하는가 하는 것을 논하고 있다. "다르마키르티는 생성에 관한 2종의 견해를 거론한다. 생성이란 존재성과의 내속이라는 견해와, 그것은 자기원인(화합인)과의 내속이라는 견해이다. 존재성과의 내속이나 자기원인과의 내속이 어떠한 것인가에 대해 주석자들이 구체적으로 설명하고 있지는 않다. 프라사스타파다바샤의 주석자인 슈리다라는 그 주석서 『니야야칸달리』에서 '어떤 사람들은 자기원인에 대한 내속 혹은 이전에 존재하지 않은 것이 존재성과 내속하는 것이 과성이라고 한다'라고 어떤 사람들의 2종의 견해를 거론한다. 아마도 슈리다라가 거론한 이 어떤 사람들의 2종의 견해는 다르마키르티가 지금 거론한 대론자의 2종의 견해와 동일한 것일 것이다. 여기서 그것에 근거해서 해석하면 존재성과의 내속이란 과거에 비존재였던 실체(dravya) 등이 지금 존재성과 내속하는 것이며, 그리고 그것이야말로 생성[果]이라고 말해지는 것이다. 또한 자기원인(내속인)과의 내속이란 가령 소리(속성의 일종)가 그 내속인인 허공(실체의 일종)과 내속하는 것이다. 그리고 그 내속이 소리의 생성[果]이라고 말해지는 것이라는 견해이다. 그런데 이와 같이 생성[果]을 존재성과의 내속 혹은 자기원인과의 내속으로 해석하고 그리고 그들 내속의 원인이 되는 것이 지금 113게송 이후에 문제가 되는 원인이라고 이와 같이 대론자는 생각할지도 모른다."(T.192~193)

116.

[반론]

존재물과 이전의 비존재 사이에 어떠한 관계도 인정하지 않는다.

[답론]

또한 어떤 것(존재하는 것)이 [그것이 지어지기 이전의] 비존재일 때, 그것은 지어지게 될 것이다(결과가 될 것이다). [그런데 당신에 의하면] 존재하는 것은 이전의 비존재를 갖는 것이 아니다. 왜냐하면 [당신은 존재하는 것과 이전의 비존재 사이의] 관계를 승인하지 않기 때문이다. 그러므로 이 모든 세계는 상주가 된다[는 오류를 범하게 될 것이다].

yasya abhāvaḥ kriyeta asau na bhāvaḥ prāgabhāvavān/
sambandhānabhyupagamān nityaṃ viśvam idaṃ tataḥ//(k.116)

案

현대양상논리의 본질주의에서는 'A는 B의 본질이다'는 '모든 B는 A이다'로 환원된다. 그래서 앞서 말한 다르마키르티의 존재에 대한 대전제, 즉 '찰나적(순간적) 존재성은 존재의 본질이다'는 '모든 존재는 찰나적(순간적) 존재성이다'로 환원된다. 여기서 찰나적(순간적) 존재성이란 비존재이다. 따라서 존재와 비존재는 동일관계에 있다고 할 수 있다. 이렇게 존재가 이전의 비존재와 동일관계를 맺을 때 지어진다[所作]고 할 수 있다. 그런데 대론자는 존재와 비존재 사이에 어떠한 관계도 인정하지 않는다. 그렇게 되면 존재는 지어질 수[所作] 없게 될 것이다. 지어질 수 없는 것은 상주하는 것이므로 이 세계는 상주가 된다. 이렇게 존재와 이전의 비존재 사이에 어떠한 관계도 인정하지 않을 때 이러한 오류를 범하게 된다.

117.

[반론]

존재물과 이전의 비존재 사이에 어떠한 관계도 없기 때문에 '존재물의 이전의 비존재' 등의 표현은 불가능하다.

[답론]

그러므로 의미대상은 본질을 달리하지 않는 것(무별체)이라고 생각되는 언어('존재하는 것은 이전의 비존재이다'라고 하는 등을 표현하는 언어)의 경우, [객관적] 대상에 근거하지 않는 언표대상의 차이를 가진 앎(분별적 인식)이 배제의 근거이다.

tasmād anarthāskandinya abhinnārthābhimateṣv api/
śabdeṣu vācyabhedinyo vyatirekāspadaṃ dhiyaḥ//(k.117)

案

'존재하는 것이 이전의 비존재이다'라는 표현을 둘러싸고 불교인식논리학파와 외도들의 견해가 극명하게 갈리는 것이 바로 이 게송이다. 대론자들은 '존재하는 것이 이전의 비존재이다'라는 표현은 불가능하다는 견해를 피력한다. 왜냐하면 존재하는 것이 과거에 비존재[無]인 것이 지금 존재하는 것[有]이 된다는 것은 불가능하다고 보기 때문이다. 다시 말하면 아무것도 없는 비존재[無]에서 존재[有]가 생성되지 않는다는 것이다. 반면 다르마키르티는 '존재하는 것은 이전의 비존재이다'라는 표현은 가능하다고 본다. 하지만 그 표현의 근거가 '존재하는 것'[有]과 '비존재'[無]의 현실적 존재의 관계(본질적 결합관계)에 근거한 것이 아니라 개념적 인식에 근거한다고 생각한다. "'의미대상이 본질을 달리하지 않는 것이라고 (일반적으로) 생각되고 있는 언어'라고 하는 것은 '존재하는 것의 이전의 비존재'라는 언어이다. 그때 '존재하는 것'과 '이전의 비존재'가 본질을 달리하는 것이라고 하는 것은 일반적으로 생각되지 않기 때문에 그 의미에서 '의미대상이 본질을 달리하지 않는 것이라고 일반적으로 생각되는 언어'라고 말해지는 것이다. 그런데 이와 같은 '존재하는 것의 이전의 비존재'라는 말은 있을 수 있다. 그러나 '존재하는 것'과 '이전의 비존재' 사이에 인과관계이든 동일관계이든 그 외의 다른 관계이든 현실적 존재 차원의 관계가 있는 것이 아니다. 따라서 '존재하는 것의 이전의 비존재'라는 언어는 현실적 존재 차원에서의 관계에 근거를 갖고 있지 않다. 분별적 인식—그것은 객관적 사실에 근거하지 않고 또한 자신 속에 '존재하는 것'과 '이전의 비존재' 그리고 '그것의 결합'이라고 기술되는 차이를 드러내는 인식—에 그 근거가 있다. '존재하는 것'과 '이전의 비존재'를 분할하여 그리고 그것을 결합시켜 '존재하는 것의 이전의 비존재'라고 말하는 것은 현실적 존재에 근거하지 않는 분별적 인식에 나타나는 '존재하는 것'·'이전의 비존재' 그리고 '양자의 결합'에 근거한다는 의미일 것이다."(T.195~196) 또한 '의미대상이 본질을 달리하지 않는다고 일반적으로 생각되는 언어'란 '존재하는 것의 이전의 비존재' 등의 언어이며, '의미대상이 본질을 달리한다고 일반적으로 생각되는 언어'란 '종자의 싹' 등의 언어이다.

118.

[반론]

앞에서는 인식대상이 다수이기 때문에 인식수단이 다수라는 반론에 대해 여기서는 하나의 인식대상에 대해 다수의 인식수단이 존재한다. 가령 자상이라는 하나의 인식대상에 대해 지각이라는 인식수단뿐만 아니라 특수에 대한 인식에 의해서도 인식되기 때문에 인식대상의 2종에 의해 인식수단이 2종이라 할 수 없다.

[답론]

특수에 대한 재인식은 [인식수단이] 아니다. [그것은 착오에 의한 인식이다.] 왜냐하면 [재인식의 대상이] 찰나마다 서로 다르기 때문이다. 혹은 [특수에 대한 재인식은] 특수를 대상으로 하는 것이 아니다. 왜냐하면 [재인식은] 이미 인식된 것과의 공통성에 근거하여 그것(다음 찰나의 존재)을 파악하기 때문이다.

viśeṣapratyabhijñānaṃ na pratikṣaṇabhedataḥ/
na vā viśeṣaviṣayaṃ dṛṣṭasāmyena tadgrahāt//(k.118)

案

아침에 본 그 수선화를 저녁에 다시 본다고 할 때, 우리는 그 인식을 재인식 혹은 특수에 대한 인식이라 한다. 그런데 이러한 재인식 혹은 특수에 대한 인식은 인식수단이 아니다. 우선, 그 재인식은 지각이 아니다. 왜냐하면 아침에 본 수선화는 저녁에 다시 본 수선화와 동일한 수선화일 수가 없다. 그런데 동일한 수선화를 본다는 것은, 사실은 다른 수선화이기 때문에 착오에 지나지 않는 것이다. 다음으로 그 재인식은 추론일 수가 없다. 왜냐하면 연기에서 불을 추론하는 것과 같은 논리적 관계가 성립하지 않기 때문이다. 그것은 아침에 본 수선화에 대한 기억을 근거로 동일한 대상을 파악한다고 착오하여 인식하기 때문이다.

이에 대해 도사키는 "개별견(재인식)이란 이미 기술한 바와 같이, 가령 어떤 장소에 특정의 불과 연기를 지각에 의해서 파악하고 뒤에 멀리 떨어진 장소에서 같은 연기를 보고, '이것은 저 불이다'라고 이전에 지각한 대상 그것(특수)을 재인하는 앎이라고 말해진다. 그렇지만 대상은 찰나멸하는 존재이기 때문에 매 찰나마다 대상은 각각 다르다. 거기서 '이것은 이전에 지각한 그것이다'라고 인식하는 개별견은 다른 대상을 동일한 것으로 착오하여 인식하고 있다고 말하지 않으면 안 된다. 따라서 개별견은 인식수단이 아니다. 또한 개별견은 앞의 찰나에 직접 지각한 대상과의 공통성에 근거하여 뒤의 찰나의 대상을 인식하는 것이다. 따라서 개별견은 대상 그것(자상)을 파악하는 것이 아니다"(T.197)라고 해설한다.

119.

[반론]

만약 [그대가 특수의 재인식에서] 실로 그것(재인식의 대상인 유례대상)이야말로 유례이기 때문에 [특수에 대한 재인식은] 공상을 파악한 것이 아니라고 한다면?

nidarśanaṃ tad eva iti sāmānyāgrahaṇaṃ yadi/

[답론]

[당신의 주장은 이치에 맞지 않다.] 이것(유례대상)은 유례이기 때문에 이미 확립되었는데, 다시 인식한들 무슨 소용이 있는가?

nidarśanatvāt siddhasya pramāṇena asya kiṃ punaḥ//(k.119)

案

대론자는 하나의 인식대상에 대해 다수의 인식수단이 있기 때문에 인식수단은 다수라는 입장을 견지한다. 즉, "대론자의 반론은 다음과 같다. 매개자에 근거한 앎은 다음과 같은 경우에 공상을 인식한다고 말할 수 있다. 즉,

주장명제 : 저 산에 불이 있다.

이유명제 : 연기가 있기 때문이다.

유례명제 : 아궁이에 있어서와 같이

라는 경우이다. 이 경우는 이미 이전에 지각되고, 여기서 비유로서 사용되는 '아궁이의 불(x_1)'과 그것에 의해서 비유되는 것인 '불(x_2)—추론대상인 불'이 별개의 존재이다. 이와 같이 '불'(x_1)과 불(x_2)이 별개의 존재인 경우 그 추론은 '불'(x_2)을 불(x_1)의 공통성에 근거하여 인식하는

것이다. 그러나 개별견의 경우는 사정이 다르다. 즉, 그 경우에는 개별견의 대상인 '불'(x_2)과 이미 이전에 지각된 '불'(x_1)은 별개가 아니다. 불(x_2)은 불(x_1) 이외의 어떠한 것도 아니다. 따라서 개별견은 불(x_2)을 불(x_1)의 공통성에 근거하여 파악하는 것은 아니다. 불(x_2)과 불(x_1)이 별체일 때 처음 양자의 공통성도 생각될 수 있지만 불(x_2)과 불(x_1)이 완전히 동일체인 경우 거기에 공통성은 생각되지 않는다."(T.198) 여기까지가 대론자의 반론이다. 이러한 대론자의 반론에 대해 논파한 것이 119송의 답론이다. "원래 비유가 되는 것은 이미 알려져 있는 것이 아니면 안 된다. 거기서 만약 비유되는 것(개별견의 대상, 불x_2)과 비유(이미 이전에 지각된 것, 불x_1)가 별체가 아니라고 한다면 비유된 것(개별견의 대상)은 이미 이전에 지각된 것이 있게 된다. 거기서 일찍이 이미 지각된 것을 다시 인식하여 무슨 소용이 있는가라고 하는 것이다."(T.198~199)

120-1.

[반론]

이미 [이전에 인식되었다고 해도 그것을] 잊어버렸기 때문에 [개체에 대한 재인식은 아무 소용이 없다고 하는] 오류는 [있을 수] 없다고 한다면?

vismṛtatvād adoṣaś cet

[답론]

실로 그러한 이유(잊어버렸다는 이유)로 인해 [이전에 인식된 것은] 유례가 될 수 없다.

tad eva anidarśanam/(k.120-1)

案

우리는 이전에 지각한 것을 지금 기억하지 못하는 경우가 있다. 그것을 지금 다시 인식하는 것이 특수에 대한 재인식[個別見]이기 때문에 그것이 아무 소용 없는 것은 아니다. 따라서 하나의 인식대상에 다수의 인식수단이 있기 때문에 인식수단의 수는 다수라고 할 수 있다. 이것이 대론자의 반론이다. 이에 대해 다르마키르티는 이전에 지각한 것을 지금 기억하지 못한다면 이전에 지각한 것은 유례가 될 수 없다고 한다. 따라서 특수에 대한 재인식은 지각과 추론 이외에 제3의 인식수단이라고 할 수 없다.

120-2, 121.

[반론]

이미 경험되었다고 하더라도 그것의 존재를 [특수에 대한 재인식이라는] 인식수단에 의해 논증[되기 때문에 그 재인식은 유익하다고 그대가 주장] 한다면?

dṛṣṭe tadbhāvasiddhiś cet pramāṇād

[답론]

[그러한 주장은 이치에 맞지 않다.] 다른 [현재의] 현실적 존재를 그것(과거의 현실적 존재)과 동일시할 때 [특수에 대한 재인식은] 전도된 인식이다. [그런데 재인식이] 인식수단이 아닌 것(이유)은 그것(이미 지각에 의해 파악된 대상)을 논증하기 때문이다. [이것은 '인식은 새로운 대상에 대한 파악'이라는 인식의 제2 정의에 위배되기 때문이다.] 그리고 [과거의 현실적 존재에 대한 직접지각과 현재의 현실적 존재에 대한 재인식, 이] 두 가지가

동일한 것(동일한 현실적 존재)을 논증한다[고 잘못 생각하는 이유]는 직접지각[의 대상]과 다른 것(재인식의 대상)이 동일하[다고 잘못 생각하]기 때문이다.

anyavastuni//(k.120-2)

tattvārope viparyāsas tat siddher apramāṇatā/

pratyakṣaitarayor aikyād ekasiddhir dvayor api//(k.121)

案

특수에 대한 재인식(개별견)은 이전에 이미 인식한 것을 다시 인식한 것이 되기 때문에 인식수단이라고 할 수 없다는 취지의 내용이 위의 송의 답론이다. 도사키는 위의 송을 다음과 같이 설명한다. "특수에 대한 재인식은 과거에 지각에 의해서 인식되었던 것이 '현재 존재하는 것'을 확인하는 것이라고 한다. 가령 어떤 장소에서 불과 연기를 지각에 의해서 인식한 뒤 멀리 떨어진 곳에서 그 연기가 솟아오르는 것을 보고 그 불이 '현재 존재하는 것'임을 추론하여 확인한다. 이것이 개별견이라고 이와 같이 생각한다. 이러한 생각을 논파하기 위해 다르마키르티는 두 개의 경우를 상정한다. 하나는 현재의 불이 과거에 지각된 불과 별개의 것이라고 간주되는 경우와 또 하나는 별개의 존재가 아니라고 간주되는 경우이다. 우선 별개의 것이라고 간주되는 경우, 개별견은 전도된 인식이 된다. 왜냐하면 A(현재의 불)에 非A(과거의 불)의 존재를 가탁하는 것이 되기 때문이다. 다음으로 별개의 것이 아니라고 간주되는 경우는 개별견은 이미 파악된 것을 다시 파악하는 것이 되기 때문에 인식수단일 수가 없다."(T.200)

122.

[반론]

그리고 다른 것과 결합하여 판단하는 것을 기억이라고 알고 있다. 만약 그것(재인식)이 추론인을 필요로 하기 때문에 기억이 아니[라 또 다른 인식수단이]라고 한다면?

sandhīyamānaṃ ca anyena vyavasāyaṃ smṛtiṃ viduḥ/

tallingāpekṣaṇān no cet smṛtir

[답론]

그렇지 않다. 왜냐하면 [재인식은] 일탈이 있기 때문이다. [따라서 재인식은 인식수단이 아니다.]

na vyabhicārataḥ//(k.122)

案

"기억은 각종의 원인으로부터 생기지만 어떤 대상을 보고 '이것은 바로 과거에 본 그것이다'라고 상기한다. 특수에 대한 재인식[個別見]도 '이것은 바로 과거에 지각한 그것이다'라고 인식하는 것이다. 따라서 양자에는 구별이 없다. 그런 까닭에 만약 특수에 대한 재인식이 인식수단이라고 한다면 기억도 인식수단으로 간주해야만 한다. 대론자는 특수에 대한 재인식은 추론인을 필요로 하기 때문에 인식수단이며, 추론인을 필요로 하지 않기 때문에 기억과는 다르다고 할지 모른다. 그러나 추론인을 필요로 하는 이유에서 특수에 대한 재인식이 인식수단임을 인정할 수는 없다. 왜냐하면 대론자가 말하는 특수에 대한 재인식에서 추론인은 소위 '추론인의 세 가지 조건'이 없고 따라서 그와 같은 것에 근거하여 특수에 대한 재인식에는 착오가 있기 때문이다."(T.201) 이상은, 2종의 인식대상을 근거로 2종의 인식수단이 존재한다는 다르마키르티의 주장에 대한 대론자의 반론을 논파한 것이다. 아울러 인식수단의 수에 관한 논술을 마치고 다음으로 지각의 정의로 나아가고자 한다.

II. 지각의 정의

1. '지각은 분별을 떠나 있다'는 (자기)지각에 의해서 알려진다

주장

[디그나가의 견해]

이 [두 개의 인식수단] 가운데 지각은 분별을 떠나 있다. 지각은 분별이 없는 인식이다. 분별이란 무엇인가? [그것은] 명언(nāman)과 보편(jāti) 등과의 결합이다. 임의의 언어(고유명사)에서는 명언에 의해서 한정된 대상이 [가령] '디타'(Dittha)라는 말로 표현된다. 보편언어(jātiśabda)에서는 보편에 의해서 [한정된 대상이 가령] '소'라는 말로 표현된다. 속성언어(guṇaśabda)에서는 속성에 의해서 [한정된 대상이 가령] '희다'라는 말로 표현된다. 행위언어(karmaśabda)에서는 행위에 의해서 [한정된 대상이 가령] '요리사'라는 말로 표현된다. 실체언어(dravyaśabda)에서는 실체에 의해서 [한정된 대상이 가령] '지팡이를 지닌 사람', '뿔을 지닌 것'이라는 말로 표현된다. 이 뒤의 두 개에 관해서는 [다른 주장이 있다. 즉] 어떤 자는 [행위와 행위자, 혹은 실체와 실체를 지닌 것의] 관계에 의해서 [한정된 대상이, 가령 '요리사' 내지 '뿔을 지닌 자'라고 표현되는 것이라고] 말한다. 다른 자는 ['디타'라는 표현과 마찬가지로 '소'라는 표현 등에서도] 대상이 아닌 어떤 언어에 의해서 대상이 한정되어 표현되는 것이라고 한다. 지각은 이들 분별이 없는 것이다.(T.202)

유분별지각론자를 논파하다.

123.

[반론]

감관지각은 분별을 지닌 인식(유분별지각)이다.

[답론]

감관지각은 분별[적 인식]을 떠난 것이다. [그것은] 감관지각에 의해서만 증명된다. 모든 것에 대해 언어에 근거한 분별[적 인식]은 [분별적 인식] 자신에 의해 알려진다.

pratyakṣaṃ kalpanāpoḍhaṃ pratyakṣeṇa eva sidhyati/
pratyātmavedyaḥ sarveṣāṃ vikalpo nāmasaṃśrayaḥ//(k.123)

124.

[반론]

무분별지각의 구체적 사례는 있는가?

[답론]

모든 것으로부터 마음[분별적 인식]을 거두어서 움직이지 않는 내적인 자기[의 마음]에 의해 머무는 사람(선정에 든 요가수행자)도 눈으로 [외계 대상인] 색깔 있는 모양[色]을 본다. 그것은 감관에 의해 생긴 인식이다.

saṃhṛtya sarvataś cintāṃ stimitena antarātmanā/

sthito api cakṣuṣā rūpam īkṣate sā akṣajā matiḥ//(k.124)

125.

[반론]

그 감관지각은 실제로는 분별을 지닌 인식이다. 하지만 그 분별적 인식은 인식되지 않는다.

[답론]

[만약 지각에 분별이 있다면] 어떤 것을 다시 분별하여 '나에게 이와 같은 분별이 있었다'라고 알아야 할 것이다. [그러나] 앞에서 기술한 [요가수행자의] 감관지각의 경우에는 ['나에게 이와 같은 분별이 있었다'라고 기억하는 것은] 없다.

punar vikalpayan kiñcid āsīn me kalpanā īdṛśī/

iti vetti na pūrvauktāvasthāyām indriyād gatau//(k.125)

案

감관지각에 분별이 존재한다면, 감관지각을 기반으로 과거의 대상을 분별하는 인식은 감관지각에 존재하는 분별을 기억해야 할 것이다. 감관지각의 경우에는 '나에게 이와 같은 분별이 있었다'라는 기억은 없다. 따라서 지각에는 분별이 없다.

126-1.

[반론]

감관지각에는 분별이 있다고 하는 유분별지각론자는 "언어를 듣고서 생기는 앎은 외계의 개체 그 자체를 대상으로 하며, 언어와 그 대상과의 관계는 영원의 과거로부터 정해져 있다"라고 주장한다.

[답론]

실로 어떤 곳에서 지각된 [자기]차이[성을 본질로 하는 개체]는 다른 곳에서는 결코 지각되지 않는다. [따라서 그와 같은 개체에 사회적 약속으로서의 언어를 규정할 수 없다.]

ekatra dṛṣṭo bhedo hi kvacin na anyatra dṛśyate/(k.126-1)

126-2.

[반론]

개체 이외에 공상인 다른 것이 존재하며 그 공상이 다른 시간과 다른 공간에도 존재하여 그것에 언어가 결합되는 것이다.

[답론]

그것과는 별도로 [개체로부터 분할된] 다른 공상은 존재하지 않는다. 왜냐하면 인식에 [자상인 개체와 공상인 보편의] 분할(차이)은 없기 때문이다.

na tasmāt bhinnam asty anyat sāmānyaṃ buddhyabhedataḥ// (k.126-2)

案

지각은 하나의 획기적 전체로 존재하는 대상을 파악한다. 즉, 공상과 자상이 구별되어 앎(지각)에 현현하는 것이 아니다.

127.

[반론]

지각은 유분별적 인식이다.

[답론1]

그러므로 감관에 의해 생긴 인식은 모두 [자기차이성을 본질로 하는] 개체만을 대상으로 한다. 언어들은 [자기차이성을 본질로 하는] 개체에 대해 작용할 가능성은 없다.

tasmād viśeṣaviṣayā sarvā eva indriyajā matiḥ/

na viśeṣeṣu śabdānāṃ pravṛttāv asti sambhavaḥ//(k.127)

128.

[답론2]

[언어에 의한] 사회적 약속(규약)이 작용할 수 없는 까닭은, [자기차이성을 본질로 하는] 개체들은 [언어와] 수반[과 배제의 관계를 맺는 것]이 [있을 수] 없기 때문이다. 그리고 언어들의 대상만이 그것들(언어)과 [수반과 배제의] 관계를 맺게 될 것이다.

ananvayād viśeṣāṇāṃ saṃketasya apravṛttitaḥ/

viṣayo yaś ca śabdānāṃ saṃyojyeta sa eva taiḥ//(k.128)

129.

[반론]

'이 언어는 이 대상을 표현한다'라는 언어와 대상의 관계는 어떻게 이해해야 하는가?

[답론1]

'이것(언어)은 이것(언어의 지시대상)이다'라는 결합[을 가능하게 하는 것은 분별적 인식이지만, 그 경우 그 분별적 인식]에서 두 개의 대상(언어와 언어의 지시대상)이 현현할 때, 바로 그 둘(언어와 언어의 지시대상)을 결합하는 것이다. [분별적 인식이 그 둘을 결합하는] 그때에 감관지각의 영역은 [이미 소멸하여] 존재하지 않는다.

asya idam iti sambandhe yāv arthau pratibhāsinau/
tayor eva hi sambandho na tadā indriyagocaraḥ//(k.129)

130.

[답론2]

왜냐하면 그때(분별적 인식이 사회적 약속으로서의 언어를 대상과 결합할 때) 선명하게 현현하는 대상을 인지할 수 없기 때문이다. [현현이 다르다고 해도 같은 대상을 갖는다고 말할 수도 없다.] 왜냐하면 실로 앎(vijñāna)의 현현의 차이가 언어에 대응한 대상들[의 의미의 차이]을 한정(특수화)하기 때문이다.

viśadapratibhāsasya tadā arthasya avibhāvanāt/
vijñānābhāsabhedaś hi padārthānāṃ viśeṣakaḥ//(k.130)

131.

[반론]

과거의 개체 자체 혹은 미래의 개체 자체에 언어를 부여할 수는 없다고 해도 현재의 개체 자체를 지시하여 언어를 부여하는 것은 실제로 있는 것이 아닌가?

[답론1]

눈[과 귀]에 의해 대상이 현현한다고 해도 어떤 것을 [대화의] 상대가 '이것이다'라고 언표할 때, 비로소 그것이 언어와 결합한다. 실로 감관[지각]의 영역(대상)은 [언어와 결합하는 것이] 아니다.

cakṣuṣo arthāvabhāse api yaṃ paro asya iti śaṃsati/
sa eva yojyate śabdair na khalv indriyagocaraḥ//(k.131)

132-1.

[답론2]

왜냐하면 감관의 작용을 멈춘 자(가령 눈을 감고 있는 자)는 다른 사람의 말[을 듣는 것]만으로 [대상 그 자체를] 인지할 수는 없기 때문이다.

avyāvṛtaindriyasyānyavāṅmātreṇāvibhāvanāt/(k.132-1)

案

상식적으로는 '소'라는 말이 지시하는 대상이 눈앞에 있는 소 자체라 생각할 수 있다. 여기서 소 자체가 자상이라면 언어는 자상을 지시한다는 논리가 성립할 수가 있다. 하지만 언어에 의해 지시되는 대상은 '타자의 배제'라는 부정활동에 의해 표현된 공상이다. 따라서 언어의 지시대상은 현재의 개체(자상) 자체가 아니다. 다음은 도사키의 해설이다. "어떤 사람이 가령 눈앞의 소를 가리켜서 '이것의 기표는 소라고 한다'라고 사회적 약속을 정할 때 거기에 함께 있는 사람들에게 눈앞의 소에 대한 눈에 의한 지각(현량)과 '소'라는 음성에 대한 귀에 의한 지각(현량)이 생길 것이다. 그러나 그들 눈에 의한 지각, 귀에 의한 지각에 의해서 파악된 소 자체(자상)와 '소' 자체(자상)가 사회적 약속으로서 결합되는 것은 아니다. 어떤 사람이 소에 관해서 '이것의'라고 할 때 실로 그 '이것'은 또한 소 자체(자상)가 아니라 분별적 인식에 현현한 공상이다. 이와 같이 '이것의'라고 말해진 '이것'—분별적 인식에 현현 공상—에 '소'라는 언어가 결부되는 것이다. 이와 같이 지각의 대상인 소 자체(자상)가 '소'라는 언어와 결합하는 것이 아니다. 만약 소 자체가 '소'라는 언어와 직접 결부되는 것이라면 눈을 감고 있을 때도 '소'라는 말을 듣는 것만으로 소 자체를 마치 눈을 뜨고 보는 것처럼 선명하게 인식할 수 있어야 한다. 그러나 현실에는 그와 같은 것은 경험되지 않는다. 따라서 개체 자체(자상)가 언어와 결합될 수는 없다고 하는 것을 인정해야만 한다."(T.212)

132-2.

[반론]

언어와 그 대상과의 관계는 사회적 약속에 의해 인위적으로 정해지는 것이 아니라 영원한 과거로부터 이미 정해진 것이기 때문에 인위적인 것이 아니다.

[답론]

또한 [언어와 그 대상 간에] 본질적(본래적) 관계는 없다. [만약 본질적(본래적) 관계가 있다면 사회적 약속을 알지 못해도 단지 언어를 듣는 것만으로 대상 그것을] 저절로 인식한다는 오류를 범하기 때문이다.

na ca anuditasambandhaḥ svayaṃ jñānaprasaṅgataḥ//(k.132-2)

133.

[반론]

만약 분별[적 인식]뿐만 아니라 무분별[적 인식]도 존재한다면 앎의 연속성이 없게 될 것이다. 현실에는 우리들은 가령 뱀을 계속해서 볼 때 '뱀', '뱀'으로 연속하여 인식하지만 만약 거기에 무분별[적 인식]과 분별[적 인식]이 있다면 무분별[적 인식]은 분별[적 인식]에 의해 분별[적 인식]은 무분별[적 인식]에 의해서 중단된다. 따라서 뱀에 관한 앎이 무분별[적 인식]이든 분별[적 인식]이든 단절하면서 이어지는 것으로 될 것이다. 이것은 실제의 우리의 경험에 반한다.

[답론]

유분별[적 인식](의식)과 무분별[적 인식](지각)이 동시에 생기기 때문에 혹은 신속하게 생기기 때문에 어리석은 사람은 [착오하여] 양자(유분별적 인식과 무분별적 인식)를 같은 것으로 판단한다.

manasor yugapad vṛtteḥ savikalpāvikalpayoḥ/
vimūḍho laghuvṛtter vā tayor aikyaṃ vyayasyati//(k.133)

案

우리가 지금 눈앞에서 오페라를 관람한다면 배우들의 몸짓을 눈으로 보고, 노래를 귀로 들으며, 과자를 먹으면서 끝나면 배우에게 꽃다발을 주어야지 하고 생각을 한다. 이러한 인식들이 동시(同時)에 일어나는가, 아니면 이시(異時)에 발생하는가? 이것에 대해 두 가지 견해가 존재한다. 하나는 무분별 인식인 감관지각과 유분별 인식인 추론(사유, 분별)이 동시에 발생한다고 하는 것과 또 하나는 이시에 발생한다고 하는 것이다. 하지만 동시에 발생하기 때문에 그 하나의 전체로서의 오페라에 대한 감상이 가능한 반면, 이시에 발생한다면 오페라가 하나의 전체 극으로서 인식될 수가 없을 것이다. 왜냐하면 눈으로 보는 것과 귀로 듣는 것, 그리고 생각한다는 것이 단절되기 때문에 보는 것 따로 듣는 것 따로 생각하는 것 따로가 되어 전체적으로 인식될 수 없을 것이기 때문이다. 그렇기 때문에 이시설을 주장하는 사람들은 각각의 인식들이 너무나 신속하게 작용하기 때문에 우리들은 연속해서 하나의 전체의 극으로서 인식된다는 것이다. 이렇게 여섯의 인식이 동시에 생긴다는 설을 육식구기설(六識俱起說, 同時生起說)이라 하고 이시에 생긴다는 설을 육식계기설(六識繼起說, 繼時生起說)이라 한다. 물론 다르마키르티는 전자의 견해에 입각해 있다.

우리가 뱀을 인식할 때, '뱀', '뱀'이라고 연속적으로 인식하는 이유는 무엇인가 하는 것에 대해 다르마키르티는 두 가지 견해를 제시한다. 하나는 유분별적 인식과 무분별적 인식이 동시에 생기기 때문에 뱀을 연속적으로 인식한다는 것이고 또 하나는 두 인식이 계시에 생기지만 너무나 신속하게 생기기 때문에 뱀을 연속적으로 인식한다는 것이다. 전자는 인식의 동시생기설이라 하고, 후자는 인식의 계시생기설이라 할 수 있다. 다르마키르티는 전자, 즉 인식의 동시생기설의 입장을 견지한다. 무분별적 인식과 유분별적 인식이 동시에 생기기 때문에 양자의 구별을 보지 못하고 하나의 인식으로 착오하여 보게 되며, 이와 같은 이유로 하나의 인식이 연속해서 생기는 것처럼 착오하여 본다고 그는 설명한다. 이에 반해 인식의 계시생기설에서는 무분별적 인식과 유분별적 인식이 계시적으로 생기지만 너무나 신속하게 생기기 때문에 양자의 구별을 보지 못하고 하나의 인식으로 착오하여 보게 된다는 것이다. 그런데 다르마키르티는 이 인식의 계시생기설을 전적으로 오류라고 배제하지 않는다. 다만 이 인식의 계시생기설은 동류의 인식에만 가능하며 이류의 인식에는 가능하지 않다는 입장을 다음 송에서 언급한다.

134.

[반론]

어떠한 앎도 다른 앎과 동시에 생기지 않는다.

[답론]

만약 지각이 분별[적 인식]의 개입으로 단절된다고 한다면, 다른 견해에서도 이류의 존재에 대한 분별[적 인식]이 생길 경우, 어떻게[해서 단절되지 않는가]?

vikalpavyavadhānena vicchinnaṃ darśanaṃ bhavet/

iti ced bhinnajātīyavikalpe anyasya vā katham//(k.134)

案

따라서 대론자는 두 개의 다른 인식은 결코 동시에 생길 수가 없다는 '인식비동시생기설'에 입각하는 한, '뱀', '뱀'이라는 동류의 인식의 연속성은 설명할 수 있다고 하더라도, 소[牛]에 대한 지각(무분별적 인식)과 말[馬]에 대한 분별[적 인식]과 같이, 이류의 인식이 생기는 경우 소에 대한 지각(무분별적 인식) 내지 말에 대한 분별[적 인식]의 연속성에 관해서는 설명할 수가 없다. 다르마키르티는 이류의 인식, 즉 무분별적 인식인 지각이나 유분별적 인식인 추론과 같은 이류의 인식이나 지각에서도 눈에 의한 지각, 귀에 의한 지각, 혀에 의한 지각 등 이류의 인식 등이 동시에 생길 수 있다는 인식동시생기설을 인정하는 한편, 동류의 인식, 즉 이전 찰나의 눈에 의한 지각과 이후 찰나의 눈에 의한 지각은 동시가 아니라 계시이며, 마찬가지로 이전 찰나의 유분별적 인식과 이후 찰나의 유분별적 인식은 계시라고 한다. 따라서 소에 대한 지각이 연속하면서 동시에 말에 대한 분별적 인식이 연속하는 것은 다르마키르티에게서는 문제가 되지 않는다. 하지만 소에 대한 지각의 연속성과 말에 대한 추론의 연속성에 대해서 인식의 계시생기설을 주장하는 대론자는 설명하기 쉽지 않다. 소를 지각하는 순간에 말에 대한 분별적 인식은 단절되고 말에 대한 분별적 인식을 하는 순간에 소에 대한 지각은 단절되어 인식되지 않기 때문에 소에 대한 인식의 연속과 말에 대한 인식의 연속성은 대론자에 의해서는 설명이 되지 않는 것이다.

135.

[반론]

만약 [빠르게 회전하는] 횃불을 보는 것처럼, [지각의] 존재의 부분이 [지각의 비존재의 부분보다] 우세하다고 생각한다면?

alātadṛṣṭivad bhāvapakṣaś ced balavān mataḥ/

[답론]

그것은 다른 경우(지각의 비존재의 부분이 우세하다고 생각하는 경우)에도 마찬가지이다. 혹은 [만약 빠르게 회전하기 때문에 두 개의 다른 인식이 동시에 생기는 것처럼 보이는 것이라면 sara, rasa의] 두 개의 자음을 동시에 듣[는 것이 가능하]게 될 것이다. [그러나 실제로는 두 개의 자음이 동시에 들리지는 않는다.]

anyatra api samānaṃ tad varṇayor vā sakṛc śrutiḥ//(k.135)

案

우리가 횃불에 불을 밝혀 돌리게 되면 불 바퀴처럼 보인다. 그런데 횃불은 각 지점을 계시적으로 통과한다. 이렇게 계시적으로 통과하는 횃불을 연속해서 인식하여 불 바퀴처럼 보는 이유는, 인식의 계시적 생기설에 의하면, 너무나 신속하게 회전하기 때문에 우리는 착오하여 연속하여 돌고 있는 불 바퀴처럼 본다는 것이다. 그들은 소[牛]에 대한 지각의 연속성과 말[馬]에 대한 분별적 인식의 연속성은 마찬가지로 지각과 분별적 인식이 계시적으로 생기지만 너무나 신속하게 일어나기 때문에 연속하는 것처럼 착오를 하여 인식하는 것이라고 한다. 요컨대 인식의 연속성은 계시적 인식이 신속하게 생기기 때문에 그러한 착오가 발생한다고 하는 것이 대론자의 입장이다. 요컨대 빠르게 돌고 있는 불 바퀴처럼 보이는 것과 말을 인식(분별)하면서 소의 지각의 연속성을 경험하는 것은, 대론자에 의하면 계시적 인식이 너무나 신속하게 생기기 때문에 그러한 연속이 가능하다는 것이다. 하지만 다르마키르티는, 우선 빠르게 돌고 있는 불 바퀴처럼 보이는 것에 대한 대론자의 근거, 즉 어떤 지점에서 지각되는 존재의 부분과 다음 지점에서 지각되는 존재의 부분 사이에는 간격(틈)이 있지만 너무나 신속하게 다음 순간의 지각이 생기기 때문에 인식의 연속성이 성립된다는 근거에 대해서 역으로 지각되지 않는 비존재의 부분이 다음 지점에서 지각되지 않는 비존재에 대한 인식이 생기기 때문에 비존재의 인식의 연속성이 성립된다. 이렇게 되면 연속해서 돌고 있는 불 바퀴는 지각되지 않을 것이라고 반박한다.

다음으로 말을 인식(분별)하면서 소의 지각의 연속성을 경험하는 것에 대한 대론자의 근거, 즉 소의 지각 다음에 말의 인식이 있게 되면 다음 순간의 소의 지각이 생기기 이전에는 지각은 단절되게 된다. 그럼에도 단절되지 않고 소의 지각이 연속되는 것은 소의 지각의 존재가 다음 소의 지각의 존재가 신속하게 생기기 때문에 소의 지각의 연속성이 경험된다는 근거에 대해 다르마키르티는 말의 인식이 연속하게 되면 소의 지각의 연속성도 부정되게 된다고 반박한다. 그런데 우리는 횃불을 신속하게 돌리면 불 바퀴처럼 보이고, 말을 인식하면서 소를 지각해도 단절되지 않고 소의 지각의 연속성이 경험되는 것은 어떻게 설명할 수 있는가?

136.

[반론]

인식은 다른 인식에 의해서 중단된다고 해도 신속하게 생기기 때문에 중단 없이 연속하는 것처럼 경험된다.

[답론1]

이 경우(어떤 앎이 다른 앎과 동시에 생기지 않는다고 주장할 경우) [다섯] 감관이 동시에 모두 대상을 수반하여 존재할 경우에도, [각 감관지각은 각각 다른] 다섯[감관지각의 개입]에 의해 단절됨에도 불구하고, 단절되지 않는 것처럼 현현한다[고 말하지 않으면 안 될 것이다].

sakṛt saṃgatasarvārtheṣv indriyeṣv iha satsv api/

pañcabhir vyavadhāne api bhāty avyavahita iva yā//(k.136)

137.

[답론2]

[그런데 한편 가령 'sara, sara'라고 빠르게 발화하는 경우는, 자음 sa에 관한] 그 인식은 [간신히] 낱말의 끝부분(sara라는 낱말의 끝 자음인 ra에 대한)이 찰나의 인식에 결합하기 때문에 [대론자의 논리에서 본다면 단절되지 않는 것처럼 현현해야만 한다. 그런데 실제의 경험에서 본다면] 단절하여 현현한다[고 말하지 않으면 안 되]지만 그것은 드문 일이다. 그러므로 인식들은 동시에 존재[한다고 인정]해야만 한다.

sā matir nāma paryantakṣaṇikajñānamiśraṇāt/

vicchinnābhā iti tac citraṃ tasmāt santu sakṛd dhiyaḥ//(k.137)

案

대론자는 앎이 다른 앎과 동시에 생기는 것(동시생기설)을 인정하지 않는 반면 다르마키르티는 앎이 다른 앎과 동시에 생기는 것을 인정한다. 앎이 다른 앎과 동시에 생기는 것이 아니라는 입장을 견지할 때 발생하는 난점을 제시한 것이 136송의 답론과 137송의 답론이다.

138.

[반론]

인식은 다른 인식에 방해되어 불연속으로 생김에도 불구하고 신속하게 생기기 때문에 연속하고 있는 것처럼 경험된다.

[답론]

[하나는] 불연속적[으로 생기는 인식]이며, [다른 하나는] 연속적[으로 생기는 인식]인 경우, [2개의 인식에] 현현의 차이가 없다는 것이 어떻게 가능한가? 또한 단순히 의근에 의한 분별만이 생기할 경우에는 차례대로 파악할 수는 없을 것이다.

pratibhāsāviśeṣaś ca sā antarānantare katham/
śuddhe manovikalpe ca na kramagrahaṇam bhavet//(k.138)

139.

[반론]

만약 앎이 동시에 생긴다면 색깔과 소리 그리고 향기 등이 동시에 존재할 때 그들 대상에 대한 각각의 인식이 항상 동시에 생기는 것으로 되지 않는가?

[답론1]

비록 어떤 대상이 동시에 존재한다고 하더라도 [하나의 대상에] 정신을 집중하고 있는 사람은 [동시에 존재하는 다른 대상을] 파악하지 못한다. 왜냐하면 [하나의 대상에 정신을] 집중하여 다른 [대상에 대한] 인식을 생기게 할 능력이 없기 때문이다. 또한 그것은 양자 모두 논의되어야 할 문제이다. [즉, 대상이 눈앞에 존재하고 있어도, 인식이 생기지 않는 이유는 인식의 동시생기를 인정하는 불교인식논리학파든 인식의 동시생기를 인정하지 않는 대론자 모두 답해야 할 문제이다.]

yo agrahaḥ saṃgate apy arthe kvacid āsaktacetasaḥ/
saktyā anyotpattivaiguṇyāc codyaṃ vā etad dvayor api//(k.139)

140.

[답론2]

빠르게 움직이는 횃불 등으로부터 수반하는 것에 의해 기만당한 눈이 [불이 붙은] 수레바퀴가 돌아가는 [듯한] 착오를 일으킨다. 그것(착오)은 지각과의 결합에 의해서 [생기는 것이] 아니다.

śīghravṛtter alātāder anvayapratighātinī/

cakrabhrāntiṃ dṛśā dhatte na dṛśāṃ ghaṭanena sā//(k.140)

2. 지각무분별은 추론에 의해서 알려진다

자파의 어떤 자가 행하는 추론을 논파하다

141.

[불교도의 반론]

어떤 사람들은 "[지각은] 분별이 없다(무분별). 왜냐하면 [지각은] '감관에 의해 생기는 것' 등이기 때문이다. 마치 갓난아기의 지각과 같이. 또한 갓난아기의 [지각은] 무분별임을 논증하는 추론인은, [갓난아기는 언어가 대상을 지시한다는] 사회적 약속에 무지하다는 것"이라 [주장]한다.

kecid indriyajatvāder bāladhīvad akalpanām/

āhur bālā vikalpe ca hetuṃ saṃketamandatām//(k.141)

案

다르마키르티의 주석가인 마노라타난딘에 의하면 '어떤 사람'들은 디그나가를 따르는 상카라스바민 등이라 말해진다. 그의 주장을 추론식(삼

지작법)으로 구성하면 다음과 같다.(T.229)

[추론식 1]

주장명제[종] : 지각[현량]은 분별이 없다(현량무분별).

이유명제[인] : [지각은] 감관에 의해 생기는 것 등이기 때문이다.

유례명제[유] : [무릇 분별이 없는 것은 감관에 의해 생기는 것 등이다.] 갓난아기의 지각과 같이.

또한 유례명제인 '갓난아기의 지각에는 분별이 없다'는 주장을 추론식으로 구성하면 다음과 같다.

[추론식 2]

주장명제[종] : 갓난아기의 지각은 분별이 없다.

이유명제[인] : [갓난아기는 언어가 대상을 지시한다는] 사회적 약속에 무지하다는 것이다.

마노라타난딘에 의하면 지각의 무분별성이라는 주장의 근거를 '감관에 의해 생기는 것'뿐만 아니라 '의식에 의해서 생기는 것이 아닌 것'과 '직접적 경험의 형상에 의해서 생기는 것' 등을 들 수 있기 때문에 송에서 '등'이라고 했던 것이다. [추론식 2]에서 갓난아기가 사회적 약속에 무지하기 때문에 그들의 지각에는 분별이 없다는 추론이 갖는 맹점은, 그렇다면 갓난아기는 언어를 습득하지 않았기 때문에 지각이라는 프라마나만 있고 추론이라는 프라마나는 없다고 말할 수 있을 것이다. 다르마키르티는 갓난아기에게도 추론을 할 수 있는 능력이 있음을 다음의 게송으로 설명한다.

142.

[답론]

그들[의 주장]에 의하면 갓난아기들은 지각만이 존재할 것이다. 왜냐하면 [갓난아기들은] 분별이 없기 때문이다. [또한 만약 갓난아기들은 지각만이 존재한다면 성인이 된] 이후에도 그것(사회적 약속을 인지할 수 있는 수단)은 존재하지 않을 것이다. 왜냐하면 [성인이 된 이후에도 갓난아기들은] 사회적 약속[을 인지할 수 있는] 수단이 결여되어 있기 때문이다.

teṣāṃ pratyakṣam eva syād bālānām avikalpanāt/
saṃketopāyavigamāt paścād api bhaven na saḥ//(k.142)

143.

[반론]

만약 [갓난아기는] 사회적 약속을 인지할 수는 없지만 [어떤 것에 대해 사유하는] 의식이 [감관지각과는 별도로] 존재하며 그것(사유하는 의식)에 의해 그것(사회적 약속)이[성인이 된 이후에도 알려진다]라고 생각한다면?

mano avyutpannasaṃketam asti tena sa cen mataḥ/

[답론1]

마찬가지로 감관에 의해 생긴 것[앎]에도 [그와 같은 사유하는 의식이] 있어야 할 것이다. [그러나] 이와 같은 것(감관에 의해서 생긴 것)은 [지각에는 분별이 없다는 주장을 논증할 수 없다. 아직 문제는] 남아 있다.

evam indriyaje api syād śeṣavac ca idam īdṛśam//(k.143)

144.

[답론2]

실로 갓난아기[의 감관에 의한 인식에는 분별이 없다는 주장]에 대해 논증되는 것, 그것은 이것(어른의 감관에 의한 인식에는 분별이 없다는 주장)에 대해서도 [똑같이 논증되는 것이라고] 기술되어야 할 것이다. 왜냐하면 [갓난아기와 어른은] 감관에 의한 인식이라는 점에서는 똑같기 때문이다. 이상으로 '직접적 경험'(anubhava) 등도 [포함해서] 기술되었다.

yad eva sādhanaṃ bāle tad eva atra api kathyatām/
sāmyād akṣadhiyām uktam anena anubhavādikam//(k.144)

바른 추론을 제시하다

案

이후 145송에서 176송까지, 다르마키르티는 "지각에는 분별이 없다"(현량무분별)라는 자신의 주장을 논증하고 있다. 이것을 논증하기 위해서는 분별적 인식과 그 대상을 논해야만 한다. 다르마키르티의 주저『프라마나바르티카』는 디그나가의 주저『프라마나삼웃차야』의 평석이기 때문에 디그나가의 분별적 인식과 그 대상에 대한 기술을 먼저 언급해야 한다. 디그나가는 분별을 '명언(nama)과 보편(jati) 등과의 결합'이라고 한다. 그리고 그 분별의 대상으로는, 우선 보편자·속성·행위·기체에 의해서 한정된 대상, 다음으로는 행위와 기체에 의해 한정된 대상에 관한 다른 학설로서 관계에 의해서 한정된 대상, 마지막으로 명언에 의해서 한정된 대상으로 분류한다. 인식대상으로 생긴 분별적 인식은, 첫째 보편·속성·행위·기체에 의해서 한정된 대상을 인식하는 앎(분별)과, 둘째 관계에 의해서 한정된 대상을 인식하는 앎(분별)과, 셋째 명언에 의해서 한정된 대상을 인식하는 앎(분별)으로 나누어진다. "그런데 이들 분별적 인식 가운데 '보편 분별' 등과 '관계 분별'은 불교인식논리학에서는 있을 수 없는 것이다. 다시 말하면 불교인식논리학에서는 보편자 등도 관계도 현실적 존재가 아니기 때문에 개체가 보편 등 혹은 관계에 의해서 한정되는 것은 있을 수 없는 것이다. 따라서 보편 등 혹은 관계에 의해서 한정된 대상을 인식한다. 달리 말하면 개체에 보편 등 혹은 관계를 결합한다고 말해지는 분별은 있을 수 없는 것이다. 불교인식논리학에서는 명언 분별만을 분별로서 인정한다."(T.234) 따라서 '지각에는 분별이 없다'는 주장을 논증하기 위해서는 지각에는 명언 분별이 없다는 것을 논증하면 족하지만, 아래에서 보편 분별이나 관계 분별 등이 지각에는 없다는 것을 논증한 까닭은 대론자들이 보편 분별이나 관계 분별 등을 분별이라고 간주하기 때문에 그것을 임시로 인정하고서 지각에는 그것들이 없다는 것을 논증하기 위함이었다. 사실 다르마키르티는 자신의 저서 『니야야빈두』에서 '분별이란 명칭과 결합 가능한 현현을 가진 앎이다'라고 정의를 내린다. 즉, 분별에는 다만 명언에 의한 분별만 있을 뿐이지 보편 분별이나 관계 분별 등은 인정하지 않는 입장을 취한다.

145.

[주장] 보편 분별과 관계 분별은 지각이 아니다.

한정하는 것(한정자)과 한정되는 것(피한정자) 그리고 [양자의] 관계와 세간의 규칙을 파악하고 나서, 그것을 결합하여 그와 같이 [한정자에 의해서 피한정자를] 안다. 다른 방법으로는 [알 수가] 없다.

viśeṣaṇaṃ viśeṣyaṃ ca sambandhaṃ laukikīṃ sthitim/
gṛhītvā saṃkalayya etat tathā pratyeti na anyathā//(k.145)

가령, '지팡이를 지닌 사람이다'라[고 분별하]는 것과 같이.

yathā daṇḍini

案

"그는 지팡이를 지닌 사람이다"라는 분별이 생기는 경우, '그'(피한정자)와 '지팡이'(한정자) 양자의 관계와 '언어에 관한 사회적 약속'을 각각 따로 인식하고, 그것들을 결합하여 "그는 지팡이를 지닌 사람이다"라는 분별 혹은 언어 표현이 이루어진다. 이것 이외의 방법으로 보편 등의 분별이나 관계 분별은 생길 수가 없다. 다시 말하면 "그는 지팡이를 지닌 사람이다"라는 분별을 실체(dravya, 지팡이)에 의해 한정된 대상(사람)의 인식으로 이해할 때 그것은 실체의 분별—이것은 보편자 등의 분별이라고 말해지는 그룹 가운데 하나—이라고 간주되는 것이며, 또한 그 분별을 실체(지팡이)와 대상(사람) 사이에 실재하는 관계에 의해서 한정된 대상(사람)의 앎으로 이해할 때 그것은 관계 분별이라 간주되는 것이다.

146.

[반론]

지각에는 개체 이외에 보편 등도 현현한다. 따라서 지각은 유분별적 인식이다.

[답론]

[지각에서는 보편 등과] 그것을 지닌 것(개체)을 결합하는 것은 [있을 수] 없다. 왜냐하면 [개체를 지각할 때, 개체를 떠나서] 보편 등을 별개로 인식할 수는 없기 때문이다. 그러므로 또한 이것(개체)에 대해서 분별[적 인식]은 [있을 수] 없다.

jātyāder vivekena anirūpaṇāt/

tadvatā yojanā na asti kalpanā apy atra na asty ataḥ//(k.146)

147.

[반론]

만약 공상(가령, 우성牛性)이 실재하지 않는다면 그 경우 서로 다른 개체(소[1], 소[2], 소[3]…) 등에 수반하는 앎(anvayapratyaya)에서 '이것은 소이다'라는 앎은 있을 수 없게 된다.

[답론]

비록 수반하는 앎이 있다고 해도, 그것은 언어와 [찰나멸을 본질로 하는] 개체의 현현을 갖는다. 실로 (공상실재론자에 의하면) 색깔[의 형상]과 모양[의 형상]과 언어의 형상을 결여한 소[牛]의 보편이 설해진다. [하지만 그와 같은 소의 보편은 수반하는 앎에는 현현하지 않는다.]

yady apy anvayi vijñānaṃ śabdavyaktyavabhāsi tat/

varṇākṛtyakṣarākāraśūnyaṃ gotvaṃ hi varṇyate//(k.147)

案

이 게송은 공상은 수반하는 앎의 대상이기 때문에 실재한다고 하는 공상실재론자의 반론에 대한 다르마키르티의 답론이다. 여기서 수반하는 앎이란, 가령 소[1], 소[2], 소[3]…에 대하여 '이것은 소이다'라는 인식이다. 그런데 수반하는 앎에는 소의 색깔과 모양과 '소'라는 이름은 현현하지만 그것 이외의 다른 것은 현현하지 않는다. 다시 말하면 공상실재론자가 말하는 공상은 수반하는 앎에는 현현하지 않는다. 앎에 형상이 현현하지 않는 것을 그 앎의 대상이라 할 수가 없다. 따라서 수반하는 앎의 대상으로서 객관적으로 실재하는 공상을 인정하는 공상실재론자의 주장은 성립하기 어렵다.

148.

[반론]

공상은 분별에 의한 앎에 현현한 형상 그 자체이기 때문에 실재한다.

[답론]

비록 그것(수반하는 앎에 나타나는 색깔·모양·언어의 형상)만이 공상이라고 해도, 그것은 눈의 영역에서는 지각되지 않는다. 왜냐하면 [그 눈에 의한 지각에는 선명한 형상과 선명하지 않은 형상의] 두 개의 현현은 [있을 수] 없기 때문이다. 또한 [하나의 인식에 두 개의 현현이 있다면] 인식의 차이는 얻기 어렵게 된다.

samānatve api tasya eva na īkṣaṇaṃ netragocare/
pratibhāsadvayābhāvād buddher bhedaś ca durlabhaḥ//(k.148)

案

공상실재론자에 의하면 수반하는 앎에는 색깔 있는 모양 등의 형상 그리고 언어의 형상이 현현하기 때문에 그 앎에 현현하는 것은 공상이다. 따라서 공상은 실재한다는 것이다. 하지만 수반하는 앎에 현현하는 색깔 있는 모양의 형상이나 언어의 형상은 선명한 것이 아니다. 따라서 그것들은 지각에는 현현할 수가 없기 때문에 객관적으로 실재하는 것이 아니다.

149-1.

[반론]

개체와 보편 등과의 관계를 파악하는 것이라는 조건이 유분별지각에 존재한다. 따라서 유분별지각이 존재한다.

[답론1]

[보편과 개체의] 내속은 감관에 의해서 파악되지 않기 때문에, [보편과 개체의] 결합은 지각되지 않는다는 것이 증명된다.

samavāyāgrahād akṣaiḥ sambandhādarśanaṃ sthitam/(k.149-1)

149-2.

[답론2]

'이 실들에는 천이 있다'라고 하는 것 등의 이 언어들은 [대론자] 자신이 구성한 것이다.

paṭas tantuṣv iha ity ādiśabdāś ca ime svayaṃ kṛtāḥ//(k.149-2)

150-1.

[답론3]

'소가 뿔을 가지고 있다'라고 하는 것은 상식[적인 표현]이지만, '뿔에는 소가 있다'라고 하는 것은 비상식[적인 표현]이다.

śṛṅgaṃ gavi iti loke syāc śṛṅge gaur ity alaukikam/(k.150-1)

150-2.

[답론4]

소라고 부르는 나머지 부분으로부터 분할해서는 [뿔을] 인식할 수 없기 때문이다.

gavākhyapariśiṣṭāṅgavicchedānupalambhanāt//(k.150-2)

151.

[답론5]

'이 천은 이 실들에 의해서'라고 하는 것은 실의 잠재력이 현실화된 다음의 결과가 표현된 것이다. 결코 [실과 천이] 동시인 것이 [그와 같이 표현되는 것은] 아니다.

tais tantubhir iyaṃ śāṭi ity uttaraṃ kāryam ucyate/
tantusaṃskārasambhūtaṃ na ekakālaṃ kathañcana//(k.151)

案

이 149~151송은 바이세시카학파의 '화합실재설'을 논파한 것이다. 데벤드라붓디는 화합실재성을 다음과 같이 소개한다. "앎은 각각 원인(nimitta)을 갖는다. 가령 눈에 의한 지각(안지) 등과 같이. 그러한 이유로 이것('실에 천이 있다' 등의 앎)도 원인을 갖는다고 알려져야만 한다. 그러나 이 앎의 원인은 실에도 천에도 또한 양자에도 없다. 그러므로 이 경우의 원인으로서 화합이 인정되어야만 한다."(T.243) 이 기술은 요컨대 '실에 천이 있다' 등의 앎이 성립하기 위해서는 그 원인으로서 화합이 실재해야 한다는 것이다. 이러한 화합실재론자들의 견해에 따른다면 '이 실들에는 천이 있다'라거나 '뿔에는 소가 있다'라는 비상식적 표현이 가능하게 된다. 나아가 화합실재론자들은 '이 천은 이 실들에 의해 만들어진 것이다'라거나 '소가 뿔을 가지고 있다'라는 상식적인 표현은 화합 내지 전체(유분)가 실재할 때 가능하다고 주장하는 것이다.

하지만 다르마키르티는 화합이나 전체와 같은 범주가 없어도 이러한 상식적 표현이 가능하다고 주장한다. 즉, '소에 뿔이 있다'는 표현은 소를 구성하고 있는 나머지 부분, 즉 뿔이나 다리, 늘어진 살, 가슴, 꼬리 등과 분리되지 않는다. 소라는 개념은 이러한 부분들의 결합체라는 것을 인식한 뒤 '소에 뿔이 있다'고 표현하는 것이다. 따라서 부분을 떠난 전체가 있는 것은 아니다. 또한 '천은 실에 의해 만들어졌다'라는 표현은 천이라는 결과도 각각의 실들의 결합체라는 것을 인식하여 가능한 것이다. 따라서 천과 실 사이에 화합관계라는 또 하나의 범주를 상정할 필요가 없는 것이다.(T.244~245 참조)

152.

[반론]

우리는 '이것은 천이다'라고 말해지는 것을 '여러 실들이다'라고도 말할 수 있다. 왜 실과 천은 동시에 존재한다고 인정해서는 안 되는가?

[답론]

어떤 사람은 [결과인 천에] 원인[인 실]을 가탁함으로써, 혹은 한 올[한 올의 실]을 [인식에 의해] 추출함으로써, 결과[인 천]에 실이라는 언어를 적용할 것이다. [천이라는] 언어의 근거(서로 결합하여 특수한 상태로 되어 있는 실)를 가리키면서['실'이라 부를 것이다].

kāraṇāropataḥ kaścid ekāpodhārato api vā/
tantvākhyāṃ varttayet kārye darśayan na āśrayaṃ śruteḥ// (k.152)

案

"'이것은 천이다'라고 말해지는 것을 가리켜서 '실들이다'라고도 말할 수 있다. 그렇지만 이 경우, 우선 '실들이다'라는 표현은 결과(천)에 원인(실)을 가탁(실이 아닌 천을 실로 간주)하여 천을 '실'이라 부르는 경우, 천의 원인인 실을 생각하여 '실이다'라고 부르는 것이지, 거기에 실제로 실이 있는 것이 아니며, 다음으로 집중하여 눈으로 한 올 한 올 실을 주시할 경우, '실이다'라고 알고 또한 그와 같이 표현하는 경우, '천이라는 부분을 지닌 전체'를 가리켜서 그와 같이 표현한 것이 아니라 '천이라는 말의 근거'를 가리켜서 그와 같이 표현한 것이다. 거기서 천이라는 말의 근거란, 서로 결합해서 특수한 상태가 된 실이며 '천인 전체'는 실제로는 존재하지 않는 것이며 존재하는 것은 '집합한 실'이다."(T.245~246) 이것은 실과 천이 동시에 존재한다는 것을 인정할 수 없다는 취지의 논술, 즉 152송의 답론에 대한 도사키의 해설이다.

153-1.

[반론]

만약 '집합한 실' 이외에 별개로 '천인 현실적 존재(유분)'가 존재하지 않으면 그 경우 '천'이라는 낱말은 어떠한 것에 근거하는 것인가?

[답론]

[실이 상호 간에] 도움을 주는 것과 받는 것 및 [실을 한 올 한 올] 구별하여 지각하지 못하는 것[이 '천'이라는 낱말의 근거]이다.

upakāryopakāritvaṃ vicchedādṛṣṭir eva vā/(k.153-1)

案

한 올 한 올의 실 하나가 서로 집합하여 천을 구성하며, 동시에 추위를 막는 등의 인과적 효과의 능력을 갖는다. 즉, 실들이 상호 도움을 주고받는 결합체가 되어야만 인과적 효과의 능력을 발휘하게 되는데 이것을 천이라고 이름하는 근거이다.

153-2.

[반론]

만약 '천'이라는 낱말에 대한 천이라는 실재하는 사물이 없다면, '천'이라는 말은 제1차적 의미대상을 전혀 갖지 않게 되는 것은 아닌가?

[답론]

[그런데 추위를 막는데] 차질이 없는 인식[의 대상이며], 최초의 사회적 약속의 영역인 것이 [천이라는 낱말의] 제1차적[의미대상]이다.

mukhyaṃ yad askhalajjñānam ādisaṃketagocaraḥ//(k.153-2)

案

"한 올 한 올의 실 그 자체만으로는 추위를 막는 방한 능력을 갖출 수가 없지만, 그것들이 모이면 방한이라는 인과적 효과의 능력이 발생한다. 이렇게 실의 집합에 대해서 사회적 약속으로서의 '천'이라는 낱말이 정해진다. 그리고 '천'이라는 말을 듣고서 사람들은 추위를 막는 등의 능력을 가진 '실의 집합'을 착오 없이 인식한다. 그와 같은 '실의 집합'이야말로 '천'이라는 낱말의 제1차적 의미대상이다."(T.247)

154.

[반론]

얼룩소, 검정소, 황소 등의 개별적 소들에 대해 '소'라고 하는 인식이 생기기 위해서는 개개의 소와는 별개로 공통하는 형상이 객관적으로 존재해야 한다. 이것이 바로 소의 공상, 즉 우성(牛性)인 것이다.

[답론]

또한 현실적 존재와는 별개로 보편 등[이 실재한다는 것을 논증하는 당신]의 추론은 [타당한 추론이라고 할 수가] 없다. 왜냐하면 '지팡이를 지닌 사람' 등의 표현은 언제나 세속[의 언어 차원]에 의거하기 때문이다.

anumānañ ca jātyādau vastuno na asti bhedini/
sarvatra vyapadeśo hi daṇḍāder api sāṃvṛtāt//(k.154)

案

위의 게송에 대해 도사키는 다음과 같이 해설한다. "대론자는 '지팡이를 지닌 사람'이라고 인식하는 앎은 지팡이라는 현실적 존재에서 생긴다고 한다. 하지만 다르마키르티는 '지팡이를 지닌 사람'이라는 앎과 표현은 현실적 존재(지팡이)에 기인하여 생기는 것이 아니라 분별에 의해서 증익된 세속의 존재에 기인한다고 본다. 요컨대 지팡이 그 자체가 그대로 '지팡이를 지닌 사람'이라는 앎의 원인이 되는 것이 아니라 그 원인이 되는 것은 '사람을 한정하는 것'과 분별에 의해서 개념적으로 구성된 지팡이이다. 결국 '지팡이를 지닌 사람'이라는 앎은 사람과는 별개로 실재하는 지팡이 그 자체에 기인하는 것이 아니다. 따라서 '지팡이를 지닌 사람'이라는 앎(혹은 표현)은 대론자가 추론의 대전제인 '개개의 개별자에 수반하는 앎은 개개의 개별자 이외 별개의 다른 현실적 존재를 원인으로 한다는 것'에 대한 비유로서 부적당하다. 그러므로 그와 같은 비유를 사용하는 대론자의 '보편자 실재의 추론'은 부정되어야만 한다."(T.249~250)

155.

[반론]

개개의 개체에 수반하는 앎은 개개의 개체와 별개로 존재하는 다른 실재물을 원인으로 한다. 즉, 수반하는 앎은 객관적으로 실재하는 공상을 대상으로 생기는 것이다.

[답론]

또한 '현실적 존재이다'나 '가옥의 열(列)이다' 등의 [앎이나] 언어는 다른 것을 필요로 하지 않는다. 설령, 가옥은 [목재 등의] 결합이라고 해도, 그렇다면 '그것(가옥)의 열'이라는 것은 무엇일까?

vastuprāsādamālādiśabdāś ca anyānapekṣiṇaḥ/

geho yady api saṃyogas tan mālā kiṃ nu tad bhavet//(k.155)

案

대론자가 생각하는 추리의 대전제는 '개개의 현실적 존재에 수반하는 인식은 개개의 개별자와 별개의 다른 존재를 원인으로 한다'는 것이다. 이 대전제에 대한 반증 사례를 제시한 것이 '현실적 존재이다'와 '가옥의 열'이라는 언어이다. "첫번째 반증 사례인 '현실적 존재이다'라는 인식 혹은 표현은 바이세시카학파에 의하면 기체·속성·운동·보편·특수·화합이라는 구의(句義)에 수반하는 것이다. 이 '현실적 존재이다'라는 인식 혹은 표현은 기체 등의 구의와 별개의 현실적 존재를 원인으로 하여 생기한다는 것은 바이세시카학파 자신도 인정하지 않는다. 왜냐하면 바이세시카학파는 이들 기체 등의 육구의(六句義) 이외에 별개의 실재를 인정하지 않기 때문이다. 이것이 '개개의 개체에 수반하는 인식은 개개의 개별자 이외의 다른 존재를 원인으로 한다'라는 대론자의 대전제의 제1 반증사례이다."(T.250~251) 두번째 반증 사례인 '가옥의 열이다'라는 인식 혹은 표현은 바이세시카학파에 의하면 가옥과 다른 실재물, 즉 가옥의 열이라는 실재물이 있고 그 실재물이 가옥의 열이라는 인식 혹은 표현의 원인이 되는 것이다. 이 가옥의 열이라는 인식 혹은 표현은 기체 등의 구의와 별개의 실재물을 원인으로 하여 생기한다는 것을 바이세시카학파 자신도 인정하지 않는다. 이것이 "개개의 개체에 수반하는 인식은 개개의 개별자 이외의 다른 존재를 원인으로 한다"라는 대론자의 대전제의 제2 반증사례이다. 이에 대해 프라즈냐카라굽타는 다음과 같이 언급한다. "(열은 기체가 아니다.) 왜냐하면 (만약 열이 기체라면 '가옥—지금 화합이라는 속성으로 간주된다—의 열'이라고 하는 것은 속성[가옥]의 기체[열]가 되지만 그러나) 속성에 기체는 있을 수 없기 때문이다. (또한) 속성도 아니다. 왜냐하면 바로 그(와 같은 이유)에 의해서(=만약 열이 속성이라면 '속성[가옥]의 속성[열]'이 되지만 그러나 속성에는 속성이 있을 수 없기 때문이다.) 또한 운동도 아니다. 왜냐하면 (만약 열이 운동이라면 '속성[가옥]의 운동[열]'이 되지만 그러나) 운동은 기체를 근거로 하(는 것이지 속성을 근거로 하는 것이 아니)기 때문이다. (또한) 화합이나 특수도 아니다. 왜냐하면 (화합 내지 특수라고 한다면) 그것(가옥)의 결과일 수 없기 때문이다."(T.251~252)

156.

[반론]

만약 [가옥의 열이] 보편이라고 한다면?

jātiś ced

[답론]

한 채의 가옥도 '열'이라고 표현될 수 있을 것이다. 가령, 나무와 같이. 또한 [가옥의] 열이 다수인 경우, 그 ['열'이라는] 언어는 어떻게 [생길 수 있을까]? [그와 같은 것은 있을 수 없다.] 왜냐하면 보편에는 보편이 [있을 수] 없기 때문이다.

geha eko api mālā ity ucyeta vṛkṣavat /

mālābahutve tac śabdaḥ kathaṃ jāter ajātitaḥ//(k.156)

案

가령 소나무·잣나무·밤나무·감나무 등의 보편개념은 '나무'이다. 바이세시카학파에 의하면 '나무'라는 보편개념은 사만야(sāmānya)로서 각각의 나무에 실재하는 것처럼, 집 한 채, 두 채, 세 채 등으로 열을 지을 때, 우리는 '가옥의 열'이라 표현할 수 있다. 그런데 바이세시카학파에 의하면 '가옥의 열'이라는 보편개념은 사만야로서 각각의 가옥에 실재한다고 주장한다. 그렇다면 한 채의 가옥에 대해서도 '가옥의 열'이라고 표현 가능한데 이것은 불합리하다.

가옥의 열이 보편이라고 한다면 그 보편에 근거해서 '가옥의 열'이라 표현할 수 있을 것이다. 그런데 가옥의 열이 다수라고 한다면 다시 말해 가옥의 열^{1}, 가옥의 열^{2}, 가옥의 열^{3}… 등 다수가 존재한다면, 이 각각의 가옥의 열을 한정하는 상위의 보편이 있어야 할 것이다. 이렇게 되면 가옥의 열이라는 보편을 한정하는 보편이 있게 되어 보편이 보편을 한정하는 경우가 된다. 보편은 개체의 속성이다. 따라서 이것은 속성이 속성을 한정하는 것이라 바이세시카학파 자신도 인정하지 않기 때문에 보편으로서의 열이라는 개념은 실재하는 것이 아니다.

157.

[반론]

'가옥의 열은 크다'라는 표현은 비유적 표현이다. 따라서 이 표현은 직접적인 원인이 실재하지 않아도 가능하다.

[답론]

또한 [당신에 의하면] 열 등에 대한 '크다' 등[의 속성]은 비유적 표현으로 승인되지만, [불교인식논리학파에 의하면 열 등에 대한 '크다' 등의 속성은] 비유적 표현이 아니다. 왜냐하면 [열 등에 대한 '크다' 등의 속성은] 제

1차적[의미대상을 파악하는 인식]과 다르지 않은 인식에 의해 파악되기 때문이다.

mālādau ca mahattvādir iṣṭo yaś ca aupacārikaḥ/

mukhyāviśiṣṭavijñānagrāhyatvān na aupacārikaḥ//(k.157)

案

"가옥의 열은 크다"라는 표현이 비유적 표현(제2차적 대상에 대한 표현)인가 아니면 제1차적 대상에 대한 표현인가에 대해 대론자는 전자를 다르마키르티는 후자를 지지한다. 앞에서도 언급한 것처럼 어떤 대상에 대해 언어 내지 인식이 항상 착오 없이 작용하는 것을 제1차적이라 하며, 착오가 작용하는 것을 제2차적이라 한다. 가령 "갓난아기는 사자이다"라고 표현했을 때, 주어인 갓난아기는 술어인 '사자이다'에 의해 한정된다. 그런데 술어에 의해 한정된 주어인 갓난아기는 사자가 아니다. 그러므로 갓난아기는 제1차적 대상이 아니라 제2차적 대상이다. 반면 "사자는 사자이다"라고 했을 때 술어인 '사자이다'에 의해 한정되는 주어인 '사자'는 호랑이가 아니라 사자 그 자체를 지시하기 때문에 주어인 '사자'는 제1차적 대상이다. 이 제1차적 대상에 대해 인식 내지 언어로 표현되는 것이 제1차적 인식 내지 제1차적 언어 표현이라고 하는 것이다. 다르마키르티에 의하면 "가옥의 열은 크다"라고 하는 표현은 제1차적 대상을 파악하는 인식과 다르지 않은 인식에 의해서 파악되기 때문에 비유적 표현은 아니다. 왜냐하면 "가옥의 열은 크다"라고 인식하고 혹은 표현하는 경우 '크다'라는 인식 내지 표현은 가옥의 열과 착오 없이 작용하기 때문이다. 따라서 "가옥의 열은 크다"라는 표현은 비유적 표현이 아니라 제1차적 대상에 대한 표현이다.

158.

[반론]

"가옥의 열은 크다"라는 언어 내지 앎은 비유적 표현에 지나지 않는다고 하는 것은 다음과 같은 사고가 함의되어 있다. 즉, "개개의 개체에 수반하는 인식은 개개의 개체 이외의 별개의 다른 실재물—개개의 개체를 공통하여 한정하는 것—을 원인으로 하여 생긴다"라고 말하는 것은 그 개개의 개체가 그 인식의 제1차적 대상인 경우이며, 그것이 비유적 표현의 대상일 때는 그와 같이 말할 수 없다. 요컨대 그 수반하는 인식이 제1차적 대상을 대상으로 할 때에만 그 대상을 한정하는 다른 실재물을 원인으로 하여 생긴다고 말하는 것이지 그것이 비유 표현의 대상을 대상으로 할 때는 다른 실재물을 필요로 하지 않는다.(T.256)

[답론]

[언어나 인식이] 타자[인 보편]를 원인으로 하지 않는 것이 제1차적인 것이라고 승인되는 경우에도 [제2차적인 것에 관한 경우와] 마찬가지이다. [실체 등의] 여섯[범주]에 관해서 '구의'(범주)라는 언어(내지 인식)가 [작용하지만, 그 '구의'(범주)라는 언어 내지 인식은 여섯의 구의 이외의] 다른 어떠한 원인을 필요로 하는 것인가?

ananyahetutā tulyā sā mukhyābhimateṣv api/

padārthaśabdaḥ kaṃ hetum anyaṃ ṣaṭsu samīkṣate//(k.158)

案

이 158송을 도사키는 다음과 같이 해설한다. "대론자(바이세시카학파)는 실체, 속성, 행위, 보편, 개체, 화합의 여섯을 각각 '구의'라고 부르고 또한 '구의'라고 인식한다. 이 경우 물론 실체 등은 '구의'라는 언어 내지 앎의 제1차적 대상이라고 생각된다. 그런데 이들 실체 등에 관한 '구의'라는 언어 내지 앎을 생기게 하는 원인으로서 '실체 등을 구의로 하여 한정하는 별개의 실재물'이 존재하는 것일까. 대론자(바이세시카학파) 자신이 실체 등의 여섯 구의 이외의 다른 실재물을 인정하지 않는 것은 아닌가? 따라서 실체 등에 관한 '구의'라는 언어 내지 앎은 '실체 등 이외의 별개의 실재물이 있고, 그 실재물을 원인으로 하여 생기는 것'은 아니라고 대론자 자신도 말할 것이다."(T.257)

159.

[반론]

제1차적 대상에 관한 언어 내지 앎은 제2차적 대상에 관한 언어 내지 앎과 마찬가지로 그 대상 이외의 다른 실재물을 원인으로 하여 생기는 것이 아니다. 그렇다면 어떠한 것이 제1차적 대상이며 또한 어떠한 것이 제2차적 대상인가?

[답론]

[일상의 언어] 관습에 의해 확정된 것이 제1차적 [대상]이다. 그것(제1차적 대상)과의 유사성에 의해 그와 같이 표현되는 것이 제2차적 [대상]이다. 왜냐하면 존재들도 비존재라고 비유적으로 표현되기 때문이다.

yo yathā rūḍhitaḥ siddhas tatsāmyād yas tathā ucyate/
mukhyo gauṇaś ca bhāveṣv apy abhāvasya upacārataḥ//(k.159)

案

'사자'라는 말은 사자(lion)를 표현하고, '나무'라는 말은 나무(tree)를 표현한다고 사회적으로 약속된다. 이 사회적 약속에 따르는 관습(rudhi)에 의해서 확정되는 것이 제1차적 대상(의미)이다. 그리고 그 제1차적 대상과의 유사성에 근거하여 제1차적 대상을 표현하는 말에 의해서 표현되는 것이 제2차적 대상(의미)이다. 가령 갓난아기는 사자와의 유사성에 근거하여 "갓난아기는 사자이다"라고 표현되고 또한 인식될 때 갓난아기는 '사자'라는 언어의 제2차적 대상(의미)이다. 또한 사람은 하느님과의 유사성에 근거하여 "사람은 하느님이다"(人乃天)라고 표현하고 또한 인식될 때 사람은 '하느님'이라는 언어의 제2차적 대상(의미)이다. 그런데 실재론을 견지하는 대론자들은 "언어는 존재를 대상으로 할 때 그 언어는 제1차적 표현이고, 비존재를 대상으로 할 때 제2차적 표현(비유표현)이다"라고 주장하지만, 존재에 대해서도 '비존재'라고 비유적으로 표현하기 때문에 그들의 주장은 타당하다고 할 수 없다.

160.

[반론]

관습은 실재물에 근거한 것이다.

[답론]

[일상의 언어] 관습은 사회적 약속에 [의해] 수반되는 것이다. 그리고 그것(사회적 약속)은 일상생활의 언어 표현을 [영위하기] 위해 말하는 사람[화자]의 욕구에 수반되어 형성된다. 가령, 운율의 명칭(가령, 가야트리 등)이나 언어의 부분의 명칭(가령, 어간이나 접사 등)과 같이.

saṃketānvayinī rūḍhir vaktur icchā anvayī ca saḥ/
kriyate vyavahārārthaṃ chandaḥ śabdāṃśanāmavat//(k.160)

案

우리의 언어공동체에서 '사자'나 '나무'라는 말은 사자나 나무를 표현한다고 사회적 약속으로 정해지며, 그 뒤 '사자'나 '나무'라는 말에 의해서 사자나 나무를 표현하는 관습이 성립한다. 그런데 최초로 사자나 나무라는 대상을 '사자'나 '나무'라는 말로 표현하자고 사회적으로 약속을 정할 때에도 사회생활(vyavahara, 언어공동체)을 위해서 인간의 욕구에 따르는 것이지, 사자나 나무라는 객관적인 대상에 내재된 고정된 본질 혹은 보편에 대해서 필연적으로 규정되는 것이 아니다. 즉, 대상인 사자나 나무에 대해 '사자'나 '나무'라고 말을 규정하는 것은 인간의 자의적 편의를 위해 임의적으로 정하는 것이지 객관적으로 실재하는 본질이나 보편에 의해 한정되어 필연적으로 규정되는 것이 아니다. "이것은 운율의 명칭이나 언어의 부분의 명칭에 관해서 보면 더욱 분명해진다. 즉, 자음(字音, varṇa)의 배열 순서에 따라 가야트리(gāyatrī) 등의 명칭이 정해지는데, 그때 가야트리 등의 명칭의 원인으로서 자음 이외의 별개로 다른 실재물이나 본질이 존재하는 것이 아니다. 또한 언어의 부분의 명칭도 가령, 기체(prakṛti)나 접사(pratyaya) 등의 명칭도 마찬가지로 다른 실재물이나 본질이 존재하는 것이 아니다. 전적으로 편의상 임의적으로 정해진 명칭에 지나지 않는다."(T.259)

161.

[반론]

개개의 개체에 수반하지 않는 앎은 어떻게 해서 생기는 것인가?

[답론1]

비록 대상들이 서로 다르다고 해도, [그 서로 다른 대상들은] 실로 현실적 존재의 속성에 의해서 그와 같은 앎(대상들에 의해 수반되는 앎)의 원인이다. 그들(대상들)에 대해서 그 [수반하는] 앎이 생길 때, [사람들은] 그들(대상들)을 그와 같이 [같은 존재들이라고] 인식한다.

vastudharmatayā eva arthās tādṛg vijñānakāraṇam/
bhede api yatra tajjñānāt tat tathā pratipadyate//(k.161)

162.

[답론2]

마찬가지로 앎들도 서로 다르다고 해도, [그 서로 다른 앎들은] 다르지 않은 [동일한 하나의] 판단적 인식[에 대한 원인]이다. 따라서 '그것을 결과로 하지 않는 것의 배제'가 수반하는 것이지, 하나의 현실적 존재[속에 내재하는 보편]가 [수반하는 것은] 아니다.

jñānāny api tathā bhede abhedapratyavamarśane/
ity atat kāryaviśleṣasya anvayo na ekavastunaḥ//(k.162)

案

"개개의 개체에 수반하는 앎은 어떻게 생기는 것인가?"라는 물음에 대해 다르마키르티가 답한 것이 위의 162송이다. 우리에게는 소나무나 대나무 그리고 전나무 등을 보고서 "저것들은 모두 나무들이야!"라는 앎이 발생한다. '나무'라는 말에 의해 수반되는 앎의 근거는 개별 나무들에 존재하는 보편으로서의 나무성[樹性]이 아니라 개별 나무의 자상이다. 개개의 나무의 자상에 의해 '소나무가 아닌 것이 아닌 것', '대나무가 아닌 것이 아닌 것', '전나무가 아닌 것이 아닌 것'으로 타자의 부정에 의해 수반되는 앎이 바로 "저것들은 모두 나무들이야!"라는 것이다.

대론자는 "개개의 개체로부터 각각 서로 다른 앎이 생기는 것이지, 하나의 동일한 수반하는 앎이 생기는 것이 아니다"라고 반론할지도 모른다. 그것에 대해 그들 앎은 서로 다르지만 동일한 하나의 판단적 인식을 낳기 때문에 같은 앎이라고 간주되는 것이다. "요컨대 서로 다른 대상들이든, 앎이든 간에 개개의 존재 a^1, a^2, a^3…가 하나의 앎 A(대상인식 혹은 판단적 인식)를 낳을 때, a^1, a^2, a^3 가 동일시된다. 그리고 그것은 a^1, a^2, a^3…가 A를 공통의 결과로서 갖는다. 그리고 'A를 결과로서 갖는 것', 즉 달리 말하면 'A를 결과로서 하지 않는 것의 배제'가 a^1, a^2, a^3…에 보편적으로 존재한다고 하는 것이다. 결코 a^1, a^2, a^3…를 한정하는 다른 현실적 존재, 즉 보편이 있는 것은 아니다"라고 다르마키르티는 반론한다.(T. 261)

163-1.

[반론]

'타자의 배제'는 현실적 존재의 본질이다. 따라서 '타자의 배제'가 언어의 대상이라는 것은 현실적 존재 그것 자체(자상)가 언어의 대상이라고 하는 것이 아닌가?

[답론1]

현실적 존재들에는 [타자의 배제가] 존재한다. 따라서 현실적 존재에 대

한 언어는 그것(현실적 존재의 본질인 타자의 배제)에 준거한다. [그것을 대상으로 한다.]

vastūnāṃ vidyate tasmāt tan niṣṭhā vastuni śrutiḥ(k.163-1)

案

"현실적 존재들에는 타자의 배제가 존재한다"라는 것은 현실적 존재의 본질이 타자의 배제라는 것이다. 여기서 타자의 배제란 현실적 존재의 자기차이성을 의미한다. 모든 존재는 타자의 배제라는 존재론적 활동을 통해 자기차이성을 확보하는 현실적 존재들이다. 존재는 자기동일성이 아니라 자기차이성을 본질로 하기 때문에 인과적 효과의 능력을 타자에게 발휘할 수 있는 것이다. 디그나가가 언어의 지시대상은 '타자의 배제'라고 했을 때 그는 개념적 활동의 본질이 '타자의 배제'라고 파악해 언어는 그것이 아닌 것이 아닌 것, 즉 타자의 배제를 지시한다고 했지만, 다르마키르티는 언어의 지시대상은 궁극적으로 현실적 존재의 본질이 타자의 배제라고 하여 언어의 지시대상을 존재론적 차원에서 파악한다. 현실적 존재인 소[牛]에 대한 언어인 '소'는 직접적으로는 '소가 아닌 것이 아닌 것'이라는 공상(분별적 인식의 표상)을 대상으로 하지만, 다르마키르티는 타자의 배제를 단지 개념의 활동에서 보는 것이 아니라 그 개념적 활동이 가능한 현실적 존재의 존재론적 활동에서 근거를 찾았던 것이다. 이에 대해 "타자의 배제는 현실적 존재의 본질이다. 따라서 타자의 배제가 언어의 대상이라고 하는 것은 현실적 존재 그 자체(자상)가 언어의 대상이 되는 것이다. 그렇게 되면 언어의 대상은 자상이 아니라 공상이라고 하는 다르마키르티의 주장은 자기가 한 주장을 위배하는 자어상위(自語相違)의 오류를 범하게 될 것이다"라고 대론자는 비판할 수도 있을 것이다. 이하 163송과 164송은 이에 대한 다르마키르티의 답이라고 할 수 있다.

163-2.

[답론2]

[따라서 언어는 타자의 배제를 의미 대상으로 한다.] 외계의 [현실적 존재의 인과적 효과의] 능력인 [타자의] 배제에 [직접적으로] 준거하는 것(대상으로 하는 것)은 아니라고 해도, 그 언어는

bāhyaśaktivyavacchedaniṣṭhābhāve api tacchrutiḥ//(k.163-2)

案

인도육파철학 가운데 니야야학파나 미망사학파는 보편실재론에 입각하여 언어의 대상 내지 의미를 설명한다. 그들에 의하면 '나무'라는 언어는 개개의 나무, 즉 소나무, 잣나무, 밤나무 등 개체를 지시하는 것이 아니라 그 개체들이 공통적으로 지니는 보편을 지시한다. 그러나 인도불교 언어철학의 초석을 놓은 디그나가는 보편실재론자와는 달리 보편의 실재성을 인정하지 않는 대신 타자의 배제를 언어의 지시(표현)대상이라고 한다. 즉, '언어는 자신의 대상을 타자의 배제에 의해서 말하는 것'이다. 요컨대 보편실재론자는 언어는 객관적으로 실재하는 보편을 지시한다고 보는 반면, 디그나가는 언어는 개념적으로 존재하는 타자의 배제를 의미한다고 본다. 하지만 다르마키르티는 인간의 사유분별이나 언어표현행위는 현실적 존재(vastu)에 기반해야만 인과적 효과(목적의 성취)를 성취할 수 있다는 입장에 입각해 있다. 그래서 언어의 지시대상인 타자의 배제는 간접적으로 현실적 존재의 본질인 자기차이성(타자의 배

제, 부정)에 기반해 있기 때문에 의미의 전달과 더불어 행위의 소통이 가능해진다는 것이다. 이 지점, 즉 타자의 배제가 현실적 존재의 본질이라면 언어에 의해 현실적 존재가 파악 가능하기 때문에 지각에 의해서만 현실적 존재가 파악되며, 추론이나 언어라는 인식도구에 의해서는 현실적 존재가 파악되지 않는다는 다르마키르티 자신의 주장과는 배치되는 것이 아닌가라고 보편실재론자는 반격한다. 이러한 논의를 배경으로 이하 아포하론(apohavada)이 전개된다.

164.

[답론3]

그것(외계의 현실적 존재의 활동인 타자의 배제)에 준거하는 [것처럼 파악하는] 분별[적 인식]의 표상과 결합된다. 그러므로 [분별적 인식의 표상이 외계의 현실적 존재에 성립하고 있는] '타자의 배제'에 [간접적으로] 준거하고 있기 때문에, '언어는 타자의 배제를 행한다'라고 말해졌던 것이다. [즉, 외계의 현실적 존재가 언어의 대상은 아니다.]

vikalpapratibimbeṣu tan niṣṭheṣu nibadhyate/
tato anyāpohaniṣṭhatvād uktā anyāpohakṛc śrutiḥ//(k.164)

案

인도불교의 언어철학은 인도불교인식논리학의 개조(開祖)인 디그나가에 의해 체계화된다. 그의 언어철학은 아포하론으로 대변된다. 아포하론의 핵심은 언어의 지시(표현)대상이 객관적으로 실재하는 보편이 아니라 사유분별작용에 의해 형성되는 '타자의 배제'라는 것이다. 그런데 외계의 현실적 존재 그 자체에 성립하고 있는 '타자의 배제'가 직접적으로 언어의 대상인 것은 아니다. "언어는 타자의 배제를 행한다(anyāpohakṛt)"고 말해지지만 그것은 다음과 같은 사정에 의한다. "언어는 실은 분별적 인식의 영상과 결합하지만, 그 분별적 인식의 영상은 분별적 인식 자신의 본래적 착오 때문에 마치 외계의 현실적 존재에 성립하고 있는 '타자의 배제'와 관계를 맺는 것처럼 파악된다. 데벤드라붓디에 의하면 언어에 의해서 생기는 분별적 인식은 내적인 부분을 인식대상[소연]으로 하지만 상호간에 배제하는 여러 대상의 직접적 경험(anubhava)에 의해서 (간접적으로) 생기기 때문에 본래적 착오에 의해서 상호간에 배제하는 외계대상을 파악하는 것처럼 현현한다. 그러므로 '언어는 타자의 배제를 행한다'고 말해지는 것이다. 마노라타난딘에 의하면 타자에 의해 배제된 형상을 가진 분별적 인식을 낳기 때문에, 또한 타자에 의해 배제된 외계의 현실적 존재에 대해 사람으로 하여금 행동을 하게 하기 때문이라는 두 개의 이유로 언어는 타자의 배제를 행한다고 말해지는 것이다. 프라즈냐카라굽타와 라비굽타도 마노라타난딘과 같은 해석을 하고 있다."(T.264~265)

165.

[반론]

언어에 의한 인식에서 파악된 것은 외계의 현실적 존재로서 인지된다. 인식의 형상으로서가 아니다. [즉, 언어는 외계에 실재하고 있는 보편을 대상으로 한다.]

[답론1]

언어로부터 생기는 [분별적] 인식의 경우 [그 분별적 인식에 드러나는] 대상의 표상은, 마치 [타자를] 배제하는 것(자기차이성을 본질로 하는 현실적 존재)처럼 현현하지만, 그것은 [어디까지나 분별적 인식에 드러나는 대상의 표상이지 무분별적 인식인 지각에 의해 파악되는 현실적 존재인] 대상 [그] 자체는 아니다. 그 착오는 [무시이래 무명의] 습기에 의해서 생긴다.

vyatirekī iva yaj jñāne bhāty arthapratibimbakam/
śabdāt tad api na arthātmā bhrāntiḥ sā vāsanodbhavā//(k.165)

案

우리가 어떤 사람으로부터 "저것은 소나무야!"라는 말을 듣고서 소나무를 떠올릴 때 그 언어로부터 생긴 분별적 인식의 대상은 대상의 형상, 즉 개념적 구성인 공상(共相)이지 객관적으로 실재하는 현실적 존재인 자상(自相)은 아니다. 그런데 그 형상이 마치 외계의 현실적 존재인 것처럼 현현하는 것은 무시이래의 무명의 힘에 의한 습기(vāsanā)를 원인으로 하는 착오 때문이다. 그 착오로 인해 언어의 지시대상이 마치 객관적으로 실재하는 대상 그 자체인 것처럼 현현한다. "가령, 눈병에 걸린 사람의 눈에 보이는 털 등에 대해 외부의 털 등이 있다고 간주하는 착오가 발생하는 것처럼, 분별적 인식의 형상에서도 무명의 힘에 의해 외부에 그것이 있다고 간주하는 언설이 발생한다."(T.265)

166.

[답론2]

만약 언어에 의해 그것(분별적 인식에 현현하는 표상)을 기술한다고 할 때, [그렇다면 그때 외계] 대상에서 어떤 부분이 [언어에 의해] 알려지는가? [언어에 의해 어떠한 부분도 결코 알려지지 않을 것이다.] 그리고 [언어에 의해서] 그것(대상의 부분)이 알려지지 않을 때, [게다가] 사회적 약속을 행하는 것은 [그 자체가] 무의미하다. [왜냐하면 원래 사회적 약속을 행하는 것은] 그것(타자로부터 배제된 외계의 현실적 존재를 언어에 의해 인식하는 것)을 목적으로 하기 때문이다.

tasya abhidhāne śrutibhir arthe ko aṃśo avagamyate/
tasya agatau ca saṃketakriyā vyarthā tad arthikā//(k.166)

案

궁극적으로 언어의 기능 내지 역할은 청자로 하여금 그 말을 듣고서 현실적 존재를 인지하여 그 현실적 존재를 향해 행동을 하게 하는 것이다. 그런데 언어가 궁극적으로 현실적 존재를 대상으로 하지 않고 분별적 인식의 표상을 대상으로 한다면 사회적 약속으로서의 언어의 기능은 무의미하게 될 것이다. 이러한 관점에 입각하여 도사키는 한 걸음 더 나아가 다음과 같이 해설한다. "만약 분별적 인식의 표상 자체가 언어의 대상이라고 한다면 언어에 의해서 외계의 현실적 존재가 표현되지 않게 된다. 그리고 만약 언어에 의해서 외계의 현실적 존재가 표현되지 않는다면 사회적 약속으로서 어떤 대상에 어떤 언어를 정하는 것 자체가 무의미하게 된다. 즉, 원래 사회적 약속으로서 어떤 대상에 대해서 어떤 언어를 규정하는 것은 그 언어에 의해서 그 대상 자체—어떤 같은 결과를 이루지 않는 것으로부터 배제된 대상—를 인식하는 것을 목적으로 한다. 그런데 언어가 대상 자체에 관계하지 않는다면 사회적 약속을 행하는 것 자체가 무의미하게 된다. 그런 까닭에 언어는 분별지의 영상 그 자체를 대상으로 한다고 볼 수는 없다."(T.266~267) 따라서 언어는 외계의 현실적 존재 그 자체에 성립하는 타자의 배제(동일한 결과를 낳지 않는 것으로부터의 배제)를 간접적 대상으로 한다.

167.

[반론]

언어는 어떤 '대상의 부분'을 표현하는가?

[답론]

"언어는 어떤 '대상의 부분'을 표현하는가?"[라는 질문이 있을 수 있기 때문에] 그[질문]에 대해서 타자의 배제[가 언어의 대상이]라고 말해진다. 한편, [분별적 인식에 현현한] 저 형상은 [외계]대상에는 존재하지 않는다. [그러므로 언어가] 그것(분별적 인식의 표상)을 표현할 때 어떻게 해서 [외계]대상과 관계를 맺을 수 있을까?

śabdo arthāṃśaṃ kam āha iti tatra anyāpoha ucyate/
ākāraḥ sa ca na arthe asti tam vadann arthabhāk katham//(k.167)

案

계속해서 도사키는 다음과 같이 해설한다. "언어는 어떠한 '대상의 부분'을 표현하는 것인가라는 질문에 대해서 '타자의 배제'가 언어의 대상이라고 답해진다. 즉, 언어의 대상이라고 말해지는 '타자의 배제'는 외계의 대상—인과적 효과의 능력이 있는 것—에 성립하는 '타자의 배제'를 의미하는 것이지, 분별적 인식의 형상은 아니다. 분별적 인식의 형상은 분별적 인식에 존재하는 것이지 외계의 현실적 존재에는 존재하지 않는다. 따라서 만약 언어가 단순한 분별적 인식의 형상을 표시하는 것이라면 언어는 외계의 현실적 존재를 전혀 표시하지 않게 될 것이다."(T.267) 요컨대 언어는 분별적 인식에 현현한 표상을 표시하는 것이 아니라 인과적 효과의 능력을 본질로 하는 외계의 현실적 존재에 성립하는 타자의 배제를 의미하는 것이다.

168.

[반론]

분별적 인식의 형상 자체가 언어의 대상이다.

[답론]

또한 수반하는 언어는 수반하는 대상에 의해 형성된다. 그런데 지각의 반복에 의해 지어진 그것(분별적 인식에 현현하는 형상)은 수반하는 것이 아니다. 왜냐하면 [분별적 인식의 형상은] 인식과 [어떠한] 차이도 없기 때문이다. [따라서 분별적 인식의 형상은 언어의 대상이 아니다.]

śabdasya anvayinaḥ kāryam arthena anvayinā sa ca/
ananvayī dhiyo abhedād darśanābhyāsanirmitaḥ//(k.168)

案

"사회적 약속으로서 언어가 규정되는 것은 수반(공통)하는 것이 아니면 안 된다. 어떤 시간, 어떤 공간에만 존재하고 다른 시간, 다른 공간에는 존재하지 않는 것에 대해 언어를 규정할 수 없다. 그런데 지각의 반복에 의해서 만들어진 분별적 인식의 형상에는 수반하는 특성은 없다. 즉, 분별적 인식 그 자체는 다른 인식과 서로 달라서 다른 인식에 수반할 수가 없다. 그리고 분별적 인식에 현현하는 형상은 그 분별적 인식 자체 이외 별개의 존재가 아니다. 따라서 어떤 분별적 인식의 형상이 다른 인식의 형상에 수반할 수가 없다. 그러므로 형상은 '수반하는 언어'의 대상으로 간주될 수 없다."(T.268) 산타라크쉬타의 『타트바상그라하』에서도 "또한 분별적 인식의 형상은 앎에 머물고 대상 혹은 다른 앎에 수반하지 않는다. 또한 추구된 인과적 효과를 행하는 것이 아니다. 그러므로 그것, 즉 분별적 인식의 형상도 또한 그것 자체로서는 언어의 대상은 아니다" 라고 말한다.(T.268)

169.

[반론]

외계의 현실적 존재가 언어의 대상이 아니라고 불교인식논리학파는 주장한다. 그런데 만약 '타자의 배제'가 외계의 현실적 존재의 부분이라고 한다면, 어떻게 '타자의 배제'가 언어의 대상이라 할 수 있는가?

[답론1]

[분별적 인식의 형상에] 그 형상(외계의 현실적 존재의 부분인 타자의 배제)을 동일시하여 인식함으로써, 타자로부터 배제[된 외계의 현실적 존재]를 인식하기 때문에 언어의 의미 대상은 바로 그것(외계의 현실적 존재에서 성립하는 타자의 배제)이라고 해도 모순되지는 않는다.

tadrūpāropagatyā anyavyāvṛttādhigateḥ punaḥ/

śabdārtho arthaḥ sa eva iti vacane na virudhyate//(k.169)

案

이 169송은 163송 및 164송과 거의 같은 내용이다. 즉, 163송과 164송은 '외계의 현실적 존재에 있는 타자의 배제'가 언어의 지시대상이라 한다면 결국 타자의 배제를 본질로 한 현실적 존재가 언어의 지시대상이 되어 자파가 주장하는 것과 모순되는 것이 아닌가 하는 반론에 대한 답론이다. 그런데 이 169송은 외계의 현실적 존재가 언어의 지시대상이라 해도 모순이 되지 않는다는 취지의 답론이다.

이에 대해 도사키는 "언어에 의해서 생기는 분별적 인식은 그 본래의 착오적 특성 때문에 자기 안의 형상에 '외계의 현실적 존재에 성립하는 타자의 배제'를 가탁하여 인식한다. 요컨대 그 분별적 인식은 자기 속의 형상을 '타자에 의해 배제된 외계의 현실적 존재'와 동일하다고 본다. 더욱이 바꾸어 말하면 그 분별적 인식은 그 본래의 착오적 특성 때문에 '타자에 의해 배제된 외계의 현실적 존재'를 인식하고 있는 것처럼 나타난다. 그런 까닭에 언어는 외계의 현실적 존재에 성립하고 있는 타자의 배제를 대상으로 한다고 말해도 모순은 없다"(T.269)라고 설명한다.

그는 이어서 마노라타난딘의 주석을 가지고 자신의 설명을 뒷받침한다. "앎의 형상에 그 상, 즉 외계의 대상의 부분인 '타자의 배제'를 가탁하여 인식함으로써, 즉 [앎의 형상과 외계대상의 그 부분을] 동일한 것이라고 판단함으로써 타자에 의해 배제된 대상을 인식하기 때문에 언어의 대상인(외계대상에 존재하는) '타자의 배제'가 언어의 대상이라 말해진다. ― 또한 만약 앎의 형상을 타자에 의해 배제된 대상으로서 인식하기 때문에 실로 그것, 즉 앎의 형상이 언어의 대상이라고 인식형상소전론자에 의해서 비유적 표현으로 말해진다고 해도 그와 같이 말하는 것에 결코 모순은 범하지 않는다."(T.269)

170.

[답론2]

혹은 언어에 의해 형성된 이들 인식들은 허망하게(착오적으로) 현현한 것이다. [현실적 존재를 현현하고 있는 것이 아니다.] 그리고 [언어는] 이 [외계]대상의 부분(외계의 현실적 존재에 성립하고 있는 타자의 배제)을 수반하기 때문에 언어는 [외계의 현실적 존재에 성립하는] '타자의 배제를 수행한다'[라고 말해졌던 것이다].

mithyāvabhāsino vā ete pratyayāḥ śabdanirmitāḥ/
anuyānti imam arthāṃśam iti cāpohakṛc śrutiḥ//(k.170)

案

청자가 화자의 말을 듣고서 생기는 개념적 인식은 외계의 현실적 존재를 현현하는 것이 아니다. 그렇지만 163송에서도 말한 바와 같이 언어는 외계의 현실적 존재에 성립하는 타자의 배제를 의미대상으로 한다. 가령 '컵을 가져와'라는 말을 들은 청자는 컵이 아닌 것, 즉 접시나 쟁반 등을 배제하고 컵을 가져가는 행위를 하게 된다. 그렇기 때문에 언어는 외계의 현실적 존재에 성립하는 타자의 배제를 행한다고 다르마키르티는 말했던 것이다.

171.

그러므로 [언어에 관해서] 사회적 약속을 정할 때에도 자기(외계의 현실적 존재에 성립하는 타자의 배제) 인식을 결과로 하는 설시된 대상(분별적 인식의 영상)과 결합되는(동일하다고 파악되는) [외계의 현실적 존재에 성립하는] 타자의 배제가 언어와 결합된다.

tasmāt saṃketakāle api nirdiṣṭārthena saṃyutaḥ/
svapratītiphalena anyāpohaḥ sambandhyate śrutau//(k.171)

案

외계의 현실적 존재에 성립하는 타자의 배제가 어떻게 언어와 결합하는가를 도사키는 다음과 같이 설명한다. “일상생활에서 언어를 사용할 때(vyavahārakāla), 언어에 의해서 생기는 분별적 인식은 자신의 본래적 착오 때문에 ‘외계의 현실적 존재에 있어서 타자의 배제’를 인식하고 있는 것처럼 현현한다. 그런 까닭에 최초에 언어의 사회적 약속을 정할 때도 언어는 그와 같은 의미에서 ‘외계의 현실적 존재에 있어서 타자의 배제’와 결합된다고 생각되어져야만 한다. 즉, 분별적 인식 자신의 본래적 착오 때문에 분별적 인식의 영상이 ‘외계의 현실적 존재에 있어서 타자의 배제’로 받아들여진다. 달리 말하면 ‘외계의 현실적 존재에 있어서 타자의 배제’가 본래적으로 착오인 분별적 인식에 의해서 구상된다. 이와 같이 분별적 인식에 의해서 구상된 ‘외계의 현실적 존재에 있어서 타자의 배제’가 사회적 약속을 정할 때에 언어와 결합되는 것이다.”(T.271)

172.

[반론]

언어와 결합하는 것은 객관적으로 실재하는 공상이다.

[답론]

[어떤 것을 언어로 규정할 때] 다른 것에 대해서는 [그 언어가] 경험되지 않는 것을 필요로 하고, [동시에 또한 언어로 규정되는] 어떤 것에 대해서는 그것이 경험되는 것을 필요로 하기 때문에, [타자의] 배제가 언어와 결합되는 것이다. 만약 현실적 존재인 [공상이 언어와 결합된다면, 그] 경우, 그것(위에서 기술한 두 가지, 즉 어떤 것을 언어로 규정할 때 다른 것에

대해서는 그 언어가 경험되지 않는 것을 필요로 하는 것과 동시에 또한 언어로 규정되는 어떤 것에 대해서는 그것이 경험되는 것을 필요로 하는 것)은 적절하지 않다.

anyatra adṛṣṭyapekṣatvāt kvacit taddṛṣṭyapekṣaṇāt/
śrutau sambadhyate apoho na etad vastuni yujyate//(k.172)

案

언어는 공상과 결합하는 것이 아니라 현실적 존재의 본질인 타자의 배제와 결합한다는 것을 언급한 것이 위의 송이다. 도사키는 보다 더 자세하게 설명한다. "대상A에 관해서 언어a가 사회적 약속으로서 정해지기 위해서는 그 사회적 약속이 내용적으로 다음의 두 가지를 포함하지 않으면 안 된다. 즉, (1) 언어 a가 대상 非A에 관해서는 경험되지 않을 것, 그리고 (2) 대상A에 관해서는 경험된다는 것 등이다. 이것은 사회적 약속으로서 규정된 언어a가 '대상A의 대상 非A로부터의 배제'에 관계하는 것이라는 것을 나타내고 있다. 대론자가 고찰하는 것처럼 '대상A에 공상이 실재하고 그 공상에 언어a가 관련을 맺는다'라는 것은 있을 수 없다. 만약 그렇다면 사회적 약속에 있어서 '대상 非A에 관해서 언어a가 경험되지 않는 것'은 불필요할 것이다. 그러나 실제는 '대상 非A에 관해서 언어a가 경험되지 않는 것'이 '대상A에 관해서 언어a가 경험되는 것'과 함께 존재해야만 비로소 언어의 사회적 약속이 성립한다. 따라서 현실적 존재인 공상에 언어가 결합된다고 생각할 수는 없다."(T.271~272)

173.

[결론]

그러므로 보편 등 [및] 그것과 [개체의] [결합]관계는 [감관지각의] 대상이 아니다. 또한 언어는 그들(개체·보편·개체와 보편의 관계)과 결합하지 않는다. 왜냐하면 언어는 오직 '타자의 배제'와만 결합하기 때문이다.

tasmāj jātyāditadyogā na arthe teṣu ca na śrutiḥ/
saṃyojyate anyavyāvṛttau śabdānām eva yojanāt//(k.173)

案

다르마키르티는 145송에서 173송까지 '[개체에] 보편 등[을 결합하는] 분별적 인식'과 '[개체에 개체와 보편 등과의] 관계[를 결합하는] 분별적 인식'이 지각에 존재하지 않는다는 것을 기술했다. 그것을 정리하면 다음과 같다. 우선 146송에서 148송까지는 보편 등이 지각의 대상에는 존재하지 않는다, 요컨대 개체와 별개로 보편 등을 파악하는 것이 지각에는 없다는 것을 기술한다. 다음으로 149송에서 153송까지는 그들 보편 등과 개체와의 관계는 지각의 대상에는 존재하지 않는다, 요컨대 개체와 보편 등과의 관계를 파악하는 작용이 지각에는 없다는 것을 기술한다. 마지막으로 163송에서 172송까지 그들(개체, 보편 등, 관계)에 언어가 결합하지 않는다. 요컨대 언어의 사회적 약속을 파악하는 작용이 지각에는 없다는 것을 기술한다. 그리고 여기 173송에서는 개체와 보편 등을 결합하는 분별이나 개별자에 개체와 보편 등과의 관계를 결합하는 분별적 인식이 생성하기 위한 조건이 지각에는 없기 때문에 지각에 보편 등의 분별적 인식 혹은 관계의 분별적 인식도 있을 수 없다고 종합해서 결론을 내린다.

지각에는 명언 분별이 없다

案

위에서 다르마키르티는 개체에 보편 등을 결합하는 분별과 개체에 개체와 보편 등과의 관계를 결합하는 분별이 지각에는 존재하지 않는다는 지각무분별이라는 자신의 주장을 논증한 뒤, 다음 174송에서는 명언 분별이 지각에는 존재하지 않는다는 것을 논증하고 있다. 사실 다르마키르티에게 분별은 명언 분별밖에 없다.

174.

[반론]

보편 등의 분별과 그것의 결합관계의 분별은 존재하지 않는다고 한다면, 언어에 의한 분별적 인식은 직접지각에는 있을 수 없다는 것인가?

[답론1]

[언어와 그 대상에 관한] 사회적 약속[에 의해 규정된 것]의 기억을 조건(원인)으로 하여 이미 알려져 있는 언어를 [대상에] 적용하는 것을 본질로 하는 그것(언어에 의한 분별적 인식)은, 이전(과거에 알려진 언어)과 이후(현재 지각하는 대상)를 반성[적으로] 사고[할 수 있는 능력]를 결여한 눈[의 지각]에 어떻게 있을 수 있을까?

saṃketasmaraṇopāyaṃ dṛṣṭasaṃkalanātmakam/

pūrvāparaparāmarśaśūnye tac cākṣuṣe katham//(k.174)

案

"'명언 분별'은 '이러이러한 언어에 의해서 이러이러한 것을 표현한다'라고 사회적 약속에 의해서 정해진 것(saṃketa)을 상기하는 것이 원인이 되어 생기며, 언어와 대상을 결합하는 것을 본질로 한다. 그런데 한편 감관지각(현량)은 현재의 대상만을 파악하는 것이기 때문에 거기에는 '현재의 이 대상이 과거에 알려진 저 언어에 의해서 표현된다'라고 사려반성하는 것은 없다. 결국 과거에 정해진 사회적 약속을 상기하는 것—명언 분별의 원인—이 없다. 따라서 감관지각(현량)에는 대상과 언어를 결합하는 것(명언 분별)은 없다."(T.274) 요컨대 담론의 핵심은 감관지각에는 언어에 대한 분별적 인식은 있을 수 없다는 것이다.

175.

[답론2]

다른 곳에 마음을 향한 사람도 눈으로 색깔 있는 모양을 본다. [지금 눈으로 보는 색깔 있는 모양] 그것에 대해 사회적 약속을 파악하지 못한다는 것은 분명하다. 또한 그것(사회적으로 약속된 언어를 기억하는 것)에서 생긴 분별[적 인식]도 [감관지각에는 있을 수 없다].

anyatra gatacitto api cakṣuṣā rūpam īkṣate/
tat saṃketāgrahas tatra spaṣṭas tajjā ca kalpanā//(k.175)

案

이 게송은 지각에는 명언 분별이 없다는 것을 우리의 일상적 경험을 통하여 논증하고 있다. 지나간 과거의 일을 분별(기억)하면서 지금 눈앞에 있는 꽃을 볼 때 지금 보고 있는 꽃은 언어로 규정되기 이전, 사유 분별로 한정되기 이전의 자상으로서의 꽃이다. 그러므로 눈앞의 대상을 지각하는 감관지각에는 과거에 이미 알려진 사회적 약속으로서의 언어를 기억하는 것을 조건으로 하는, 그 언어를 현재의 대상에 결합하는 것을 본질로 하는 명언 분별은 있을 수 없다.

176.

[답론3]

[과거에 사회적 약속으로서] 언어에 의해 규정된 것에 대해서 분별[적 인식]들이 생긴다. [그런데 만약 감관지각의 대상이 언어에 의해서 규정된다고 한다면] 그러한 이유(언어에 의해 규정된 대상을 감관지각의 대상으로 한다는 이유)로 감관에 의해 생기는 인식은, 원하는 바에 따라 [감관지각의 대상이 존재하지 않아도] 활동을 개시할 것이다. [그러나 이것은 사실에 위배된다. 만약 감관지각이 원하는 바에 따라 대상이 존재하지 않아도 활동이 개시된다면, 그것은] 외계[의 대상]를 지각하지 못하게 될 [것이라는 오류를 범할] 것이다.

jāyante kalpanās tatra yatra śabdo niveśitaḥ/
tena icchātaḥ pravarteran na īkṣeran bāhyam akṣajāḥ//(k.176)

案

다르마키르티에 의하면 분별적 인식의 대상은 공상이며, 무분별적 인식인 감관지각의 대상은 자상이다. 따라서 두 인식수단은 전혀 대상을 달리하기 때문에 무분별적 인식인 감관지각(현량)에는 언어에 대한 분별적 인식은 있을 수 없다. 보다 자세한 설명은 아래와 같다. "분별적 인식의 대상과 감관지각의 대상은 전혀 다르다. 분별지는 사회적 약속으로서 언어에 의해 규정된 것을 대상으로 한다. 그리고 그와 같은 대상에 언어를 결합한다(174송 참조). 한편 감관지각의 대상은 사회적 약속으로서 언어에 의해 규정될 필요는 없다. 그런 까닭에 그와 같은 대상—언어와 결합하지 않는 대상—을 파악하는 감관지각에 분별적 인식—그것은 대상에 언어를 결합하는 것을 본질로 한다—이 있을 수 없는 것이다. 만약 사회적 약속을 정할 때 감관지각의 대상에 언어가 규정된다면 감관지각은 분별인식과 같은 대상을 갖는 것이 된다. 그리고 만약 대상이 동일하다면 감관지도 분별지가 그러한 것처럼 서원(逝願, icchā)에 의해서—환언하면 외계에 대상이 있지 않음에도 불구하고—반드시 생기는 것이다. 같은 대상을 가지면서 한쪽이 외계대상을 필요로 하고, 다른 한쪽은 필요로 하지 않는다고 하는 것은 이치에 맞지 않다. 그런데 사실은 감관지각이 외계대상을 필요로 하지 않고 서원에 의해서 생길 수는 없다. 또한 만약 감관지각이 외계대상을 필요로 하지 않고 서원에 의해서 생기는 것이라면 그것은 외계대상을 파악하지 않는 것이 된다. 이것은 과실이다."(T.276)

대론자와의 대론

案

아래 177송에서 190송까지는 '지각에는 분별적 인식이 존재한다'라는 유분별지각론자와 지각에는 무분별 인식과 유분별 인식을 동시에 인정하는 대론자에 대한 다르마키르티의 반론이다.

177.

[반론]

자기인식에 의한 지각도 분별적 인식이다.

[답론1]

색깔 있는 모양[色]을 '색깔 있는 모양이다'라고 인식할 수 있을 것이다. [그러나] 그것(색깔 있는 모양)의 앎을 '무엇이다'라고 [어떻게] 인식하는가? 그런데 그것(색깔 있는 모양의 앎)에 대한 직접적 경험은 존재한다. [그렇다면] 그것(색깔 있는 모양의 앎에 대한 직접적 경험)은 [모든 인식은 유분별적 인식이라는 당신의 견해에 의하는 한] 어떻게 무분별[적 인식]일 수 있을까?

rūpaṃ rūpam iti īkṣeta tad dhiyaṃ kim iti īkṣate/
asti ca anubhavas tasyāḥ so avikalpaḥ kathaṃ bhavet//(k.177)

案

우리가 꽃을 본다고 하자. 이때 꽃의 색깔 있는 모양[色]이 지각된다. 그런데 이러한 지각에도 '색깔 있는 모양이다'라는 분별적 인식이 존재한다고 유분별지각론자는 주장한다. 그런데 우리가 꽃을 인식할 때, 꽃의 색깔 있는 모양에 대한 앎뿐만 아니라 그 색깔 있는 모양의 앎에 대한 직접적 경험도 존재하는데, 그렇다면 그 색깔 있는 모양의 앎에 대한 직접적 경험을 유분별적 지각이라고 할 수 있을까? 만약 그 직접적 경험을 유분별적 지각이라고 한다면, 하나의 앎에 두 개의 분별적 인식이 있게 되는데 이것은 대론자 자신도 부정하는 것이다.

178.

[답론2]

실로 그것(색깔 있는 모양의 앎)에 의해서만 [색깔 있는 모양 그리고 색깔 있는 모양의 앎 자체가 직접적으로] 경험될 때, 두 개의 분별('색깔 있는 모양이다'라는 분별적 인식과 '색깔 있는 모양의 인식이다'라는 분별적 인식)이 동시에 존재하는 것은 직접적으로 경험되지 않는다. 그러므로 [유분별인 색깔 있는 모양의 인식과] 동시에 존재하는 다른 [무분별인] '[색깔 있는 모양의] 인식 [그 자체]'에 대한 직접적 경험은 인정된다.

tasya eva anubhave dṛṣṭaṃ na vikalpadvayaṃ sakṛt/

etena tulyakālānyavijñānānubhavo gataḥ//(k.178)

案

우리가 대상을 인식할 때, 대상을 인식함과 동시에 대상을 인식하는 주관도 동시에 인식한다. 다시 말하면 대상에 대한 앎은 대상에 대한 직접적 경험과 대상의 직접적 경험에 대한 직접적 경험(자기인식)의 두 가지 인식작용을 동시에 갖는다. 그런데 대론자인 유분별지각론자는 모든 앎은 유분별을 본질로 한다고 주장하지만 대상에 대한 직접적 경험과 대상의 직접적 경험에 대한 직접적 경험을 모두 유분별지각이라 해야만 한다. 그렇게 되면 하나의 앎에 두 개의 분별이 동시에 존재하게 된다. 그러나 실제로는 두 개의 분별적 인식은 동시에 존재할 수가 없다. 따라서 대상의 직접적 경험이 유분별지각이라면 대상의 직접적 경험에 대한 직접적 경험(자기인식의 경험)은 무분별지각이어야만 한다.

179-1.

[반론]

색깔 있는 모양에 대한 앎을 직접적으로 경험하는 앎은 색깔 있는 모양에 대한 앎 그 자체가 아니라 색깔 있는 모양의 앎보다 뒤의 시간에 생기는 다른 분별적 인식이다.

[답론1]

기억은 이전[에 지각한 것을 지금 파악하는 분별적 인식]일 터이다. 그런데 그것(기억)은, [과거에 색깔 있는 모양의 앎 그 자체가] 파악되지 않았을 때, 어떻게 [지금 색깔 있는 모양의 앎 그 자체에 대한 파악이] 생길 수 있을까? [이전에 파악된 적이 없는 것을 이후에 기억한다는 것은 있을 수 없다.]

smṛtir bhaved atīte ca sā agṛhīte kathaṃ bhavet/(k.179-1)

179-2.

[답론2]

또한 [만약 이전에 색깔 있는 모양에 대한 앎이 파악되지 않았음에도 그 색깔 있는 모양에 대한 앎을 이후에 판단하는 분별적 인식(기억)이 있다고 한다면] 자신의 [이전의 색깔 있는 모양의] 앎에 대한 인식은, 다른 사람의 앎을 판단하는 것과 서로 다른 것이 아니게 될 것이다. [다른 사람이 인식한 것을 우리가 기억하지 못하듯이, 자신이 인식하지 않은 것을 기억하지 못한다는 것은 너무나 당연하다.]

syāc ca anyadhīparicchedā abhinnarūpā svabuddhidhīḥ//(k.179-2)

案

과거의 대상(色, 색깔 있는 모양)에 대해 '나는 어제 그 대상을 지각했다'라고 뒤에 분별하는 것은 바로 기억이라는 분별적 인식작용이다. 그런데 어제 본 대상을 기억하기 위해서는 어제 대상을 볼 때 대상에 대한 앎뿐만 아니라 대상의 앎에 대한 직접적 경험(자기인식=지각)이 없었다고 한다면, 오늘 어제에 대한 기억은 있을 수 없을 것이다. 요컨대 대상의 앎이 생기는 바로 그 순간 그 대상에 대한 앎이 파악(자기인식)되기 때문에 뒤에 그 대상에 대한 앎을 기억할 수가 있는 것이다. 다르마키르티는 이 기억 행위를 통해 지각의 무분별성을 논증하고 있다. 하지만 대론자는 대상의 앎에 대해서 동시적으로 그 대상의 앎에 대한 직접적 경험(자기인식, 지각)을 인정하지 않고 대상의 앎이 먼저 발생하고 그 뒤에 그 앎을 판단하는 분별적 인식이 생긴다는 입장을 견지한다.

180.

[반론]

만약 색깔 있는 모양[色]에 대한 앎이 생김과 동시에 색깔 있는 모양에 대한 앎이 색깔 있는 모양의 앎 자신을 인식한다는 자기인식을 인정하지 않는 대론자, 즉 지각은 모두 유분별 혹은 무분별지각을 인정한다고 해도 색깔 있는 모양에 대한 앎이 색깔 있는 모양의 앎 그 자체를 인식하는 것(자기인식)을 인정하지 않는 자의 주장에 의하면, 그렇다면 색깔 있는 모양에 대한 앎은 무엇에 의해서 알려지는 것인가?

[답론]

과거의 대상[에 대한] 앎은 [지각에 의해서 알려지지 않는다. 왜냐하면 지각은 현재의 존재를 대상으로 하기 때문이다. 또한 추론에 의해서도 알려지지 않는다. 왜냐하면 그 추론에는] 유례 및 추론인도 없[기 때문이]다. 따라서 실로 지각이나 추론으로도 [증명]되지 않는 그것(과거의 대상에 대한 앎)을 무엇으로 증명할 수 있을까?

atītam apadṛṣṭāntam aliṅgañ ca arthavedanam
siddhaṃ tat kena tasmin hi na pratyakṣaṃ na laiṅgikam//(k.180)

案

유분별지각론자에 따르면, '과거의 대상에 대한 앎', 즉 "앎에 대상인식이 있었다"는 것은 지각에 의해서는 알려지지 않는다. 왜냐하면 지각은 현재의 대상을 인식하는 수단이기 때문이다. 그렇다면 추론에 의해서 알려져야 한다. 그런데 추론이 성립하기 위해서는 유례와 추론인이 존재해야 한다. 먼저 "앎에 대상인식이 있었다"라고 추론할 경우, 유례가 경험되어야 한다. 그런데 "앎에 대상인식이 있었다"라는 그 앎은 한 번도 지각된 적이 없기 때문에 유례는 있을 수 없다. 또한 다음으로 "앎에 대상인식이 있었다"라는 명제의 주어인 앎이 아직 지각에 의해서도 추론에 의해서도 인식된 적이 없기 때문에 그 앎(기체, dharmin)의 속성(dharma)이어야 할 추론인도 알려지지 않는다. 따라서 이와 같이 유례로 추론인도 존재하지 않기 때문에 추론은 있을 수 없다. "이와 같이 대론자의 주장에 따르면 대상에 대한 앎은 결코 인식되지 않게 된다. '대상을 인식했다'라는 자기인식도 없고, 뒤에 지각 혹은 추론에 의해서 인식된 적도 없다. 주석자들은 나아가 '만약 그렇다면 세간 사람들은 맹인이나 농아와 같이 될 것이다'라고 한다. 이 의미는 이러하다. 대상(색 등)이 앎에 투사된다고 하는 것은 있다고 해도 '대상을 인식했다'라고 인식하는 것(대상인식에 대한 앎)이 없다면 대상인식은 전혀 존재하지 않았다고 할 수 있다. 이렇게 되면 사람들은 모두 맹인이나 농아와 같아질 것이다."(T.281)

181.

[반론]

대상의 앎은 대상의 앎 자신에 의해서 인식되는 것이 아니다. 대상의 앎이 발생한 다음 찰나의 앎에 의해 인식된다.

[답론1]

만약 [당신은] 색깔 있는 모양 등[이 지각되는 것]과 같이, [대상인식도] 그것(대상인식) 자신의 형상이 현현하는 다음 [순간의] 앎에 의해 파악된다고 한다면, 그것(마지막 대상인식)보다 이전 [대상의] 앎을 파악할 수 없게 될 것이다. [만약 그렇다면, '나는 오랫동안 색깔 있는 모양을 지각했다'고 말할 수 없을 것이다.]

tat svarūpāvabhāsinyā buddhyā anantarayā yadi/
rūpa ādir iva gṛhyeta na syāt tat pūrvadhīgrahaḥ//(k.181)

案

제1찰나에 존재하는 대상에 대한 앎이 제2찰나에 생기는 것처럼, 제2찰나에 생긴 대상의 앎에 대한 앎은 제3찰나에 생기게 된다. 계속해서 그 대상에 대한 앎이 지속하여 그 앎이 끝나는 최종 순간에서는 최종 순간의 대상의 앎에 대한 앎이 생기게 된다. 이것을 그림으로 정리하면 다음과 같다.

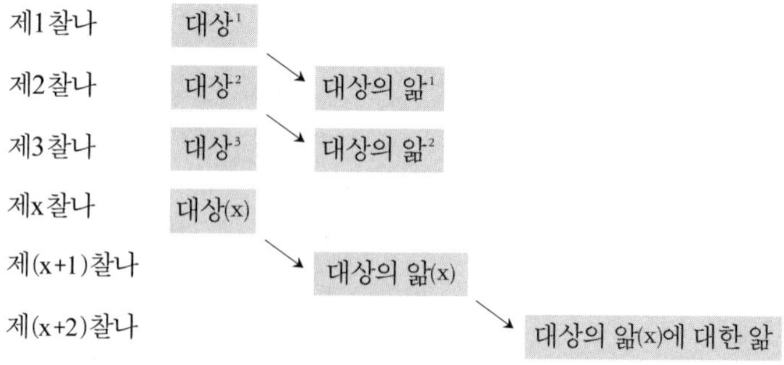

그림에서 보는 바와 같이 대상의 앎x에 대한 앎은 바로 직전의 대상인 대상의 앎x만을 파악할 뿐 그 이전의 대상의 앎^{1}에서 대상의 앎 x-1에 대한 앎은 생기지 않을 것이다. 이렇게 되면 "나는 오랫동안 그 대상을 지각했다"라고 아는 것은 있을 수 없게 된다. 왜냐하면 그들 대상의 앎^{1},앎^{2},앎^{3}…x가 모두 파악되었을 때 "나는 오랫동안 그 대상을 지각했다"라고 할 수 있기 때문이다.(T.282)

182.

[답론^{2}]

자기 자신을 대상으로 하는 '인식에 대한 직접적 경험'은 분별[적 인식]이 아닌 것처럼, 사회적 약속[의 개입]이 불가능한 다른 것(색깔 있는 모양에 대한 앎)도 마찬가지로 분별[적 인식]이 아니다.

so avikalpaḥ svaviṣayo vijñānānubhavo yathā/
aśakyasamayaṃ tadvad anyad apy avikalpakam//(k.182)

案

대상에 대한 앎은 대상을 직접적으로 경험함과 동시에 대상에 대한 앎 자체를 직접적으로 경험(자기인식)한다. 그런데 대상이든 대상의 앎이든 모두 자상이자 특수이다. 따라서 이것들은 다른 시간, 다른 공간에서 생기는 것이 아니기 때문에 그것은 언어의 대상이 아니다.

183.

[답론3]

언어들은 공상을 표현하는 것이며, 분별[적 인식]도 그것(언어)과 같은 것을 대상으로 한다. 만약 무분별[적 인식]이 존재하지 않는다면, 어떻게 [자기차이성을 본질로 하는] 개체[특수]에 대한 앎이 있을 수 있을까?

sāmānyavācinaḥ śabdās tad ekārthā ca kalpanā/
abhāve nirvikalpasya viśeṣādhigamaḥ katham//(k.183)

案

언어와 분별적 인식은 자상이나 특수를 대상으로 하는 것이 아니라 다 같이 공상을 대상으로 하는 것이다. 따라서 자상이나 특수를 파악하기 위해서는 지각이 존재해야만 한다.

184.

[반론]

지각에는 무분별지각과 유분별지각이 존재한다.

[답론1]

또한 만약 무엇인가의 무분별[적 인식]이 있다면, 그것(무분별적 인식)과 같은 원인을 갖는 것은 모두 그와 같은 것(무분별적 인식)일 것이다. 왜냐하면 결과 그 자체의 차이는 원인의 차이[에 기인하기] 때문이다.

asti cen nirvikalpaṃ ca kiñcit tattulyahetukam/
sarvaṃ tathā eva hetor hi bhedād bhedaḥ phalātmanām//(k.184)

185.

[답론2]

사회적[으로 정해진 언어] 약속을 기억하는 것에서 [생기는] 결합(분별)은 외계의 대상을 필요로 하지 않는다. 마찬가지로 현실적 존재의 [인과적 효과의] 능력에 의해서만 [생기는] 감관지각은 사회적[으로 정해진 언어] 약속을 필요로 하지 않는다.

anapekṣitabāhyārtha yojanā samayasmṛteḥ/
tathā anapekṣya samayaṃ vastuśaktyā eva netradhīḥ//(k.185)

案

유분별적 인식은 사회적으로 정해진 언어 약속을 기억하는 것에서 생기며, 무분별적 인식은 현실적 존재의 인과적 효과의 능력에 의해서 생긴다. 따라서 양자는 전혀 다른 원인에서 생기는 것이다.

186.

[반론]

색깔 있는 모양[色, 자상]이 감관지각을 생기게 하기 위해서는 색깔 있는 모양은 사회적으로 정해진 언어 약속의 기억을 필요로 한다. 바꾸어 말하면 색깔 있는 모양은 사회적으로 정해진 언어 약속의 기억이 없이는 감관지각을 생기게 할 수 없다. 그래서 그와 같이 생긴 감관지각은 유분별(적 인식)이다.

[답론1]

만약 눈에 의한 지각[이 생기는] 경우, 색깔 있는 모양[色, 자상]은 사회적[으로 정해진 언어] 약속의 기억을 필요로 하며, [역으로 말하면 또한 사회적으로 정해진 언어 약속의 기억을] 필요로 하지 않고서는 [눈에 의한 지각을 생기게 할 수 있는 인과적 효과의] 능력이 없다고 한다면, 마치 추론인[인 연기와 추론대상인 불 양자가 결합하고 있는 아궁이의 기억에 대해서만 능력이 있는 것]처럼, [색깔 있는 모양도 감관지각을 직접적으로 생기게 할 수 있는 능력은 없지만 사회적으로 정해진 언어 약속의] 기억에 대해서만[능력을 가질 것]이다.

saṃketasmaraṇāpekṣaṃ rūpaṃ yady akṣacetasi/
anapekṣya na cec śakyaṃ syāt smṛtāv eva liṅgavat//(k.186)

案

"모든 지각은 분별적 인식을 지닌다"라고 주장하는 대론자에 의하면 눈에 의한 지각은 그 지각의 대상인 색깔 있는 모양[색, 자상]만으로 생길 수가 없고 반드시 사회적으로 정해진 언어 약속의 기억을 필요로 한다는 것이다. 다시 말하면 색깔 있는 모양[色, 자상]이 눈에 의한 지각을 직접적으로 생기게 하는 능력을 갖는 것이 아니라 먼저 사회적으로 정해진 언어 약속의 기억의 능력을 갖는다. 이 색깔 있는 모양에 의해 야기된 사회적으로 정해진 언어 약속의 기억이 원인이 되어 생긴 눈에 의한 지각은 분별적 인식이라고 그들은 주장한다. 이에 대해 다르마키르티는 "마치 추론인[인 연기와 추론대상인 불 양자가 결합하고 있는 아궁이의 기억에 대해서만 능력이 있는 것]처럼, [색깔 있는 모양도 감관지각을 직접적으로 생기게 할 수 있는 능력은 없지만 사회적으로 정해진 언어 약속의] 기억에 대해서만[능력을 가질 것]이다"라고 반론한다. 이것은 다음과 같은 의미일 것이다. "마치 추론인(연기)이 직접적으로 추론대상(불)의 앎을 생기게 하는 능력을 가지지 않고, 추론인(연기)과 추론대상(불)의 양자가 관계하고 있는 것(아궁이)의 기억에 대해서만 능력을 갖는 것처럼, 색깔 있는 모양[色]도 눈에 의한 지각을 직접적으로 생기게 하는 능력을 가지지 않고, 사회적으로 정해진 언어 약속의 기억에 대해서만 능력을 갖는 것으로 될 것이다. 요컨대 '연기→아궁이의 기억'이 되는 것처럼, '색깔과 모양→사회적으로 정해진 언어 약속의 기억'으로 될 것이다."(T.286)

187.

[답론2]

감관지각은 [사회적으로 정해진 언어 약속의] 기억으로부터 [생기거나] 혹은 [생기지] 않을 것이다. 왜냐하면 그것(사회적으로 정해진 언어 약속의 기억)은 그것(색깔 있는 모양)과 함께 생기기 때문이다. [또는 감관지각은] 그것(기억) 이외의 다른 시간에 [생길 수도] 있을 것이다. 왜냐하면 어떤 경우 장애가 있을 수 있기 때문이다.

tasyās tatsaṃgamotpatter akṣadhīḥ syāt smṛter na vā/
tataḥ kālāntare api syāt kvacid vyākṣepasambhavāt//(k.187)

案

"위에서 기술한 것처럼 사회적 약속의 기억이 색깔 있는 모양으로부터 생긴다면 눈에 의한 지각은 사회적 약속의 기억으로부터 생긴다고 말하지 않으면 안 된다. 만약 그렇다고 한다면 눈에 의한 지각은 생기거나 생기지 않거나 할 것이다. 왜냐하면 기억으로 생기는 것은 반드시 생긴다고 할 수는 없기 때문이다. 또한 기억으로부터 곧바로 생긴다고 할 수도 없을 것이다. 왜냐하면 무엇인가의 장애 때문에 잠시 뒤에 생길 수도 있을 것이다. 그러나 이와 같은 것은 전혀 사실에 반하는 것이다. 이와 같이 만약 대론자가 말하는 것처럼 색깔 있는 모양이 사회적 약속의 기억을 필수조건으로 하여 처음으로 눈에 의한 지각이 생긴다고 한다면 눈에 의한 지각이 사회적 약속의 기억으로부터 생긴다고 하는 불합리, 즉 '색깔 있는 모양→사회적 약속의 기억→눈에 의한 지각'이라는 불합리가 귀결한다."(T.287)

188.

[반론]

색깔 있는 모양이 최초로 사회적 약속의 기억을 일으키고 다음 찰나에 그와 같은 색깔 있는 모양이 눈에 의한 지각을 생기게 한다.

[답론1]

만약 [색깔 있는 모양이 사회적으로 정해진 언어 약속에 대한 기억과 감관지각] 양자를 계시적[으로 생기게 하는] 원인이라면, [색깔 있는 모양에 의해 사회적으로 정해진 언어 약속의 기억이 먼저 생긴다고 하는 당신의 주장과는 달리 감관지각이] 실로 먼저 [생길 수] 있을 것이다. 왜냐하면 [색깔 있는 모양은 사회적으로 정해진 언어 약속의 기억을 생기게 하는 능력이나 감관지각을 생기게 하는 능력이라는 측면에서] 차이가 없기 때문이다. [달리 말해 사회적으로 정해진 언어 약속의 기억이 반드시 먼저 생긴다고 할 수는 없다.]

kramena ubhayahetuś cet prāg eva syād abhedataḥ/

案

"사회적 약속의 기억도 눈에 의한 지각도 함께 동일한 색깔 있는 모양에서 생긴다면 색깔 있는 모양 그 자체의 그들 인과적 효과의 능력에 차이가 있는 것은 아니기 때문에 반드시 대론자가 생각하는 것처럼, 사회적 약속의 기억의 쪽이 먼저 생긴다고 할 수는 없다. 만약 눈에 의한 감관지각 쪽이 먼저 생긴다면 눈에 의한 감관지각이 생기는 단계에서는 아직 사회적 약속의 기억은 없기 때문에 그 눈에 의한 감관지각은 사회적 약속의 기억을 원인으로 하는 분별은 없게 된다."(T.288)

[반론]

사회적 약속의 기억을 일으키게 하는 색깔 있는 모양과 눈에 의한 지각을 낳게 하는 색깔 있는 모양은 서로 다른 것이다.

[답론2]

만약 [사회적으로 정해진 언어 약속의 기억을 일으키게 하는 색깔 있는 모양 이외의] 다른 것(색깔 있는 모양)이 감관지각의 원인이라면 [설령] 그렇다 해도 [사회적으로 정해진 언어 약속에 대한] 기억은 무의미할 것이다.

anyo akṣabuddhihetuś cet smṛtis tatra apy anarthikā//(k.188)

189.

[답론3]

[사회적으로 정해진] 언어 약속의 기억은 사회적으로 정해진 언어 약속

을 그대로 증명하는 것을 목적으로 하는 것으로 생각된다. 또한 사회적으로 정해진 언어 약속이 되지 않는 [자기] 차이성[을 본질로 하는 개체]이 [감관지각의] 파악대상이다. 그럴 경우 어떻게 해서 기억이 [감관지각이 생길 즈음에] 의미를 가질 수 있을까? [따라서 감관지각이 색깔 있는 모양을 파악하는 단계에서는 사회적으로 정해진 언어 약속에 대한 기억은 아무 소용이 없다.]

yathā samitasiddhyartham iṣyate samayasmṛtiḥ/
bhedaś ca asamito grāhyaḥ smṛtis tatra kim arthikā//(k.189)

案

"가령, 다른 색깔 있는 모양이 사회적으로 정해진 언어 약속의 기억을 일으키게 한다고 인정해도 그 사회적으로 정해진 언어 약속의 기억은 감관지각에 있어서 무용한 것이다. 왜냐하면 사회적으로 정해진 언어 약속의 기억인 것은 과거에 사회적으로 정해진 언어 약속으로서 언어가 정해진 대상을 대상으로 하는 것이며, 지금 감관지각에 의해서 파악되는 색깔 있는 모양은 사회적 약속으로서의 언어가 정해진 것은 아니다. 그것은 개체이다. 따라서 감관지각이 색깔 있는 모양을 파악하는 한의 단계에서는 사회적 약속의 기억은 무용하다."(T. 289)

190.

[반론]

객관적으로 실재하는 상주인 공상이라는 것을 인정하고 그 공상(가령 우성)이 과거에 사회적 약속으로서 언어(가령 '소'라는 말)와 결합되고 그리고 현재 시점에 존재하는 그 공상(우성)이 그 사회적 약속의 기억을 일으키고 또한 눈에 의한 지각을 생기게 한다.

[답론]

공상만을 파악할 때, [공상을 파악하는 그 감관지각은] 차이[를 본질로 하는 현실적 존재]를 필요로 한다는 것은 이치에 맞지 않다. 그러므로 눈의 지각(감관지각)은 눈과 색깔 있는 모양에 의해서 생기는 것이[지, 사회적으로 정해진 언어 약속의 기억을 필요로 한다고 할 수는 없]다.

sāmānyamātragrahaṇe bhedāpekṣā na yujyate/
tasmāc cakṣuś ca rūpāṃ ca pratītya udeti netradhīḥ//(k.190)

案

이상으로 제123송 이하 논해진 '지각의 정의'에 관한 논술을 마친다.

III. 지각의 명칭

[디그나가의 견해]

만약 [대론자가] 지각(현량)이 [대상과 감관의] 두 가지[여건]에 의해 생김에도 불구하고, 왜 그 지각이 프라티아크샤(pratyakṣa, 감관)라 불리며, 프라티비샤야(prativiṣaya, 대상)라 불리지 않는가라고 묻는다면, [그것에 답한다. 감관은 다른 인식에] 공통하지 않는 원인이기 때문에 감관에 의해서 명명되며, 색깔 있는 모양[色] 등의 대상에 의해서는 [명명]하지 않는다. 즉, 대상은 다른 사람의 마음의 연속체 속에 있는 지각과 의식에 공통[하는 원인]이다. 공통하지 않는 것에 의해서만 명칭은 부여된다고 경험적으로 알려진다. 가령, '북소리' 또는 '보리의 싹'과 같이. 이와 같기 때문에 지각은 분별을 떠나 있다(現量無分別)라고 인정된다.(T.290)

191.

[반론]

만약 [인식]대상이 감관과 마찬가지로 직접적으로 인식을 생기게 하는 [인과적 효과의] 능력을 지니고 있다면, 무엇 때문에 [대상과 감관] 양자에 의하여 생기는 그것(인식)이 그것(대상)에 의해서 언표되지 않는가?

sākṣāc cet jñānajanane samartho viṣayo akṣavat/
atha kasmād dvayādhīnajanma tat tena na ucyate//(k.191)

192.

[답론1]

일반적으로 낱말은 [그것이 지시하는 대상을] 이해하게 하는 것을 고려하여 사용된다. 감관이라는 낱말은 그것(낱말이 지시하는 대상을 이해하게 하는 것)이 존재한다. 또한 그것(이해하게 하는 것)[에 의해서 포함되는] 속성이 [낱말로] 사용되어야만 한다.

samīkṣya gamakatvaṃ hi vyapadeśo na gṛhyate/
tac ca akṣavyapadeśe asti taddharmaś ca niyojyatām//(k.192)

案

지각은 감관과 대상이라는 두 가지 여건에 의해서 생긴다. 그런데 감관과 대상에 의해서 생기는 지각을 '대상인식'이라고 하지 않고 '감관지각'이라고 언표하는 이유는 무엇인가? 라는 물음이다. 불교인식논리학의 정초자인 디그나가와 완성자인 다르마키르티 두 사람 모두 감관지각이라는 이름을 사용한다. 하지만 지각을 감관이라는 이름으로 한정한 까닭은 각자 다르다. 디그나가는 '다른 앎과 공통하지 않기 때문'이라고 하는 반면 다르마키르티는 '잘 알게 하기 때문'이라고 한다. 그렇지만 디그나가가 제시한 '다른 것과 공통하지 않는다'는 것과 다르마키르티가 제시한 '잘 알게 한다'는 두 근거는 의미상 큰 차이는 없다. 왜냐하면 다른 앎과 공통하지 않기 때문에 잘 알게 하는 것이다. 예를 들면 '큰 북소리'라고 부르고 '나무막대기 소리'라고 부르지 않는 것은 나무막대기는 다른 소리에도 공통하지만 큰 북은 다른 소리에는 공통하지 않는다. 그렇기 때문에 그 소리를 다른 소리와 구별하여 알게 하기 때문이다.

193.

[답론2]

따라서 이 경우의 낱말[에는 '감관지각을 이해하게 하는 것'인 포함되는 것(所遍)]의 본질인 추론인이 사용되어야만 한다. [그런데 '대상'이라는 이름은] 포함하는 것(能遍)의 본질(감관지각을 알게 하는 것)을 부정하기 때문에 [대상지각이라는 낱말은] 부정된다. [그러므로 대상지각이 아니라 감관지각이라는 이름이 적절하다.]

tato liṅgasvabhāvo atra vyapadeśe niyojyatām/
nivartate avyāpakasya svabhāvasya nivṛttitaḥ//(k.193)

案

"이름에는 소전(所詮)의 대상을 알게 하는 무엇인가의 성질(dharma)이 포함되지 않으면 안 된다. 이것을 논리학의 전문용어로 말하면 '소전의 대상을 알게 하는 것이라는 의미'를 능변자성(能遍自性)이라 하고, 그것의 소변자성(所遍自性)으로 되는 것이 이름 속에 포함되지 않으면 안 된다. 지금 지각의 이름의 경우에도 소전의 대상인 지각을 다른 앎, 즉 타상속의 식이나 의식과 구별해서 알게 하는 법, 즉 아크샤(akṣa, 감관)라는 말은 포함되어야만 한다. 이것에 반해서 비사야(viṣaya)라는 말은 지각을 다른 앎과 구별해서 알게 하는 것이 아니다. 따라서 지각의 명칭에 비사야라는 말은 사용되지 않는다."(T.292)

IV. 아비달마의 학설과 지각의 정의 '지각무분별'과의 회통

1. 회통

[디그나가의 견해]

(대론자는 다음과 같이 논란할지도 모른다. 즉) 만약 그것(감관지각)이 완전히 무분별이라고 한다면, '오식신(五識身)은 적집을 소연으로 한다'라는 주장은 어떻게 되는가? 혹은 '처(處, āyatana)의 자상이라는 의미에서 그것(오식신)은 각각 자상을 대상으로 한다(고 말해지는 것)이지, 실(實, dravya)의 자상의 의미에서가 아니다'라는 설은 어떻게 되는가? (이 논란에 답한다). 거기서는 (오식신은 각각) 다수로부터 생기하기 때문에, (그들 다수가) 자기의 대상(이라는 의미)에서 '공상을 대상으로 한다'(라고 말해지는 것이다). 그것(감관지각)은 다수의 실(dravya)에서 생기기 때문에, (그들 다수의 실이) 자기의 처(라는 의미)에서 '공상을 대상으로 한다'라고 말해지는 것이지, 차별이 있는 실을 무차별이라 분별하는 것은 아니다.(T.294)

194.

[반론]

[극미의] 모임이 집적(集積)이며, 그것은 공상이다. 또한 그것(집적 혹은 공상)에서 감관지각이 존재한다. 그런데 공상의 인식은 반드시 분별[적 인식]과 결합된다. [따라서 감관지각은 분별(적 인식)이 아니라고 하는 불교인식논리학파의 주장은 적절하지 않다.]

sañcitaḥ samudāyaḥ sa sāmānyaṃ tatra ca akṣadhīḥ/
sāmānyabuddhiś ca avaśyaṃ vikalpena anubudhyate//(k.194)

案

지각은 자상을 대상으로 생성된다는 불교인식논리학파의 주장은 '지각에는 분별적 인식이 없다'는 지각무분별설로 귀결되며, 지각은 공상을 대상으로 생성된다는 인도의 실재론학파의 주장은 '지각에는 분별적 인식이 있다'라는 지각유분별설로 귀결된다. 이 송은 대론자의 주장으로서 감관지각은 극미의 모임, 즉 공상에 의해서 생기기 때문에 지각은 유분별이라고 주장한다.

195.

[답론1]

근접해 있는 다른 어떤 것(흩어져 있는 극미들)과 결합함으로써 다른 극미들이 생긴다. 그것들이 '집적'이라 말해진다. 실로 그것들(집적한 극미들)만이 인식을 생기게 하는 요인(동력인)이다.

arthāntarābhisambandhāj jāyante ye aṇavo apare/
uktās te sañcitās te hi nimittaṃ jñānajanmanaḥ//(k.195)

196.

[답론2]

또한 이 극미들[각각]의 [인식을 생기게 하는 인과적 효과성을 특징으로 하는] 특수성은, 다른 [간격 없이 근접한] 극미들이 없이는 [있을 수] 없다. 그런데 그것(인식)은 하나[의 극미]에 한정하[여 생기]는 것은 아니기 때문에 인식은 '공상을 영역(ayatana, 處)으로 한다'고 말해졌던 것이다.

aṇūnāṃ sa viśeṣaś ca na antareṇa aparān aṇūn/

tad ekāniyamāj jñānam uktaṃ sāmānyagocaram//(k.196)

案

다르마키르티는 『구사론』(俱舍論)의 '오식신은 극미의 집적을 소연으로 한다'라는 불교 내부의 주장을 다음과 같이 해석한다. 즉, 감관지각의 대상은 극미들의 모임(집적)이다. 다시 말하면 극미들의 모임에 의해서 감관지각이 생성된다는 것이다. 왜냐하면 극미 하나하나는 감관지각이라는 결과를 낳을 수 없을 뿐만 아니라, 그 극미들이 시공간적으로 근접하여 집적할 때, 감관지각을 낳을 수 있기 때문이다. 그래서 다르마키르티는 '그들 집적한 여러 극미들이 인식을 생기게 하는 원인'이라고 하였으며, 또한 감관지각은 하나의 극미에 한정해서 생기는 것이 아니기 때문에 앎은 공상을 영역으로 한다고 하였던 것이다. 여기서 공상은 추론의 대상으로서의 개념적·분별적 인식의 소산이 아니라 감관지각을 낳을 수 있는 인과적 효과의 능력으로서의 극미의 집적을 가리켜서 공상이라고 한 것이다. 따라서 오식신이 극미의 모임을 소연으로 한다는 것은 감관지각의 공상을 대상으로 하는 유분별지각이 아니라 인과적 효과성을 본질로 하는 극미의 모임을 대상으로 하여 생성하기 때문에 무분별지각임에는 변함이 없다.

2. 다수가 하나의 인식에 의해서 파악될 수 없다는 비판과 반론

비판

197.

[반론]

만약 [집적한 극미들이 하나의 인식을 생기게 하기 때문에] 하나의 영역[處]이라고 해도 다수의 존재는 동시에 파악되지 않는다고 [당신이 말]한다면?

atha ekāyatanatve api na anekaṃ gṛhyate sakṛt/

반론 1. 참깨의 사례

[답론]

서로 [공간적으로] 분리되어 있는 참깨 등에 대해서 동시에 파악되는 현현[이 있다는 것]은 어떻게 [설명할 수 있는가]?

sakṛd grahāvabhāsaḥ kiṃ viyukteṣu tilādiṣu//(k.197)

198.

[반론]

참깨를 동시에 지각한다는 경험은 착오에 의한다. 즉, 다수의 참깨 하나하나에 대해서 인식이 차례대로 생기는 것이지만 그 생기가 신속하기 때문에 착오하여 동시에 생기는 것처럼 착각하는 것이다.

[답론1]

그리고 이때(공간적으로 분리되어 존재하는 참깨들이 신속하게 연속해서 생길 때) 신속성[때문에 그 참깨가 동시에 인식된다는 당신의 주장]은 이미 논박되었다. 또한 실로 그것들(참깨 등)이 계시적으로 떨어진다고 할 때, [그 떨어지는 속도가 빠르기 때문에 동시에 지각된다는 착오가 발생해야 하지만, 그때에는 계시적으로 지각되는 것이 경험되며] 동시에 파악[된다는 착오가 생기지] 않는 것은 무엇 때문인가? 또한 [당신의 주장에 의하면] 모든 인식은 [신속하게 작용하기 때문에 마찬가지로] 동시에 [생긴다는 착오가 생겨야 할 것이다].

pratyuktaṃ lāghavaṃ ca atra teṣv eva kramapātiṣu/
kim na akramagrahas tulyakālāḥ sarvāś ca buddhayaḥ//(k.198)

199.

[답론2]

[그런데] 어떻게 해서 그것들 가운데 어떤 것[앎]은 동시적으로 현현[한다고 착오를 범]하며, 다른 것[앎]은 계시적으로 생기는 것으로 [경험된다고] 말할 수 있는가? [당신의 견해에 의하면 그와 같은 것으로는 결코 말할 수 없을 것이다.] 그러므로 모든 대상의 파악에서 [동시적으로 존재하는 대상들을 파악하는 경우든, 혹은 계시적으로 생기는 대상들을 파악하는 경우든, 그들에 대한 앎은 신속하게 작용한다는 점에서 차이가 없기 때문에, 어떤 경우이든 간에] 이 동시[가 아니면 안 된다]라는 오류를 범하게 될 것이다.

kāścit tāsv akramābhāsāḥ kramavatyo aparāś ca kim/

sarvārthagrahaṇe tasmād akramo ayaṃ prasajyate//(k.199)

案

공간적으로 흩어져 있는 참깨들은 동시에 파악할 수 없다고 대론자는 말한다. 그의 주장의 근거로는 다수의 참깨 하나하나에 대하여 인식이 생기지만 그 인식의 간격이 너무 짧고 신속하게 발생하기 때문에 동시에 인식되는 것처럼 착각하여 보인다는 것이다. 이에 대해 다르마키르티는 신속하게 낙하하는 참깨에 대한 인식을 반증사례로 든다. 즉, 신속하게 낙하하는 참깨에 대해 그 낙하하는 각각의 참깨에 대한 인식은 너무나 짧고 신속하게 발생하기 때문에 동시에 인식된다는 착오가 발생해야 하는데, 낙하하는 참깨에 대한 인식은 계시적으로 발생한다는 것을 우리는 경험한다. 이것은 경험에 의한 반증사례이다.

반론 2. 호랑나비의 사례

200.

[반론]

다수의 존재는 하나의 앎에 의해 파악되지 않는다.

[답론]

혹은 다수의 [존재가 하나의 앎에 의해 동시에 파악되지 않는다고 한다면] 다양한 [색깔을 가진] 호랑나비 등의 색깔[과 모양]은 어떻게 지각되는가? 만약 '그것(다양한 색깔을 가진 호랑나비)은 다양한 색깔이며 [동시에] 단일한 것이다'라고 한다면 그것(다양한 색깔을 가지면서 단일한 것인 호랑나비)은 그것(호랑나비 등)보다 더욱 불가사의하다.

na ekaṃ citrapataṃgādi rūpaṃ vā dṛśyate katham/
citraṃ tad ekam iti ced idaṃ citrataran tataḥ//(k.200)

案

우리는 푸른색이나 노란색 등의 다양한 색깔을 가진 호랑나비의 색깔을 동시에 지각한다. 만약 대론자와 같이 다양한 색깔들이 동시에 하나의 앎에 의해 지각되지 않는다면 '다양한 색깔'의 지각은 있을 수 없을 것이다. 그런데 대론자는 다양한 색깔을 지닌 호랑나비는 다양한 색깔=일자이기 때문에 다양한 색깔의 호랑나비에 대해 하나의 지각이 발생한다고 한다. 이에 대해 다르마키르티는 다수의 색깔=일자라는 등식은 불가사의하다고 조소한다.

201.

[반론]

다양한 색깔을 가진 호랑나비는 다수의 색깔이지만 일자이기 때문에 다수의 색깔을 가진 호랑나비에 대해서 하나의 지각이 있는 것이다.

[답론]

그것(호랑나비의 색깔)은 하나의 본질을 갖는 것이 아니다. 왜냐하면 [호랑나비의 색깔은] 다양[한 색깔의 집적]이기 때문이다. 가령 [호랑나비의 색깔은 종류를 달리하는] 보석[이 집적한 경우]의 색깔과 같이, [집적한 보석이나] 다양한 [색깔을 가진] 천 등에서 푸른색 등의 구별은, 또한 마찬가지[로 다양한 호랑나비의 색깔은 푸른색 등의 다수의 색깔의 집적인 다자이지, 일자가 아닌 것과 같]다.

na ekaṃ svabhāvaṃ citraṃ hi maṇirūpaṃ yathā eva tat/
nīlādipratibhāsaś ca tulyaś citrapaṭādiṣu//(k.201)

案

다수의 존재가 하나의 앎에 의해 동시에 파악된다고 하는 주장의 사례로 첫째 다수의 참깨들의 동시 인식, 둘째 호랑나비의 다양한 색깔들의 동시 인식, 셋째 집적된 보석들의 동시 인식 등을 든다. 다수의 색깔들이 동시에 인식된다는 것은 그 각각의 색깔들이 구별되어 파악되기 때문이다. 따라서 집적된 보석들이 다수인 것과 마찬가지로 다양한 색깔의 호랑나비와 공작의 무늬 등은 다수이지, 일자가 아니다.

202.

[반론]

그때 만약 [당신은 다자로서] 부분의 색깔만이 그와 같이 [서로 구별되어] 지각된다고 한다면?

tatra avayavarūpaṃ cet kevalaṃ dṛśyate tathā/

[답론]

당신이 푸른색 등 그 이외에 다른 다양[한 색깔의 집적인 일자]을 본다면 [그것은] 불가사의하다.

nīlādīni nirasya anyac citraṃ citraṃ yad īkṣase//(k.202)

案

다양한 호랑나비의 색깔이 푸른색, 붉은색 등의 부분 색깔로 구성되어 있고, 그들 부분 색깔은 상호 간에 구별되어 인식된다. 따라서 그들 부분 색깔은 다수이다. 그렇지만 이들 부분 색깔에 의해 구성된 전체의 색깔은 일자이다. 요컨대 대론자는 구성부분(avayava)인 각각의 색깔 이외에 전체자(avayavin)로서 독립적으로 실재하는 '다수의 색깔'이라는 것을 인정하는 것이다.(T.303) 다르마키르티는 푸른색이나 노란색 등의 각 부분의 색깔 이외에 별개로 전체로서의 '다양한 색깔'이라는 일자를 부정한다.

203.

[반론]

푸른색이나 노란색 등의 각 부분 색깔 이외에 별개로 '다수의 색깔'이라는 독립된 색깔이 존재한다.

[답론1]

동일한 대상형상과 동일한 시간을 갖는다고 간주되는 두 개의 앎 가운데 하나는 다자를 대상으로 계시적으로 생기고, 다른 하나는 일자를 대상으로 동시적으로 생기는 것이 어떻게 가능한가?

tulyārthākārakālatve na upalakṣitayor dhiyoḥ/

nānārthā kramavaty ekā kim ekārthā akramā aparā//(k.203)

204.

[답론2]

다수의 형상으로부터 [생긴] 앎에 의해서만 존재들이 다수의 형상임이 [확립된다]. 만약 그것(인식에 현현한 다수의 형상)이 [대상의 다자성의] 근거가 되지 않는다면 이 차이의 결정은 무엇에 의해서 확립되는가?

vaiśvarūpyād dhiyām eva bhāvānāṃ viśvarūpatā/
tac ced anaṅgaṃ kena iyaṃ siddhā bhedavyavasthitiḥ//(k.204)

案

대론자와 같이 하나의 실체로서의 '전체의 색깔'(全體色)을 인정할 수 없다. 다양한 색깔의 호랑나비의 경우에도 하나의 앎이 다수를 대상으로 하고 있는 것이다. 즉, 오히려 앎에 다수의 형상이 현현하고 있는 것에 의해서만 대상의 다수인 것이 알려지는 것이다.(T.304)

반론 3. 그림의 사례

205.

[반론]

다수는 동시에 파악되지 않는다.

[답론]

[만약 다수가 동시에 파악되지 않는다고 한다면] 그림 등에 대해 다수의 색깔[을 가진 개별 색깔과 독립한 하나의 전체로서의 아름다운 그림]이라는 인식은 [있을 수] 없[게 된]다. [하지만 그것은 우리들의 경험에 위배된다.] 왜냐하면 종류를 달리하는 것(색깔)들이 [결합한다고 해도 개별의 색깔과 독립한 하나의 전체로서의 아름다운 그림을] 형성할 수는 없기 때문이다.

vijātīnām anārambhān na ālekhyādau vicitradhīḥ/

[반론]

각 색깔 사이에 성립하는 하나의 실체로서 존재하는 결합(saṃyoga)을 인정하는 대론자(바이세시카학파)가 있다. 그 대론자는 그림이란 그 일자로서의 결합을 의미하며, 그 일자인 결합이 '다양한 색깔'인 것이라고 한다.

[답론]

결합은 다양한 색깔(각 부분 색깔과 독립한 하나의 전체로서의 아름다운 그림)이 아니다. 왜냐하면 [결합이라는 속성은] 색깔[이라는 속성]을 지닐 수 없기 때문이다. 또한 [결합은] 비유적 표현의 근거인 것도 아니다. 왜냐하면 [각 부분 색깔은] 개별적으로 다양한 색깔(각 부분 색깔과 독립한 하나의 전체로서의 아름다운 그림)은 아니기 때문이다.

arūpatvān na saṃyogaś citro bhakteś ca na āśrayaḥ//(k.205)

pratyekam avicitratvād

206.

[반론]

그림의 각 부분을 계시적으로 지각하는 것이지만 그들 개개의 지각을 다른 또 하나의 인식에 의해서 통합하여 '그림은 다수의 색깔이다'라고 인식하는 것이다.

[답론]

비록 계시적으로 파악된다고 해도, 다양[한 색깔의 집적인 하나의 전체로서의 일자]에 대한 인식을 통합한다는 것은 [있을 수] 없다. 왜냐하면 [당신의 주장에 의하면] 일자[인 인식]에 의해서 다자[인 대상]는 파악되지 않기 때문이다.

gṛhīteṣu krameṇa ca/
na citradhīsaṃkalanam anekasya ekayā agrahāt//(k.206)

案

다르마키르티는 다수가 하나의 인식에 의해서 동시에 파악되지 않는다는 대론자의 견해를 참깨의 지각의 실례, 다양한 색깔의 호랑나비의 지각의 실례, 그림 등의 다양한 색깔의 지각의 실례로 논파하고 있다.

결론

207.

[다르마키르티의 결론]

그러므로 일자[인 감관지각]가 다자를 대상으로 하는 것이다. 또한 하나의 대상을 분별[적으로 인식]하면서 [동시에] 다른 것도 지각하기 때문에 [감관지각은] 분별[적 인식]을 떠나 있다는 것이 증명된다.

nānārthā ekā bhavet tasmāt siddhānto apy avikalpikā/
vikalpayann apy ekārthaṃ yato anyad api paśyati//(k.207)

案

다르마키르티는 감관지각은 다수를 대상으로 한다고 결론을 내린다. 이런한 결론에 대해 도사키는 다음과 같이 해설한다. "이와 같이 하나의 감관지각은 다수를 대상으로 한다. 이것은 또한 감관지각이 무분별이라는 것의 증명을 가능하게 한다. 그것은 이러하다. 가령 푸른색 등의 색깔의 집합을 앞에 두고 우리들은 푸른색에 관해서 '이것은 푸른색이다'라고 분별하면서 동시에 노란색 등을 지각할 수가 있다. 이 경우 두 개의 분별이 동시에 일어나는 것은 아니기 때문에 노란색 등의 지각은 무분별인 것이다. 이것이 감관지각의 무분별성의 논증이었다. 그 경우, 푸른색을 분별하면서 동시에 노란색 등을 지각한다는 것은 푸른색과 노란색 등을 하나의 지각(감관지각)이 파악하기 때문에, 달리 말하면 하나의 지각에 푸른색이나 노란색 등의 형상이 현현하기 때문에 가능한 것이다. 즉, 푸른색의 분별과 노란색 등의 지각이 동시에 존재하는 것은 감관지각에 현현한 푸른색과 노란색 등의 형상 가운데 푸른색의 형상이 언어와 결합하고 노란색 등의 형상이 언어와 결합하지 않는다는 상태인 것이다. 따라서 만약 하나의 감관지각에 푸른색과 노란색 등이 현현하지 않는다면 달리 말해 하나의 감관지각이 다수를 대상으로 하지 않는다면 푸른색의 분별과 노란색 등의 지각은 동시에 있을 수 없다. 따라서 또한 위에서 기술한 감관지각의 무분별성의 논증도 성립할 수 없을 것이다.

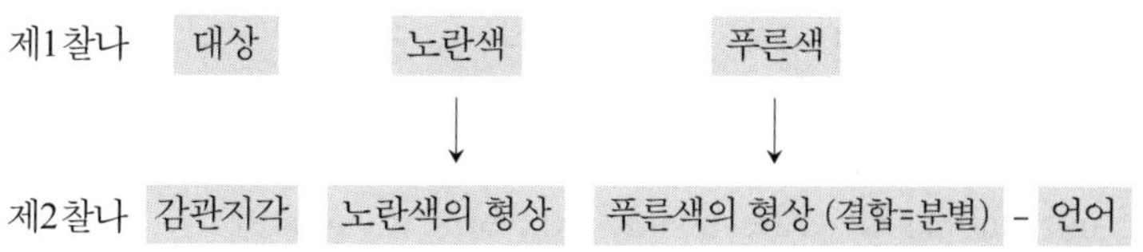

이상 '오식신은 집적을 소연으로 한다'라는 정설과 처(處)의 자상이라는 의미에서 그들 오식신은 각각 자상을 대상으로 한다고 말해지는 것이며 기체의 자상의 의미에서가 아니라는 바수반두의 설에 불교인식논리학파의 해석을 제시하여 그들의 설이 지각의 정의인 지각무분별과 모순하지 않는다는 것을 논한 것이다."(T.307~308)

3. 하나의 인식이 다수의 형상을 갖는 것은 아니라는 비판과 반론

비판

208.

[반론]

당신(다르마키르티)은 앞에서 다양한 색깔을 지닌 호랑나비 등에 관해서 '다수=일자'가 전혀 불합리하다는 것을 기술하였다. 그런데 지금 감관지각에 관해서 '다수의 형상=하나의 감관지각'이라는 것은 자가당착이다.

[답론1]

[아래의 게송은 대론자로부터 예상되는 반론을 제시한 것이다.] 만약 다양한 [형상의] 현현을 가진 대상들에 대해서 일자[라고 주장하는 것]는 타당하지 않다고 한다면 그것에 준거하는 한, 어떻게 해서 다양한 [형상의] 현현을 가진 바로 그 인식이 일자라고 할 수 있는가?

citrāvabhāseṣv artheṣu yady ekatvaṃ na yujyate/
sā eva tāvat kathaṃ buddhir ekā citrāvabhāsinī//(k.208)

반론

209.

[답론2]

현명한 사람(불세존)들이 말한 이것(인식주관과 인식대상)은 현실적 존재의 [인과적 효과의] 능력에 의해서 획득된다. 그와 같이 대상들이 사고되는 것(인식이 다수의 형상을 지닌다거나 대상이 다수의 형상을 지닌다거나 혹은 인식주관이나 인식대상이 존재한다고 사고되는 것)이 [그들에 의해서는] 각각 부정된다.

idaṃ vastubalāyātaṃ yad vadanti vipaścitaḥ/
yathā yathārthāś cintyante viśīryante tathā tathā//(k.209)

案

이 게송은 일체를 부정하는 현명한 사람의 '공의 입장'에서는 '인식의 다수의 형상성'도 '대상의 다수의 형상성'도 나아가 인식주관도 인식객관도 부정되지만, 지금 여기서 논하는 것은 그와 같은 공의 입장에 입각한 것이 아니라 세속의 입장에 입각해서 논하는 것이다. "현실적 존재에 즉해서 사고될 때, 모든 것은 부정된다. 청색 등의 외계 존재도 혹은 외계 대상을 인식하는 앎도 모두 일자라고 해도 다자라고 해도 부정된다. 모든 것은 무자성공(無自性空)이기 때문이다."(T.310)

210.

[반론]

만약 외계에 다수의 형상을 가진 현실적 존재가 존재하지 않고 또한 각종의 형상을 가진 일자로서의 앎이 존재하지 않는다고 한다면 어떻게 해서 일정한 장소와 시간을 가지고 외계의 색깔 있는 모양으로서 현현할 수 있을까?

[답론1]

만약 일자인 앎에 [외계대상의] 다수성이 존재[하고 그 앎이 외계대상의 다수성을 확립]한다면 무슨 [오류를 범하는가]? [궁극적 차원에서는] 그 앎에도 [다수의 형상은] 없을 것이다. 만약 이것이 대상들을 스스로 비춘다면 그때 우리들은 무슨 [오류를 범하는가]?

kiṃ syāt sā citratā ekasyāṃ na syāt tasyāṃ matāv api/
yadi idaṃ svayam arthānāṃ rocate tatra ke vayaṃ//(k.210)

案

외계대상은 궁극적 차원에서는 존재하지 않지만, 앎은 무명 때문에 외계 존재를 대상으로 하는 것처럼 현현한다. 그리고 그러한 한에서는 그것을 부정하지 않는다.

211.

[답론2]

그러므로 조대한 현현은 대상이나 인식에는 존재하지 않는다. 그것(조대한 현현)을 본질로 하는 것은 일자 속에도 존재하지 않으며 다자 속에도 존재하지 않는다고 이미 부정되었다.

tasmān na artheṣu na jñāne sthūlabhāsas tadātmanaḥ/
ekatra pratiṣiddhatvād bahuṣv api na sambhavaḥ//(k.211)

212.

[반론]

외계대상은 존재하지 않는다. 다만 두 개의 현현(대상현현, 주관현현)을 가진 식만이 궁극적 존재이다.

[답론1]

마치 한정하는 것(인식주관, 能取分)이 안에 있고 [한정되는] 다른 이 부분(인식대상, 所取分)이 밖에 있는 것처럼, [볼 수 있다. 그러나] 실로 분할할 수 없[이 하나의 획기적 전체로서 존재하]는 인식이 [인식주관과 인식대상으로] 분할되어 현현하는 것은 착오[에 기인하는 것]이다.

paricchedo antar anyo ayaṃ bhāgo bahir iva sthitaḥ/
jñānasya abhedino bhedapratibhāso hy upaplavaḥ//(k.212)

213.

[답론2]

이때 한쪽이 존재하지 않기 때문에 양쪽(인식주관과 인식대상) 모두 부정된다. 그러므로 실로 그것(인식)에 관해서도 양쪽(인식주관과 인식대상)은 공성(空性)이라는 것이 진실이다.

tatra ekasya apy abhāvena dvayam apy avahīyate/
tasmāt tad eva tasya api tattvaṃ yā dvayaśūnyatā//(k.213)

214.

[답론3]

또한 그 존재들(색깔 있는 모양이나 느낌 등)의 차이의 결정은 그것(인식주관과 인식대상)의 차이에 근거한다. 그리고 그것(인식주관과 인식대상)이 착오일 때, 그들(색깔 있는 모양이나 느낌 등)의 차이도 [또한] 착오다.

tadbhedāśrayiṇī ca iyaṃ bhāvānāṃ bhedasaṃsthitiḥ/
tadupaplavabhāve ca teṣāṃ bhedo apy upaplavaḥ//(k.214)

215.

[답론4]

또한 파악되는 [대상의] 형상과 파악하는 [주관의] 형상 이외에 다른 특성[相]은 없다. 따라서 특성[相]이 공이기 때문에 '자기 완결적 본질은 없다'(無自性)는 것이 제시되었던 것이다.

na grāhyagrāhakākārabāhyam asti ca lakṣaṇam/
ato lakṣaṇaśūnyatvān niḥsvabhāvāḥ prakāśitāḥ//(k.215)

案

이 송은 마치 『금강경』의 다음 구절을 생각나게 한다. "무릇 존재하는 상은 다 허망하다. 만약 모든 상이 상 아닌 줄로 본다면 곧 여래를 볼 것이다."(凡所有相, 皆是虛妄. 若見諸相非相, 卽見如來)

216.

[답론5]

차이에 의한 [오]온[·십이처·십팔계] 등의 특성[相]들은 모두 [개념적으로] 한정하는 공능[에 기인하는 것]이다. 그런데 그것(한정하는 공능)은 [궁극적 차원에서는] 진실하게 존재하는 것이 아니다. 따라서 또한 이들(오온·십이처·십팔계)은 [궁극적 차원에서는] 엄밀하게 정의할 수 없는 것이다.

vyāpāraupādhikaṃ sarvaṃ skandhādīnāṃ viśeṣataḥ/
lakṣaṇaṃ sa ca tattvaṃ na tena apy ete vilakṣaṇāḥ//(k.216)

案

즉, 궁극적 차원에서는 오온·십이처·십팔계 모두 무자성(無自性)·공(空)이다.

217.

[반론]

궁극적 차원에서는 일체의 존재가 무자성·공이라면 왜 세존은 색깔 있는 모양 등의 존재를 설하신 것인가?

[답론1]

이와 같이 무명으로 덮인 미혹된 사람들 자신에게는 자기 내적인 필요(원인)에 의하여 인식이 생긴다. 가령, 눈병에 걸린 사람의 눈[은 사물을 정확하게 보지 못하는 것]과 같이.

yathā svapratyayāpekṣād avidyopaplutātmanām/
vijñaptir vitathākārā jāyate timirādivat//(k.217)

218.

[답론2]

그리고 [식에 현현한 인식주관의 형상과 인식대상의 형상이 공이라는] 진실(실상)은 모든 열등한 사람의 인식에는 [전혀] 알려지지 않는다. 왜냐하면 그들에게는 파악되는 것(인식대상)과 파악하는 것(인식주관)이 [있다고 하는] 착오 없이 [인식은] 존재할 수 없기 때문이다.

asaṃviditatattvā ca sā sarvāparadarśanaiḥ/
asambhavād vinā teṣāṃ grāhyagrāhakaviplavaiḥ//(k.218)

219.

[답론3]

그러므로 있는 그대로의 진실(실상)을 본 [깨달은] 분은, 코끼리처럼 눈을 감고서 다만 일상언어 차원에서의 인식에 의해서만 외계[대상의 존재]에 대한 고찰이 [방편적으로] 이루어졌던 것이다.

tad upekṣitatattvārthaiḥ kṛtvā gajanimīlanam/
kevalaṃ lokabuddhyā eva bāhyacintā pratanyate//(k.219)

220.

[반론]

다수의 형상을 가진 하나의 앎은 어떻게 이론적으로 가능한가?

[답론1]

다수의 [형상을 가진] 인식에 있어 인식의 한정자이며 [물질적인 것이 아닌] 푸른색 등은 다른 [노란색 등의] 부분과 별개로 [분할해서] 볼 수 없다. 그것(푸른색)을 [노란색 등으로부터] 분할[해서 별개로 인식한다고] 할 경우에는 [외계]대상[이 실제로 있다고 하는] 오류를 범하기 때문이다.

nīlādiś citravijñāne jñānopādhir ananyabhāk/
aśakyadarśanas taṃ hi pataty arthe vivecayan//(k.220)

案

푸른색 등의 다수의 형상을 가진 앎은 자기의 앎에 현현하는 푸른색 등의 형상에 의해서 한정된다. 그래서 그 앎은 '푸른색 등의 앎'으로 한정된다. "따라서 그 앎에 현현하는 푸른색 등의 형상은 상호 다른 것을 동반하지 않고서 단독으로 인식되는 것은 있을 수 없다. 그 앎의 자기인식(자증)의 분위에서 푸른색 등의 형상은 상호 반드시 동반하여 인식된다. 어떤 형상을 제외하고 다른 형상만을 인식할 수는 없다. 앎이 다수의 형상을 가지고 생길 때 앎은 반드시 다수의 형상 전체가 그대로의 모습으로 직접경험(자증)된다. 그러므로 앎에 현현하는 다수의 형상은 일자라고 할 수 있다."(T.318)

221.

[답론2]

어떤 양상으로 [즉, 다수의 형상을 가진 하나의 획기적 전체로서] 현현한 인식, 그것은 바로 그와 같은 양상으로 [즉, 다수의 대상형상과 주관형상으로 분할되지 않고 하나의 획기적 전체로서] 경험된다. 따라서 [푸른색과 노란색 등의] 다양한 형상을 지니고 있는 인식에는 확실히 일자성이 존재하는 것이다.

yad yathā bhāsate jñānaṃ tat tathā eva anubhūyate/
iti nāma ekabhāvaḥ syāc citrākārasya cetasi//(k.221)

案

다수의 형상을 가진 하나의 획기적 전체로서 현현하는 인식이 그와 같은 양상으로 경험된다는 것은 바로 자기인식이 된다는 것이다. 인식의 자기인식의 차원에서는 푸른색 등의 형상은 서로 반드시 분할됨이 없이 하나의 획기적 전체로서 인식된다. 다시 말하면 앎이 다수의 형상을 가지고 생길 때, 그 앎은 반드시 다수의 형상 전체가 그대로의 형상으로 직접적으로 경험된다는 것이다. 그러므로 앎에 현현하는 다수의 형상은 일자라고 할 수 있다.

인식의 과정에서 최초의 지각의 단계에서는 지각의 대상은 하나의 획기적 전체로서 지각에 현현한다. 그 지각에 현현한 형상들은 본래 분할 불가능하지만 개념적으로 분할하면 다수의 대상형상들과 주관형상들로 구성된다. 지각의 단계, 즉 지각의 자기인식 차원에서는 다수의 대상형상들과 주관형상은 분할되지 않고 하나의 획기적 전체로서 경험된다. 따라서 다수의 형상을 지니고 있는 일자로서의 앎은 존재한다. 바다를 예로 들면, 바다를 지각할 때 바다의 물과 파도를 분할해서 인식하지는 않는다. 그것은 하나의 획기적 전체로서 우리에게 지각된다. 그런데 바다의 물과 파도를 분할해서 따로 인식하는 것은 지각의 차원이 아니라 개념적 분석의 차원에서나 가능한 것이다.

222.

[답론[3]]

[앎에 다양한 형상을 진입하게 하는] 천[布] 등의 색깔[있는 모양]이 일자라고 한다면 그[앎과] 마찬가지로 [천 등의 대상도] 분할되어서는 안 될 것이다. [그러나 천 등의 색깔 있는 모양은 분할되어 인식될 수 있다.] [만약 당신이 각 부분의 색깔 있는 모양은 각각 상호 간에 분할되어 혹은 부분을 지닌 것(有分色, avayavin)과 구별되어 인식되지만 유분색 그 자체는 일자로서 인식된다고 한다면] 또한 분할된 여러 가지[부분]를 떠나서 그 외에 무분

할의 [부분을 담지하고 있는 전체인 유분색과 같은] 것은 보이지 않는다.

paṭādirūpasya ekatve tathā syād avivekitā/
vivekīni nirasya anyad avivekī ca na īkṣate//(k.222)

案

221송에서는 인식주관의 측면에서 다수의 형상을 지닌 앎은 일자라고 논증하고 있다. 여기 222송에서는 인식대상의 측면에서 다수의 형상을 지닌 대상이 일자라고 할 수 없음을 논증하고 있다. 가령 천의 다수의 색깔이나 호랑나비의 다양한 색깔이나 공작의 무늬 등은 일자라고 할 수는 없다. 만약 그것들이 일자라고 한다면 노란색을 푸른색으로부터 분할해서 단독으로 인식하는 우리의 경험은 설명 불가능하게 된다. 그런데 보편실재론자들은 부분의 색깔은 각각 상호 간에 분할되어 혹은 부분을 지닌 것과 구별되어 인식되지만 부분을 지닌 색깔 그 자체는 일자로서 인식된다고 말할지도 모른다. 이에 대해 다르마키르티는 "분할된 여러 가지 부분을 떠나서 그 외에 무분할의 부분을 담지하고 있는 전체인 유분색은 인식되지 않는다"고 하였던 것이다. 결국 부분을 지닌 것은 인식되지 않기 때문에 그와 같은 것은 존재하지 않는다는 것이다. 이상을 요약하면 외계대상의 다수(천의 다수의 색깔 등)는 다수이기 때문에 일자가 아니다. 하지만 앎의 다수의 형상은 다수임에도 불구하고 일자이다. 이와 같은 것이 가능하기 위한 이론적 근거로서는 외계의 대상의 경우에는 그 가운데 어떤 것이 장애되어 인식되지 않아도 다른 것이 인식되지만, 앎의 다수의 형상은 반드시 하나의 획기적 전체로서 경험(자기인식)되는 것이며 일부를 인식하지 않고서 다른 것을 인식한다는 것은 불가능하다.

4. 집적한 극미는 인식대상이 아니라는 비판과 반론

223.

[반론]

개별적으로 존재하는 극미는 초감각적인 것이기 때문에 그것이 결합한다고 해도 인식의 대상이 되지 않는다.

[답론1]

이른바 [인식의 여건인] 감관 등과 같이 탁월성에서 생긴 다수[의 극미]가 동시에 [일자인] 인식의 원인이 된다고 한다면 [그 주장에는] 어떤 모순이 있는가?

ko vā virodho bahavaḥ saṃjātātiśayāḥ sakṛd/

bhaveyuḥ kāraṇaṃ buddher yadi nāmendriyādivat//(k.223)

224.

[답론2]

원인인 존재를 떠나서 다른 파악대상은 결코 존재하지 않는다. 그들(원인들) 가운데 인식에 [진입한] 어떤 대상의 형상, 그것(대상의 형상)이 그것(인식)의 파악대상이라 말해진다.

hetubhāvād ṛte na anyā grāhyatā nāma kācana/

tatra buddhir yadākārā tasyās tad grāhyam ucyate//(k.224)

案

개별적으로 산재해 있는 극미 각각은 인식을 생기게 하는 인과적 효과의 능력은 없다. 하지만 이러한 극미들이 집적할 때 인식을 생기게 하는 인과적 효과성을 갖추게 된다. 이럴 때 비로소 자상이 되는 것이다. 이렇게 인과적 효과성을 지닌 것만이 지각의 대상이 되며, 이것이 곧 자상이다. 그런데 이러한 다수의 극미들의 집적이 인식의 대상이 되기 위해서는 두 가지 조건을 갖추어야 한다. 하나는 인식의 원인이어야 하며 또 하나는 인식에 형상을 부여하는 것이어야 한다. 그런데 다수의 극미의 집적은 인식을 생기게 하는 것이며 또한 인식에 자신의 형상을 부여하는 것이기 때문에 인식의 대상이다.

5. 대론자의 설을 논파하다

225.

[반론]

인도의 공상(보편)실재론자에 의하면 다수는 동시에 파악되지 않는다.

[답론]

[만약 다수가 동시에 파악되지 않는다고 한다면] 어떻게 해서 전체가 자기의 부분과 동시에 파악될 수 있는가? 실로 소라는 [보편자에 관한] 관념은 소의 목 등[의 개체]이 지각되지 않고서는 경험되지 않는다.

katham̩ vā avayavī grāhyaḥ sakṛt svāvayavaiḥ saha/
na hi gopratyayo dṛṣṭaḥ sāsnādīnām adarśane//(k.225)

案

보편의 실재를 주장하는 인도의 보편실재론자인 바이세시카학파나 니야야학파는 부분을 지닌 것, 즉 전체가 부분과 함께 별개로 존재한다고 한다. 그런데 이렇게 부분과 전체가 별개로 존재한다고 하면, 다수가 동시에 인식되지 않는다는 그들의 주장과 배치되는 상황이 발생한다. 소를 가지고 예를 들어 보자. 소의 부분인 뿔이나 목덜미 그리고 살과 이 부분들을 지니고 있는 전체로서의 소가 동시에 인식되는 것이 아니라 순수하게 소라는 전체만이 인식된다고 그들 실재론자는 말할지도 모른다. 하지만 소의 부분인 뿔이나 목덜미의 살 등의 인식을 떠나서 전체로서의 소의 인식은 있을 수 없다. 따라서 대론자 자신의 이론에서도 다수는 동시에 파악된다고 인정하지 않으면 안 된다.

226.

[반론]

우리가 '다수는 동시에 파악되지 않는다'라는 것은 상호 간에 한정자·피한정자의 관계가 없는 것에 관한 것이다. 소의 목덜미 살(부분) 등과 소(전체)의 경우와 같이 그 관계가 있는 것—소의 목덜미 살 등이 한정자이고, 소가 피한정자인 것—은 동시에 파악되는 것이다. 여러 극미는 상호 간에 한정자·피한정자의 관계가 없기 때문에 그것들은 동시에 파악되지 않는다.

[답론]

비록 [한정자인 소의 목덜미 살과 같은] 속성과 [피한정자인 소라는] 기체는 함께 인식된다고 인정하더라도 전체의 부분을 갖는 것으로 파악되지는 않을 것이다. [또한] 속성[·운동·보편·특수·내재] 등을 갖는 것이라고 해도, 동시에 [파악]되지 않게 될 것이다.

guṇapradhānādhigamaḥ saha apy abhimato yadi/

sampūrṇāṅgo na gṛhyeta sakṛn na api guṇādimān//(k.226)

案

위의 226송에 대해 도사키는 다음과 같이 설명한다. "대론자가 말하는 것처럼 '한정자와 피한정자의 관계에 있는 것만이 동시에 파악된다'고 인정한다면, 그 경우 다음과 같은 오류를 범한다. 대론자의 견해에 따르면 가령 소가 '목덜미 살을 가진 것'이라고 파악되는 경우, 목덜미 살은 소를 한정하는 것이기 때문에 목덜미 살과 소는 동시에 파악된다. 그러나 만약 그렇다고 한다면 다른 부분(가령 소의 발이나 꼬리 등)은 거기서는 한정자도 결정되지 않았기 때문에 그것들은 소와 동시에 파악되지 않게 된다. 요컨대 목덜미 살과 소만이 동시에 파악되고 나머지 모든 부분과 함께 소가 파악되지 않게 된다. 또한 그뿐만 아니라 '희다' 등의 속성도 '움직인다' 등의 운동도 혹은 '실유성' 등의 공상도 동시에 파악되지 않을 것이다. 이와 같이 우리들의 경험적 사실을 위반하는 결과를 초래하기 때문에 '한정자와 피한정의 관계에 있는 것만이 동시에 파악된다'고 말할 수 없다."(T.322)

227.

[반론]

속성(희다 등), 운동(움직인다 등), 보편(실유성 등), 혹은 전체의 부분(목덜미 살 등) 등 이들 모두는 현실적 존재 차원에서 소의 한정자이기 때문에 그것들은 모두 소와 함께 동시에 파악된다.

[답론]

한정하는 것(한정자)과 한정되는 것(피한정자)은 표현하고자 하는 [사람들의] 의지에 의해 좌우되는 것이[지, 현실적 존재의 차원에서 정해진 것이 아니]기 때문에 부분(한정자)으로 존재하는 것에 의해 취해진 것, 바로 그것에 의해서만 그것(피한정자)이 파악될 것이다.

vivakṣāparatantratvāt viśeṣaṇaviśeṣyayoḥ/
yad aṅgabhāvenopāttan tat tenaiva hi gṛhyate//(k.227)

案

한정하는 것(한정자)과 한정되는 것(피한정자)은 현실적 존재의 차원에서 정해지는 것이 아니라 인간의 표현 의지에 좌우되는 것이다. 가령, 뿔을 한정자로 하고 소를 피한정자로 하여 "소는 뿔을 가지고 있다"(viśāṇī gauḥ)고 표현할 수 있고, 또한 역으로 소를 한정자로 뿔을 피한정자로 하여 '소의 뿔'(gor viśāṇam)이라고 표현할 수 있는 것과 같다.

228.

[반론]

다수는 동시에 파악되지 않는다.

[답론]

[당신의 주장에 의하면 현실적 존재] 그 자체는 다른 현실적 존재와 다르지 않기 때문에 또한 [다른 현실적 존재와] 차이화하는 속성 등이 파악되지 않기 때문에, 가령 차례대로 연속하는 다른 것을 본다고 해도, 동일한 인식이 될 것이다.

svato vastvantarābhedād guṇāder bhedakasya ca/
agrahād bhedabuddhiḥ syāt paśyato apy aparāparam//(k.228)

案

대론자(바이세시카·니야야학파)에 의하면 어떠한 현실적 존재(vastu)도 그 자체로서는—바이세시카의 용어로 말하면 실체(dravya)로서는—구별이 없다. 소든 말이든 기체라는 점에서는 차이는 없다. 다만 그것이 가령 우성(牛性, gotva)이라는 보편자(jāti)와 결합—바이세시카의 언어로 말하면 화합(samavāya)—할 때, 그것은 '소'가 된다. 혹은 '희다'라는 속성과 결합(=화합)할 때 '희다'가 된다. 결국 '우성'(보편자)이나 '희다'(속성)가 그 현실적 존재를 다른 현실적 존재로부터 구별하는 것이다. 그런데 만약 대론자가 앞에서 기술한 것처럼 "다수는 동시에 파악되지 않는다"고 한다면, 현실적 존재는 실체로서밖에 파악되지 않고 보편자나 속성—현실적 존재를 다른 현실적 존재로부터 구별하는 것—은 거기서는 동시에 파악되지 않을 것이다. 따라서 가령 소를 보든 말을 보든 모두 같은 인식—'실체이다'라고 파악하는 인식—이 되어 버릴 것이다. 그러나 그와 같은 것은 현실에는 있을 수 없다. 이와 같이 대론자의 이론에서 보아도 "다수는 동시에 파악되지 않는다"라는 견해는 불합리하다.(T.324~325 참조)

229.

[반론]

그 실체(dravya)만을 볼 때는 그 구별은 알려지지 않는다. 그것은 바르다. 그러나 그렇다고 해서 무엇을 보아도 구별이 없다는 것은 아니다.

즉, 뒤에 가령 희다(속성의 차이), 우성(보편의 차이), 움직임(운동의 차이) 등을 보고서 그것에 의해서 실체를 다른 실체로부터 구별해서 '움직이고 있는 흰 소'라고 아는 것이다.(T.325)

[답론1]

만약 [당신은 뒤에] 속성 등의 차이를 파악하기 때문에 [현실적 존재의] 다자성이 알려진다고 [주장]한다면, 실로 그와 같다고 하더라도 그것들(속성 등)은 [다자를] 결합하는 것 속에 섞여 있게 될 것이다.

guṇādibhedagrahaṇān nānātvapratipad yadi/
astu nāma tathā apy eṣāṃ bhavet sambandhisaṃkaraḥ//(k.229)

案

희다거나 검다와 같은 속성의 차이나 소의 보편이나 말의 보편과 같은 보편의 차이를 내재적으로 파악했다고 해도 그것들을 결합하는 기체가 일자이기 때문에 일자에 다수, 즉 희다거나 검다와 같은 속성이나 소나 말의 보편의 차이가 섞여 있게 될 것이다. 이 경우에도 일자에 관해서 다수가 인식될 것이다.

230.

[답론2]

[상키야학파에 의하면] 음성 등은 다수(즉, 사트바·라자스·타마스)로 구성되어 있기 때문에 '동시에 다자를 파악한다'라는 것이 확립된다. 왜냐하면 [전체 집합을 구성하는] 요소들을 파악하지 못할 때, [전체] 집합도 파악할 수 없기 때문이다.

śabdādīnām anekatvāt siddho anekagrahaḥ sakṛt/

saṃniveśagrahāyogād agrahe saṃniveśinām//(k.230)

案

상키야학파의 체계에 의하면 모든 현상은 세 가지 요소, 즉 사트바·라자스·타마스로 구성된다. 소리도 이 세 가지 요소로 구성되어 있기 때문에 소리를 파악하면 동시에 이 세 가지 요소도 동시에 파악된다. 데벤드라붓디는 상키야학파도 "다수는 동시에 파악된다"는 주장에 대한 추론식을 다음과 같이 삼단논법(삼지작법)으로 제시한다.(T.327)

[대전제] 어떤 것이 어떤 것의 집합을 파악할 때, 그는 그 집합자도 파악한다. 가령, 손가락의 집합을 특징으로 한 주먹을 파악할 때, 손가락도 파악하는 것과 같다.

[소전제] 이 인간도 귀 등에 의해 즐거움(sattva) 등의 세 가지 요소를 본질로 한 소리 등을 파악한다.

[결론] 그러므로 그는 즐거움 등도 파악한다.

V. 지각의 대상

[디그나가의 견해]

[이하 대상에 관한 잘못된 견해를 제외하고 지각의 무분별성을 확립하기 위해서] 대상에 관해서 기술한다. 다수의 형상을 가진 유법(有法)은 감관(지)에 의해서 인식될 수 없다. 자기(의 상만)에 의해서 인식되며, 언어로 표현할 수 없는 색깔 있는 모양이 감관(지)의 대상이다.(T.328)

1. 주장

231.

[반론]

다수의 형상을 가진 유법이란 어떠한 것인가?

[답론1]

모든 것으로부터 배제(부정)되는 것은 어떤 것으로부터도 배제(부정)되는 것이다. 그 [타자의] 차이에 의해 차이가 [분별적 인식에 의해] 추상될 때, 그것이 다수의 형상성을 가진 기체이다.

sarvato vinivṛttasya vinivṛttir yato yataḥ/

tadbhedonnītabhedo asau dharmiṇo anekarūpatā//(k.231)

案

불교인식논리학에서 궁극적인 존재는 현실적 존재(vastu)이다. 이것은 다른 모든 것으로부터 배제되고 부정되는 자기차이성을 본질로 하는 개별적 존재이며, 사유 분별이나 언어 약속이 불가능한, 사유로 분별되기 이전 언어로 한정되기 이전의 순간적 존재이다. 이것은 타자로부터의 차이를 본질로 하는 한 독자적 존재이지 공통적 존재일 수가 없다. 그래서 지각이라는 프라마나에 의해 파악될 뿐 분별을 본질로 하는 추론이라는 프라마나에 의해 파악되는 것이 아니다. 그런데 사유에 의해 분별되고 언어에 의해 한정되는 대상은, 현실적 존재의 본질인 '타자로부터의 차이'를 근거로 '차이'가 분별되고 한정된다. 그 분별되고 한정된 차이 그것이 바로 다르마, 즉 법인 것이다. 그래서 다수의 형상성을 가진 기체는 분별의 소산에 지나지 않는 것이다. 다시 말하면 현실적 존재 그 자체에 실재하는 것이 아니라 개념적 분별에 의해서 구성된 허구적 존재에 지나지 않는 것이다.

232.

[답론2]

그들(기체와 속성)은 분별[적 인식]에 의해 구성된 형상의 차이이다. [그러나 그들] 다양한 [형상을 가진] 현현[인 기체와 속성]들은, [대상이 눈앞에 있는 경우와 같이], 어떤 특정의 순간에 생기며 다자로 분할되지 않는 무분별적 인식의 영역은 아니다.

te kalpitā rūpabhedā nirvikalpasya cetasaḥ/

na vicitrasya citrābhāḥ kādācitkasya gocaraḥ//(k.232)

案

따라서 기체와 속성은 분별적 인식에 의해 구성된 형상의 차이이며 분별의 소산에 지나지 않는 것이다. 이에 반해 눈앞에 존재하는 대상은 특정의 시간, 특정한 공간, 하나의 획기적 전체로서 순간적으로 생성하며 생성하자마자 찰나적으로 소멸하는 존재이다. 그러므로 이러한 존재는 지각에 의해서만 파악된다.

2. 대론자의 설을 논파하다

233.

[반론]

언어의 지시대상으로서의 공상은 외계에 실재한다.

[답론]

가령 흰색 등[의 공상]이 존재한다고 해도, [흰색 등의 공상은 감관지각의 영역(대상)이 아니다. 왜냐하면] 그와 같은 감관지각의 영역(대상)은 언어로 표현되지 않는다. [왜 감관지각의 영역이 언어로 표현되지 않는가? 라고 반문한다면, 그것은 감관에 의해서 생긴 지각과 언어에 의해서 생긴] 두 개의 인식은 [현현하는] 형상의 차이[에 기인하기] 때문이다. [즉, 감관에 의해서 생긴 지각은 선명하게 현현하며, 언어에 의해서 생긴 인식은 불선명하게 현현한다.]

yady apy asti sitatvādir yādṛg indriyagocaraḥ/

na so abhidhīyate śabdair jñānayo rūpabhedataḥ//(k.233)

案

도사키에 의하면 이 반론자는 니야야학파의 논사인 밧쯔야야나이다. "밧쯔야야나는 대상에 의해서는 동일한 대상에 대해서 몇 개의 인식수단이 작용하는 경우와 하나의 인식수단만이 작용하는 경우가 있고 그 사례로서 아트만의 존재가 성언량(聖言量)에 의해서도 추리에 의해서도 지각(요가 삼매로부터 생기한 지각)에 의해서도 알려지는 것, 또한 불의 존재가 성언량이나 추리 그리고 지각에 의해서 알려지는 것, 이것에 반해서 '천국을 바라는 것은 아그니포트라를 행해야 한다'라는 것은 성언량에 의해서만 알려지고, 우레소리를 들었을 때 소리의 원인은 추론에 의해서만 알려지며, 손은 지각에 의해서만 알려진다는 것, 이와 같은 사례를 제시하고 있다."(T.330)

234.

[반론]

두 인식의 선명함과 불선명함의 차이는 대상의 차이에 의한 것이 아니라 두 인식의 근거 차이 때문이다. 즉, 감관지각은 눈 등(외적 감관, 외관)을 근거로 하고, 언어에 의해서 생긴 인식은 의(내적 감관, 내관)를 근거로 한다.

[답론1]

만약 '동일한 대상이라고 해도 인식들이 다른 근거를 가지고 있기 때문에 그것(선명·불선명의 차이)이 있다'고 한다면 지금 귀 등의 지각들이 대상을 달리하는 것은 무엇에 의해서[결정되는 것]인가?

ekārthatve api buddhīnāṃ nānāśrayatā sa cet/
śrotṛādicittāni idānīṃ bhinnārthāni iti tat kutaḥ//(k.234)

案

대론자는 인식의 선명함과 불선명함은 대상의 차이에 기인하는 것이 아니라 인식수단의 차이에 기인한다고 한다. 가령 눈에 의한 지각(시각)과 귀에 의한 지각(청각)의 현현의 차이는 시각과 청각의 근거인 눈과 귀의 차이에 기인한다는 것이다. 요컨대 대상은 동일하지만 근거의 차이에 의해 눈의 지각의 현현과 귀의 지각의 현현의 차이가 발생한다는 것이다. 나아가 대론자는 감관지각 내에서의 차이뿐만 아니라 감관지각과 언어에 의한 인식의 현현의 차이도 대상의 차이가 아니라 근거의 차이, 즉 감관지각은 감관, 언어에 의한 인식은 언어라는 근거의 차이에 의거한다는 것이다. 이러한 주장은 결국 귀의 지각의 대상과 눈의 지각의 대상이 동일하며, 아울러 감관지각의 대상과 언어에 의한 인식의 대상도 동일하다는 전제에 입각해 있는 것이다. 그런데 사실은 시각의 대상은 색깔 있는 모양이며 청각의 대상은 소리이며, 나아가 감관지각의 대상은 자상이며 언어에 의한 인식의 대상은 공상이기 때문에 시각과 청각의 현현의 차이 그리고 감관지각과 언어에 의한 인식의 현현의 차이는 대상의 차이에 의한 것이지 인식수단의 차이에 기인하는 것은 아니다.

235.

[답론2]

실로 이 동일한 현실적 존재에 있어서 인식의 근거가 각각 다르게 생긴다고 하지만, 형상을 달리하는 현현을 갖는 색깔 있는 모양은 어떻게 있을 수 있는가?

jāto nāma āśrayo anyonyaś cetasāṃ tasya vastunaḥ/
ekasya eva kuto rūpaṃ bhinnākārāvabhāsi tat//(k.235)

案

동일한 현실적 존재를 대상으로 근거를 달리하는 인식이 발생한다고 했을 때, 어떤 인식은 선명하게 또 다른 인식은 불선명하게 현현한다고 하는 것이 어떻게 가능한가? 따라서 감관지각과 언어에 의한 인식의 선명함과 불선명함의 차이는 인식수단의 차이에 기인하는 것이 아니라 대상의 차이에 근거하는 것이라 할 수 있다.

236.

[반론]

감관지각에는 대상이 선명하게 현현하고 언어에 의해서 생기는 인식에는 대상이 불선명하게 현현한다고 하지만, 두 대상을 동일시하는 재인식은 있는 것이 아닌가? 가령 어떤 동물을 눈으로 지각하고 그 뒤 "이것은 '뿔 등을 가진 것은 소라고 불린다'라고 들었던 그것이다"라는 앎(재인식)이 생긴다. 즉, '이것'(감관지각의 대상)과 '저것'(언어를 듣고서 생긴 대상)을 동일시하고 있는 것이다.

[답론]

언어표현이나 분별[적 인식]은 지각대상을 직접적으로 접촉하지 않고서(언어표현이나 분별적 인식은 감관지각의 대상과 직접적인 관계도 없이) 생기기 때문에, 소 등을 지각한 [뒤에 생기는] 재인식은 전도[된 인식]이다.

vṛtter dṛśyāparāmarśena abhidhānavikalpayoḥ/
darśanāt pratyabhijñānaṃ gavādīnāṃ nivāritam//(k.236)

案
과거에 언어에 의해 알려진 대상과 현재 순간 감관에 의해서 지각된 대상과의 동일성을 결정하는 재인식은 전도된 착오이다. 왜냐하면 언어에 의해 알려진 대상과 감관지각의 대상은 전혀 동일한 대상이 아니기 때문이다. 이와 같이 233송에서 236송까지 다르마키르티는 언어의 대상으로서 공상이 실재한다고 간주하는 대론자의 견해를 인정한다고 해도 그 언어의 대상인 공상이 감관지각의 대상인 것은 이론적으로 있을 수 없다고 논하고 있다

237.

[반론]

감관지각의 대상임과 함께 언어에 의해서 생기는 앎의 대상이기도 한 공상은 실재한다. 가령, '소'라는 언어표현 내지 분별이 개개의 소에 수반하기 때문에 개개의 소에 소의 보편(우성)이 실재한다. 즉, 공상은 실재한다.

[답론1]

또한 [당신은] 언어나 분별[적 인식]이 수반하는 것에 근거하여 지각대

상인 소 등에 대해서 보편 등[이 실재한다는 것]을 추론하지만, 그것은 또한 이것(언어표현이나 분별적 인식은 지각되는 개체를 인식하는 것 없이 작용한다는 것)에 의해서 논박되었다.

anvayāc ca anumānaṃ yad abhidhānavikalpayoḥ/
dṛśye gavādau jātyādes tad apy etena dūṣitam//(k.237)

案

대론자는 공상이 현실적 존재 차원에서 실재한다는 것을 전제한다. 그렇기 때문에 언어표현이나 분별적 인식이 대상은 현실적 존재 차원에서의 공상이다.

238.

[답론2]

'실로 지각들은 [서로] 다르지만, 재인식이라 불리는 하나의 분별[적 인식]을 본질적으로 생기게 한다'라고 이미 기술했다.

darśanāny eva bhinnāny apy ekāṃ kurvanti kalpanām/
pratyabhijñānasaṃkhyātāṃ svabhāvena iti varṇitam//(k.238)

案

재인식은 과거의 지각과 현재의 지각이 서로 다르지만, 두 지각에 의해서 추상된 공상은 같기 때문에 생기는 것이다. 다르마키르티는 『프라마나바르티카』 자기를 위한 추론에서 다음과 같이 말한다. "또한 어떻게 해서 서로 다른 여러 자상들이 동일한 결과를 만들어 내는가? 만약 동일한 결과를 만들어 내는 것이라면 그것에 근거해서 그것 이외의 다른 것

(그 결과를 만들어내지 못하는 것)과 공통적으로 서로 다르기 때문에 차이가 없다고 말해질 수 있다. 이 의문에 답한다. 여러 존재들(자상)에 다음과 같은 본성이 존재한다. 어떤 것은 서로 다르지만 하나의 판단적 인식 내지 대상적 앎 등을 동일한 목적으로 성취하는 것처럼 본성상 정해진다. 가령 눈 등이 하나의 색깔에 대한 지각을 낳는 것처럼. 가령 눈과 대상 그리고 빛과 작의가 하나의 색깔에 대한 지각을 낳는 것처럼. 대론자의 사고에 의하면 아트만, 감관, 마나스, 대상 혹은 그것들 접촉이 그들 존재에 확정되어 있는 공상이 없다고 해도 하나의 색깔 있는 모양의 지각을 낳는 것처럼. 이와 같이 서로 다른 싱사빠나무 등도 상호 간에 공통하지 않지만 본성상 나무라는 하나의 형상을 가진 하나의 재인식을 생기게 한다."(T.335)

VI. 지각의 종류

[디그나가의 견해]

이렇게 해서 우선 다섯 감관에 의해서 생긴 지각에 의한 앎[현량지]은 무분별이다. 대론자의 (잘못된) 견해를 (물리치는 것을) 염두에 두고서, 여기에 (지각의) 종류의 구별을 행하지만, (그들도) 모두 무분별이다. 즉, 의(意)에 속한 대상인식과 탐욕 등의 자기인식도 무분별이다. 의(意)에 속하는 앎(manāsa)도 색 등을 인식대상으로 하여 직접적 경험의 형상을 행할 때, 실로 무분별이다. 탐(貪), 진(瞋), 치(痴), 락(樂), 고(苦) 등은 감관에 의존하지 않기 때문에 의에 속하는 자기인식인 지각이다. 마찬가지로 스승의 교설을 벗어난 요가수행자의 대상만의 지각(도 현량이다.) 성전(āgama)에 근거한 분별이 혼입하지 않은 대상에 대한 요가수행자들의 지각도 현량(現量)이다. 만약 탐욕[貪] 등이 자기인식(지각)이라면, 분별지도 지각일 것이라고 한다면 그것은 바르다. 분별도 또한 자기인식(지각)이라 인정된다. 그러나 대상에 관해서는 [그것은 지각이라고 인정]되지 않는다. 왜냐하면 분별이 있기 때문이다. 그것이 대상에 관해서[인 앎의 경우]는 탐욕 등과 같은 지각은 아니지만, 자신을 인식하는 (자증하는) 경우는 분별은 없기 때문에 [그것을 지각이라 인정하는 것에]

오류는 없다. 그와 같이 그것들은 지각(현량)이다.(T.337)

案

디그나가는 지각을 5종으로 나눈다. 즉, 첫째 감관지각, 둘째 의근에 의한 인식(의식), 셋째 탐욕 등의 자기인식, 넷째 요가수행자의 직관, 다섯째 분별의 자기인식이다. 다르마키르티는 238송까지 지각의 무분별을 입증할 때 주로 감관지각을 예로 들었다. 239송 이후에서는 감관지각을 제외한 4종의 지각을 상세하게 논하고 있다.

1. 의식

의식의 대상과 감관지각의 대상과의 관계

239.

[반론]

의근에 의한 인식(의식)은 감관지각의 대상이었던 것을 대상으로 하는 것인가, 별개의 것을 대상으로 하는 것인가?

[답론]

만약 의[근에 의한 인]식은 [감관지각에 의해서] 이전에 직접적으로 경험된 것을 파악한다고 한다면, 인식수단이 아닐 것이다. [왜냐하면 이러한 주장은 '인식수단은 미지의 대상을 밝히는 것'이라는 정의를 위배하기 때문이다.] 또한 [감관지각에 의해] 이전에 인식되지 않았던 것을 파악한다고 한다면 [감관지각을 결여한] 맹인 등도 대상을 [의근에 의해 외계의 대상을] 인식하게 될 것이다.

pūrvānubhūtagrahaṇe mānasasya apramāṇatā/
adṛṣṭagrahaṇe andhāder api syād arthadarśanam//(k.239)

案

다르마키르티는 인식수단을 두 가지로 정의한다. 하나는 바른 인식수단이기 위해서는 그것이 정합적인 인식이어야 하며 또 하나는 미지의 대상에 대한 인식이어야 한다. 그런데 의근에 의한 인식이 감관지각에 의해서 이전에 직접적으로 경험된 것을 파악한다면, 다시 말해 감관지각의 대상과 의근에 의한 인식의 대상이 동일하다면 바른 인식의 정의를 어기게 되어 인식수단이라 할 수가 없다. 또한 의근에 의한 인식이 감관지각의 대상과 다른 것, 즉 감관지각에 의해서 지각되지 않은 것을 파악한다고 한다면, 감관지각을 결여한 맹인이 외계대상의 색깔 있는 모양[色]을 인식할 것이며 감관지각을 결여한 농아가 외계대상의 소리를 들을 것이다. 하지만 실제로는 의근에 의한 인식의 능력을 갖고 있으나 감각기관을 결여한 맹인이나 농아는 외계대상의 색깔 있는 모양을 볼 수가 없으며 외계대상의 소리를 들을 수가 없다.

240.

[반론]

의근에 의한 인식은 감관지각의 대상이었던 것을 대상으로 하는가? 다시 말하면 의근에 의한 인식은 상주를 본질로 하는 것을 대상으로 하는가?

[답론1]

[감관지각의 대상인] 과거의 존재가 [다음 찰나까지 존속하여 '의근에 의한 인식'(의식, 의근지각)에 의해서] 인식될 수는 없다. 왜냐하면 [감관지각의 대상은] 찰나멸[하는 존재]이기 때문이다. 만약 [감관지각의 대상인 과거의 존재가] 찰나멸[하는 것]이 아니라고 한다면, [다음 세 가지 오류를 범하게 될 것이다. 첫째 '의근에 의한 인식'(의근지각)은 감관지각의 대상이었던 것을 파악하는 것이 되기 때문에 "인식수단은 아직 파악되지 않은 미지의 존재에 대한 인식이다"라는 인식수단의 제2의 정의를 위배하는 것이다. 게다가 또한 '의근에 의한 인식'(의근지각)을 인식수단이라고 간주한다면 의근에 의한 인식에 관해서는 '이미 알려진 것을 대상으로 하지만'과 같은] 특수한 예외 규정이 제시되어야 할 것이다.

kṣaṇikatvād atītasya darṣane ca na sambhavaḥ/

vācyam akṣaṇikatve syāl lakṣaṇaṃ saviśeṣaṇam//(k.240)

241.

[답론2]

[둘째, 어떤] 대상에 관해서 [그것의 인식이라는] 작용이 [어떤 감관지각에 의해서] 완료될 경우, [뒤의] 감관지각이나 다른 것(의근에 의한 인식)은 [새롭게] 어떤 특수상을 부여할 수 없다. [따라서 그것들은] 어떻게 해서 성취수단이라고 인정될 수 있는가?

niṣpāditakriye kañcid viśeṣam asamādadhat/

karmaṇy aindriyam anyad vā sādhanaṃ kim iti iṣyate//(k.241)

242.

[답론3]

그리고 [셋째] 그 [상주성을 본질로 하는] 존재로부터 생기는 모든 인식은 동시에 생겨야만 할 것이다. [따라서 만약 감관지각과 의근에 의한 인식이 동시에 상주성을 본질로 하는 존재를 대상으로 한다면, 그것들은 동시에 생겨야 할 것이다. 그러나 감관지각과 의근에 의한 인식이 같은 대상에 대해서 동시에 생기는 것은 인정되지 않는다. 만약 상주성을 본질로 하는 존재도 인식을 생기게 하기 위해서는 다른 보조인을 필요로 하기 때문에 다른 원인의 유무에 의해서 인식의 생성과 불생성이 있다고 한다면 그것은 바르지 않다.] 왜냐하면 [상주성을 본질로 하는 존재는] 다른 것(원인)에 의해서 차이화[하는] 작용을 하지 못함에도 불구하고, 그것(다른 보조인)을 필요로 한다는 것은 모순이기 때문이다.

sakṛd bhāvaś ca sarvāsāṃ dhiyāṃ tadbhāvajanmanām/
anyair akāryabhedasya tadapekṣāvirodhataḥ//(k.242)

案

위의 240, 241, 242송은 의근에 의한 인식은 감관지각의 대상이었던 것을 대상으로 하는가에 대한 질문을 찰나멸 이론으로 답변한 것이다. 만약 대상이 찰나멸하는 것이 아니라 상주하는 것이라고 한다면 다음의 세 가지 오류를 범하게 될 것이다. 첫째는 의근에 의한 인식은 감관지각의 대상이었던 것을 인식하는 것이기 때문에 그 인식은 인식수단(프라마나)일 수가 없다. 왜냐하면 인식수단의 두 개의 정의 가운데 제1의 정의를 위배하기 때문이다. 둘째는 상주를 본질로 하는 대상에 대한 인식작용이 완료되었을 경우, 그 인식 다음에 오는 감관지각이나 다른 인식이 그 대상에 어떠한 특수상도 부여할 수가 없다. 왜냐하면 '어떤 도끼에 의해서 이미 절단된 나무에 대해서 뒤의 다른 도끼가 그 어떠한 작용도 할 수 없는 것과 같이' 이미 파악된 상주하는 대상에 다시 뒤의 감관지각이나 다른 인식이 작용할 여지가 없기 때문이다. 셋째는 상주를 본질로 하는 대상이 인식을 생성시키기 위해서는 다른 보조 원인을 필요로 한다. 그렇게 되면 상주를 본질로 하는 존재는 그 어떠한 것에도 의지하지 않는다는 정의를 어기게 되어 결국은 상주를 본질로 하는 존재가 아닌 것이 된다.

243.

[반론]

감관지각의 대상이었던 것이 다음 찰나에까지 지속하여 의식의 대상이 되는 것이다.

[답론]

[그렇지 않다.] 그러므로 의[근에 의한 인]식은 [감관지각의 대상이었던 것과는] 다른 대상만을 파악하며, 감관지각을 등무간연(等無間緣)으로 하여 생긴다. 따라서 [감관지각을 결여한] 맹인은 [외계]대상을 [직접적으로] 파악할 수는 없다.

tasmād indriyavijñānānantarapratyayodbhavaḥ/
mano anyam eva gṛhṇāti viṣayaṃ na andhadṛk tataḥ//(k.243)

244.

[반론]

의식이 감관지각의 대상이었던 것과는 별개의 존재를 대상으로 하는 것이라면 그 경우, 의식은 전혀 제멋대로인 대상을 인식하는 것으로 되는 것은 아닐까? 가령, 색깔 있는 모양에 대한 지각 직후에 의식이 소리 등을 인식한다고 하는 것과 같이.

[답론]

감관에 의해서 생기는 인식이 원인(등무간연)이 되어 [의근에 의한 인식을 생기게 하기 위해서는] 감관지각 자신의 대상에 수반하여 [다음 순간에 생긴] 대상만이 필요하다. 따라서 그것(의근에 의한 인식)은 [감관지각의 대상인 것과는] 다른 것을 파악한다고 할지라도, 한정된 대상을 갖는다고 생각된다.

svārthānvayārthāpekṣā eva hetur indriyajā matiḥ/
tato anyagrahaṇe apy asya niyatagrāhyatā matā//(k.244)

案

감관지각의 대상으로부터 수반해서 생기는 것이 의근에 의한 인식의 대상이 되는 것이지, 이전의 감관지각의 대상과 무관한 모든 것이 무한정적으로 의근에 의한 인식의 대상이 되는 것은 아니다. 이렇게 찰나멸을 본질로 하는 대상과 그것에 의해 생기는 감관지각 그리고 이것들을 인연으로 의근에 의한 인식이 생기는 과정을 그림으로 제시하면 다음과 같다.

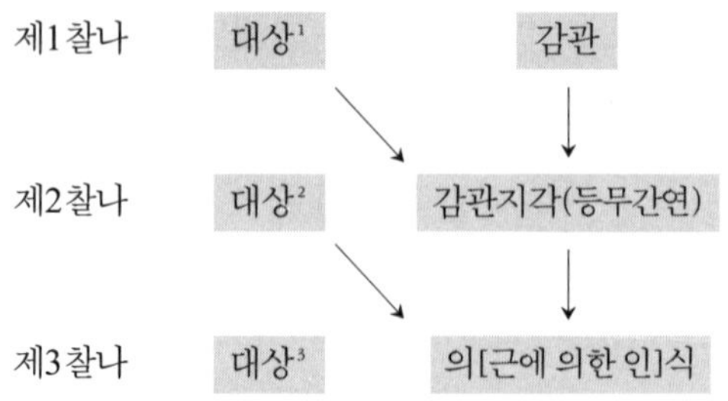

의[근에 의한 인]식과 그 대상과의 시간적 관계

245.

[반론]

'[의근에 의한 인식(의근지각)의] 대상은 자기의 인식(의근에 의한 인식)과 동시[적 존재]이며, 그것(감관지각)과 작용의 시간을 달리하는데, 어떻게 [의근에 의한 인식의 대상은] 감관지각의 공동[인이 되어 의근에 의한 인식을 생기게]할 수 있는가'라고 한다면?

tad atulyakriyākālaḥ kathaṃ svajñānakālikaḥ/
sahakāri bhaved artha iti ced akṣacetasaḥ//(k.245)

案

이렇게 대상과 인식이 동시에 존재한다는 것을 '인식과 대상의 동시설'이라 한다. 이 설에 의하면 우리가 태양을 볼 때 지금 보고 있는 태양이라는 대상과 태양에 대한 나의 인식이 동시라는 것을 주장하는 것이다. 그림으로 제시하면 다음과 같다.

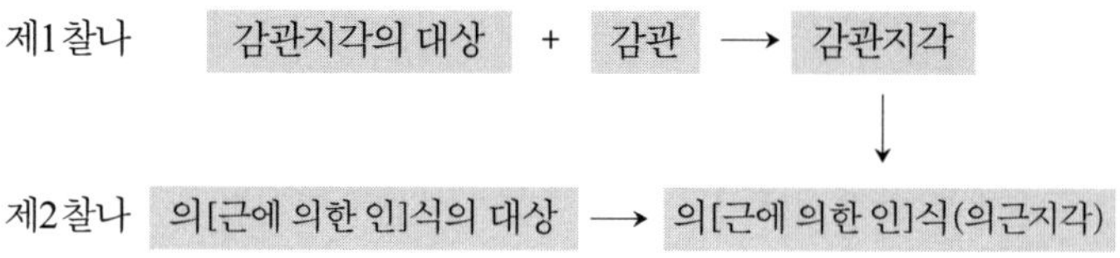

이 그림에 의하면 감관지각과 의[근에 의한 인]식은 어떠한 관계도 없다. 이렇게 되면 모든 것이 무한정으로 의[근에 의한 인]식의 대상이 될 것이다. 그러나 이것은 우리의 경험과 배치되는 것이다.

246.

[답론]

모든 원인들은 [결과의 생성보다] 이전에 존재한다. 왜냐하면 [결과의 생성보다] 이전에 존재하지 않는 것은 [결과의 생성에 대해서 인과적 효과의] 능력이 없기 때문이며, 또한 [결과의 생성과 동시에 있는 것은 자기의 생성과 동시에 결과도 생성하기 때문에 그것이] 뒤에 작용할 여지는 없다. 따라서 [의근에 의한 인식의] 대상(원인)은 자기의 인식(의근에 의한 인식, 결과)과 동시에 존재하지 않는다.

asataḥ prāg asāmarthyāt paścād va anupayogataḥ/
prāgbhāvaḥ sarvahetūnāṃ na ato arthaḥ svadhiyā saha//(k.246)

案

이렇게 전 찰나의 대상이 후 찰나의 인식을 생기게 한다는 것을 '인식과 대상의 이시설'이라 한다. 다시 태양에 대한 지각의 비유를 들면 우리가 지금 보고 있는 태양이라는 대상과 태양에 대한 인식은 동시(同時)가 아니라 이시(異時)이다. 왜냐하면 지금 보고 있는 태양은 사실은 8분 전의 태양이기 때문이다. 우리는 어쩌면 칸트가 말하는 물자체(Ding ansich)를 직접 인식한다는 것은 불가능하다는 것을 깨달아야 한다. 다만 물자체에 의해 우리에게 진입한 그것의 형상을 인식할 뿐이다. '인식과 대상의 이시설'을 그림으로 제시하면 다음과 같다.

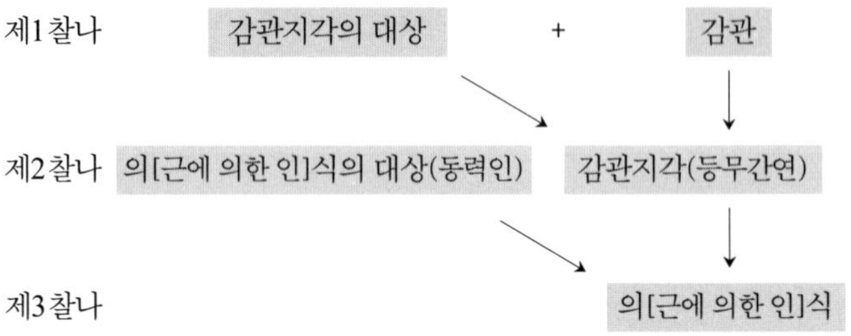

247.

[반론]

앎은 어떻게 해서 시간을 달리하는 대상, 즉 전 찰나의 대상을 파악하는가?

[답론1]

만약 시간을 달리하는 것이 어떻게 파악될 수 있는가? 라고 한다면, 이치에 통한 합리적인 인간은 실로 인식에 형상을 부여할 [인과적 효과의] 능력이 있는 원인만이 파악되는 것이라고 안다.

bhinnakālaṃ kathaṃ grāhyam iti ced grāhyatāṃ viduḥ/
hetutvam eva yuktijñā jñānākārārpaṇakṣamam//(k.247)

248.

[답론2]

실로 결과[인 인식]는 다수의 [최초의] 원인을 갖는다고 해도, [그 다수의 최초의 원인 가운데] 어떤 것[이 객관적 원인이 되어 그것]에 의해 생성할 때, '그것(인식)이 그것(객관적 원인인 존재)에 의해 주어진 그것의 형상을 갖는다'라든가 '그것(객관적 원인인 존재)은 그것(인식)에 의해서 파악된다'라고 말해진다.

kāryaṃ hy anekahetutve apy anukurvad udeti yat/
tat tena arpitatadrūpaṃ gṛhītam iti ca ucyate//(k.248)

案

아래는 서양의 유기체·과정 철학자인 화이트헤드의 주석자 중 한 사람인 셔번이 『과정과 실재』에 나오는 '단순한 물리적 느낌'을 설명하기 위한 그림이다.

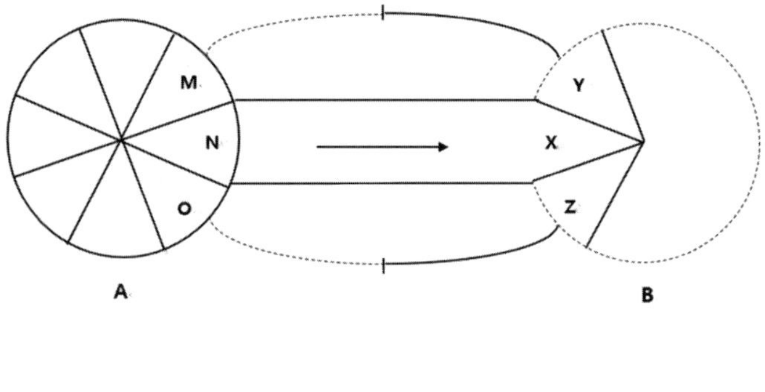

이 그림의 설명은 다음과 같다. "단순한 물리적 느낌이 형성되기 위해서는 선행하는 현실적 존재[A]와 후행하는 현실적 존재[B]가 존재해

야 한다. 후행하는 현실적 존재는 XYZ 등의 느낌으로 구성되고, 선행하는 현실적 존재는 MNO 등의 느낌으로 구성된다. 느낌으로 말하면 A는 느껴진 것이며, B는 느껴 가는 것이다. X는 단순한 물리적 느낌이며, A는 X의 생성을 위한 최초의 여건이며, A를 구성하는 느낌인 N은 X의 생성을 위한 객체적 여건이 된다. 따라서 현실적 존재 B는 N을 객체적 여건으로 하여 생성된 단순한 물리적 느낌인 X를 통해 현실적 존재 A를 느끼는 것이다."(D. Sherburne, *A Key to Whitehead's Process and Reality*, p.10)

이 그림을 근거로 248송을 비교해서 설명하면 지각의 구조가 보다 선명해질 것이다. 화이트헤드가 말하는 '단순한 물리적 느낌'은 다르마키르티의 직접적 지각(현량)이다. '결과적 인식'은 'x', '최초의 원인'은 m, n, o, A는 전찰나의 지각대상, B는 A에 의해 형성된 다음 찰나의 지각이다. "그것이 그것에 의해 주어진 그것의 형상을 갖는다"는 "B는 A에 의해 주어진 그것의 형상을 갖는다"이며, "그것은 그것에 의해 파악된다"는 "A는 B에 의해 파악된다"와 같은 의미이다.

2. 즐거움 등의 자기인식

즐거움 등의 자기인식의 무분별성

249.

[반론]

즐거움 등의 자기인식(마음작용)은 유분별인가 아니면 무분별인가?

[답론]

즐거움 등[의 자기인식(마음작용)] 자체는 언어[에 의한 사회적] 약속이 불가능하다. 왜냐하면 [즐거움 등의 자기인식(마음작용) 자체는] 다른 것에 의존하지 않기 때문이다. 따라서 그들 자기인식은 언어와 결합하지 않는다.

aśakyasamayo hy ātmā sukhādinām ananyabhāk/
teṣām ataḥ svasaṃvittir na abhijalpānuṣaṅgiṇī//(k.249)

案

즐거움이나 괴로움 그리고 탐욕이나 성냄 등의 마음작용[心所]은 자기가 자기를 인식하는 것, 즉 자기인식이다. 이 자기인식의 대상은 다른 순간에는 존재하지 않는 찰나적 존재이기 때문에 자상이다. 따라서 즐거움 등의 자기인식에는 '사회적 약속의 기억을 원인으로 하여 대상과 알려진 언어를 결합하는 것을 본질로 하는 명언 분별'은 있을 수 없다. 그러므로 즐거움 등의 자기인식은 무분별지각이다. 데벤드라붓디는 다음과 같은 추론식으로 탐욕 등의 마음작용이 무분별임을 논증한다.(T.349)

[대전제] A가 B에 관한 사회적 약속을 파악하지 않을 때 A는 B에 관해서 무분별이다. 가령 향기에 관한 안식(眼識)과 같다.

[소전제] 탐욕 등의 자기인식은 사회적 약속을 파악하지 않는다.

[결론] 탐욕 등의 자기인식은 무분별이다.

바이세시카학파 · 니야야학파의 설을 논파하다

250.

[반론]

어떤 지자들은 “그것(즐거움 등의 자기인식[마음작용])들은 다른 것을 인식할 수 없는데도 어떻게 자기의 형상을 인식할 수 있는가? [그것들은] 단일한 것을 근거(아트만)로 하는 인식에 의해서 알려진다”라고 말한다.

avedakāḥ parasya api te svarūpaṃ kathaṃ viduḥ/
ekārthāśrayiṇā vedyā vijñānena iti kecana//(k.250)

案

다르마키르티는 즐거움 등의 자기인식(마음작용)은 자기가 자기를 인식하는 앎이라고 주장하는 반면 니야야·바이세시카학파라고 추정되는 대론자는 즐거움 등의 자기인식(마음작용)은 앎이 아닐 뿐만 아니라 즐거움 등의 자기인식(마음작용)과 별개의 존재인 앎에 의해 인식된다고 주장한다. 이들 어떤 지자(니야야·바이세시카학파의 논사)에 의하면 즐거움 등의 자기인식(마음작용)은 아(ātman)에 의거하고 그리고 같은 아트만에 의지하고 있는 앎[buddhi]에 의해 인식된다. 따라서 즐거움 등의 자기인식(마음작용)은 앎이 아니며 더구나 자기가 자기를 인식하는 작용 등도 있을 수 없다.

251.

[답론1]

그것을 형상으로 갖는 존재는 그것의 형상을 원인으로 해서 생기며, 그것을 형상으로 갖지 않는 존재는 그것의 형상이 아닌 것을 원인으로 하여 생긴다. [그런데] 인식과 다르지 않은 원인에서 생기는 즐거움 등[의 마음작용]은 왜 인식이 아닌가?

tadatadrūpiṇo bhāvās tadatadrūpahetujāḥ/
tat sukhādi kim ajñānaṃ vijñānābhinnahetujam//(k.251)

252.

[답론2]

그 대상·감관·주의[집중]의 각각은 [인과적 효과의] 능력을 가지고 존재할 때, 즐거움 등[의 자기인식(마음작용)]이 생기는 것도 경험적으로 알려진다. 그것[대상·감관·주의집중이 여건이 되어 즐거움 등의 자기인식(마음작용)을 낳는 것]은 의[근에 의한 인]식에 관해서도 그것은 마찬가지이다. [즉 의근지각도 대상·감관·주의집중이 여건이 되어 생긴다.]

sā arthe sati indriye yogye yathāsvam api cetasi/
dṛṣṭaṃ janma sukhādīnāṃ tat tulyaṃ manasām api//(k.252)

案

어떤 것의 차이는 그것의 원인의 차이에서 기인한다. 원인이 같다고 한다면 결과도 같다고 할 수 있다. 여기서 즐거움 등의 마음작용[心所]과 마음[心王]은 원인을 같이한다. 즉 마음[心王]이 감관·대상·주의집중을 원인으로 하여 생기고, 즐거움 등의 마음작용[心所]도 감관·대상·주의집중을 원인으로 하여 생긴다. 따라서 즐거움 등의 마음작용은 마음과 원인을 같이하기 때문에 마음이 앎이듯이 마음작용도 앎이어야 한다. 데벤드라붓디는 즐거움 등의 마음작용이 앎이라고 하는 것은 '본질로서의 추론인'에 근거한 추론임을 제시한다.(T.351)

대전제(추론인의 제2조건, 유례) : A가 B와 원인을 달리하지 않고서 생길 때, A는 B와 다르지 않은 본질을 갖는다. 가령 제1의 불과 원인을 달리하지 않고서 생기는 제2의 불과 같다.

소전제(추론의 제1조건) : 즐거움, 괴로움, 탐욕 등도 앎과 원인을 달리하지 않고서 생긴다.

결론 : 즐거움 등은 앎과 다르지 않은 본질을 갖는다.

253.

[반론]

동일한 원인을 갖는다고 해도 잠재력(saṃskāra) 등이 즐거움 등을 규제하기 때문에 즐거움 등은 인식[앎]이 아니다.

[답론]

그것들(감관·대상·주의집중)이 존재하지 않는데 즐거움 등의 [마음작용이나] 앎[마음]이 생기거나 혹은 그들(감관·대상·주의집중)이 존재함에도 불구하고 즐거움 등의 [마음작용이나] 앎[마음]이 생기지 않는 것은 결코 경험되지 않는다. 따라서 그것(즐거움 등의 마음작용이나 앎)은 그것들(감관·대상·주의집중)로부터[생기는 것]이지, 다른 것(잠재력 등)에 의해서 [생기는 것은] 아니다.

asatsu satsu ca eteṣu na janmājanma vā kvacit/
dṛṣṭaṃ sukhāder buddher vā ta tato na anyataś ca te//(k.253)

254.

[반론]

원인이 같기 때문에 즐거움 등도 인식이라 간주한다고 해도, 그렇다면 괴로움 등의 상호 차이는 어떻게 존재하는 것인가?

[답론]

그리고 즐거움과 괴로움 등의 차이는 그것들(감관 등)의 차이(또는 특수자)에 기인한다. 가령, 인식[의 수습의 차이]에서 우둔함과 명민함을 확정할 수 없는 것[의 차이]과 같이.

sukhaduḥkhādibhedaś ca teṣām eva viśeṣataḥ/

tasyā eva yathā buddher māndyapāṭavasaṃśrayāḥ//(k.254)

255.

[반론]

즐거움 등의 자기인식(마음작용)은 즐거움 등의 자기인식(마음작용)과 동시에 존재하는 다른 앎(감관지각)에 의해서 인식된다.

[답론]

[여성 등] 어떤 대상이 인접해 있음으로 인해 그들 [감관에 의한] 앎과 즐거움 등[의 자기인식(마음작용)]이 생기는데, 어떻게 해서 그것(감관지각)은 그것(감관대상)을 떠나서 즐거움 등[의 자기인식(마음작용)]만을 인식할 수 있는가?

yasya arthasya nipātena te jātā dhīsukhādayaḥ/

taṃ muktvā pratipadyeta sukhādīn eva sā katham//(k.255)

案

반론에 의하면 대상이 가까이 있을 때 감관지각과 즐거움 등이 생기고, 그 감관지각에 의해 즐거움 등이 인식된다고 하는 것이다. 이것을 그림으로 제시하면 다음과 같다.

제1찰나	대상		
제2찰나	즐거움	→	감관지각(감관지각이 즐거움을 인식한다)

그런데 만약 눈앞에 아름다운 꽃이 있다면 그 아름다운 꽃의 형상에 대해서 눈의 지각과 즐거움이 동시에 발생할 것이다. 그때 눈의 지각은 아름다운 꽃의 형상에서 생기기 때문에 그 꽃의 형상을 파악한다고 말할 수 있을 것이다. 그러나 그 눈의 지각은 즐거움 등에서 생긴 것은 아니기 때문에 즐거움을 파악한다고 말할 수는 없다.

256.

[반론]

즐거움 등의 자기인식(마음작용)은 뒤에 생기는 다른 앎에 의해서 인식된다고 할 때, 이 대상의 앎과 즐거움 등의 앎의 관계에 관해서 세 가지 견해가 있을 수 있는데, 그 첫째가 바로 제1찰나에 대상이 존재하고 제2찰나에 즐거움 등의 자기인식(마음작용)과 대상인식인 감관지각이 생기고, 다음 제3찰나에 즐거움에 대한 앎(아트만과 붓디의 결합에 의해 생긴 앎)이 생긴다는 것이다.

[답론]

만약 계시적으로 파악된다고 한다면, 그 인식은 연속해서 현현하지 않을 것이다. 만약 그것들이 신속하[게 생기]기 때문[에 마치 연속적인 것처럼 현현하는 것]이라고 한다면, 그것과 마찬가지로 [신속하게 생기는] 비인식은 왜 [연속하여 생기는 것으로 되지 않는가]?

avicchinnā na bhāseta tatsaṃvittiḥ kramagrahe/

tallāghavāc cet tattulyam ity asaṃvedanaṃ na kim//(k.256)

案

대론자의 반론을 그림으로 제시하면 다음과 같다.(T.355)

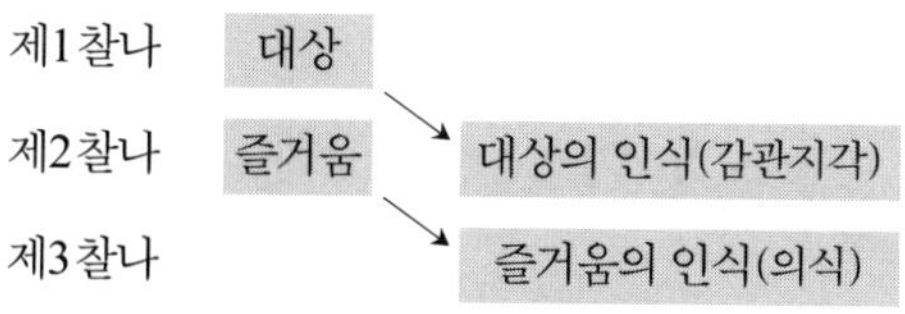

만약 '계시적으로 파악된다고 한다면',

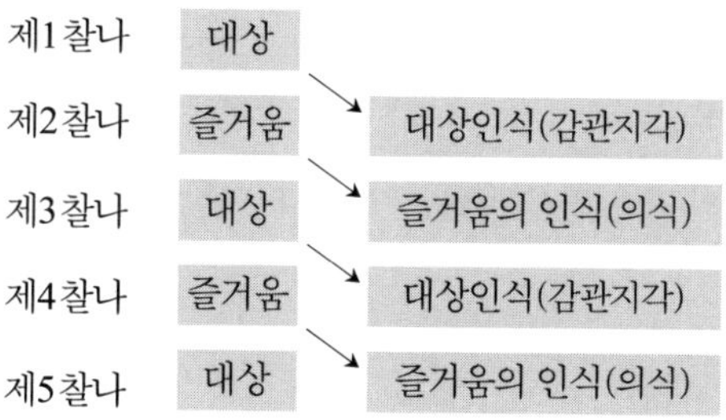

과 같이 대상인식과 즐거움의 인식이 단절되어 인식되는데 사실 우

리는 눈앞에 있는 아름다운 꽃을 보면서 동시에 즐거움을 경험한다. 따라서 대론자의 주장은 우리의 일상적 경험과는 배치된다.

만약 '신속하게 생기기 때문이라고 한다면',

제1찰나	대상
	↓
제2찰나	대상인식(감관지각)
	↓
제3찰나	대상비인식(대상의 존재에 대한 비인식)
	↓
제4찰나	대상인식(감관지각)
	↓
제5찰나	대상비인식(대상의 존재에 대한 비인식)
	↓
제6찰나	대상인식(감관지각)

대상인식의 경우 대상인식이 계시적으로 생기지만 신속하게 작용하기 때문에 연속하는 것처럼 경험된다면, 대상비인식도 마찬가지로 계시적으로 생기지만 신속하게 작용하기 때문에 연속하는 것처럼 경험될 것이다. 그런데 그와 같은 경우는 있을 수 없다. 또한,

제1찰나	대상
	↓
제2찰나	즐거움
	↓

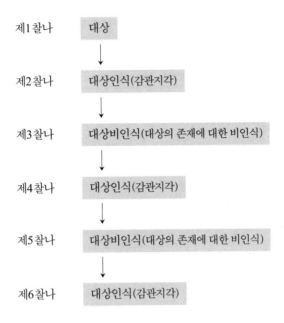

제3찰나 즐거움의 인식

↓

제4찰나 즐거움의 비인식

↓

제5찰나 즐거움의 인식

↓

제6찰나 즐거움의 비인식

즐거움의 인식의 경우 즐거움의 인식이 계시적으로 생기지만 신속하게 작용하기 때문에 연속하는 것처럼 경험된다면, 즐거움의 비인식도 마찬가지로 계시적으로 생기지만 신속하게 작용하기 때문에 연속하는 것처럼 경험될 것이다. 그런데 그와 같은 경우는 있을 수 없다. 따라서 위의 두 경우 모두 신속하게 작용하기 때문에 연속적으로 느낀다는 우리의 경험적 사실에 대한 근거가 될 수가 없다.

257.

[반론]

즐거움 등의 자기인식(마음작용)은 뒤에 생기는 다른 앎에 의해서 인식된다고 할 때, 이 대상의 앎과 즐거움 등의 앎의 관계에 관해서 세 가지 견해 즉, 첫째 최초에 대상에 관한 감관지각이 생기고 다음에 즐거움 등의 자기인식(마음작용)이 생기는 것, 둘째 하나의 감관지각이 대상을 인식함과 동시에 즐거움 등도 인식하는 것, 셋째 대상의 인식(감관지각)과 즐거움 등의 인식(의식)이 동시에 생기는 것 등이 있을 수 있다.

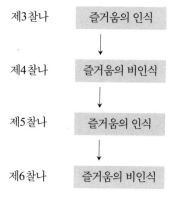

[답론]

또한 하나[의 감관지각]에 의해 [대상과 즐거움 등의 자기인식(마음작용)] 두 가지를 [동시에] 인식할 수는 없다. 왜냐하면 감관에 의한 인식은 [대상을 파악하는 것으로 그 인과적 효과의 능력이] 한정되어 있기 때문이다. 그리고 즐거움 등이 존재하지 않는 경우에도 [감관에 의한 인식은] 대상으로부터 생긴다. 왜냐하면 그것[즐거움 등의 자기인식(마음작용)]은 [감관에 의한 인식을 생기게 하는 인과적 효과의] 능력이 확립되어 있지 않기 때문이다.

na ca ekayā dvayajñānaṃ niyamād akṣacetasaḥ/
sukhādyabhāve apy arthāc ca jāteḥ tac śaktyasiddhitaḥ//(k.257)

案

대론자의 반론을 그림으로 제시하면 다음과 같다.(T.356)

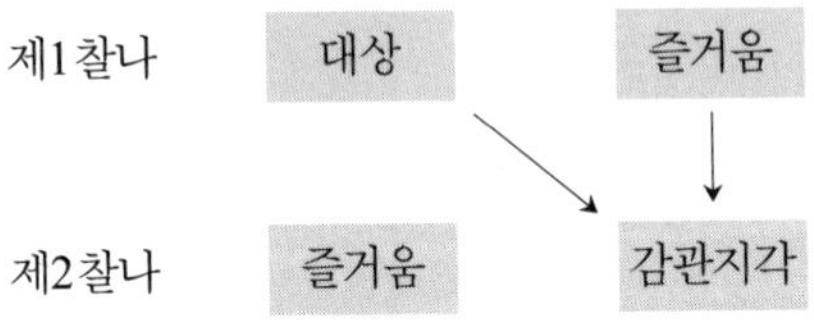

대론자에 의하면 아트만(我)과 의(意)에 의해서 생긴 앎에 의해서 즐거움 등이 인식되는 것이기 때문에 감관지각이 즐거움을 인식할 수 없다. 감관지각과 대상과의 관계는 대상이 존재하면 감관지각이 존재하고 대상이 존재하지 않으면 감관지각이 존재하지 않는다는 수반과 배제의 관계가 있기 때문에 감관지각에 의해서 대상이 파악되며 또한 대상을 원인으로 감관지각이 생기는 것이다. 하지만 즐거움과 감관지각 사이에는 수반과 배제의 관계는 성립하지 않는다. 따라서 즐거움 등은 감관지각의 원인이 아니다. 원인이 아닌 것은 인식대상이 될 수가 없다. 그러므로 감관지각이 대상과 함께 즐거움 등을 인식한다는 것은 있을 수 없다.

258.

[반론]

하나의 감관지각이 대상과 즐거움 등을 동시에 인식한다.

[답론1]

만약 [즐거움 등과 대상] 두 가지는 [하나의 인식의 생성에 대해서] 각각 다른 [인과적 효과의] 능력을 갖는다면, 푸른색 등과 같이 [어떤 경우에는] 즐거움만을 파악하게 될 것이다. [그러나] 실로 그것(즐거움)의 원인인 [외계]대상을 파악하지 않고서 그 인식[즐거움 등의 자기인식(마음작용)이 생기는 것]은 이치에 맞지 않다.

pṛthak pṛthak ca sāmarthye dvayor nīlādivat sukham/
gṛhyeta kevalaṃ tasya tadhetvartham agṛhṇataḥ//(k.258)
na hi saṃvedanaṃ yuktam

259.

[답론2]

만약 [당신은 감관지각이] 대상과 함께 [즐거움 등의 자기인식(마음작용)을 동시에] 파악하다고 한다면, 즐거움 등에는 [감관지각을 생기게 하는] 어떠한 [인과적 효과의] 능력이 있는가? [감관에 의한] 인식은 그것[즐거움 등의 자기인식(마음작용)]으로부터 생긴다는 것은 [당신도] 인정하지 않기 때문이다.

arthena eva sahagrahe/
kiṃ sāmarthyaṃ sukhādīnāṃ na iṣṭā dhīr yat tad udbhavā//
(k.259)

案
대상은 감관지각을 생기게 하는 인과적 효과의 능력을 갖고 있지만, 즐거움은 감관지각을 생기게 하는 인과적 효과의 능력을 갖고 있지 않다. 왜냐하면 즐거움의 원인인 대상의 파악 없이 즐거움만이 파악될 수는 없기 때문이다.

260.

[반론]
대상 없이 즐거움 등을 인식(감수)하는 것이 가능하다.

[답론1]
[외계]대상이 없이 눈 등[의 감관]으로 즐거움 등을 인식한다면(느낀다면), 여성 등 외모 등의 차이는 감관에 의해서는 결코 파악되지는 않을 것이다.

vinā arthena sukhādīnāṃ vedane cakṣurādibhiḥ/
rūpādiḥ stryādibhedo akṣaṇā na gṛhyeta kadācana//(k.260)

261-1.

[답론2]

만약 [아트만(我)에 의존하고 있는 즐거움 등의] 내적 부분인 대상에 [감관에 의한 인식을 생기게 하는 인과적 효과의] 능력이 있다고 한다면, [감관에 의한] 인식은 외계의 대상을 인식할 수 없을 것이다.

na hi saty antaraṅge arthe śakte dhīr bāhyadarśanī/(k.261-1)

案

위의 담론은 즐거움 등이 아트만(我)에 의지한다는 대론자의 반론에 대한 답론이다. "요컨대 색깔 있는 모양[色] 등의 대상은 외부경계이며 즐거움 등은 내부에 존재한다고 생각한다. 그 경우 만약 내부에 존재하는 즐거움 등이 감관지각의 생성에 대해서 인과적 효과의 능력을 갖는다면 감관지각은 내부의 즐거움만을 인식하는 것이 되며 외부의 색깔 있는 모양 등을 지각하는 것은 있을 수 없다."(T.358)

261-2.

[반론]

감관지각은 외계대상을 인식하고 즐거움 등은 대상에서 생긴다.

[답론]

[역으로 만약 그 감관에 의한 인식이 외계]대상을 파악한다고 한다면, 그것(외계대상)으로부터 생기는 즐거움 등[의 자기인식(마음작용)]을 파악할 수 없을 것이다.

arthagrahe sukhādīnāṃ tajjānāṃ syād avedanam//(k.261-2)

案

감관지각이 외계대상을 인식하고 즐거움 등이 대상에서 생긴다면 즐거움 등은 감관지각에 의해서 파악될 수가 없다. 왜냐하면 하나의 감관지각은 동시에 두 개의 대상을 인식할 수는 없기 때문이다.(T.358)

262.

[반론]

즐거움 등의 자기인식(마음작용)은 뒤에 생기는 다른 앎에 의해 인식된다고 할 때, 이 대상의 앎과 즐거움 등의 앎의 관계에 관해서 세 가지 견해가 있을 수 있는데, 그 셋째는 대상인식(감관지각)과 즐거움 등의 인식(의식)이 동시에 생긴다는 것이다. 즉, 감관지각이 생길 때 의식도 동시에 생기며, 그들 가운데 전자가 대상을 파악하고 후자가 즐거움 등을 감수한다.

[답론]

두 개의 인식[감관지각과 즐거움 등의 자기인식(마음작용)]이 동시에 존재하거나 [혹은 즐거움과 괴로움의 원인이 되는] 대상이 동시에 존재한다고 할 때, 즐거움과 괴로움의 두 가지 인식(느낌)은 동시에 있게 될 것이다. 왜냐하면 이런 혹은 저런 대상이 [동시에] 있을 수 있기 때문이다.

dhiyor yugapad utpattau tattadviṣayasambhavāt/
sukhaduḥkhavidau syātāṃ sakṛd arthasya sambhave//(k.262)

案

대론자의 반론을 그림으로 제시하면 다음과 같다.

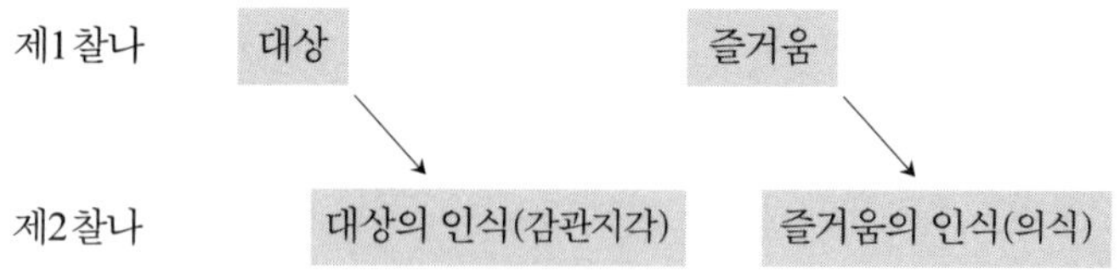

만약 대상과 즐거움이 동시에 존재하며 전자에 의해서 대상의 인식(감관지각)이, 후자에 의해서 즐거움의 인식이 생긴다고 한다면 다음과 같은 오류를 범할 것이다. 즉, 즐거움은 대상 없이는 생길 수가 없기 때문에 즐거움의 원인인 대상A가 존재하고 괴로움의 원인인 대상B가 가까이 존재한다면, 대상A를 원인으로 하는 즐거움의 인식과 대상B를 원인으로 하는 괴로움의 인식이 동시에 생길 수도 있을 것이다. 그러나 즐거움과 괴로움은 서로 모순하는 감정이기 때문에 동시에 생길 수가 없다. 따라서 동시에 존재하는 대상과 즐거움에 의해서 전자는 대상의 인식에 의해, 후자는 즐거움의 인식에 의해 파악된다고 할 수 없다.

263.

[반론]

만약 '[대상뿐만 아니라] 질료[인]인 내적 인식(等無間緣, 직전의 조건)도 현존할 때 괴로움 등이 생긴다. 그런데 일자인 그것(질료인인 내적 인식)이 모순하는 것(즐거움과 괴로움)의 질료[인]라고는 생각되지 않는다 [따라서 즐거움과 괴로움은 인식이 아니다]'라고 한다면?

saty āntare apy upādāne jñāne duḥkhādisambhavaḥ/
na upādānaṃ viruddhasya tac ca ekam iti cen matam//(k.263)

案

대론자의 반론은 다음과 같다. "대상이 존재하는 것만으로 즐거움과 괴로움 등의 마음작용이 생기는 것이 아니라 내적인 인식이 질료인으로서 갖추어져야만 즐거움과 괴로움 등의 마음작용이 생긴다는 것이다. 즉, 대상이 존재하고 동시에 내적인 인식이 질료인으로서 갖추어져 있어야만 즐거움과 괴로움 등의 마음작용이 생긴다. 또한 즐거움은 즐거움의 원인인 대상과 즐거움의 질료인인 내적인 인식이 있을 때 생기며, 괴로움은 괴로움의 원인인 대상과 괴로움의 질료인인 내적인 인식이 있을 때 생긴다. 따라서 즐거움과 괴로움이라는 모순된 감정은 동시에 생길 수가 없다."(T.360)

264.

[답론1]

[만약 그와 같이 내적 인식이 즐거움이나 괴로움의 질료인이라면 즐거움과 괴로움은 인식일 것이다.] 어떻게 해서 저 인식이 비인식의 질료인일 수 있는가? [왜냐하면 같은 종류의 존재만이 질료인이 될 수 있기 때문이다. 다른 종류의 존재에 대해서는] 증상(增上, 다른 것의 존립에 원인이 되는 모든 힘)을 행할 것이다. 그러나 그것(증상)은 모순하는 것에 대해서도 경험적으로 알려진다.

tad añānasya vijñānaṃ kena upādānakāraṇam/
ādhipatyaṃ tu kurvīta tadviruddhe api dṛśyate//(k.264)

案

대상에 의해서 대상의 인식(감관지각)이 생기고 내적인 인식(질료인)에 의해 즐거움이나 괴로움이 생긴다면, 그 내적인 인식은 인식, 즉 앎이어야 할 것이다. 왜냐하면 원인과 결과가 동류일 때 그 원인이 질료인이라고 말해지기 때문이다. 따라서 괴로움이나 즐거움 등의 마음작용도 인식, 즉 앎이다. 그런데 내적인 인식이 질료인이 아니라 능동인[동력인]이라고 한다면 즐거움과 괴로움 등의 마음작용은 앎이 아닐 것이다. 만약 내적인 인식이 능동인이라고 한다면 결과에 대해서 증상(增上)을 행할 것이다. 즉, 그것은 서로 모순된 것(즐거움과 괴로움)에 대해서 동시에 증상을 행할 것이다. 따라서 내적인 인식은 즐거움과 괴로움 등의 마음작용을 동시에 일으킬 것이다. 하지만 현실적 존재의 차원에서는 즐거움과 괴로움의 마음작용이 동시에 생기지는 않는다. 그러므로 내적인 인식은 능동인이 아니라 질료인, 즉 인식(앎)이다.

265.

[답론2]

가령, 동일한 빛이 야행성 동물의 눈에는 색깔 있는 모양의 지각에 결함으로 작용함과 동시에 그것 이외의 다른 [인간의] 눈에는 색깔 있는 모양의 지각에 결함이 없는 것으로 작용하는 것과 같다.

akṣṇor yathā eka āloko naktañcaratadanyayoḥ/
rūpadarśanavaiguṇyāvaiguṇye kurute sakṛt//(k.265)

案

예를 들면 빛은 동력인이기 때문에 야행성 동물의 눈에는 결함이나 장애로 작용하지만, 다른 동물이나 사람의 눈에는 결함이나 장애로 작용하지 않는 것과 같이, 내적인 인식도 즐거움이나 괴로움의 마음작용에 대해서 동력인이라고 한다면 동시에 즐거움과 괴로움이라는 모순된 감정을 낳을 수 있지만 실제로는 그러한 것은 경험되지 않는다. 따라서 내적인 인식은 앎, 즉 인식이다.

다르마키르티 자신의 학설

266.

[반론]

즐거움 등은 인식(앎)이 아니라 앎의 대상이다.

[답론1]

그러므로 즐거움 등[의 마음작용]은 스스로 이행하여 현현하는 대상들과 그리고 자기 자신을 인식하는 것이다. 그것(즐거움 등)들은 대상들로부터 생길 뿐이다.

tasmāt sukhādayo arthānāṃ svasaṃkrāntāvabhāsinām/

vedakāḥ svātmanaś ca eṣām arthebhyo janma kevalam//(k.266)

267.

[답론2]

실로 대상 [그] 자체는 그것(즐거움 등의 마음작용)들의 자기 자체 속에 내재하며, [마음작용 속에 내재하는 대상은] 그것(즐거움 등의 마음작용)들에 의해서 직접적으로 경험된다. 그것으로 인해 '대상이 직접적으로 경험된다'라고 표현된다. 그러나 [외계대상이 즐거움 등의] 외적 대상(所緣)[이라고 하는 것]은 [즐거움 등의 마음작용에] 그것이 현현한다는 것

(의미)이다.

arthātmā svātmabhūto hi teṣāṃ tair anubhūyate/
tena arthānubhavakhyātir ālambas tu tadābhatā//(k.267)

案

외계대상은 즐거움이라는 마음작용을 생기게 하는 원인이지만 대상에 자기의 형상을 투영하는 원인이기도 하다. 즐거움 등은 자신 속에 투영되어 있는 대상형상과 즐거움 자신의 형상을 직접적으로 경험한다. 이것이 즐거움의 자기인식 구조이다. 그런데 이와 같이 즐거움 등은 자신 속에 진입하고 있는 대상형상을 파악하는 것이지 외계대상을 파악하는 것은 아니다. 즐거움 등이 직접적으로 경험되는 것은 외계대상으로부터 즐거움에 진입한 것이다. "그래서 비유적 표현으로 '즐거움 등은 외계대상을 직접적으로 경험한다'라고 말할 수 있다. 또한 외계대상이 즐거움 등의 인식대상이라고 하는 것은 외계대상이 즐거움 등에 진입하여 자신의 형상을 현현한다는 것이다."(T.362)

상키야학파의 설을 논파하다

268.

[상키야학파의 반론]

즐거움 등은 외계에 존재하고 아울러 그것은 붓디의 대상이다.

[답론]

[상키야학파의] 어떤 사람은 '즐거움 등은 외계에[대상으로서]만 존재하

고, 비정신적인 것이며, 파악되는 대상이다'라고 말한다. 그[의 주장]에 의한다고 해도 [외계대상과 즐거움 등의] 두 가지를 동시에 파악한다는 것은 적절하지 않다.

kaścid bahiḥ sthitān eva sukhādīn apracetanān/
grāhyān āha na tasya api sakṛd yukto dvayagrahaḥ//(k.268)

案

상키야학파는 이원론적 실재론을 견지한다. 즉, 순수정신원리인 푸루샤(puruṣa, ātman)와 순수물질원리인 프라크리티(prakṛti, pradhāna)라는 두 개의 근원적 원리를 전제한다. 그리고 현상세계는 이 두 원리 가운데 순수물질원리인 프라크리티가 전변한 것이다. 그래서 상키야학파의 철학을 원리전변설이라 한다. 상키야학파의 경전 『상키야카리카』와 그 주석서를 근거로 그들의 세계전변설을 그림으로 제시하면 다음과 같다.

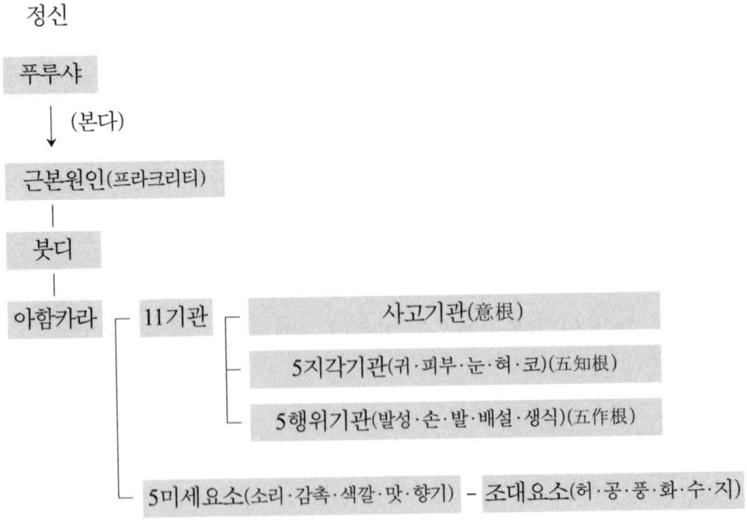

프라크리티 및 그것으로부터 전변한 현상세계는 모두 세 개의 요소, 즉 사트바(sattva), 라자스(rajas), 타마스(tamas)로 구성된다. 사트바는 기쁨, 라자스는 근심, 타마스는 어둠을 본질로 한다. 그런데 기쁨과 근심 그리고 어둠은 각각 즐거움과 괴로움 그리고 어리석음에 다름 아니기 때문에 모든 현상세계는 즐거움과 괴로움 그리고 어리석음이라는 세 개의 요소들로 구성되는 것이다. 순수물질원리인 프라크리티가 최초로 전변하여 붓디를 현현하는데 이 붓디는 아함카라와 의근 및 지근과 함께 작동하여 대상을 인식한다고 한다. 그리고 순수정신원리인 푸루샤는 순수정신으로 관조하는 자(draṣṭṛ)이며 순수물질원리가 전변한 모든 현상세계를 자신의 대상으로 한다. 이러한 상키야학파의 인식론을 정리하면 첫째, 즐거움 등을 구성요소로 하는 붓디가 즐거움 등을 구성요소로 하는 외계대상을 인식한다. 둘째, 즐거움 등을 구성요소로 하지 않는 푸루샤가 순수물질원리가 전변한 즐거움 등을 구성요소로 하는 현상세계 모두를 관조한다고 할 수 있다. 이러한 인식론에 의하면 즐거움 등은 외계에 존재하고 또한 외계대상과 함께 파악되는 것이다. 하지만 우리는 외계대상 없이 즐거움만을 느끼는 경우도 있다. 이러한 경험적 사실을 상키야학파의 논사도 인정해야 할 것이라고 다르마키르티는 주장한다.

269.

[반론]

즐거움 등은 대상의 구성 요소이기 때문에 대상을 파악함과 동시에 즐거움도 파악한다.

[답론]

푸른색 등은 즐거움 등과 형상의 측면에서 [본질적으로] 서로 다르지 않기 때문에 동시에 파악된다고 한다면, [앎에 현현하는] 형상이 다른 두 개의 앎에 의해 파악되는 것, 그것(푸른색과 즐거움)은 왜 차이가 없는 것인가?

sukhādyabhinnarūpatvān nīlādeś cet sakṛd grahaḥ/
bhinnāvabhāsinor grāhyañ cetasos tad abhedi kim//(k.269)

案

상키야학파의 논사에 의하면 푸른색 등의 대상과 즐거움 등이 형상의 측면에서 서로 다르지 않다. 하지만 푸른색에 대한 지각과 즐거움 등의 인식은 현현을 달리한다. 현현이라는 결과가 다르기 때문에 원인인 인식대상도 서로 다르다. 따라서 푸른색 등과 즐거움 등은 본질적으로 서로 다른 것이다. 데벤드라붓디는 다음과 같이 추론식으로 푸른색과 즐거움이 서로 다르다는 것을 논증한다.(T.365)

대전제(추론인의 제2조건, 비유): A가 B와 서로 다른 현현을 가진 앎에 의해서 파악될 때 A는 B와 서로 다르지 않은 것이 아니다. 가령 즐거움, 괴로움과 같다.

소전제(추론인의 제1조건): 푸른색과 즐거움도 서로 다른 현현을 가진 앎에 의해서 파악된다.

결론: 푸른색은 즐거움과 서로 다르지 않은 것이 아니다.

270.

[반론]

즐거움 등이 외계에 존재한다.

[답론]

그리고 외계[대상]이 차이가 없다고 한다면, 명상수행의 단계적 차이에 근거한 기쁨이나 고통의 차이는 붓디(지성)에는 존재하지 않을 것이다.

tasya aviśeṣe bāhyasya bhāvanātāratamyataḥ/
tāratamyañ ca buddhau syān na prītiparitāpayoḥ//(k.270)

案

즐거움, 괴로움, 어리석음 등이 객관적으로 외계에 존재하는 것이라면 그 어떤 사람이라도 그것들을 동일하게 느낄 것이다. 그렇게 되면 대상에 대한 소극적 수행인 인욕바라밀이나 적극적 수행인 보시·지계·정진·선정·지혜바라밀의 수행을 한 사람과 그렇지 않은 사람 사이의 차이는 없을 것이다. 동일한 대상을 경험하더라도 비수행인은 그 대상에 집착하여 괴로움의 강도가 심화하고 어리석음의 심연이 더욱 깊어져 번뇌에 쌓이지만, 수행인은 대상에 대한 집착을 떠나서 번뇌에 휩싸이지 않고 마음의 평정, 즉 부동심(不動心)을 유지하는 것을 본다. 따라서 즐거움 등은 외계대상에 존재하는 것이 아니라 내적인 앎이라고 할 수 있는 것이다.

271.

[상키야학파의 반론]

붓디도 즐거움 등의 세 가지 요소(사트바·라자스·타마스)를 구성 요소로 가지고 있기 때문에 명상수행의 진보의 단계에 따라 붓디에 있어서 즐거움 등의 증감의 차이는 존재한다.

[답론]

만약 붓디(지성)도 즐거움 등을 자체로 하기 때문에 모순을 범하는 것이 아니라고 한다면, 그 외계[대상]는 즐거움 등을 자체로 한다고 어떻게 알려지는가?

sukhādyātmatayā buddher api yady avirodhitā/
sa idānīṃ kathaṃ bāhyaḥ sukhādyātmā iti gamyate//(k.271)

案

붓디도 즐거움 등을 자체로 한다는 말은 붓디가 자신에 내재하는 즐거움 등을 인식한다는 자기인식에 다름 아니다. 따라서 즐거움 등은 앎의 대상이 아니라 앎이라는 다르마키르티의 견해와 상키야학파의 붓디인식론은 다른 것이 아니다.

272.

[반론]

만약 [당신이 붓디와 마찬가지로 외계대상도 즐거움 등의 마음작용으로 이루어진 것은] 종류를 달리하는 양자에게는 파악되는 것(객관, 대상)과 파악하는 것(주관)[이라는] 관계는 존재하지 않기 때문이라고 한다면?

agrāhyagrāhakatvāc ced bhinnajātīyayoḥ/

[답론]

최고의 영혼[이자 정신원리인 푸루샤]은 모든 것을 파악하는 존재일 수가 없을 것이다. 따라서 [최고의 영혼이자 정신원리인 푸루샤의] 향유자[라는 본]성은 상실하게 될 것이다.

pumān/

agrāhakaḥ syāt sarvasya tato hīyeta bhoktṛtā//(k.272)

案

대론자의 반론에 의하면 외계대상과 붓디는 파악되는 것(객관)과 파악하는 것(주관)의 관계에 있는 것이다. 이렇게 주관과 객관의 관계맺음은 이질적인 종류를 달리하는 두 존재 사이에는 있을 수 없기 때문에 외계대상도, 붓디가 즐거움 등을 구성요소로 하는 것과 같이, 즐거움 등을 본질로 하는 것이다. 따라서 붓디와 외계대상은 본질을 달리하지 않는 동질적인 존재이다. 그런데 상키야학파의 인식론에 의하면 우선 붓디가 외계대상을 파악하며, 다음으로 푸루샤가 순수물질원리인 프라크리티의 전변에 의해 형성된 현상세계 전체를 관조한다는 두 개의 구조를 갖는다. 붓디와 외계대상이 인식객관과 인식주관의 주객관계를 맺기 위해서는 두 존재의 본질이 같아야 한다는 전제가 깔려 있다. 하지만 푸루샤는 세 가지 구성 요소를 본질로 하지 않는 순수정신인 반면, 프라크리티와 그것의 전변인 현상세계의 모든 존재는 세 가지 구성 요소를 본질로 하는 물질적 존재이다. 이렇게 되면 그들이 말한 전제, 즉 객관과 주관 사이의 관계맺음은 이질적인 것이어서는 안 된다는 것과 모순되어 버린다. 만에 하나 그 전제를 바르다고 한다면, 다시 말해 순수정신이 세 가지 구성요소로 이루어져 있다고 한다면, 푸루샤의 관조성과 향유자성을 잃게 될 것이다.

273.

[반론]

이질적 존재에는 인과관계가 없지만 붓디와 외계대상 사이에는 인과관계가 있기 때문에 양자는 동질적 존재이다.

[답론]

[이상으로 인과관계가 논박되었다. 또한 즐거움 등의 마음작용(느낌)과 붓디(지성) 사이에는] 원인과 결과[의 관계]는 [성립하는 것이] 아니다. 왜냐하면 [즐거움과 붓디(지성)는] 파악되는 것(파악대상)과 파악하는 것(파악주관)[의 관계]가 [성립하지] 않기 때문이다. 만약 [즐거움 등의 마음작용(느낌)과 붓디(지성) 사이에 인과관계가] 존재한다면, 그것(인과관계)은 다른 것(대상과 최고의 영혼이자 정신원리인 아트만) 사이에도 존재해야 할 것이다. [그러나 종류를 달리하는 두 존재 사이에는 인과관계가 있을 수 없다.]

kāryakāraṇatā anena pratyuktā
akāryakāraṇe/
grāhyagrāhakatābhāvād bhāve anyatra api sā bhavet//(k.273)

案

대론자의 반론을 두 개의 추론식으로 정리하면 다음과 같다. 우선

대전제(추론인의 제2조건): 객관과 주관의 관계에 있는 것은 이질적인

것이 아니다.

소전제(추론인의 제1조건): 대상과 붓디는 객관과 주관의 관계에 있다.

결론 : 따라서 대상과 붓디는 이질적인 것이 아니다.

라는 추론식에서는 대전제를 인정한다면 푸루샤의 능견자성과 향유자성을 상실하게 된다는 오류를 범하게 된다. 다음으로

대전제(추론인의 제2조건) : 인과관계에 있는 것은 이질적인 것이 아니다.

소전제(추론인의 제1조건) : 대상과 붓디는 인과관계에 있다.

결론 : 대상과 붓디는 이질적인 것이 아니다.

라는 추론식에서는 대전제를 인정한다면 위의 추론식과 마찬가지로 푸루샤의 능견자성과 향유자성을 상실하게 된다는 오류를 범하게 된다. 푸루샤가 능견자성과 향유자성을 지니려면 다른 어떠한 것과 인과관계, 즉 의존관계로부터 독립해서 자립적·독립적·절대적 존재이어야만 한다. 데벤드라붓디는 273송에 대해서 다음과 같이 주석한다. "대상은 붓디에 자기의 형상을 확립하는 원인이라고 인정해야 하지만, 그 경우 그것(대상이 붓디에 자기의 형상을 확립하는 원인인 것)은 아트만에 관해서도 존재해야만 한다. 그러나 대론자에 의하면 아트만은 대상과 이질적인 것이다. 이와 같이 그 대전제는 불확정의 오류를 범하고 있다. 만약 그렇지 않고 대상이 그것(아트만)에 형상을 확립하지 않는다면 아트만은 향유자가 아니게 된다는 앞서 기술한 오류를 범하게 될 것이다."(T.368)

274.

[반론]

즐거움 등은 외계에 존재하는 대상이다.

[답론]

따라서 [즐거움 등이 외계에 존재한다고 할 때, 명상수행에 따른 단계적 차이가 있을 수 있다는 우리의 일상적 경험과 배치되기 때문에] 그것들(즐거움 등의 마음작용)은 내적인 것이어야만 한다. 또한 [즐거움 등의 마음작용은] 인식들이다. 왜냐하면 [즐거움 등은] 인식되기(느껴지기) 때문이다. 실로 인식(느낌)이 어떤 존재의 형상을 갖지 않을 때, 그것은 그것(어떤 존재)의 인식(느낌)이 아니다.

tasmāt ta āntarā eva saṃvedyatvāc ca cetanāḥ/
saṃvedanaṃ na yad rūpaṃ na hi tat tasya vedanam//(k.274)

案

즐거움 등의 마음작용은 외계에 존재하는 대상이 아니라 그 대상에 의해 생기는 앎이다. 그리고 즐거움 등의 마음작용이 대상이 아니라 앎(인식)인 까닭은 즐거움 등의 형상이 느낌(앎, 인식)에 현현하기 때문이다. 가령, 푸른색을 대상으로 하는 눈의 지각이 지각인 까닭은 푸른색이라는 대상의 형상이 눈의 지각에 현현한 것과 같다. 그러나 눈에 의한 감관지각의 경우는 그 형상이 외계에 존재하는 대상에 의해 주어지지만, 즐거움 등의 느낌인 경우에는 외계에 존재하는 대상에서 주어지는 것이 아니라 내부에 존재하는 대상에서 주어진다는 것이 서로 다르다. 따라서 즐거움 등의 명상수행의 단계에 따라 차이가 있기 때문에 외부 존재

(객관적 존재)라고 할 수 없다.

275.

[반론]

'즐거움 등의 느낌'이란 즐거움 등을 본질로 하지 않는 아트만(ātman, 푸루샤와 동일)에 의한 즐거움 등을 본질로 하는 붓디의 느낌이다.

[답론1]

만약 그것들[즐거움 등의 자기인식(마음작용)]을 본질로 하지 않는 직접적 경험이 붓디(지성)의 본질인 그것들[즐거움 등의 자기인식(마음작용)]을 안다면(느낀다면), [그것은 바르지 않다. 바로 앞에서 논한 것처럼 어떤 존재의 형상을 가지지 않은 인식(느낌)은 그 존재의 인식(느낌)이 아니기 때문이다. 나아가 또한] 눈앞에 현전하는 형상을 가진 인식(느낌)과 기억된 형상을 가진 인식(느낌)을 떠나서 다른 어떠한 붓디(지성)가 여기에 있을까?

atatsvabhāvo anubhavo bauddhāṃs tān samavaiti cet/
muktvā adhyakṣasmṛtākārāṃ saṃvittiṃ buddhir atra kā//(k.275)

案

즐거움 등의 마음작용(자기인식)을 본질로 하지 않는 직접적 경험이란 아트만에 의한 대상의 관조이다. 그런데 아트만에 의한 대상의 인식이라고 한다면 그 아트만에 즐거움 등의 형상이 주어져야 한다. 하지만 아트만은 즐거움 등을 본질로 하지 않기 때문에 즐거움 등의 형상을 갖지 않는 아트만이 즐거움 등을 느낀다는 것은 인정되지 않는다. 또한 즐거움 등의 느낌이란 현전하는 형상을 가진 느낌과 기억된 형상을 가진 느낌의 2종뿐이다. 이 2종의 느낌을 떠나서 느낌의 주체는 있을 수 없다.

276.

[답론2]

이러저러한 대상들에 근거하여 즐거움과 괴로움 등의 인식(느낌)들 가운데 하나가 현현하는 것이 경험상 알려진다. 그러나 [대상과 인식(느낌)] 사이에 다른 것[상키야학파가 말하는 붓디(지성)]은 경험상 알려지지 않는다.

tāṃs tān arthānupādāya sukhaduḥkhādivedanam/

ekam āvirbhavad dṛṣṭaṃ na dṛṣṭaṃ tv anyad antarā//(k.276)

案

대론자에 의하면 즐거움 등을 본질로 하는 대상에 대해서 즐거움 등을 본질로 하는 붓디가 있고, 그 붓디에 대해서 아트만(我)에 의한 느낌이 있다고 하는 '대상-붓디-아트만에 의한 느낌'의 구조를 제시한다. 반면 다르마키르티는 즐거움 등을 본질로 하는 대상에 의해 즐거움 등의 형상을 가진 느낌이 생성된다고 하는 '대상-느낌'의 구조를 제시한다.

277.

[반론]

만약 [붓디와 인식(느낌)의 양자는] 쇠뭉치[鐵塊]와 불처럼 결합해 있기 때문에 분할할 수 없다고 한다면?

saṃsargād avibhāgaś ced ayogolakavahnivat/

[답론]

모든 현실적 존재들에 있어서 차이(다자성)와 비차이(일자성)의 확립은 불가능할 것이다.

bhedābhedavyavasthā evam ucchinnā sarvavastuṣu//(k.277)

案

대론자는 '대상-붓디-느낌'의 과정으로 이해하지만 다르마키르티는 '대상-느낌'의 과정으로 이해한다. 그런데 대론자는 붓디가 존재하지 않는 것이 아니라 시뻘겋게 달구어진 쇠뭉치와 불처럼 두 존재가 상호 간에 밀접하게 결합되어 있어서 쇠뭉치 자체를 인식하지 못하듯이 붓디와 느낌도 밀접하게 결합되어 있기 때문에 인식되지 않아서 존재하지 않는 것처럼 보인다는 것이다. 이에 대해 다르마키르티는 붓디와 느낌의 양자는 쇠뭉치와 불처럼 밀접하게 결합되어 있기 때문에 인식되지 않는다고 한다면, 모든 현실적 존재들은 다른 현실적 존재와의 차이(다자성)와 비차이(일자성)를 확립할 수 없을 것이라고 반론한다. 왜냐하면 어떤 하나의 현실적 존재를 인식할 때 인식되지 않는 다른 현실적 존재가 밀접하게 결합되어 있을 수도 있기 때문이다. 따라서 그 현실적 존재의 일자성을 확립한다는 것은 불가능하게 된다. 일자성의 확립이 불가능하게 되면 다자성의 확립도 불가능하게 된다.

278.

[반론]

존재의 차이(다자성)와 비차이(일자성)는 무엇에 의해 확립되는가?

[답론]

[어떤 존재에 대한] 인식(느낌)이 차이를 갖지 않을 때에는 [그 존재에] 일자성이 있는 것으로[확립되며], 그렇지 않은 경우(어떤 존재에 대한 인식이 차이를 갖는 경우)에는 [존재는] 차이를 갖는 것으로 확립될 것이다. 이것(인식의 비차이성)이 [존재의 일자성을] 논증하는 근거가 아니라고 할 때, [존재의] 차이를 논증하는 것은 확립되지 않는다.

abhinnavedanasya aikye yan na evaṃ tad vibhedavat/
sidhyed asādhanatve asya na siddhaṃ bhedasādhanam//(k.278)

案

존재에 대한 차이(다자성)와 비차이(일자성)를 확립하는 근거는 그 존재에 대한 인식이 하나의 형상을 갖는가(비차이) 아니면 다수의 형상을 갖는가(차이)이다. 따라서 존재의 차이와 비차이는 존재론적 차원에서 결정되는 것이 아니라 인식론적 차원에서 결정되는 것이다.

279.

[존재의 차이와 비차이에 관한 상키야학파의 무원칙성에 대한 다르마키르티의 비판]

현현이 다른, 흰색이나 괴로움 등[의 인식(느낌)]은 서로 다른 것이 아니며, 현현이 다르지 않은 붓디(지성)나 인식(느낌)이 서로 다른 것이라고 한다면, 차이와 비차이는 무엇에 근거[해서 확정]할 수 있는가?

bhinnābhaḥ sitaduḥkhādir abhinno buddhivedane/
abhinnābhe vibhinne ced bhedābhedau kim āśrayau//(k.279)

案

아름다운 대상을 보고 즐거움을 느낄 때 그 대상과 즐거움은 서로 다른 것으로서 앎에 현현한다. 전자는 대상인식으로 후자는 즐거움의 자기 인식으로 현현한다. 그런데 상키야학파는 대상과 즐거움은 본질을 같이 하는 동질적 존재라고 한다. 한편 붓디와 느낌이 서로 다른 것으로 현현하는 것이 아니다. 그런데 상키야학파의 논사는 붓디와 느낌이 서로 다른 존재라고 한다. 이렇게 한편으로 같다고 하고 다른 한편에서는 다르다고 하여 차이와 비차이의 확정에 대한 무원칙성을 상키야학파는 노정하고 있다.

280.

[반론]

불교의 학설에서도 대지법(수·상·사 등)의 마음작용은 마음과 함께 생긴다고 한다. 그러나 함께 생긴다고 말해지는 그들 마음작용의 차이(마음작용 상호의 차이, 또한 마음의 차이)는 인식되지 않는다. 그런데도 불교 논사들은 그들 마음작용의 차이는 있다고 말하지 않는가? 그러므로 우리들도 붓디와 느낌은 인식되지 않지만 존재한다고 말한다고 해서 무슨 잘못이 있는가?

[답론]

어떤 경우에는, 강렬한 것에 의해서 [차이가] 감추어진다고 해도, 인식들의 차이들이 연속할 때, 차이를 볼 수 있기 때문에 차이의 결정은 확립된다.

tiraskṛtānāṃ paṭunā apy ekadā bhedadarśanāt/

pravāhe vittibhedānāṃ siddhā bhedavyavasthitiḥ//(k.280)

案

마음과 마음작용이 동시에 생기지만 인식되지 않는 것은, 마치 태양과 별이 동시에 존재하지만 태양의 빛이 너무나 강렬하여 뭇 별이 보이지 않는 경우와 같이, 어떤 하나의 존재가 강렬하게 현현하여 다른 것은 가리어져 인식되지 않는 경우도 있다. 그런데 상속의 흐름에서는 다른 것도 인식될 때가 있다. 따라서 마음과 마음작용의 차이는 허용된다. 그러나 상키야학파가 말하는 붓디와 느낌의 차이는 어떠한 경우에도 인식되지 않기 때문에 그 차이는 허용되지 않는다.

3. 요가수행자의 지각

281.

[반론]

요가수행자의 지각은 무분별이 아니라 유분별이다.

[답론1]

앞에서 기술한 요가수행자들의 인식은, 그들의 수행으로 생긴 것이다. 분별[적 인식]의 그물을 떠난 것(요가수행자의 인식)은 실로 선명하게 드러나고 있다.

prāguktaṃ yogināṃ jñānaṃ teṣāṃ tad bhāvanām ayam/
vidhūtakalpanājālaṃ spaṣṭam eva avabhāsate//(k.281)

案

여기서 앞서 기술했다고 하는 것은 전체 4개의 장으로 구성되어 있는 『프라마나바르티카』의 제2장 종교론이다. 이 종교론에 의하면 요가수행자의 인식은 사성제를 대상으로 한다. 또한 이 281송에 대해 주석자들 사이에 해석이 분분하다. 우선 데벤드라붓디는 "수습성 때문에 무분별이며, 무분별이기 때문에 선명하게 현현한다"라고 한다. 요약하면 수습 → 무분별 → 선명한 현현이다. 다음으로 마노라타난딘은 "그 앎은 사성제의 자상을 대상으로 하기 때문에 분별의 그물을 떠나 있고, 또한 무분별이기 때문에 선명하게 현현한다"라고 한다. 요약하면 사성제의 앎 → 무분별 → 선명한 현현이다. 다음으로 프라즈냐카라굽타는 "수습의 힘에 의해서 선명하게 현현한다. 실로 선명하게 현현하기 때문에 무분별이다"라고 한다. 라비굽타도 프라즈냐카라굽타와 같이 해석한다. 즉, 수습 → 선명한 현현 → 무분별이다.(T.373 참조)

282.

[답론2]

욕망·근심·공포·광기·도둑의 꿈 등으로 미혹된 사람들은 여실한 존재가 아닌 것을 마치 눈앞에 존속하는 것처럼 본다.

kāmaśokabhayonmādacaurasvapnādyupaplutāḥ/
abhūtān api paśyanti purato avasthitān iva//(k.282)

案

우리는 얻기 어려운 재화나 아름다운 이성을 욕망할 때 그 욕망의 대상인 재화나 이성이 선명하게 떠오르는 것을 경험한다. 마찬가지로 지나

친 근심이나 공포 그리고 광기에 서린 사람의 눈이나 도둑에 대한 악몽을 꿀 때 그 대상들이 마찬가지로 선명하게 현현하는 것을 경험한다. 이것들은 마치 눈앞에 있는 꽃을 보는 것과 같이 선명하게 현현하지만 이러한 특수한 마음의 상태는 프라마나로서의 지각은 아니다. 왜냐하면 그것들은 마음의 착오이거나 꿈이기 때문이다. 착오나 꿈은 본래 없는 것을 있다고 하는 착오적 인식에 지나지 않는 것이다.

283.

[반론]

명상수행의 힘 때문에 선명하게 현현한다고 해도 그것은 어떻게 해서 무분별이라고 할 수 있는가?

[답론]

분별과 결합한 것(분별적 인식)은 선명하게 대상을 드러나게 하지 않는다.

na vikalpānubaddhasya spaṣṭārthapratibhāsitā/

[반론]

분별적 인식에도 미혹 때문에 선명하게 현현하는 것은 없는가? 즉, 꿈속에서의 앎(기억)은 분별이라고 해도 선명하게 현현한다.

[답론]

꿈속에서도 기억은 존재한다. 그렇지만 [꿈에서 깨어났을 때] 그것(꿈속에서의 기억)이 그와 같은 대상을 갖는 것(선명하게 대상을 드러나게 하는 것)으로 기억되지는 않는다.

svapne api smaryate smārtaṃ ca tat tādṛg arthavat//(k.283)

案

꿈속에서 대상이 선명하게 현현했다고 해도 깨어났을 때는 그것이 선명한 현현이었다고 생각되지 않는다. 따라서 꿈속에서는 대상에 대한 무분별적 인식이 있다고 할 수 있으나 깨어났을 때 그 대상은 선명하게 기억되지 않는다.

284.

[반론]

다르마키르티에 의하면 명상수행에 의해 이루어진 앎은 선명하게 현현하며 그것은 무분별적 인식이라고 한다. 그러나 명상수행에 의해서 여실한 존재가 아닌 것, 가령 일체는 깨끗하지 않다고 보는 관법인 부정관법(不淨觀法)의 대상인 백골(白骨)과 골쇄(骨鎖) 등은 현현하는 것이 있지만, 그대 불교도의 교리에 의한다고 해도 그것은 선명하게 현현하지 않고, 무분별도 아니라고 하지 않는가?

[답론1]

부정(不淨, 인간의 몸이 더럽다는 것을 깨달아 탐욕을 없애는 마음을 관하는 수행 방법)이나 지편(地遍, 땅이 두루[遍] 펴져서 하나라고 생각하면서 이렇게 하여 위와 아래와 곁으로 펴지고[傍布] 둘이 없으며[無二] 끝이 없고[無邊] 가가 없다[無際]고 관하는 수행 방법) 등은 여실한 존재가 아니라고 해도(허망한 존재라고 해도), [명상]수행[이라는 인과적 효과]의 힘에 의해서 형성되고 선명하게 드러나며, [따라서] 무분별[적 인식]이라고 말해진다.

aśubhāpṛthivīkṛtsnādy abhūtam api varṇyate/
spaṣṭābhaṃ nirvikalpañ ca bhāvanābalanirmitam//(k.284)

285.

[답론2]

그러므로 완전한 [명상]수행[의 과정]에서 [마음에] 떠오르는 여실한 존재(사성제 등)이든 혹은 여실하지 않은 존재(부정이나 지편 등)이든 간에, [그들 모두는] 선명한 무분별[적 인식]이라는 결과[를 낳는 원인]이다.

tasmād bhūtam abhūtaṃ vā yad yad eva abhibhāvyate/
bhāvanāpariniṣpattau tat sphuṭākalpadhīphalam//(k.285)

286.

[답론3]

그 가운데 앞서 설해진 [사성제 등의 여실한] 현실적 존재[를 대상으로 한 명상수행을 통해서 완성된 인식과]같이, [명상]수행을 통해 생긴 감관지각은 인식수단이라고 간주된다. 그 이외의 것(인식)은 미혹이다.

tatra pramāṇaṃ saṃvādi yat prāṅ nirṇītavastuvat/
tad bhāvanājaṃ pratyakṣam iṣṭaṃ śeṣā upaplavāḥ//(k.286)

案

수행을 통해서 이루어진 앎이 여실한 존재를 대상으로 할 때나 여실하지 않은 존재를 대상으로 할 때에도 모두 선명하게 현현하기 때문에 무분별이다. 그렇지만 이들 모두를 프라마나라고 할 수 없다. 프라마나란 정합적인 인식 즉, 대상에 대해서 사람을 기만하지 않는 인식임과 동시에 미지의 대상에 대한 인식이다. 이런 측면에서 여실하지 않은 비현실적 존재를 대상으로 한 수행을 통해서 이루어진 앎(부정관이나 변처)은 정합적인 인식, 즉 대상에 대해서 사람을 기만하는 것이기 때문에 프라마나로부터 제외된다.

4. 분별적 인식의 자기인식

287.

[반론]

분별적 인식의 자기인식은 무분별이 아니라 유분별이다.

[답론]

어떤 것(인식)이 어떤 것(대상)에 대해서 언어의 대상을 파악할 때, 그 인식은 그것(대상)에 대해서 분별[적 인식]이다. 그러나 [그 분별적 인식의] 자기 형상은 언어의 대상이 아니다. 그러므로 그것(분별적 인식의 자기 형상)에 대해서는 모두 [직접] 지각[現量]이다.

śabdārthagrāhi yad yatra taj jñānaṃ tatra kalpanā/
svarūpañ ca na śabdārthas tatra adhyakṣam ato akhilam//(k.287)

案

다르마키르티는 지각을 무분별이라고 했을 때 분별을 언어와 결합할 가능성이 있는 표상에 대한 인식이라고 정의한다. 모든 분별은 언어를 동반한다. 그런데 분별적 인식의 자기 형상은 언어의 대상이 아니다. 그 분별적 인식의 자기 형상에 대한 파악은 분별이 개입되지 않는 무분별이다. 즉, 앎 그 자체는 언어의 대상이 아니기 때문에 앎 그 자체를 인식하는 앎 자신에게는 언어가 개입될 여지가 없다. 따라서 분별적 인식의 자기형상에 대한 앎은 무분별적 인식이라고 할 수 있다.

VII. 사이비지각

[디그나가의 견해]

착오지, 세속유지, 추론, 추론에 근거한 앎, 기억, 욕망은 사이비지각[似現量]이다. 눈병에 걸린 눈에 의한 인식도 포함된다. 우선 착오지는 신기루 등을 물 등으로 분별해서 생기기 때문에 사이비지각이다. 세속유지에 대해서는 다른 의미를 증익하여 그 형상을 분별해서 생기기 때문에 사이비지각이다. 추론과 그 결과 등의 앎은 이미 앞에서 직접적으로 경험한 것을 분별하기 때문에 사이비지각이다.(T.382)

1. 디그나가가 거론한 사이비지각의 분류

288.

[반론]

사이비지각은 몇 종인가?

[답론]

[지각과 유사하지만 바른 인식수단으로서의 지각이 아닌] 사이비(似而非)

지각은 4종이다. [즉] 분별에 의한 앎 3종(착오에 의한 앎, 세속적 존재에 대한 앎, 추론)과 [인식의] 근거(감관)의 결함(부실)에서 생기는 무분별 [적 지각] 1종이다.

trividhaṃ kalpanājñānam āśrayopaplavodbhavam/
avikalpakam ekañ ca pratyakṣābhañ caturvidham//(k.288)

案

다르마키르티는 디그나가가 제시한 사이비지각을 3종의 유분별 사이비지각과 1종의 무분별 사이비지각으로 나눈다. 첫째, 유분별 사이비지각으로는 ①착오적 인식(bhrāntijñāna), ②세속적 존재에 대한 인식(saṃvṛtisajjñāna), ③추론(anumāna)이다. 둘째 무분별 사이비지각은 눈병에 걸린 눈에 의한 지각(taimira)이다. 우선 '착오적 인식'이란 신기루를 물이라고 인식하는 앎이며, '세속적 존재에 대한 앎'이란 '병'(甁)에 대한 앎이다.

이에 대해 데벤드라붓디는 이렇게 설명한다. "우선 병에서 색깔 있는 모양 등은 물 등을 보존하는 등 하나의 결과를 성취한다고 하는 것에 의해 그 이외의 다른 것, 즉 그와 같은 결과를 갖지 않는 것에 의해 서로 다르다고 하는 것에 차이가 없다. 거기서 즉, 색깔 있는 모양 등의 다수에 대해서 세간에서 병 등의 언어가 약속으로서 규정된 것이지만, 그것은 동시에 색깔 있는 모양 등의 집합을 자기의 결과, 즉 물 등을 보존하는 등의 결과에서 결합하기 때문이다. 뒤에 그 사회적 약속에 의존하여 병 등 일자—승의에는 서로 다른 여러 색들의 집합에 지나지 않는 것이지만—를 증익하여 '병'이라는 분별이 생긴다. … 실로 그런 까닭으로 디그나가에 의해서 세속적 존재에 대해서는 다른 의미를 증익하여 그 형상을 분별하여 생기기 때문이라고 기술되었던 것이다. 이와 같이 유별한다면 이것은 사회적 약속에 의존하는 분별적 앎이며, 제1의 유분별 사이비지각이다. 신기루 등의 앎은 물이 아닌 것을 배제함으로써 물에 관하여 규정된 사회적 약속(언어)에 의존해서 생긴다고 할 수가 없다. 만약 그와 같은 사회적 약속에 의존해서만 생기는 것이라면 사회적 약속에 의존하는 분별적 앎 속에 포함되기 때문에 이것은 별개로 기술되지 않는 것이다. 그렇다면 어떠한 것인가라고 한다면 실제로 생긴 집합(신기루)에 대해서 바르지 않은 물이라는 사회적 약속(언어)에 의존하여 다른 의미(물)를 증익하여 생긴다. 실로 그런 까닭으로 디그나가에 의해서 '물 등을 분별하여 생기기 때문'이라고 기술되었던 것이다. 그것은 '다른 의미를 증익하는 분별적 앎'이라는 제2의 사이비지각이다."(T.383)

이상 데벤드라붓디에 의하면 세속적 존재에 관한 앎과 착오에 의한 앎 모두 '사회적 약속(전자는 병이라는 언어, 후자는 물이라는 언어)에의 의존'과 '다른 의미(전자는 색깔 있는 모양 등의 집합에 대한 병인 일자 등, 후자는 신기루에 대해서 물 등)의 증익'을 갖는다. 다만 양자의 차이는 전자가 세간적으로 바른 사회적 약속의 적용임에 반해 후자는 세간적으로 바르지 않은 사회적 약속의 적용인 점에 있다. 데벤드라붓디가 전자를 특히 사회적 약속에 의존하는 분별적 앎이라고 부르고 후자를 다른 의미를 증익하는 분별적 앎이라고 부른 것은 아마도 이 때문일 것이다. 다음으로 추론이란 추론인을 근거로 추론대상을 논증하는 것이다. 가령 산에 솟아오르는 연기를 보고 산 너머에 불이 났다는 것을 아는 것이 바로 추론이다. 여기서도 추론인인 연기는 자상이 아니라 언어에 의해 분별된 공상이며 이 공상의 연기를 통해 공상의 불을 추론한다는 점에서 추론도 사이비 지각인 것이다. 마지막으로 눈병에 걸린 눈에 의한 앎이란 대상으로서 확신할 수 없는 털 등을 대상으로 하는 앎이다.

2. 디그나가가 사이비지각을 거론한 이유

유분별 사이비지각

289.

[반론]

착오에 의한 앎이나 세속적 존재에 대한 앎 모두 감관으로부터 생기는 것이다.

[답론]

[착오에 의한 앎과 세속적 존재에 대한 앎의] 2종이 기술된 것은 [그들 2종의 앎이 감관으로부터 생긴다고 보는] 착오에 의한 견해가 있기 때문에 [그것들은] 감관으로부터 생기는 것이 아님을 확립하기 위한 것이다. [또한 감관으로부터 생긴 것이 아니라 언어에 의한 사회적 약속의 기억에 의해서 생긴 분별적 앎이라고 이미] 확립된 추론 등을 [특별히] 기술하는 것은 다만 앞의 2종[의 앎이 감관으로부터 생기는 인식이 아님]을 논증하기 위한 것이다.

anakṣajatvasiddhyartham ukte dve bhrāntidarśanāt/
siddhānumādivacanaṃ sādhanāya eva pūrvayoḥ//(k.289)

案

대론자는 착오에 의한 앎이나 세속적 존재에 대한 앎 모두 감관으로부터 생기는 앎이라고 생각한다. 그런데 위의 2종의 앎이 감관으로부터 생긴 것이 아니라 분별에서 생기는 사이비지각이라는 것이 디그나가의 견해이다. 다르마키르티는 디그나가의 이러한 견해를 수용하며 나아가 디그나가가 추론 등을 기술한 것은 착오에 의한 앎과 세속적 존재에 대한 앎 모두 감관에서 생기는 앎이 아님을 논증하기 위함이다.

290.

[반론]

착오에 의한 앎과 세속적 존재에 대한 앎은 감관으로부터 생기는 앎이다.

[답론1]

사회적 약속에 근거하여 다른 의미를 증익(귀속, 가탁)시키는 2종의 분별(착오에 의한 앎과 세속적 존재에 대한 앎)은 어떤 경우 [어리석은 사람에게는 감관으로부터 생기는 앎이라고 간주하는] 착오의 원인이 된다. 왜냐하면 [그 두 앎은] 지각에 이어서 [그 직후에] 생기기 때문이다.

saṃketasaṃśrayānyārthasamāropavikalpane/
pratyakṣāsannāvṛttitvāt kadācid bhrāntikāraṇam//(k.290)

案

세속적 존재에 대한 앎과 착오에 의한 앎은 사회적 약속, 즉 언어에 의존하고 본래 자기차이성으로 존재하는 현실적 존재들의 모임에 다른 의미를 증익시키는 분별적 앎은 감관지각에 이어서 그 직후에 생기기 때문에 어리석은 사람들에게는 착오의 원인이 되는 것이다. 이러한 착오적 견해를 배제하기 위해 디그나가는 추론 등을 거론한 것이라고 다르마키르티는 아래의 송에서 언급한다.

291.

[답론2]

가령, 지각할 수 없는 것을 대상으로 한 이 분별[적 인식]은 기억 등에 근거한 것이며 사회적 약속을 필요로 하는 것이지, 지각의 대상을 전제하지 않는 것과 같다.

yathā eva iyaṃ parokṣārthakalpanā smaraṇādikā/
samayāpekṣiṇī na arthaṃ pratyakṣaṃ adhyavasyati//(k.291)

案

산에 솟아오르는 연기를 보고 산 너머에 불이 났다는 것을 논증하는 추론에서 지각할 수 없는 것은 산 너머에 보이지 않는 불(추론대상)이며 그리고 이 추론대상을 추론하게 하는 원인인 연기는 눈앞에 현전하는 자상으로서의 연기가 아니라 그 자상에 근거한 분별인 기억된 연기와 연기에 결합된 '연기'라는 기표이다.

292.

[답론3]

그와 같이 병 등에 대한 관념(세속적 존재에 대한 앎과 착오에 의한 앎)은 [이전에] 경험된 것에 대한 기억 없이는 [생길 수] 없다. 그리고 그것에 따르는 것(인식)은 지각에서 제외된다.

tathā anubhūtasmaraṇam antareṇa ghaṭādiṣu/

na pratyayo anuyaṃs tac ca pratyakṣāt parihīyate//(k.292)

案

병 등의 앎(세속적 존재에 대한 앎)이나 신기루를 물이라고 인식하는 앎(착오에 의한 앎) 모두 과거에 직접적으로 경험한 것의 기억의 산물에 지나지 않기 때문에 그것으로부터 생기는 앎은 지각으로부터 배제된다. 이에 대해 마노라타난딘에 다음과 같은 추론식을 제시한다.(T.387)

대전제(추론인의 제2조건, 유례) : 과거에 직접적으로 경험된 것의 사회적 약속의 기억으로부터 생기는 앎은 지각이 아니다. 가령 추론 등과 같다.

소전제(추론인의 제1조건) : 유분(有分, 병 등), 물 등의 분별(세속적 존재에 대한 앎과 착오에 의한 앎)은 과거에 직접적으로 경험된 것의 사회적 약속의 기억을 필요로 한다.

결론 : 그러므로 세속의 존재에 대한 앎과 착오에 의한 앎은 지각이 아니다.

이상으로 289, 290, 291, 292송은 디그나가가 제시한 3종의 분별적 앎이 사이비지각임을 다르마키르티가 다시 해석한 것이다.

무분별 사이비지각

293.

[반론]

눈병에 걸린 눈의 지각이 사이비지각의 하나로 거론된 이유는 무엇인가?

[답론]

이 가운데 네번째(가령 눈병에 걸린 눈의 지각과 같이, 감관의 결함에 의해 생기는 무분별지각)는 예외[로서 거론된 것]이다. 이것에 의해 [감관의] 결함에서 생긴 앎은 [모두 사이비지각으로서] 기술된 것이다. 그 가운데 [눈병에 걸려] 흐릿한 눈이란 다만 [감관의] 결함만을 가리킨다.

apavādaś caturtho atra tena uktam upaghātajam/

kevalaṃ tatra timiram upaghātopalakṣaṇam//(k.293)

案

이 송은 눈병에 걸린 눈의 앎이 사이비지각의 하나로 거론된 이유에 관해서 논한 것이다. 앞의 3종의 앎은 유분별 사이비지각인 반면, 이 앎은 무분별 사이비지각이다. 무분별적인 앎이기 때문에 프라마나가 아닌 것이 아닌가 하는 의문에 대해 프라마나인 지각의 정의의 예외로서 거론된 것이 눈병에 걸린 눈의 앎이다. 그런데 눈병에 걸린 눈의 앎이라고 해서 눈병만을 한정하는 것이 아니라 귀, 코, 혀, 몸, 의근의 이상에서 오는 병을 포함해서 대표로 눈병만을 언급한 것이다.

294.

[반론]

두 개의 달에 대한 앎(눈병에 걸린 눈에 의한 앎의 일종) 등은 분별에 근거한 앎이다. 따라서 "지각에는 분별이 없다"라는 지각이라는 프라마나의 정의에 의해서 이미 지각으로부터 배제되었기 때문에 더구나 "눈병에 걸린 눈의 앎도 포함(sataimira)된다"라는 말에 의해서 디그나가가 두 개의 달에 대한 앎 등을 지각의 정의의 예외로서 제시한 것을 의도했다고는 생각되지 않는다.

[답론]

'그것(두 개의 달에 대한 앎 등)도 의근에 근거한 앎(분별적 앎)이다'라고 어떤 사람들은 말한다. 그런데 그들[의 주장]은 '감관도 푸른색의 앎이나 두 개의 달에 대한 앎 등의 원인이다'라는 [디그나가의] 이 주장과 모순하게 된다.

mānasaṃ tad api ity eke teṣāṃ grantho virudhyate/
nīladvicandrādidhiyāṃ hetur akṣāṇy api ity ayam//(k.294)

案

디그나가가 두 개의 달에 대한 앎 등이 의근에 근거한 분별이라고 말했다면 "감관은 두 개의 달에 대한 앎 등의 원인이다"라는 자신의 말과 모순되지만, 디그나가는 그렇게 말한 적이 없다.

295.

[반론]

실로 디그나가는 다른 곳에서 "감관은 두 개의 달에 대한 앎 등의 원인이다"라고 말하지만 그것은 간접적인 원인이라는 의미이다. 분별에 의한 앎도 간접적으로는 감관을 원인으로 한다. 따라서 두 개의 달에 대한 앎 등을 분별에 의한 앎이라고 생각하는 디그나가가 "감관은 두 개의 달에 대한 앎 등의 원인이다"라고 말했다고 해도 모순은 아니다.

[답론]

만약 [분별적 앎이] 간접적으로 [감관을] 원인으로 한다면 감관에 의한 앎의 영역이 문제가 되고 있는 여기서 왜 의근에 의거한 앎(분별적 앎)이 화제가 되는가?

pāraṃparyeṇa hetuś ced indriyajñānagocare/
vicāryamāṇe prastāvo mānasasya iha kīdṛśaḥ//(k.295)

296.

[반론]

눈병에 걸린 눈에 의한 앎이 분별적인 앎이 아니라 감관에서 생긴 것이라면 실로 감관에 근거한 앎이란 무엇인가?

[답론]

혹은 감관에 근거한 앎이란 무엇인가? 감관의 존재·비존재에 따른 것이라면 그것은 [두 개의 달에 대한 앎 등에 관해서도] 마찬가지이다. 만약 [두 개의 달에 대한 앎 등도] 왜곡을 갖는다면 그것 자체는 어떻게 부정될 수 있는가?

kiṃ vā indriyaṃ yad akṣāṇāṃ bhāvābhāvānurodhi cet/
tat tulyaṃ vikriyāvac cet sā iva iyaṃ kiṃ niṣidhyate//(k.296)

案

두 개의 달에 대한 앎도 감관의 결합에 의해 생기는 것이지, 의근에 근거해서 생기는 것이 아니다.

297.

[반론]

두 개의 달에 대한 앎 등이 감관에 근거한 것은 아니라 의근에 근거한 분별이라고 인정한다면 무슨 오류가 있는가?

[답론1]

또한 [새끼줄을] 뱀[으로 보는] 등의 착오와 같이, 비록 감관의 결함이 있다고 해도 이것(두 개의 달에 대한 앎 등의 착오)의 소멸은 있을 수 있을 것이다. 또한 비록 감관의 결함이 없다고 해도 소멸할 수 없을 것이다. [마찬가지로 두 개의 달에 대한 앎 등의 착오도 주의해서 보지 않으면 가령 감관의 결함이 없다고 해도 착오를 소멸할 수 없을 것이다.]

sarpādibhrāntivac ca asyāḥ syād akṣavikṛtāv api/
nivṛttir na nivarteta nivṛtte apy akṣaviplave//(k.297)

案

새끼줄을 뱀으로 보는 착오적 앎은 감관의 결함에 의한 것이 아니라 의근에 근거한 분별이다. 반면 두 개의 달에 대한 앎은 의근에 근거한 분별이 아니라 감관에 근거한 앎이기 때문에 바로 보게 되면 소멸하게 된다.

298.

[답론2]

또한 어떤 경우(가령, 새끼줄을 뱀으로 보는 착오가 의근에 근거한 분별적 앎인 경우)에는 언어에 의해 다른 [사람의 마음의] 상속(타인)에 실로 그와 같이 [착오를] 일으키게 할 수 있을 것이다. [또한 가령, 새끼줄을 뱀으로 보는 착오도 과거에] 이미 경험된 것의 기억을 필요로 할 것이다. [또한 가령, 두 개의 달에 대한 앎 등이 의근에 근거한 분별적 앎인 경우] 선명하게 현현하지 않을 것이다.

kadācid anyasantāne tathā eva apy eta vācakaiḥ/
dṛṣṭasmṛtim apekṣeta na bhāseta parisphuṭam//(k.298)

案

분별에 의한 앎에는 과거에 경험된 대상에 대한 기억이 반드시 존재한다. 가령 새끼줄을 뱀으로 보는 착오의 경우도 과거에 경험된 대상에 대한 기억이 있기 때문이다. 그런데 두 개의 달에 대한 앎이 분별에 의한 앎이라고 한다면 과거에 경험된 두 개의 달에 대한 기억이 존재해야 할 것이다. 그런데 사실 그러한 기억이 없다고 해도 감관의 질환만으로도 두 개의 달에 대한 앎 등은 일어난다. 또한 분별에 의한 앎에는 대상의 형상이 불선명하게 현현한다. 그런데 두 개의 달에 대한 앎 등에는 대상의 형상이 선명하게 현현한다. 따라서 두 개의 달에 대한 앎은 감관에 근거해서 생기는 앎이라고 할 수 있다. 이상으로 두 개의 달에 대한 앎이나 눈병에 걸린 눈에 의한 앎 등은 의근에 근거한 분별적 앎이 아니라 감관에 근거한 무분별적 앎임을 논증했다.

299.

[반론]

두 개의 달에 대한 앎은 선명하게 현현하기 때문에 무분별이다. 무분별이기 때문에 지각, 즉 프라마나이다.

[답론1]

잠자고 있는 사람의 앎이든 아니면 깨어 있는 사람의 앎이든 [이 둘은 모두] 선명한 형상을 가질 때, 바로 그것은 무분별[적 인식]이다. 만약 그렇지 않을 경우 양자는 모두 분별[적 인식]이다.

suptasya jāgrato vā api yā eva dhīḥ sphuṭabhāsinī/
sā nirvikalpobhayathā apy anyathā eva vikalpikā//(k.299)

300.

[답론2]

그러므로 그것(두 개의 달에 대한 앎 등)은 무분별[적 인식]이다. 그러나 [그것이] 인식수단[이라고 하는 것]은 부정된다. 왜냐하면 [대상에 대해서 사람을] 기만하기 때문이다. [결국] 그것(두 개의 달에 대한 앎 등이 인식수단이 아니라는 것)을 [확립하기] 위해서 [디그나가에 의해서] 2종의 사이비지각(유분별 사이비지각과 무분별 사이비지각)이 거론되었던 것이다.

tasmāt tasya avikalpe api prāmāṇyaṃ pratiṣidhyate/
visaṃvādāt tadarthañ ca pratyakṣābhaṃ dvidhā uditam//(k.300)

案

이상으로 디그나가가 지각에는 분별이 없다는 지각의 정의의 예외로서 두 개의 달에 대한 앎 등을 지각으로부터 배제하기 위해서 유분별 사이비지각을 거론한 것이라고 다르마키르티는 재해석하고 있다.

VIII. 인식결과 = 인식수단

[디그나가의 견해]

이 경우, 또한 바로 인식결과(量果)는 작용을 갖는다고 이해되기 때문에 인식수단(量)이다. 외도들이 말하는 것과 같은 인식수단 이외의 별개의 인식결과는 없다. 인식결과인 저것(대상)에 대한 앎은 대상의 형상을 띠고서 생기하며 그리고 작용을 갖는다는 이해에 근거하여 (대상에 대한 앎은) 바로 인식수단이라고 비유적으로 표현된다. (사실적인) 작용이 있는 것은 아니다. 가령 결과가 원인에 수반(유사)하여 생길 때, '(인식결과는) 원인인 색깔 있는 모양[色]을 파악한다'라고 말해진다. (사실적인) 작용이 있는 것이 아니다. 이 경우도 마찬가지이다.(T.394)

案

인식의 대상과 무관하게 인식주체가 존재한다고 주장하는 것을 아트만론(ātmanvāda)이라고 하고, 인식대상에 의해 인식주체가 생성된다고 주장하는 것을 안아트만론(anātmanvāda)이라고 한다. 전자를 아론(我論)이라고 한다면 후자를 무아론(無我論)이라 할 수 있다. 인도철학에서 아론에 기반한 아론자와 무아론에 근거한 무아론자들은 인식수단과 인식결과에 대해 견해를 달리한다. 아트만론자는 인식수단과 인식결과는 서로 본질을 달리하는 별개의 존재로 보는 반면, 안아트만론자인 디그나가는 인식수단과 인식결과는 본질을 달리하지 않는 동일한 존재로 본다. 전자를 '인식결과·인식수단의 별체설', 후자를 '인식결과·인식수단의 비별체설'이라고 부르기로 하자. 디그나가가 '인식결과·인식수단 비별체설'을 주장하는 근거는 인식결과인 대상에 대한 앎이 대상을 파악하는 작용을 갖기 때문이라는 것이다. 또한 대상에 대한 앎에 대상을 파악하는 작용을 갖는다는 주장의 근거로 대상에 대한 앎은 대상의 형상을 띠고서 생기는 것, 즉 대상과 유사하게 생긴다는 것을 거론한다. 요컨대 디그나가가 주장하는 바는 인식결과인 대상에 대한 앎에 대상을 파악하는 작용이 있기 때문에 인식결과와 인식수단이 별개로 존재하는 것이 아니라는 것이다. 하지만 다르마키르티는 인식결과와 인식수단의 비별체설을 주장하는 디그나가의 견해에는 동의하지만 그의 주장의 근거인 대상에 대한 앎, 즉 인식결과에 대상을 파악하는 작용이 있다는 것에 대해서는 견해를 달리한다.

1. 인식결과 · 인식수단의 비별체설

301.

'행위의 성취수단'(행위를 성취하는 수단)이라는 것은 실로 모든 것이 모든 행위의 성취수단인 것이 아니다. 왜냐하면 어떤 것으로부터 어떤 행위가 있는 것, 그것이 그것의 성취수단이기 때문이다.

kriyāsādhanam ity eva sarvaṃ sarvasya karmaṇaḥ/
sādhanaṃ na hi tat tasyāḥ sādhanaṃ yā kriyā yataḥ//(k.301)

案

위에서도 말한 바와 같이 디그나가와 다르마키르티는 인식수단과 인식결과가 비별체라고 하는 것에 대해서는 견해를 같이하지만, 인식수단의 본질과 역할에 대해서 다르마키르티는 디그나가와 견해를 달리한다. 즉, 인식결과는 대상에 대한 앎이며 그 앎은 인식수단이기 때문에 인식결과와 인식수단은 서로 다른 것이 아니라는 비별체설에 대해서는 같은 견해이지만, 인식수단인 대상의 '앎'에 대해서 디그나가는 그것(인식수단=대상의 '앎')을 대상인식의 작용(vyāpara)으로 파악하는 반면 다르마키르티는 그것(인식수단=대상의 '앎')을 대상인식의 성취(sādhana)로 파악한다는 점에서 견해가 다르다. 그렇지만 두 사상가 모두 '앎에 대상인식의 작용이 있다'고 할 수 있는 근거와 '앎에 대상인식의 성취가 있다'고 할 수 있는 근거를 대상형상에 두고 있다는 점에서는 공통이다.

위의 게송에서 '행위의 성취자'에서 행위는 인식행위를 의미하며 그것을 성취하는 것=인식수단이라고 다르마키르티는 피력한다. 그가 말한 행위의 성취자란 앎이라는 행위, 즉 인식행위를 생기게 하는 원인이 아니라 인식행위를 확립하는 활동이다. 다르못타라는 '성취되는 것[所成]과 성취하는 것[能成]의 관계를 생기게 되는 것[所生]과 생기게 하는 것[能生]의 관계가 아니라 확립되는 것[所立]과 확립하는 것[能立]의 관계'로 파악한다. 예를 들면 푸른색의 앎을 노란색의 앎 등으로부터 구별하여 푸른색의 앎을 확립하는 것, 이것이 바로 인식수단의 역할인 것이다. 정리하면 이렇다.

〈디그나가〉

인식수단 = 대상인식을 생기게 하는 원인으로서의 작용
= 수동적 힘
= 소극적 힘

〈다르마키르티〉

인식수단 = 대상인식을 성취시키는 활동(행위)
= 능동적 힘
= 적극적 힘

인식이란 작용이자 행위이다. 이것은 물리학적 개념으로 말하면 스칼라가 아니라 벡터이다. 크기만을 갖는 양(量)을 스칼라라 하고 크기와 방향을 갖는 양(量)을 벡터라 한다. 따라서 스칼라에는 질량·시간·거리·속력·에너지·온도 등이 있는 데 반해, 벡터에는 위치·변위·속도·가속도·전기장·자기장 등이 있다. 스칼라가 힘을 양적으로 파악한 것이라면 벡터는 질적으로 파악한 것이라 할 수 있다. 디그나가가 인식수단을 스칼라적으로 파악했다면 다르마키르티는 벡터적으로 파악했다고 할 수 있다. 다르게 말하면 디그나가는 인식수단을 수동적·소극적 힘으로 파악했다면, 다르마키르티는 인식수단을 능동적·적극적 힘으로 파악했다고 할 수 있다.

302.

[반론]

그렇다면 어떠한 인식수단이 존재하는가? 다시 말하면 무엇이 앎을 그와 같이 확립하는가?

[답론]
그것(색깔 있는 모양 등의 대상)에 대한 [여러] 앎은 [대상에 대한 직접적] 경험[이라는 측면]에서만 본질을 같이하지만, [그들 앎에는] 각각의 행위에 상응하여 [자기 자신을 다른 앎으로부터] 차이화하는 것이 그 자체 속에 내재하는 것이다.

tatra anubhavamātreṇa jñānasya sadṛśātmanaḥ/
bhāvyaṃ tena ātmanā yena pratikarma vibhajyate//(k.302)

案

가령, 다수의 색깔을 가진 호랑나비를 대상으로 한 앎(인식)들은 대상에 대한 직접적 경험이라는 측면에서는 본질을 같이한다. 그러나 호랑나비의 푸른색이나 노란색을 대상으로 하는 푸른색의 앎(인식)과 노란색의 앎(인식)은 다른 앎(인식)이다. 이렇게 푸른색의 앎을 다른 앎으로부터 차이화하는 것은 푸른색의 앎 자신 속에 내재해 있어야만 구별이 가능할 것이다. 그렇지 않으면 앎의 구별은 불가능하다.

303.

[반론]
푸른색의 앎이나 노란색의 앎 등을 차이화하는 것이 앎 자신 속에 내재해 있는 것이 아니라 외재적인 원인인 감관 등의 차이에 기인한다.

[답론1]

[감관 등의 외적인] 원인들에 차이가 있다고 해도 [앎 등의 내적인 요인] 그 자신 속에 [차이화하는 작용이] 내재하지 않는다면, [직접적 경험이라는 측면에서] 차이가 없는 것(앎)은 행위의 차이에 상응하여 차이에 의해서 한정되지 않는다.

anātmabhūto bhedo asya vidyamāno api hetuṣu/

bhinne karmaṇy abhinnasya na bhedena niyāmakaḥ//(k.303)

304.

[답론2]

그러므로 그것(앎) 자체[에 내재하는] 차이[화하는 활동]에 의해 '[이것은] 이것의 앎이다'라는 이 [앎의] 행위 한정은 행위(앎)에 있으며, 그것(앎)은 그것(앎 자신에 내재하는 차이화하는 활동)을 성취[하는] 수단이라고 하는 것이 확립된다.

tasmād yato asya ātmabhedād asya adhigatir ity ayam/

kriyāyāḥ karmaniyamaḥ siddhā sā tatprasādhanā//(k.304)

案

이렇게 앎 자신에 내재하는 차이화하는 활동, 그것이 행위를 성취하는 수단이다.

305.

[반론]

그렇다면 앎에 내재하여 앎을 차이화하여 확립하게 하는 요인은 무엇인가?

[답론1]

설령 자기 [속에 내재하는] 차이에 의해 앎에 어떤 차이를 부여한다고 해도, 실로 대상형상을 제외하고 그 이외의 다른 어떠한 것도, 그것(앎)을 대상에 결합하지 않는다.

arthena ghaṭayaty enāṃ na hi muktvā artharūpatām/
anyaḥ svabhedāj jñānasya bhedako api kathañcana//(k.305)

306.

[답론2]

그러므로 인식대상의 앎의 성취[하는] 수단은 대상형상이다. 다른 성취수단의 경우에는 그것(인식)의 행위와의 관계가 확립되지 않는다.

tasmāt prameyādhigateḥ sādhanaṃ meyarūpatā/
sādhane anyatra tatkarmasambandho na prasidhyati//(k.306)

案

대상의 형상을 띠고서 생기는 인식대상의 형상이야말로 앎을 각각의 대상에 응하여 구별하여 확립하는 것이다. 가령 푸른색의 앎을 노란색의 앎 등으로부터 차이화하여 푸른색의 앎으로 확립하게 하는 것은 푸른색의 앎이 푸른색(대상, 영원한 객체)의 형상을 띠고 있지만, 노란색의 형상을 띠고 있지 않다는 차이에 의해서만 가능하다. 따라서 대상의 형상을 띠고 있는 것, 즉 대상형상이야말로 성취수단이다.

307-1.

[답론3]

그리고 그것(대상형상)은 그것(앎=인식) 자체 속에 내재해 있을 뿐이다. 따라서 [인식]결과는 [인식수단과] 별개의 존재가 아니다.

sā ca tasya ātmabhūtā eva tena na arthāntaraṃ phalam/(k.307-1)

案

이렇게 대상의 앎, 즉 인식결과 속에 내재해 있는 대상형상에 의해 다른 앎(인식)과의 구별이 가능하다는 점에서 인식결과는 인식수단과 별개의 존재가 아니다.

2. 앎(인식)의 능취성

307-2, 308.

[답론4]

그리고 그것(인식)은 그것(대상형상)을 자체 속에 지니고서 현현한다. 왜냐하면 스스로 행위를 하는 것은 아니라고 해도 그것(대상형상)에 의해 그것(대상인식)이 확정되기 때문이다. 마치 대상인식을 본질로 한 공능에 의해서 자신의 행위에 대해 작용을 지니고 있는 것처럼.

dadhānaṃ tac ca tām ātmany arthādhigamanātmanā//(k.307-2)
savyāpāram iva ābhāti vyāpāreṇa svakarmaṇi/
tadvaśāt tadvyavasthānād akārakam api svayam//(k.308)

309.

[답론5]

가령 일상[의 언어공동체]에서 결과가 [실제적으로] 행위를 하지 못함에도 불구하고, 원인들과 유사한 본질을 가지고 생기는 것에 근거해서 '원인의 형상을 취한다(파악한다)'라고 말하는 것과 같다.

yathā phalasya hetūnāṃ sadṛśātmatayā udbhavāt/
heturūpagraho loke akriyāvattve api kathyate//(k.309)

案

다르마키르티는 디그나가와 마찬가지로 앎이 대상의 형상을 가지고 생기기 때문에 앎에 대상을 파악하는 작용이 있다고 한다. 가령, 아들이 아버지의 모습을 실질적으로 취한 것은 아니지만, 너무 닮았기 때문에 "그는 아버지의 모습을 취했다"라고 말해지는 것처럼, 앎도 대상의 형상을 띠고서 대상과 유사하기 때문에 "앎은 대상의 형상을 취한다(파악한다)"라고 말해진다. 그렇지만 현실적 존재의 차원, 즉 궁극적 차원에서는 앎이 대상의 형상을 파악하는 것은 아니다.

3. 대론자의 설을 논파하다

310.

[반론]

감각, 감관과 대상과의 결합, 한정자의 앎이 인식수단이다.

[답론1]

그러므로 '감각', '감관[과 대상과의 결합] 관계', '한정자의 앎'이 인식수단이라고는 간주되지 않는다. 이것들은 [인식] 행위(인식결과)에 대해서 간극이 있기 때문이다.

ālocanākṣasambandhaviśeṣaṇadhiyām ataḥ/
na iṣṭaṃ prāmāṇyam eteṣāṃ vyavadhānāt kriyāṃ prati//(k.310)

案

마노라타난딘은 대론자의 인식수단과 인식결과를 다음과 같이 정리한다. "첫째, 인식수단은 감각(대상의 단순한 감각)이며 인식결과는 보편 등에 의해 한정된 현실적 존재의 판단이다. 둘째, 인식수단은 감관과 대상의 결합(감관과 대상의 접촉)이며 인식결과는 감각이다. 셋째, 인식수단은 한정자의 앎이며 인식결과는 피한정자의 앎이다."(T.402)

다르마키르티에 의하면 인식수단은 앎을 확립하는 것, 즉 환언하면 앎을 다른 앎으로부터 구별하는 것이다. "그런데 '감각', '감관과 대상과의 관계', '한정자의 인식'은 모두 그것으로부터 생기는 앎에 무엇인가 구별(차이)을 부여하지만, 그러나 최종적으로 구별(차이)을 부여하는 것은 아니라는 측면에서 간극이 있기 때문에 이것들은 인식수단이라고는 인정되지 않는다."(T.403)

311.

[답론2]

비록 모든 행위 요인은 행위[결과]에 대해서 유효하다고 하더라도, [그것들 가운데] 최종적으로 차이화하는 것, 그것이 그것(행위)의 최종적[으로] 성취[하는]수단이라고 인정된다.

sarveṣām upayoge api kārakāṇāṃ kriyāṃ prati/

yad antyaṃ bhedakaṃ tasyās tat sādhakatamaṃ matam//(k.311)

312, 313-1.

[답론3]

[그런데] 감관에는 이와 같은 것(최종적으로 차이화하는 작용)은 없다. 왜냐하면 [감관은] 모든 것에 공통하는 원인이기 때문이다. 그것(감관)에 [청정함과 불청정함의] 차이가 있다고 해도, 그것(대상)의 형상을 가지고 있지 않은 그것(감관)이 어떻게 '이것은 이것(대상)[의 인식]이다'라는 판단(결정·확정)이 있을 수 있을까? 이상으로 나머지(감각 등)도 설명되었다.

sarvasāmānyahetutvād akṣāṇām asti na īdṛśam/

tadbhede api hy atadrūpasya asya idam iti tat kutaḥ//(k.312)

etena śeṣaṃ vyākhyātaṃ/(k.313-1)

案

'모든 행위 요인은 행위(결과)에 대해 유효하다'는 것은, 행위를 가능하게 하는 원인으로서의 모든 요인들이 행위라는 하나의 결과(효과)를 낳기 위해서는 동일한 인과적 효과성을 지녀야만 가능하다는 것이다. 이렇게 동일한 인과적 효과성을 지닌 요인들에 의해 행위라는 결과가 산출된다. 그런데 그들 인과적 효과성을 지닌 요인들 가운데 그 행위를 최종적으로 다른 행위로부터 차이화하여 최종적으로 성취시키는 것이 인식수단(프라마나, 양)이다. 그런데 감관은 행위(인식, 앎)라는 결과를 낳는 인과적 효과성을 지닌 요인들 가운데 하나이다. 그런데 감관은 행위(앎, 인식)를 최종적으로 차이화하여 성취하게 하는 수단은 아니다. 왜냐하면 감관은 다수의 행위(앎)에 공통하는 요인이기 때문이다. 예를 들면 감관은 푸른색의 앎과 노란색의 앎을 낳는 공통의 요인이지만, 푸른색의 앎을 노란색의 앎으로부터 차이화하여 최종적으로 푸른색의 앎을 성취하게 하는 것이 아니기 때문이다. 그럼에도 불구하고 감관은 앎의 청정함과 불청정함의 차이를 가져오는 요인이라 할 수 있지만 그 앎에 다른 앎과 최종적으로 차이화하여 성취하게 하는 것은 아니라는 것이다.

그렇다면 어떤 앎을 다른 앎과 최종적으로 차이화하여 성취시키는 것은 무엇인가? 그것은 바로 대상형상이다. 푸른색의 앎이 다른 색깔의 앎으로부터 차이화하여 최종적으로 푸른색의 앎을 성취시키는 것은 푸른색의 앎이 '푸른색인 대상의 형상'(주체적 형식)을 가지고 생기기 때문인데, 다시 말하면 '푸른색인 대상(영원한 객체)과의 유사성' 때문이다. 즉, 최종적으로 성취시키는 것은 푸른색인 대상형상인 것이다. 이 대상형상은 앎에 진입하여 앎을 생기게 하는 다른 요인들과 마찬가지의 인과적 효과성을 지닌 존재이지만, 그 앎이 다른 앎과 차이화하여 구별하는 기능, 최종적으로 다른 앎과 차이화하게 하는 인과적 효과성으로 작용한다는 점에서 다른 요인들과는 다르다. 이 대상형상이 바로 인식수단, 즉 프라마나(양)이다. 따라서 대론자가 인정하는 인식수단으로서 감관뿐만 아니라 감각, 감관과 대상과의 결합 등도 최종적으로 행위(앎)를 다른 행위(앎)와 차이화하여 성취하게 하는 기능을 하지 못하기 때문에 인식수단(프라마나, 양)이라고 할 수 없다.

313-2.

[반론]

한정자의 앎이 인식수단이며 피한정자의 앎은 인식결과이다.

[답론1]

더군다나 '한정자의 앎'이 그것(대상)의 형상을 가지지 않을 때, [피한정자의 앎으로부터의] 차이조차도 있을 수 없을 것이다. 다른 앎(피한정자의 앎)도 또한 [한정자의 앎과] 마찬가지이다.

viśeṣaṇadhiyāṃ punaḥ/

atādrūpye na bhedo api tadvad anyadhiyo api vā//(k.313-2)

案

대론자(니야야·바이세시카학파의 논사)는 한정자(육구의六句義 가운데 보편과 특수 등)의 앎을 인식수단(量)이라 하고, 피한정자(육구의 가운데 실체 등)의 앎을 그 인식결과(量果)라 간주한다. 그런데 한정자의 앎(인식수단, 양) 그 자체에 대상형상이 내재해 있지 않다면 피한정자의 앎(인식결과, 양과)에도 대상형상이 존재하지 않을 것이다. 그런데 대론자들은 앎에는 형상이 존재하지 않는다고 하는 무형상인식의 관점을 견지하기 때문에 한정자의 앎뿐만 아니라 피한정자의 앎에는 형상이 존재하지 않는다고 주장한다. 만약 앎에 대상형상이 존재하지 않는다면 한정자의 앎과 피한정자의 앎을 구분할 수 없게 된다. 예를 들면, "장미는 아름답다"라는 앎에서 '아름답다'라는 앎은 한정자의 앎이고 '장미'의 앎은 피한정자의 앎이다. 그런데 한정자의 앎, 즉 아름다움이 그 앎 속에 내재해 있지 않는다면 '아름답다'라는 한정자의 앎과 '장미'의 앎은 서로 구분할 수가 없게 된다. 따라서 한정자의 앎이 인식수단(양)이며 피한정자의 앎이 인식결과(양과)라는 대론자의 주장은 이치에 맞지 않다.

314, 315-1.

[답론2]

행위와 성취[하는] 수단의 두 가지에는 대상의 차이가 인정되지 않는다. [만약 당신은 '한정자의 앎'과 '피한정자의 앎'이] 동일한 대상을 갖는다[고 주장한다]면, 두 가지[로 구분하는 것]는 무의미하며, 또한 [두 가지가] 계시적으로 생긴다고 [하는 당신의 주장은 성립]할 수가 없을 것이다. 만약 [한정자의 앎과 피한정자의 앎이] 동시에 존재한다면 성취대상(인식결과, 量果)과 성취수단(인식수단, 量)의 관계가 [있을 수] 없게 될 것이다.

na iṣṭo viṣayabhedo api kriyāsādhanayor dvayoḥ/
ekārthatve dvayaṃ vyarthaṃ na ca syāt kramabhāvitā//(k.314)
sādhyasādhanatābhāvaḥ sakṛdbhāve/(k.315-1)

案

우선, 여기서 '행위'는 인식결과(量果)이며, '성취하는 수단'은 인식수단(量)이다. 그런데 행위와 그 행위를 성취하는 수단이 대상을 달리한다면 행위가 성취될 수 없는 것과 마찬가지로 인식결과와 인식수단이 대상(형상)을 달리한다면 인식은 성취될 수가 없다. 가령 도끼로 나무를 벨 때 도끼라는 성취수단과 나무를 베는 행위의 대상은 동일해야만 행위가 성취되는 것과 마찬가지로 꽃을 파악할 때 지각이라는 인식수단과 꽃을 파악하는 인식행위의 대상은 동일해야만 인식이 완결되는 것이다. 그런데 대론자가 말하는 한정자의 앎과 피한정자의 앎은 그들의 이론에 의하면 대상을 달리하는 것이다. 즉, 전자는 보편[同]과 특수[異]를 대상으로 하고 후자는 실체[實]를 대상으로 한다. 따라서 한정자의 앎이 인식수단(量), 피한정자의 앎은 인식결과(量果)라고 할 수 없다. 다음으로 한정자의 앎이 성취수단(인식수단, 양)이고, 피한정자의 앎이 성취대상(인식결과, 양과)의 관계가 성립하기 위해서는 위에서 본 바와 같이 동일한 대상을 가져야 할 것이다. 대론자는 이렇게 한정자의 앎과 피한정자의 앎이 동일한 대상을 갖는다고 주장하지만, 동일한 대상에 대해 두 개의 앎이 작용한다는 것은 같은 내용을 담지하고 있기 때문에 두 개의 앎으로 나누는 것은 무의미하다. 마지막으로 한정자의 앎과 피한정자의 앎이 계시적으로 생긴다고 대론자는 주장하지만, 동일한 대상에 대해 두 앎이 생긴다면 두 앎은 반드시 동시에 생겨야 할 것이다. 한정자의 앎과 피한정자의 앎이 동시적으로 생긴다고 대론자는 주장하지만, "대론자가 말하는 바와 같이 성취대상과 성취수단의 관계(sādhysādhanabhāva)가 성립하지 않게 될 것이다. 즉, 대론자는 성취대상(인식결과, 양과)과 성취수단(인식수단, 양)의 관계를 생성대상과 생성수단의 관계(janyajanakabhāva)로서 파악하지만, 그와 같은 생성대상과 생성수단의 관계는 동시에 존재하는 것 사이에는 있을 수 없다".(T.408)

315-2.

[반론]

어떻게 해서 동일체가 성취대상이고 게다가 동시에 성취수단이라고 말할 수 있는가?

[답론]

앎의 두 [구성] 요소들(인식행위 자체와 인식에 현현한 대상형상)이, 그것(인식)을 확립하는 것에 근거하여 성취대상과 성취수단의 관계가 성립한다.

dhiyo aṃśayoḥ/

tadvyavasthāśrayatvena sādhyasādhanasaṃsthitiḥ//(k.315-2)

案

또한 한정자의 인식이 성취수단(인식수단, 양)이고, 피한정자의 인식이 성취대상(인식결과, 양과)인 관계가 성립하기 위해서는 앞에서 본 바와 같이 동일한 대상을 가져야 할 것이다. 대론자가 이렇게 한정자의 앎과 피한정자의 앎이 동일한 대상을 갖는다고 주장한다면 동일한 대상에 대해 두 개의 앎이 작용하는 것은 같은 내용을 담지하므로 두 개의 앎으로 나눌 필요가 없다. 그리고 한정자의 앎과 피한정자의 앎이 계시적으로 생긴다고 대론자는 생각하지만 동일한 대상에 대해 두 앎이 생긴다면 두 앎은 반드시 동시에 생기게 될 것이다.

316.

[반론]

감관과 대상과의 결합을 인식수단이라 간주한다면 무슨 오류가 있는가?

[답론1]

또한 [대상은] 자신[이 갖고 있는 속성] 전체에 의해서 [감관과] 결합하지만, 어떤 속성만이 지각된다. [만약 당신이 감관과 대상의 결합이 인식수단이라고 한다면, 대상의 어떤 속성만을 인식하고 다른 속성을 인식하지 않는다고 하는] 그와 같은 한정은 [있을 수] 없을 것이다. 왜냐하면 [감관이 대상과 결합할 때 그] 결합은 [대상이 갖고 있는 모든 속성과의 결합이지 어떤 특정한 속성만을] 분할[해서 결합하는 것]은 아니기 때문이다.

sarvātmanā api sambaddhaṃ kaiścid eva avagamyate/
dharmaiḥ sa niyamo na syāt sambandhasya aviśeṣataḥ//(k.316)

317.

[답론2]

그것(감관과 대상의 결합)에는 [대상이 갖고 있는 모든 속성과 결합하여 거기에 어떠한] 차이가 없다고 해도 어떤 것에 의해 이 차이(어떤 인식이 다른 인식으로부터의 차이)가 있을 때, 그것(어떤 것)이 인식수단(量)이다. 만약 잠재적 힘(saṃskāra)에 의해서[앎의 차이의 확립이 있다]라고 한다면 [그것은 이치에 맞는 것이] 아니다. 왜냐하면 [앎은] 그것(대상)의 형상을 가지지 않는다면 그것(잠재적 힘)의 [차이] 확립도 없기 때문이다.

tad abhede api bhedo ayaṃ yasmāt tasya pramāṇatā/
saṃskārāc ced atādrūpye na tasya apy avyavasthiteḥ//(k.317)

案

감관이 대상과 결합할 때 그 결합은 대상이 갖고 있는 모든 속성과의 결합이지, 어떤 특정한 속성만을 분할해서 결합하는 것이 아니기 때문에, 그 결합은 어떤 인식을 다른 인식으로부터 구별하여 확정할 수가 없다. 그러나 인식 그 자신 속에 있으며 어떤 인식을 다른 인식으로부터 구별하는 것, 그것은 바로 대상형상이며 대상형상이야말로 인식수단이다. 따라서 그 대상형상에 의해 어떤 인식과 다른 인식의 차이가 확정된다.

4. 궁극적 차원의 입장과 일상언어 차원의 입장

318.

[반론]

서로 다른 두 개의 존재가 동일체라는 것은 논리적으로 자가당착이 아닌가?

[답론1]

만약 '[인식]행위[라는 결과](인식결과=量果)와 [인식]행위의 작인(인식수단=量)의 두 가지가 동일한 [현실적 존재의 두 가지 양상이라고 주장하는] 것은 모순이다'라고 한다면, [그 비판은] 사실이 아니다. 왜냐하면 [타자의 배제에 의해서 개념적으로 구성된] 속성의 차이가 인정되기 때문이다. [그러나 궁극적 차원에서는] '현실적 존재(인식 그 자체)는 [인식행위의 결과(인식결과=量果)와 인식행위의 작인(인식수단=量)]으로 분할되[어 존재하]지 않는다'라고 간주된다.

kriyākaraṇayor aikyavirodha iti ced asat/

dharmabhedābhyupagamād vastv abhinnam iti iṣyate//(k.318)

319.

[답론2]

모든 행위와 행위 요소의 규정은 이와 같은 것(현실적 존재에 근거한 것이 아니라 분별적 인식의 산물인 것)이다. 비록 [자르는 행위인 절단과 자르는 도구인 도끼와 같이] 서로 분할된 것이라고 [일반적으로] 인정되는 것조차도 [그 분할은 분별적 인식에 의해] 증익(가탁, 규정)된 것으로 존재하기 때문이다.

evaṃprakārā sarvā eva kriyākārakasaṃsthitiḥ/
bhāveṣu bhinnābhimateṣv apy āropeṇa vṛttitaḥ//(k.319)

IX. 인식결과 = 자기인식

1. 유식설과 외계대상 실재론

[디그나가의 견해]

이 경우, 자기인식이 인식결과[量果]이다. 앎은 이 경우, 두 개의 현현을 가지고 생긴다. 즉, 자기의 현현과 대상의 현현이다. 이들 두 개의 현현을 가진 앎에서 자기인식이 인식결과이다. 왜냐하면 대상의 앎이라고 해도 그것은 그것(자기인식)을 본질로 하기 때문이다. 자기 속에 대상을 가진 앎이 대상일 때, 자기인식에 수반하여 대상을 좋은 것, 혹은 좋지 않은 것으로 인식한다. 그러나 어떤 경우, 외계대상이야말로 인식대상이라고 간주되지만 그 경우는 대상형상이야말로 그것의 인식수단이라 간주된다. 그 경우 앎은 승의에는 자기인식되는 것이지만 그 본성과는 관계없이 대상현현이야말로 그것의 인식수단이다. 왜냐하면 그 대상이 그것에 의해서 앎에서 대상현현성에 따라서 인식된다. 대상형상이 흰색, 흰색이 아닌 것 등으로 앎에 현현할 때 그와 같은 형상을 가진 것으로서 그 대상은 인식된다.(T하. 1~2)

유식설

320.

[반론]

대상인식이란 무엇인가?

kā artha saṃvid

[답론]

이 지각하는 한정된 인식 그것이 어떻게 대상인식인가? [만약] 그것(대상)의 형상을 가지고 생기기 때문에 [대상인식이라고 한다면] 그것은 일탈[착오]이다.

yad eva idaṃ pratyakṣaṃ prativedanam/

tad arthavedanaṃ kena tādrūpyād vyabhicāri tat//(k.320)

案

대상인식이란 대상의 형상에 의해서 한정된 인식이기 때문에 엄밀한 의미에서 인식의 대상은 외계에 실재하는 시간과 공간의 제약을 받고 있는 물리적 대상이 아니라 그 대상의 형상이다. 그렇다면 이것을 외계에 실재하는 대상의 인식이라 할 수 있는가? 이것을 질문한 것이 바로 "대상인식이란 무엇인가?"라는 것이다. 만약 이와 같이 한정된 앎이 외계대상의 형상을 가지고 생기는 것에 근거해서 그것은 외계대상의 인식이라고 한다면 그 대상형상에는 착오(일탈)가 존재한다. 다시 말하면 눈병에 걸린 눈에 현현하는 털에 대한 인식이나 두 개의 달에 대한 인식 혹은 꿈속의 대상에 대한 인식 등은 외계에 대상이 존재하지 않음에도 불구하고 대상의 형상을 가지고 생긴다. 이와 같이 외계대상이 실재하지 않아도 대상인식이 가능하다고 하는 오류가 발생하는 것이다.

앞에서 다르마키르티는 경량부의 외계대상 실재론에 입각하여 인식대상은 외계의 대상, 인식결과는 외계대상의 인식, 인식수단은 외계대상의 인식을 성취하는 것, 즉 대상형상이라고 논증했다. 그리고 그 대상형상이 외계대상의 인식과 본질을 같이하는 동일체임을 논증한다. 그런데 '일체는 마음이 지은 것'이라는 유식의 관점에 입각한다면 인식결과인 대상인식에서 대상은 외계에 실재하는 것이 아니라 마음이 투사한 표상에 지나지 않는 것이 될 것이다. 그렇게 되면 마음이 투사한 표상을 인식하는 것이 되어 외계대상의 인식이 아니라 자기가 자기를 인식하는 자기인식이 된다.

321.

[반론]

그런데 [만약 당신은] 이것(앎)에서 [외계대상에 대한] 그 직접적 경험(파악)은 무엇에 관한 것인가[라고 묻는다면]?

atha so anubhavaḥ kva asya

[답론1]

바로 그런 이유로 그것이 [우리들에 의해] 검토되어야 한다. 거칠고 크게[粗大] 현현하는 [일자로서의] 그것(앎)과 그 [대상인] 극미들은 무엇을 근거로 형상이 유사하다고 하는가?

tad eva idaṃ vicāryate/

sarūpavanti tat kena sthūlābhāsaś ca te aṇavaḥ//(k.321)

322.

[답론2]

그러므로 그것(앎)에는 대상형상이 없다. 혹은 [대상형상이] 지금 있다고 해도 [거기에는 대상과 앎의] 일탈(착오, 부정합)이 있다. [따라서] '그것(외계대상)의 인식'인 것을 논증할 수 없다.

tan na artharūpatā tasya satyāṃ vā vyabhicāriṇī/
tat saṃvedanabhāvasya na samarthā prasādhane//(k.322)

案

외계대상 실재론을 견지하는 경량부에 의하면 인식의 대상이 되기 위해서는 두 가지 조건을 충족시켜야 한다. 제1 조건은 앎(인식)이 그것(대상)의 형상을 가지고 생기는 것(대상형상성), 달리 말하면 앎(인식)이 그것(대상)과 유사한 것(대상유사성)이며 제2 조건은 앎(인식)이 그것(대상)으로부터 생기는 것(대상생기성)이다. 따라서 인식의 대상이 되기 위해서는 대상생기성과 대상유사성(대상형상성)이라는 두 가지 조건을 갖추어야 한다. 그런데 "거칠고 크게[粗大] 현현하는 [일자로서의] 그것(앎)과 그 [대상인] 극미들은 무엇을 근거로 형상이 유사하다고 하는가?"라는 것은, 인식대상이기 위한 제1 조건을 충족시키지 못한다는 것이다. 즉, 외계대상 실재론에 의하면 외계대상이 물리적 존재라면 이것은 미세한 극미이거나 극미들의 모임일 것이다. 그런데 미세한 극미나 극미들의 모임인 인식대상을 근거로 거칠고 크게 현현하는 일자로서의 형상을 가진 인식이 생긴다고 할 때 인식(앎)에 현현하는 것은 거칠고 큰 일자이기 때문에 극미나 극미들의 모임과 앎은 유사성을 결여하게 된다. 즉, 개개의 극미에는 거칠고 큰 형상은 없고 또한 극미들의 모임에는 일자성은 있을 수 없다. 그러므로 대상형상을 가진 앎(인식)이라고 해서 그것을 외계대상의 인식이라고 할 수 없을 것이다.

323.

[반론]

앎이 그것(대상)과 형상이 유사하다는 것(대상유사성)과 앎이 그것(대상)으로부터 생기는 것(대상생기성)이라는 두 가지 조건을 충족시키는 대상은 외계에 실재한다.

[답론]

만약 '[앎이] 그것(대상)과 형상이 유사하다는 것'(대상유사성)과 '[앎이] 그것(대상)으로부터 생기는 것'(대상생기성)이 인식대상의 정의라고 한다면, 같은 대상을 가진 등무간연(等無間緣)의 앎도 인식대상이 될 것이다.

tat sārūpyatadutpattī yadi saṃvedyalakṣaṇam/
saṃvedyaṃ syāt samānārthaṃ vijñānaṃ samanantaram//(k.323)

案

이 게송의 내용을 그림으로 제시하면 다음과 같다.

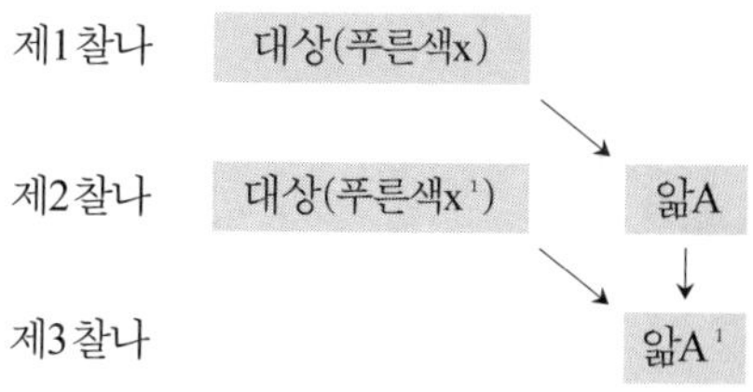

경량부에 의하면 푸른색x는 앎A의 인식대상이기 위한 조건을 갖추고 있다. 즉, 푸른색x에 의해 앎A가 생기기 때문에 제2조건인 대상생기성을, 앎A는 푸른색x의 형상을 가지고 생긴 것이기 때문에 제1조건인 대상형상성도 갖추고 있다. 따라서 그림에서도 보는 바와 같이 대상인 푸른색x는 앎A 밖에 실재한다. 그런데 다르마키르티는 앎A^1에 대해 등무간연인 앎A도 인식대상이기 위한 두 가지 조건을 충족시키기 때문에 인식대상이라고 하는 것이다. 즉, 등무간연인 앎A에 의해 앎A^1이 생기기 때문에 제2조건인 대상생기성을, 앎A^1는 푸른색x의 형상을 가진 앎A와 형상이 유사하기 때문에 제1조건인인 대상형상성도 갖추고 있다. 따라서 앎A는 인식대상이기 위한 두 가지 조건을 갖추고 있기 때문에 인식대상이다. 그런데 그림에서 보는 바와 같이 이 등무간연의 앎A는 앎A^1, 즉 인식 밖에 존재하는 것이 아니라 앎의 연속체 안에 존재하는 것이 서로 다르다. 이 등무간연의 존재로 인해 경량부의 외계대상 실재론에서 유식론으로, 인식론은 질적 전환을 맞게 된다.

324-1.

[반론]

어떤 것에 대해서 '이것이 보였다' 혹은 '이것이 들렸다'라고 하는 판단적 인식, 그것은 그것(어떤 것)에 대한 직접적 경험(파악)이[지만, 등무간연에 대해서는 그와 같은 판단적 인식은 결코 있을 수 없다. 따라서 등무간연은 대상이 아니다]라고 한다면?

idaṃ dṛṣṭaṃ śrutaṃ vā idam iti yatra avasāyadhīḥ/

sa tasya anubhavaḥ(k.324-1)

案

외계대상 실재론자에 의하면 인식의 대상이 외계에 실재해야만 그 외계 대상이 직접적으로 경험되었다는 판단이 가능하다. "가령, 푸른색을 직접적으로 경험하는 경우, 그것을 직접적으로 경험한 뒤 '푸른색이 직접적으로 경험되었다'라고 판단된다. 그와 같이 뒤에 판단되는 것이 있는 푸른색 등은 대상이다. 그러나 등무간연은 '이것이 직접적으로 경험되었다'라고 판단되는 것은 결코 있을 수 없다. 따라서 등무간연은 대상일 수가 없다는 것이 대론자의 반론 요지이다."(T하. 8)

324-2.

[답론1]

그 지각대상과 지각수단의 [시간적·공간적] 근접[관계]이 검토되어야만 한다.

sā eva pratyāsattir vicāryate//(k.324-2)

dṛśyadarśanayor

325.

[답론2]

그것(시간적·공간적 근접관계)에 근거하여 '그것은 그것의 인식이다'라는 것이 인정된다. [지각대상과 지각수단] 양자의 [근접]관계에 의거하여 인식하는 사람에게 이러한 판단이 생기게 된다.

yena tasya tad darśanaṃ matam/

tayoḥ sambandham āśritya draṣṭur eṣa viniścayaḥ//(k.325)

案

외계대상을 근거로 앎(지각)이 생기며, 다음 찰나의 외계대상이 동류인이 되고 동시적 사태 속에 존재하고 있는 앎(지각)이 등무간연이 되어 다음 찰나의 앎이 발생한다. 이것을 그림으로 제시하면 다음과 같다.

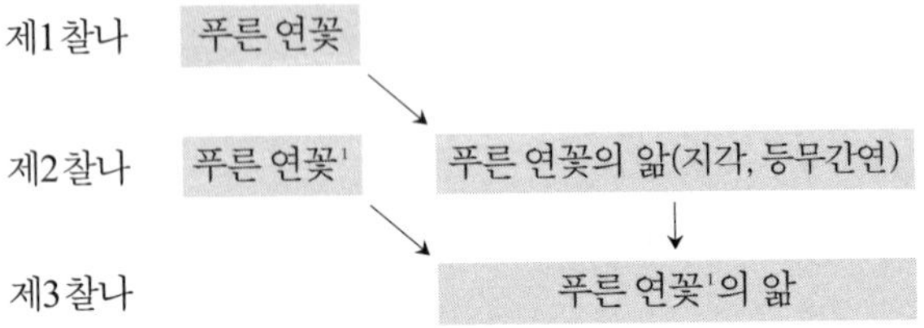

대론자 반론에 의하면 외계의 푸른 연꽃에 대해서는 '푸른 연꽃이 직접적으로 파악되었다'라는 판단적 인식이 있기 때문에 외계의 푸른 연꽃이 대상으로 간주된다. 그러나 등무간연인 푸른 연꽃의 앎(지각)에 대해서는 푸른 연꽃의 앎(지각)이 직접적으로 파악되었다는 판단적 인식은 존재하지 않는다. 따라서 등무간연은 외계대상이 아니라고 반론한다. 요컨대 '푸른 연꽃이 직접적으로 파악되었다'라는 판단적 인식이 있기 때문에 푸른 연꽃이 외계대상으로 간주된다. 하지만 다르마키르티에 의하면 푸른 연꽃에 대한 직접적 파악을 근거로 푸른 연꽃이 직접적으로 파악되었다는 판단적 인식이 발생하는 것이기 때문이며 푸른 연꽃에 대한 직접적 파악은 대상이 되는 것이다.

326.

[반론]

유식론자에 의하면 앎의 영역 밖의 존재를 아는 수단은 존재하지 않는다. 따라서 앎은 외계대상의 인식이라는 것은 확립될 수 없다. 그렇다면 앎은 무엇의 인식인 것인가?

[답론1]

그것(앎)의 본질은 그것(푸른색 등의 형상을 가진 것)에 대한 직접적 경험이며, 또한 그것(직접적 경험)은 결코 다른 것(외계대상에 대한 직접적 경험)이 아니다. 그것(앎)은 감관지각에 의해서 각각 인식되는 것 또한 그것(직접적 경험)을 본질로 하는 것이다.

ātmā sa tasya anubhavaḥ sa ca na anyasya kasyacit/
pratyakṣaprativedyatvam api tasya tadātmatā//(k.326)

327.

[답론2]

그러므로 [앎 이외에] 다른 직접적으로 경험되는 것(파악의 대상이 외계에 존재하는 것)은 존재하지 않는다. 그것(앎)을 직접적으로 경험하는 것(그 인식에 대한 직접적 경험)은 [그것 이외에 다른 앎에 의해 알려진다고 한다면 그것은 바른 것이] 아니다. 왜냐하면 동일한 비난을 받게 될 것이기 때문이다. [따라서] 그것(앎)은 스스로 현현한다. [다른 것에 의해서 현현하는 것이 아니다.]

na anyo anubhāvyas tena asti tasya na anubhavo paraḥ/
tasya api tulyacodyatvāt svayaṃ sā eva prakāśate//(k.327)

案

경량부와 같은 외계대상 실재론자에 의하면 인식은 외계대상에 대한 앎을 본질로 하지만 외계대상을 인정하지 않는 유식론자에 의하면 인식은 외계대상에 대한 앎이 아니라 앎 속에 내재한 형상에 대한 앎을 그 본질로 한다. 전자에 의하면 인식대상은 외계대상, 인식수단은 대상형상, 인식결과는 대상인식이지만, 후자에 의하면 인식대상은 대상형상, 인식수단은 주관형상, 인식결과는 자기인식이다. 327송에서 '동일한 비난'이란 만약 앎이 자기 자신을 지각하지 않고 다른 앎에 의해 알려진다면 그 다른 앎을 알게 하는 또 다른 앎이 요구되어 무한소급의 오류를 범한다는 똑같은 비난이 향하게 된다는 의미이다.

인식의 본질이 대상에 대한 직접적 경험, 즉 대상인식이 아니라 대상형상에 대한 직접적 경험, 즉 자기인식이라는 것을 예를 들어 설명해 보자. 가령, 우리가 지금 보고 있는 태양이나 달은 사실 동시간대에 존재하는 태양이나 달이 아니다. 지금 보고 있는 태양이나 달은 몇 분 전, 몇 초 전의 것이다. 태양과 달을 시각으로 지각하기 위해서는 그 대상이 빛을 통해 우리의 망막에까지 도달해야 한다. 그렇다면 태양과 달에서 지구까지 빛이 오는 데 걸리는 시간은 얼마일까? 태양과 지구의 거리는 1억 4700km이며, 달과 지구의 거리는 38만 4천 km이다. 따라서 빛의 속도는 30만km/s이기 때문에 태양에서 지구까지, 달에서 지구까지 오는 데 걸리는 시간은 전자는 8분이며, 후자는 1초이다. 그러므로 우리가 보고 있는 것은 사실은 8분 전, 1초 전의 태양과 달이 빛을 통해 우리의 망막에 비친 형상, 그것을 직접적으로 경험하는 것이다. 그 형상은 대상 그 자체가 아니라 앎 속에 있는 대상형상이며 그 대상형상을 직접적으로 인식하는 것이기 때문에 자기인식이 인식의 본질이다.

328.

[반론]

만약 (앎은 자신을 인식하는 것이며, 그것에 의해서) 직접적으로 경험되는 외계존재 등은 실재하지 않는다고 한다면 어떻게 해서 푸른색에 대한 직접적 경험에서 '푸른색'이라고 말해질 수 있을까? 따라서 직접적으로 경험되는 푸른색 등은 외계에 실재한다.

[답론]

그것(앎)은 이 푸른색 등의 형상을 본질로 하며, 또한 그것은 [푸른색 등에 대한] 직접적 경험이다. [따라서] 그것은 자기 [자신의] 형상에 대한 직접적 경험이라고 해도, '푸른색 등에 대한 직접적 경험'이라 불린다.

nīlādirūpas tasya asau svabhāvo anubhavaś ca saḥ/
nīlādyanubhavaḥ khyātaḥ svarūpānubhavo api san//(k.328)

案

앎은 자신 속에 내재한 푸른색의 형상에 대한 직접적 경험, 즉 자기인식이지만, 푸른색의 형상에 대한 직접적 경험이라고 말한다고 해서 외계에 실재하는 푸른색을 인식하는 것은 아니다.

329.

[반론]

인식이 직접적 경험을 본질로 한다고 해서, 어떻게 자기 자신을 직접적으로 경험한다고 할 수 있는가? 자기가 자기 자신에게 작용을 하는 것은 있을 수 없다.

[답론]

빛(비추는 것)은 그것(비춤)을 본질로 하기 때문에 [타자를] 비추면서 [동시에] 자기의 형상을 비추는 것과 같이, 그와 같이 앎도 자기[가 자신]를 인식한다고 간주되어야 한다.

prakāśamānas tādātmyāt svarūpasya prakāśakaḥ/
yathā prakāśo abhimatas tathā dhīr ātmavedinī//(k.329)

案

궁극적 차원(언어나 사유 분별을 떠난 차원)에서는 인식은 다만 인식할 뿐이다. 가령 등불(빛)이 다만 비출 뿐, 타자와 자기를 대상으로 하는 것이 아닌 것과 같다. 그 등불(빛)을 일상언어 차원(언어나 사유 분별의 차원)에서 분석해 보면 비추어지는 대상과 비추는 자기로 나누어지는 것이다. 실제로 대상과 자기가 있는 것이 아니라 분별로 분석해 보면 그렇게 구분할 수 있다는 것이다. 그리고 이것은 인식 그 자체에서 대상에 입각점을 두면 인식의 본질은 대상인식이지만, 주관에 입각점을 두면 인식의 본질은 자기인식이다. 하지만 궁극적 차원, 즉 언어나 사유 분별을 떠난 차원에서는 인식대상과 인식주관이란 있을 수 없다. 오직 식[識, 마음]만 있을 뿐이다.

330-1.

[다르마키르티의 주장] 궁극적 차원에서는 인식대상의 형상과 인식주관의 형상은 있을 수 없다

또한 다른 것(외계대상)이 그것(앎)의 대상일 때, 인식대상과 인식주관은 성립하기가 어렵다. [따라서 앎은 실제로] 대상형상과 주관형상을 갖

는 것이 아니다.

tasyāś ca arthāntare vedye durghaṭau vedyavedakau/

avedyavedakākārā(k.330-1)

[반론]

그렇다면 어떻게 해서 앎에 인식대상의 현현(형상)과 인식주관의 현현(형상)이 있다고 간주하는가? 다시 말하면 유식론에 입각할 때, 앎에 인식대상과 인식주관의 두 요소가 있다는 것을 인정하고 논의를 진행하지만, 그들 두 요소는 어떤 의미인가?

330-2, 331.

[답론]

착오를 하는 [어리석은] 자들에 의해서 [하나의 획기적 전체로 생성되는 앎이 상호간에] 특징을 달리하는 파악되는 대상형상과 파악하는 주관형상에 대한 착오가 보이는 것처럼, 그와 같이 확립된다. 마치 [눈병에 걸린 사람의 눈에 비치는] 털 등의 앎의 차이처럼.

yathā bhrāntair nirīkṣyate//(k.330-2)

vibhaktalakṣaṇagrāhyagrāhakākāraviplavā/

tathā kṛtavyavasthā iyaṃ keśādijñānabhedavat//(k.331)

案

궁극적 차원에서는 대상형상과 주관형상은 있을 수 없다. 그럼에도 불구하고 대상형상과 주관형상이 객관적으로 실재하고 그것이 현현한다고 믿어 버리는 까닭은 무엇인가? 가령 눈병에 걸린 사람의 눈에 비친 털이 사실은 객관적으로 존재하지도 않는데 존재하는 것처럼 믿어 버리는 까닭은 그 자신이 눈병에 걸린 줄을 모르기 때문인 것과 같다. 마찬가지로, 실제로 존재하는 것은 하나의 획기적 전체로 생성되는 찰나멸하는 앎에 대해 대상형상과 주관형상이 객관적으로 존재하지 않는데도 존재하는 것처럼 믿어 버리는 까닭은, 그가 사용하는 언어나 사유 분별의 본질이 근본적으로 착오라는 것을 모르는 어리석음[無明] 때문이다.

332.

[반론]

앎은 앎 이외의 다른 대상을 인식한다.

[답론]

그 경우(유식에서 파악되는 대상과 파악하는 주관을 둘로 나누지 않는 경우), '다른 것(외계대상의 존재)을 인식하는 것'은 존재하지 않기 때문에 자기인식이 [인식의] 결과라고 인정된다.

yadā tadā na saṃcodyagrāhyagrāhakalakṣaṇā/
tadā anyasaṃvido abhāvāt svasaṃvit phalam iṣyate//(k.332)

案

외계대상의 실재를 인정하는 경량부에서는 앎은 앎 이외의 다른 대상을 인식하는 것이라고 하지만, 외계대상의 실재를 인정하지 않는 유식에서는 식에 의해 현현(표상)된 대상을 식 자신이 인식하기 때문에 자기인식이라 인정된다.

333.

[반론]

만약 외계대상이 직접적으로 경험된다고 한다면, 어떠한 오류가 발생하는가? [다시 말하면 세간의 일반 사람들은 일반적으로 '외계대상이 직접적으로 경험된다'라고 생각하지만, 그와 같이 생각한다고 해서 무슨 오류가 있는 것인가?]

yadi bāhyo anubhūyeta ko doṣo na eva kaścana/

[답론]

[만약 외계대상이 정말로 객관적으로 실재한다면 오류는] 전혀 [있을 수] 없다. [그러나] '그 외계대상이 직접적으로 경험된다'라고 하는 바로 그것은 어떻게 말할 수 있을까?

idam eva kim uktaṃ syāt sa bāhyo artho anubhūyeta//(k.333)

案

"외계대상이 직접적으로 경험된다"라는 실재론자의 주장을 수용한다고 하더라도 발생하는 난점은 외계대상과 그것을 파악하는 주관인 앎은 본질적으로 다르다는 것이다. 그런데 두 항(item)이 본질적으로 다르다면 그 항은 외재적 관계를 맺을 수 있을지는 몰라도 내재적 관계를 맺을 수가 없다. 대상과 앎의 관계는 외재적 관계가 아니라 내재적 관계이다. 물질성(corporality)을 본질로 하는 대상과 정신성(mentality)을 본질로 하는 앎은 본질적으로 서로 다르기 때문에 관계맺음은 불가능하다. 따라서 외계대상이 직접적으로 파악된다고 할 수가 없다. 여기서 다르마키르티가 말하는 외계대상이 직접적으로 파악된다고 하는 것은 외계대상 그 자체가 아니라 앎 속에 진입한 대상형상을 직접적으로 파악한다는 의미이다. 이렇게 앎 속에 내재한 대상형상은 앎과 본질을 달리하지 않는다. 따라서 인식이라는 관계맺음이 가능한 것이다.

우리가 음식을 먹을 때 위장은 그 음식을 소화시킨다. 이때 음식과 위장은 물리적 차원에서는 본질적으로 같은 것이기 때문에 소화라는 관계맺음이 가능한 것이다. 그런데 음식과 위장과 같이, 대상과 앎을 동치시켜 사고해서는 안 된다. 이 둘은 전혀 이질적인 것이기 때문이다.

음식 = 물질성 ⇒ 위장 = 물질성(corporality)

대상 = 물질성 ⇏ 앎 = 정신성(mentality)

대상형상 = 정신성 → 앎 = 정신성

334.

[반론]

만약 앎이 형상을 갖는다고 인정된다면 어떻게 되는 것일까?

[답론1]

만약 앎이 그것(외계대상)의 형상을 갖는다[고 한다]면, 특정한 형상을 갖는 그것(앎)은 존재한다[고 간주해야 할 것이다]. [그렇다면] 그것(특정한 형상을 갖는 앎)은 외계[대상으]로부터[생긴 것]인가 아니면 다른 것으로부터[생긴 것]인가라고 하는 것, 이것이 검토되어야 한다.

yadi buddhis tadākārā sā asty ākāraniveśinī/
sā bāhyād anyato vā iti vicāram idam arhati//(k.334)

案

다르마키르티도 앎에 대상형상이 존재한다는 것을 부정하지 않는다. 그렇지만 대상형상이 존재한다고 해서 외계대상의 실재성을 인정하는 것은 아니다. 그 형상이 앎에 진입할 때 밖에 있는 대상이 원인인가 아니면 앎에 내재하는 다른 것이 원인인가 하는 것을 따져 보아야만 한다는 것이 다르마키르티 답론의 핵심이다.

335.

[답론2]

지각은 푸른색의 현현(형상)을 갖는다. 왜냐하면 지각이라는 조건을 떠나서 [푸른색은] 파악되지 않기 때문이며, [또한] 그것(지각)을 파악할 때 [푸른색도] 파악되기 때문이다. [따라서] 외계대상은 [지각과는] 독립하여 별개로 존재할 수 없다.

darśanopādhirahitasya agrahāt tadgrahe grahāt/

darśanaṃ nīlanirbhāsaṃ na artho bāhyo asti kevalam//(k.335)

案

푸른색은 푸른색의 현현을 가진 지각을 떠나서 파악되지 않는다. 인식을 떠나서 존재는 있을 수 없다는 것이 유식에 기반한 불교인식논리학의 기본 테제이다.

336.

[반론]

만약 외계대상이 실재하지 않는다면, 무엇이 앎을 한정하는 것인가? 푸른색의 지각이 특정한 시간과 특정한 장소에서 생기는 것은 무엇 때문인가?

[답론1]

실로 어떤 것(앎)만이 어떤 것(앎) 속에 내재하는 습기를 각성시킨다. 그것에 의해 앎에는 [앎에 대한] 한정이 있다. 외계대상을 필요로 하는 것이 아니다.

kasyacit kiñcid eva antarvāsanāyāḥ prabodhakam/
tato dhiyāṃ viniyamo na bāhyārthavyapekṣayā//(k.336)

案

가령, 푸른색의 지각이 특정한 시간, 특정한 장소에서 생기는 것은 어떤 앎이 그때 그 장소에서 푸른색의 지각을 생기게 하는 내재습기(vāsanā)를 소생시키기 때문이다. 따라서 인식은 외계대상에 의해 생기는 것이 아니라 내부의 이전 찰나의 인식이 대상이 되어 그것에 의해 이후 찰나의 인식이 생기는 것이다.

337.

[답론2]

그렇기 때문에(이상과 같이 독립한 외계대상은 존재하지 않기 때문에) 이와 같이 [자기인식에 의해] 직접적으로 경험(파악)되고 또한 [뒤에 자기인식에 의해] 기억되는 하나[의 인식]에 [무명에 의한 착오 때문에] 두 개의 형상(대상형상과 주관형상)이 존재한다. [따라서] 두 개의 형상을 가진 그것(인식)의 인식이 [인식의] 결과이다. [결국 자기인식이 인식의 결과다.]

tasmād dvirūpam asty ekaṃ yad evam anubhūyate/

smaryate ca ubhayākārasya asya saṃvedanaṃ phalam//(k.337)

案

앎은 획기적인 하나의 전체로서 생기며 생기자마자 소멸하는 찰나멸하는 것이다. 그런데 이 앎은 일상언어 차원에서 분석하면 대상형상과 주관형상 및 자기인식의 세 가지 부분으로 구성된다. 그리고 [인식]대상형상과 [인식]주관형상의 두 가지 부분은 자기인식에 의해 직접적으로 경험되고 또한 '그와 같이 경험되었다'라고 뒤에 기억된다. 따라서 우리의 앎은 분석하면 세 가지 부분으로 구성되지만, 궁극적 차원에서 이 세 가지 부분들의 실재성은 부정된다.

338.

[반론]

외계대상 실재론의 입장에서 대상인식의 의미는 무엇인가?

[답론]

[외계대상 실재론에 의하면] 다른 것(외계대상)이 인식의 원인인 대상일 때, 그 존재는 [명상수행의 힘으로] 긍정적인 것으로 성취되기도 하고 혹은 부정적인 것으로 성취되기도 한다. 그것(인식)에 그와 같은 것(긍정적인 형상과 부정적인 형상에 의한 직접적 경험)이 있고, 그리고 그것이 '[대상에 대한] 직접적 경험'이라 불린다.

yadā niṣpannatadbhāva iṣṭo aniṣṭo api vā paraḥ/

vijñaptihetur viṣayas tasyāś ca anubhavas tathā//(k.338)

案

다르마키르티는 외계대상 실재론을 견지하는 경량부의 관점을 배제하지 않는다. 그는 일상언어 차원에서 우리의 인식적 경험을 설명할 때는 경량부의 인식론을 십분 활용한다. 반면 궁극적 차원, 즉 유식론의 입장은 외계실재의 입장에 입각하지 않고 유식의 입장에서도 설명할 수 있는 입장을 취하기 때문에 우리의 인식적 경험을 경량부에서 유식론으로 확대 적용해 가고 있다고 다르마키르티의 인식론을 평가할 수 있다.

이 338송은 외계대상 실재론의 입장에서 대상인식을 어떻게 이해할 것인가 하는 것을 다르마키르티가 언급하고 있는 것이다. 즉, 외계대상이 인식의 원인이라고 해도 그 대상을 긍정적인 것 혹은 부정적인 것으로 성취하는 것은 인식 자신에게 존재한다. 그렇기 때문에 인식은 외계대상을 직접적으로 파악하는 것이 아니라 인식에 현현한 대상형상과 주관형상을 직접적으로 경험하는 것이므로 결국에 인식의 결과는 자기인식이라 할 수 있다.

339.

[반론]

유식설의 입장에서 대상인식의 의미는 무엇인가?

[답론[1]]

[유식설에서도] 앎은 대상을 갖는다[고 할 수 있다]. 왜냐하면 [미혹으로 인해] 앎의 요소(앎에 내재하는 대상형상)에 의해 [마치 외계에] 대상[이 존재하는 것]으로 판단되기 때문이다. [그렇지만] 그 경우 자기 자신에 대한 직접적 경험, 그것이야말로 대상을 확정하는 것이다.

yadā saviṣayaṃ jñānaṃ jñānāṃśe arthavyavasthiteḥ/
tadā ya ātmānubhavaḥ sa eva arthaviniścayaḥ//(k.339)

340.

[답론2]

[왜냐하면] 만약 [어떤 사람에 의해서] 긍정적인 형상을 갖는 그것(인식) 자체가 직접적으로 경험되거나 혹은 다른 것(부정적인 형상을 갖는 인식) 자체가 직접적으로 경험된다면, 그것에 의해서 대상이 긍정적인 것을 갖는 것 혹은 부정적인 것을 갖는 것으로 인식되기 때문이다.

yadi iṣṭākāra ātmā syād anyathā vā anubhūyate/
iṣṭo aniṣṭo api vā tena bhavaty arthaḥ praveditaḥ//(k.340)

案

유식설에서 앎은 대상을 갖는다고 했을 때, 미혹으로 인해 앎에 내재하는 대상형상을 마치 외계대상에 의해 주어진 것으로 판단한다. 즉, 자신 속에 긍정적인 대상형상을 가진 앎이 앎 자신에 의해 직접적으로 파악될 때, 즉 자기인식될 때 마치 외계대상이 긍정적인 것처럼 착오하여 파악된다. 요컨대 자기인식이 대상인식으로 잘못 파악되는 것이다.

외계 실재론

341.

[반론]

외계대상이 직접적 경험에 따라 판단된다는 것은 어떠한 의미인가?

[답론1]

외계대상이 현재 존재하는 경우에도 마찬가지로 그것(외계대상) 자체는 [인식주관의 직접적] 경험에 의해서만 결정될 뿐, [외계대상 그] 자체의 형상 그대로 결정되지는 않는다. 왜냐하면 [동일한 외계대상에] 다수의 본질이 존재한다고 하는 오류를 범하기 때문이다.

vidyamāne api bāhyārthe yathānubhavam eva saḥ/
niścitātmā svarūpeṇa na anekātmatvadoṣataḥ//(k.341)

案

다르마키르티는 궁극적 차원에서는 외계대상의 실재성을 인정하지 않는다. 그렇지만 일상언어 차원에서는 인식에 내재하는 대상형상에 의해 외계대상이 존재할 것으로 추론된다는 경량부의 외계대상 실재론을 수용한다. 그런데 다르마키르티는 외계대상이 객관적으로 존재한다고 하더라도 그 대상 본래의 모습대로 인식되는 것이 아니라 인식주관에 의해 현현한 형상을 인식주관 자신이 인식한다고 주장한다. 그런데 자기인식된다고 하는 주장의 근거로는 동일한 하나의 대상에 대해서 어떤 사람은 긍정적인 것(좋음)으로 다른 사람은 부정적인 것(싫음)으로 인식하기 때문이다. 만약 외계대상 그 자체의 본질이 그대로 인식된다면 동일한 하나의 대상에 대해 긍정적인 것이라는 본질과 부정적인 것이라는 본질이 동시에 존재하게 될 것이다. 그런데 다수의 본질이 하나의 대상에 존재할 수가 없다. 다수의 본질은 다수의 존재이기 때문이다.

342.

[답론2]

비록 [하나의 외계대상에 다수의 본질이 있다는 당신의 주장에] 동의한다고 하더라도, 그 경우 두 사람의 [하나의 외계대상에 대한] 직접적 경험은 [내용상] 차이가 없을 것이다. [왜냐하면 두 사람 모두 외계대상 전체를 인식하기 때문이다.]

abhyupāye api bhedena na syād anubhavo dvayoḥ/
adṛṣṭāvaraṇān no cen na nāmārthavaśā gatiḥ//(k.342)

案

하나의 외계대상에 긍정적인 것(좋음)과 부정적인 것(싫음) 등의 다수의 본질이 있다고 하더라도 그 동일한 대상을 긍정적으로 인식하는 사람의 직접적 경험과 부정적으로 인식하는 사람의 직접적 경험은 내용상 차이가 없게 된다. 왜냐하면 두 사람 모두 다수의 본질을 가진 대상의 전체를 인식하기 때문이다. 이에 대해 데벤드라붓디는 "긍정적인 본질(좋음)과 부정적인 본질(싫음)이 혼합한 대상을 혼합한 것으로서만 인식하게 될 것"(T하. 28)이라고 한다.

343.

[답론3]

만약 지각되지 않는 (어떤) 것[힘]이 [한쪽을] 가리고 있기 때문에 그와 같은 것이 발생하지 않는다고 한다면 실로 앎은 대상의 [인과적 효과의] 힘에 의한 것이 아니게 될 것이다. 또한 저 지각되지 않는 (어떤) 것[힘]이 [긍정적인 것과 부정적인 것이 혼합된] 다수의 본질을 가진 그 존재를, 하나의 본질로서 인식하게 할 때, 실로 어떻게 해서 대상을 인식하게 하는 것일 수가 있는가?

tam anekātmakaṃ bhāvam ekātmatvena darśayet/

tad adṛṣṭaṃ kathaṃ nāma bhaved arthasya darśakam//(k.343)

案

여기서 '지각되지 않는 어떤 것(힘)'이란 좋다 혹은 싫다는 직접적 경험을 성취하게 하는 업(karma)이다. 이 업이 다수의 본질을 지니고 있는 대상의 한쪽을 가리고 있기 때문에 외계대상 전체가 인식되지는 않는다고 대론자는 자신의 주장을 옹호한다. 이렇게 되면 앎은 대상의 인과적 효과의 힘에 의해 생긴다고 하는 그들의 입장과 배치되게 된다. 요컨대 대상은 대상 자신의 인과적 효과의 힘에 의해 생기는 것이 아니라 인식 주관의 조건에 의해 대상은 파악된다.

344.

[반론]

만약 긍정적인 현현, 혹은 부정적인 현현을 갖는 것이 분별[적 인식]이며 감관지각이 아니라고 한다면?

iṣṭāniṣṭāvabhāsinyaḥ kalpanā na akṣadhīr yadi/

[답론]

그것(감관지각)의 경우에도 [몸과 마음이] 죽음의 조짐[을 보이는 경우] 등에서는 앎은 [외계대상과 어떠한] 관계도 없다는 것이 알려진다.

aniṣṭādāv asandhānaṃ dṛṣṭaṃ tatra api cetasām//(k.344)

案

대론자에 의하면 긍정적인 것 혹은 부정적인 것으로 현현하게 하는 것은 분별적 앎이지 감관지각이 아니다. 왜냐하면 감관지각은 외계대상을 본래 그대로의 형상으로 파악하기 때문이다. 이에 대해 다르마키르티는 외계대상의 존재 여부와 상관없이 생성되는, 따라서 외계대상을 본래 그대로의 형상으로 파악하지 않는 감관지각의 사례를 거론하여 반박한다. 가령, 죽음을 눈앞에 둔 사람의 눈에 저승사자가 보인다거나 또는 누군가로부터 배를 심하게 가격당하면 그 충격으로 사물이 온통 하얗게 보이는 경우들이다. 이러한 사례들은 외계에 대상이 존재하지 않는데도 감관지각이 발생하는 것이다.

345.

[다르마키르티의 결론] 자기인식이 인식결과이다

그러므로 외계대상이 인식의 대상이라고 해도 [인식의] 결과는 [인식] 자신이 [자신을] 직접적으로 경험(파악)하는 것이라는 것(주장)은 이치에 맞다. 왜냐하면 그것(앎)의 본질에 따라 실로 그와 같이 [외계]대상에 대한 판단이 [있을 수] 있기 때문이다.

tasmāt prameye bāhye api yuktaṃ svānubhavaḥ phalam/
yataḥ svabhāvo asya yathā tathā eva arthaviniścayaḥ//(k.345)

案

외계에 대상이 실재하고 그것이 인식의 대상이 된다고 해도 인식결과는 대상인식이 아니라 자기인식이다. 왜냐하면 외계대상은 앎의 본질에 따라 다르게 파악되기 때문이다.

346.

[반론]

대상현현성을 인식수단[量]이라 해야 하는가 혹은 앎의 인식주관을 인식수단이라 해야 하는가?

[답론]

그 경우, 그것(앎)의 대상현현성만이 인식수단이다. 그러나 파악하는 주관 자신은 존재한다고 해도 외계대상들에 있어서는 [인식수단이라] 간주되지 않는다. 왜냐하면 다른 것(외계대상)을 [인식의] 대상으로 하지 않기 때문이다.

tadā arthābhāsatā eva asya pramāṇaṃ na tu sann api/
grāhakātmā aparārthatvād bāhyeṣv artheṣv apekṣyate//(k.346)

案

대상현현성이야말로 인식수단이라고 말하지만, 이 인식수단도 외계대상을 인식하는 것은 아니다.

347.

[반론]

그렇다면 왜 대상현현성이 인식수단[量]으로 간주되는가?

[답론1]

왜냐하면 이 [외계]대상 자체가 인식 속으로 진입하는 그대로 '이것(대상형상)이 이와 같이 [인식 속으로] 진입한다'라고 자기인식에 의해서 판단되기 때문이다.

yasmād yathā niviṣṭo asāv arthātmā pratyaye tathā/
niścīyate niviṣṭo asāv evam ity ātmasaṃvidaḥ//(k.347)

348.

[답론2]

따라서 실로 이것(자기인식)이 '[외계]대상의 인식'이라고 간주된다. 왜냐하면 [외계]대상 자체는 인식되지 않기 때문이다. [결국] 인식에 진입하는 대상(대상형상)이 그것(자기인식을 본질로 하는 대상인식)의 성취수단(인식수단, 확정수단)이며, 그것(자기인식)이 그것(인식수단)의 행위(인식결과)이다.

ity arthasaṃvit sā eva iṣṭā yato arthātmā na dṛśyate/
tasyā buddhiniveśyārthaḥ sādhanaṃ tasya sā kriyā//(k.348)

349-1.

[답론3]

왜냐하면 그 [외계]대상이 [인식에 투사되어] 진입한 [대상형상] 그대로, 그와 같이 그것(자기인식)이 현현하기 때문이다.

yathā niviśate so arthaḥ yataḥ sā prathate tathā/(k.349-1)

案

319송까지 '외계대상의 인식을 인식결과로 간주하는 견해'에서는 그 '외계대상의 인식'이란 인식이 외계대상으로 주어진 대상형상을 띠고서 생기는 것에 다름 아니었다. 소위 그것은 '외계대상의 인식'을 수동적으로 이해하고 있다고 말할 수 있다. 그러나 지금 여기서는 '외계대상의 인식'을 '외계대상의 판단'이라고 하여 능동적으로 파악하여 그 판단의 본질이 자기인식임을 논하고 있다고 할 수 있을 것이다(T하.33). 따라서 인식에 투사되어 진입한 대상형상이야말로 자기인식을 본질로 한 '외계대상의 인식'을 성립시키는 것, 즉 인식수단[量]이며, 또한 '외계대상의 인식'은 자기인식을 본질로 하기 때문에 자기인식이야말로 인식결과[量果]이다.

349-2, 350-1.

[반론]

만약 [대상]형상이 인식수단이라면 그렇기 때문에 [대상]형상은 외계대상에 관한 인식수단이며, 또한 인식결과인 자기인식은 앎(자신 속)의 형상으로 작동하기 때문에 [인식수단과 인식결과가] 대상을 달리하는 것이 된다. 이것은 이치에 맞지 않다.

[답론]

[궁극적 차원(승의제)에서 생기는 것은] 자기[가 자기를]인식[하는 것]이지만, 또한 대상의 확정은 그것(자기인식)을 본질로 하[여 생기]기 때문에 [외계]대상의 인식이라 인정된다. 그러므로 [인식수단인 대상형상과 인식결과인 자기인식에] 대상의 차이 역시 [있을 수] 없다.

arthasthites tadātmatvāt svavid apy arthavin matā//(k.349-2)

tasmād viṣayabhedo api na(k.350-1)

案

외계대상 실재론을 견지하는 경량부에서는 외계대상의 인식이라고 해도 외계대상을 직접적으로 파악한다고 하지 않는다. 그러한 것이 아니라 앎에 현현한 대상형상을 파악하는 것이기 때문에 자기가 자기를 인식하는 자기인식이다. 하지만 무시이래의 무명으로 인한 미혹 때문에 앎에 현현한 대상형상을 외계대상으로 집착하여 착오를 범하기 때문에 외계대상을 인식한다고 하는 것이다. 이렇게 해서 자기인식은 결과적으로 외계의 존재를 대상으로 하기 때문에 인식결과(자기인식)와 인식수단(대상형상)은 대상을 달리하지 않는 것이다.

350-2.

[반론]

그렇다면 앎이 자기인식을 본질로 한다는 것은 궁극적 차원에 입각한 것이며, 대상인식을 본질로 한다는 것은 일상언어 차원에 입각한 것이라고 이해해도 되는가?

[답론]

'자기인식이 [인식의] 결과이다. 왜냐하면 대상인식은 그것(자기인식)을 본질로 하기 때문이다'라고 [디그나가에 의해] 기술된 것은 [대상인식의] 본질의 고찰에 의한 것이다. [자기인식도 결과적으로 외부 경계를 대상으로 하기 때문에 자기인식과 대상형상은 대상을 달리하는 것이 아니다.]

svasaṃvedanaṃ phalam/

uktaṃ svabhāvacintāyāṃ tādātmyād arthasaṃvidaḥ//(k.350-2)

351.

[반론]

이 외계대상 실재론도 외계대상은 그 자신의 형상 그대로 인식되지 않는다고 한다. 만약 외계대상이 그대로 직접적으로 파악되지 않는 것이라면 앎은 그것을 의지하지 않고서 자기 습기의 각성으로부터 생긴다고 간주되어야만 한다. 그와 같이 생기는 앎에 대해서 외계대상이 존재한다고 어떻게 말할 수 있을까?

[답론1]

[외계대상과 앎이] 유사하거나 혹은 유사하지 않거나 간에 대상도 '그와 같이 [긍정적인 형상과 혹은 부정적인 형상을 가지고] 마음에 현현하는 인식'의 원인이다. 따라서 [외계]대상이 인식대상이라 간주된다.

tathā avabhāsamānasya tādṛśo anyādṛśo api vā/
jñānasya hetur artho api ity arthasya iṣṭā prameyatā//(k.351)

352.

[답론2]

어떤 상태이든 [긍정적인 것 혹은 부정적인 것 등으로 현현하는] 대상형상을 떠나서 그것이 현현한다고 할 때, 어떻게 해서 '[외계]대상 파악'이라 할 수 있는가? ['대상형상을 떠나 있기 때문에 외계대상의 파악은 있을 수 없다'라고 하는 유식학파의 설은] 바르다. 나도 그와 같은 것을 알지 못한다.

yathā kathañcin na asya artharūpaṃ muktvā avabhāsinaḥ/
arthagrahaḥ kathaṃ satyaṃ na jāne'ham apīdṛśam//(k.352)

案

경량부는 인식대상의 조건을 두 가지 제시한다. 하나는 앎의 원인인 것(대상생기성)과 또 하나는 앎에 형상을 부여하는 것(대상형상성)이다. 경량부에 의하면 이러한 두 가지 조건을 충족시키는 것이 인식대상이며 이것은 외계에 실재하는 것이다. 그러나 이러한 경량부의 주장이 설득력을 가질 수 있는 것은 일상언어 차원에서이다. 하지만 "일체는 마음이 만든 것이다"라고 하는 유식의 세계관에서는 이러한 외계대상의 실재성은 인정되지 않는다. 그렇다면 유식의 인식론에서 인식대상은 어떠한 방식으로 존재하는가? 유식에 의하면 앎의 원인인 것과 앎에 형상을 부여하는 것은 외계대상이 아니라 전 찰나의 앎이다. 앎의 대상은 앎(등무간연)이므로 자기가 자기를 인식하는 것이 유식인식론의 구조이다.

〈경량부의 일상 언어차원에서의 인식 과정〉

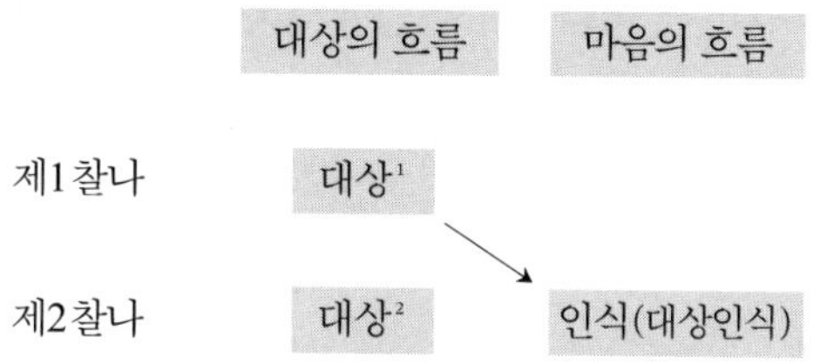

〈유식의 궁극적 차원에서의 인식 과정〉

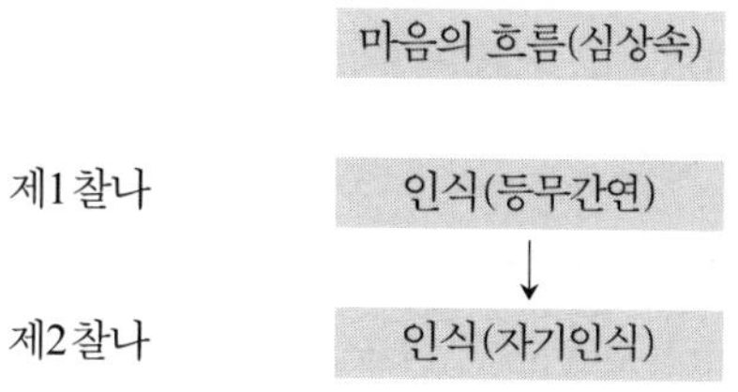

2. 유식설에 있어서 인식대상과 인식수단과 인식결과

[디그나가의 견해]

그와 같이 많은 형상을 가지고 현현한 앎을 집착하여, 각각이 인식수단[量]·인식대상[所量]이라 비유적으로 표현된다. 왜냐하면 법은 모두 활동이 없기 때문이다. 바로 이것을 기술한다. (앎에) 현현한 것이 인식대상[所量]이며, (앎의) 주관형상과 (자기)인식이 (각각) 인식수단과 인식결과이다. 그러므로 (이들) 세 가지는 별체가 아니다.(T하. 39)

인식대상 · 인식수단 · 인식결과의 차별의 비실재성

353.

[반론]

'일체는 오직 마음이 만든 것'이라는 유식설에서 앎은 어떤 방식으로 존재하는가?

[답론1]

[궁극적 존재의 차원에서] 인식 자체는 [하나의 획기적 전체로서 생기며, 또한 생기자마자 소멸하기 때문에] 분할할 수 없는 것이다. [다만] 전도된 견해를 가진 사람들이 [하나의 획기적 전체로서 생기며, 또한 생기자마자 소멸하는 인식 자체를] 마치 파악되는 대상과 파악하는 주관과 인식(자기인식)이 차이를 갖는 것처럼 본다.

avibhāgo api buddhyātmā viparyāsitadarśanaiḥ/
grāhyagrāhakasaṃvittibhedavān iva lakṣyate//(k.353)

案

『화엄경』에는 '삼계는 허망하다. 다만 그것은 일심이 지은 것일 뿐'(三界虛妄. 但是一心作)이라는 말이 있다. 욕계·색계·무색계인 삼계, 즉 일체 세계는 실로 있는 것인 줄 알았는데, 사실은 일심에 의해 지어진 것이기 때문에 허망한 존재라는 것이 위 경문의 본지인 것이다. 일체가 오직 마음이 만든 것이라는 유심사상을 체계적으로 논증한 학파가 유식학파이다. 아비다르마가 존재의 분석에 치중했다면 유식학파는 존재의 근거인 마음의 분석에 집중했다.

그런데 이 마음은 자존적·독립적 존재가 아니라 타자와의 관계 속에서 존재하는 연기적 존재이다. 이렇게 마음이 타자와의 관계를 맺을 때 우리는 그것을 '앎'(인식)이라 부른다. 이 앎은 '관계성의 구체적 사실'(Concrete Facts of Relatedness)이기 때문에 복합적이고 구조적인 방식으로 존재한다. 그런데 이 앎의 구조에 대해 유식학파의 논사들은 일찍부터 다양한 논쟁을 벌여 왔다.

전통교학에 의하면 앎은 오직 자증분(自證分) 1분만 존재한다는 안혜(安慧)의 일분설(一分說), 인식의 대상이 되는 상분(相分)과 그것을 인식하는 주관이 되는 견분(見分)의 2분만이 존재한다는 난타(難陀)의 이분설(二分說), 상분과 견분 그리고 그것들의 공통기반이면서 견분을 확인하는 자증분의 3분이 존재한다는 진나(陳那, 디그나가)의 삼분설(三分說), 상분에 대한 인식주관인 견분을 확인하는 자증분을 다시 확인하는 증자증분(證自證分)이 존재한다는 호법(護法)의 사분설(四分說) 등이 존재한다. 이것을 보통 안난진호(安難陳浩) 일이삼사(一二三四)라 한다(권서용, 「앎[識]의 구조에 관한 논쟁」, 『한국불교학』 87집).

다르마키르티는 디그나가의 삼분설을 수용한다. 디그나가의 삼분설에 의해 우리의 앎을 분석해 보면 앎은 인식대상(상분), 인식주관(견분), 자기인식(자증분)의 세 요소로 구성된다. 그런데 외계대상이 실재한다고 하는 외계대상 실재론자들은 외계에 대상이 존재하고, 내부에 인식주관이 있어서 이 내부의 인식주관이 외부의 인식대상을 파악한다고 한다. 하지만 디그나가나 다르마키르티는 인식이 구성 요소로 분석 가능하지만 실제로 세 요소로 분할되어 존재하고 있지 않다는 입장을 견지한다.

그렇다면 외계대상 실재론자는 왜 인식을 분할하여 분할된 세 요소가 존재한다고 하는 것인가? 그것은 실재론자가 가진 무명에 의해서 미혹되었기 때문이다. 마치 새끼줄을 보고서 뱀이라고 인식하는 것처럼, 바람에 흔들리는 버드나무를 소복 입은 귀신으로 인식하는 것처럼, 뱀과 귀신은 실재하는 것이 아닌데 실재하는 것처럼 믿어 버리기 때문에 새끼줄과 버드나무를 보고 공포심이 발생하는 것과 같이, 외계대상은 존재하지 않는데 자신이 만든 형상을 투사하여 그 투사된 것이 실제로 존재한다고 착오를 해버리는 것이다. 이러한 착오의 직접적인 원인은 바로 인간의 사유 분별과 언어라고 할 수 있다.

354.

[답론2]

가령, 주문 등에 의해서 감관이 미혹된 사람들에게는 [진흙더미 등에] 그것(코끼리)의 모습이 없음에도 불구하고, 진흙더미 등이 [코끼리 등과 같은] 다른 모습으로 나타난다.

mantrādyupaplutākṣāṇām yathā mṛcchakalādayaḥ/
anyathā eva avabhāsante tadrūparahitā api//(k.354)

355.

[답론3]

왜냐하면 미혹되지 않은 눈을 가진 사람들은 그것들을 실로 그와 같이 (진흙더미를 코끼리로 보는 것과 같이) 보지 않기 때문이다. 마치 사막에서 멀리 [떨어져] 있거나 작은 것도 크게 보이는 것처럼.

tathā eva adarśanāt teṣām anupaplutacakṣuṣām/
dūre yathā vā maruṣu mahān alpo api dṛśyate//(k.355)

案

앎을 인식대상, 인식수단, 자기인식이라고 분석한 것은 사유 분별에 의한 것이다. 그런데 이것을 실제로 있다고 믿어 버리는 까닭은 본래 없는데 있다고 생각하는 근본무지 때문이다. 이 무지에 의한 착오의 사례로 마술사의 마술로 인해 진흙더미를 코끼리로 잘못 본다든지, 사막에서 멀리 떨어져 있거나 혹은 작은 것을 크게 본다든지 하는 것 등이다.

356.

[반론]

인간의 앎의 구조에 대해 경량부가 분석한 대상형상, 주관형상, 인식과 유식이 분석한 인식대상[所量], 인식수단[能量], 인식결과[量果]의 상호관계는 어떠한가?

[답론]

또한 이 [인식]대상·[인식]수단·인식결과라는 확립은 [궁극적 차원에서는] 존재하지 않는다고 해도, [일상언어 차원에서는] 지각에 따른 분별에 의해 파악되는 대상·파악하는 주관·[파악을 본질로 하는] 인식[작용의 확립]이 행해진다.

yathā anudarśanaṃ ca iyaṃ meyamānaphalasthitiḥ/
kriyate avidyamānā api grāhyagrāhakasaṃvidām//(k.356)

案
경량부와 유식파의 입장에서 앎의 삼분설을 정리하면 다음과 같다.

〈경량부〉
외계대상 – 인식대상(소량, 상분)
대상형상 – 인식수단(능량, 견분)
대상인식 – 인식결과(양과, 자증분)

〈유식〉
대상형상 – 인식대상(소량, 상분)
주관형상 – 인식수단(능량, 견분)
자기인식 – 인식결과(양과, 자증분)

357.

[반론]
앎은 파악대상형상, 파악주관형상, 자기인식 등의 요소로 구성되어 있기 때문에 다자이다.

[답론1]

만약 그렇지 않으면(궁극적 차원에서 파악대상형상·파악주관형상·인식의 차이가 앎에 존재한다면) 서로 다른 모습(相)으로 현현하는 [파악대상들의] 형상들이 어떻게 일자인 존재에 참으로 존재할 수 있을까? [일자인 존재에 다자성은 있을 수 없다.] 왜냐하면 그것의 일자성을 부정하기 때문이다.

anyathā ekasya bhāvasya nānārūpāvabhāsinaḥ/

satyaṃ kathaṃ syur ākārās tad ekatvasya hānitaḥ//(k.357)

358-1.

[답론2]

또한 타자(다자)의 타자성(다자성)을 부정하기 때문이다.

anyasya anyatvahāneś ca(k.358-1)

358-2.

[반론]

앎은 일자이다.

[답론1]

[각종의 형상을 가진 인식을] 차이가 없는 것(일자)[이라고 하는 주장]도 [성립할 수] 없다. 왜냐하면 [그와 같은 각종의 형상(rūpa)을 가진 인식에 '하나'의] 형상은 보이지 않기 때문이다. [인식대상이나 인식주관의] 형상[사이]에 차이가 없다는 것을 확립(결정)하는 것은, 실로 [인식대상과 인식주관의 형상 사이에] 차이가 없다고 보는 인식이다.

na abhedo arūpadarśanāt/

rūpābhedaṃ hi paśyantī dhīr abhedaṃ vyavasyati//(k.358-2)

359.

[답론2]

존재들은 무엇인가[의 형상]에 의해 관찰되지만, 그것(인식대상·인식주관·인식을 본질로 하는 앎)의 형상은 진실로 [궁극적 차원에서는] 존재하는 것이 아니다. 왜냐하면 그것(인식대상·인식주관·인식을 본질로 하는 앎)들에는 형상이 일자[의 존재 방식으]로도 혹은 다자[의 존재 방식으]로도 존재하지 않기 때문이다.

bhāvā yena nirūpyante tadrūpaṃ na asti tattvataḥ/
yasmād ekam anekaṃ vā rūpaṃ teṣāṃ na vidyate//(k.359)

案

인식대상형상, 인식주관형상, 자기인식으로 현현하는 앎은 착오이다.

360, 361-1, 361-2.

[반론]

일상[의 언어차원]에서는 유사한 속성[을 지닌 존재]에 대한 지각으로부터 그것(유사한 속성)을 본질로 하지 않는 것을 그것(유사한 속성)을 본질로 한다고 판단함으로써 착오가 발생한다. 여기(일상의 언어 차원을 초월한 유식의 관점)에서는 그것(유사한 속성에 대한 지각)은 [인정될 수] 없다. 왜냐하면 그것(유사한 속성)을 본질로 하는 동일성은 또한 이 세계에는 보이지 않기 때문이다.

sādharmyadarśanāl loke bhrāntirn nāma upajāyate/

atadātmani tādātmyavyavasāyena na iha tat//(k.360)

adarśanāj jagaty asminn ekasya api tadātmanaḥ/(k.361-1)

[답론1]

이러한 것(유사한 속성을 지닌 존재에 대한 지각으로부터 생기는 착오)도 있지만, 내적인 미혹(무시이래의 무지)으로부터도 생긴[착오도 있]다.

asti iyam api yā tv antar upaplavasamudbhavā//(k.361-2)

362.

[답론2]

그것은 [무명 등의 내적인] 결함으로 생기는 것이며, 본래 전도된 현현을 갖는 것이다. 유사한 속성[을 지닌 존재]에 대한 지각 등을 필요로 하지 않는다. 가령, 눈병에 걸린 눈에 의한 인식 등과 같이.

doṣodbhavā prakṛtyā sā vitathapratibhāsinī/

anapekṣitasādharmyadṛgādis taimirādivat//(k.362)

案

신기루를 물로 보거나 새끼줄을 뱀으로 보는 착오적 인식은 실재하는 사물의 유사성에 기인하는 착오이다. 반면 하나의 획기적 전체로서 현현하는 앎을 대상형상, 주관형상, 인식으로 현현하는 앎으로 보는 착오적 인식은 외적인 요인에 기인하는 것이 아니다. 왜냐하면 눈병에 걸린 눈에 비친 털이나 꿈속에서 본 대상과 같이 외부에 실재하는 유사한 사물에 대한 지각이 없어도 내적인 결함에 의해서도 생기기 때문이다. 따라서 눈에 비친 털이나 꿈속에서 본 대상이 허망한 것처럼, 대상형상과 주관형상 및 자기인식으로 현현하는 것도 실은 본래적으로 허망한 것이다. 요컨대 이 모든 것은 허망분별에 의해 생겨난 것이다.

인식대상 · 인식수단 · 인식결과의 확립

363.

[반론]

궁극적 차원에서는 인식대상, 인식수단, 인식결과가 실재하지 않는다면, 일상언어 차원에서 우리의 인식적 경험은 어떻게 설명할 수 있는가?

[답론]

그(유상유식설) 경우 인식에 있는 결단[작용]이 파악하는 주관의 형상이라고 간주된다. 그것(파악하는 주관의 형상)은 그것(결단작용)을 본질로 하기 때문에 자기인식이 [인식의 결과로서] 존재한다. 그러므로 그것(파악하는 주관의 형상)은 그것(자기인식)의 성취[하는 인식]수단이다.

tatra buddheḥ paricchedo grāhakākārasammataḥ/
tādātmyād ātmavit tasya sa tasyā sādhanaṃ tataḥ//(k.363)

案

유식설에는 인식에 현현하는 형상을 두고 두 가지 해석이 있다. 하나는 그 형상이 진실하며 인식 안에 실재한다는 유형상유식론(有形相唯識論)과 또 하나는 조금 전에 본 바와 같이 그 형상이 허망하다는 무형상유식(無形相唯識論)론이 있다. 이 송에서는 유형상유식론의 입장에서 인식의 구조를 논하고 있다. 여기서 인식의 본질을 '결단'으로 간주하는 것은 중요한 함의를 갖는다. 가령 경량부와 같이 인식은 대상에 의해 생기며 대상에 의해 형상이 부여되는 것이라면 인식의 기능은 수동적·순응적·긍정적·소극적인 것으로 한정되어 버리지만, 인식에 수용된 여건들을 결단하는 작용을 통해 하나의 인식으로 통일시켜 가는 것이 결단을 본질로 하는 주관형상이기 때문에 유식에서의 인식의 기능은 능동적·반응적·적극적·부정적인 것이 된다. 따라서 유형상유식론에서 인식대상은 대상형상, 인식수단은 주관형상, 인식결과는 자기인식이다.

364.

[반론]

자기를 대상으로 한 인식이란 어떠한 것인가?

[답론1]

[당신이 유식설에서 '자기를 대상으로 한 인식'이란 무엇인가? 라고 묻는다면 그것은 외계대상 실재론에서 말하는] 탐욕 등의 인식(마음작용)과 같이, 그 경우 자기 자신을 대상으로 하는 인식수단에 있어서 이 [인식]수단·[인식]대상·[인식]결과의 확립은 [유식설에서는] 모든 경우에 [다] 적용된다. [즉, 유식설에서는 인식은 모두 자기인식을 본질로 하기 때문에 탐욕 등의 인식뿐만 아니라 푸른색 등의 감관지각에도 적용된다.]

tatra ātmaviṣaye māne yathā rāgādivedanam/
iyaṃ sarvatra saṃyojyā mānameyaphalasthitiḥ//(k.364)

365.

[답론2]

그 [탐욕 등의 앎의] 경우에도, 그것(탐욕 등의 앎)들은 직접적 경험을 본질로 하기 때문에 자기 자신을 인식할 수 있다. 그러므로 자기 자신을 인식할 수 있는 능력이 [실로 인식]수단이며, 자기 자신은 [인식]대상이며, 자기인식은 [인식]결과이다.

tatra apy anubhavātmatvāt te yogyāḥ svātmasaṃvidi/
iti sā yogyatā mānam ātmā meyaḥ phalaṃ svavit//(k.365)

366.

[반론]

그런데 디그나가는 '탐욕 등은 자기인식인 지각이다'라고 말한다. 즉, 디그나가는 탐욕 등에 관해서 자기인식을 인식수단이라고 부른다. 그러나 지금 여기에서는 탐욕 등의 인과적 효과성(능취형상)을 인식수단이라 부른다. 그렇다면 그것은 모순이 아닌가?

[답론]

결단작용을 본질로 하는 것이 파악하는 주관의 형상이라 불린다. 그것(탐욕 등의 앎)은 자기 자신에 대해서 [결단할 수 있는] 능력이 있다. [디그나가가 탐욕 등에 관해서] 자기 자신에 대한 인식을 본질로 하는 인식수단이라고 말한 것은, 그[러한 의미, 즉 자기를 결단할 수 있는 능력]에 의해서이다.

grāhakākārasaṃkhyātā paricchedātmatā ātmani/
sā yogyatā iti ca proktaṃ pramāṇaṃ svātmavedanam//(k.366)

案

유형상유식설에서 인식은 탐욕 등의 앎뿐만 아니라 푸른색 등의 감관지각도 자기인식이다. 따라서 감관지각이나 즐거움 등의 앎을 포함한 모든 인식은 궁극적으로 자기인식을 본질로 하고 있으며, 자기 자신은 인식대상, 결단작용을 본질로 하는 주관형상은 인식수단, 자기인식은 인식결과라고 정리할 수 있다.

3. 인식의 두 개의 형상에 대한 논증

[디그나가의 견해]

만약 '앎에 두 개의 형상이 있다'는 것을 어떻게 알 수 있는가?'라고 묻는다면, (우리들은 다음과 같이 답한다). '대상의 앎'과 '그것(대상의 앎)에 대한 앎'의 차이에 의해서 앎의 두 개의 형상이 알려진다. 지금 대상이라고 하는 것은 색 등이며, 그러한 앎은 '대상의 현현'과 '자기의 현현'을 가진다. 대상의 앎에 대한 앎은 '대상에 따른 지(대상의 앎)의 현현'과 '자기의 현현'을 가진다. 그러한 것이 아니라, 만약 대상의 앎이 대상의 형상만을 혹은 자기의 형상만을 가진다면, (대상의) 앎에 대한 앎도 대상의 앎과 서로 다르지 않다. 또한 뒤에 생기한 앎에서 먼 이전의 대상은 현현하지 않게 된다. 왜냐하면 그것은 대상이 아니기 때문이다. 그러므로 앎에 두 개의 형상이 있다는 주장은 성취된다.

또한 그다음 순간의 기억에 근거한다. (앎의) 두 개의 형상은 성취된다는 문장은 어이진다. 직접적 경험보다 뒤에 대상에 대해서도 마찬가지로 앎에 대해서도 기억이 생기한다. 그러므로 또한 앎의 두 개의 형상성은 성취된다.(T하.52)

대론자의 논란: 감관이 앎에 현현하게 된다는 논의

367.

[반론]

앎은 결단작용을 본질로 하기 때문에 [결단작용이라는] 자기의 현현(주관형상)을 갖는다고 해도, 그러나 어떻게 해서 대상형상을 갖는 것인가? [만약 대상은 앎의 원인이기 때문에 앎에 대상형상이 드러난다고 한다면] 대상은 [앎의] 원인임과 마찬가지로 눈 등도 앎의 원인이다. 따라서 [앎은] 그들 현현(눈 등의 형상)을 갖는 것으로 될 것이다.

[답론1]

실로 모든 인식(앎)은 대상들로부터 생긴다. 그것(대상)과 다른 것(눈·빛·주의집중 등)은 [앎의] 원인이라고 해도 [앎은] 어떠한 경우에도 대상의 형상만을 갖는 것이[지, 눈 등의 형상을 갖는 것은 아니]다.

> sarvam eva hi vijñānaṃ viṣayebhyaḥ samudbhavat/
> tadanyasya api hetutve kathañcid viṣayākṛti//(k.367)

368.

[답론2]

가령, 자식이 태어날 때, 부모가 먹은 음식물과 부모의 시간 등도 원인이지만, [자식은] 그들(부모)의 한쪽의 형상(색깔 있는 모양 등의 형상)을 취할 뿐, 결코 다른 것(부모가 먹은 음식물이나 시간 등)의 형상을 취하지 않는 것과 같다.

> yathā eva āhārakālāder hetutve apatyajanmani/

pitros tad ekasya ākāraṃ dhatte na anyasya kasyacit//(k.368)

案

인식의 요인이 되는 것 모두가 인식에 현현하는 것이 아니다. 시지각을 예로 들면 눈, 빛, 주의집중 등은 인식을 생기게 하는 공동인이지만, 동력인은 아니다. 인식의 생성에 직접적인 원인이 되는 것은 바로 대상이다. 그렇기 때문에 대상의 형상만이 인식에 진입하는 것이다. 가령 자식이 부모로부터 태어날 때 자식이 탄생하는 데 원인이 되는 것은 부모가 먹은 음식이나 시간 등 여러 요인이 있지만 부모의 신체적 모습이나 정신적 특성이 자식에게 부여된다.

369.

[답론3]

대상(색깔 있는 모양 등)이 그것(앎)의 원인이라는 점에서는 그것(색깔 있는 모양 등의 대상) 이외의 다른 것(감관이나 빛 그리고 주의집중 등)과 같지만, 그것(앎)의 요소(부분)이기 때문에 '대상'으로 간주된다. 그것(앎의 요소)이 아닌 경우, 그것(앎의 대상)이 될 수 없을 것이다.

taddhetutvena tulye api tadanyair viṣaye matam/
viṣayatvaṃ tadaṃśena tadabhāve na tad bhavet//(k.369)

案

여기서 앎의 요소라고 하는 것은 인식에 현현한다는 것과 같은 의미이다. 따라서 인식에 현현하는 것은 감관·빛·주의집중 등 최초의 원인들이 아니라 색깔과 모양 등이 객관적 원인이다. 그러므로 색깔과 모양 등만이 인식의 대상으로 간주된다.

논증 1. 예증

370.

[반론]

앎에 두 가지 형상, 즉 대상형상과 주관형상이 현현한다고 어떻게 말할 수 있는가?

[답론]

앎이 [외계]대상을 소유하고 있는 경우(앎이 눈앞에 있는 대상을 직접적으로 파악하는 경우), [앎에는] 대상형상이 없다고 하는 의심도 [있을 수] 있을 것이다. [그러나] 과거의 대상을 파악하는 경우에는 [대상형상과 주관형상이라는] 두 가지 형상과 자기인식[은 인식 자신 속에 있음]이 확립된다.

anarthākāraśaṅkā syād apy arthavati cetasi/
atītārthagrahe siddhe dvirūpatvātmavedane//(k.370)

案

인식에 주관형상이 있다는 것은 누구나 수긍하지만 인식에 대상형상이 있다는 것은 쉽게 인정하지 않는다. 왜냐하면 우리의 인식은 일반적으로 감관지각에서 출발하는데 감관지각은 눈앞에 있는 대상을 직접적으로 파악하기 때문에 대상형상이 대상에 속하는 것이지 인식주관에 속하는 것이 아니라고 반박할 수 있다. 예를 들면 눈앞에 있는 꽃을 지각할 경우, 꽃의 형상은 꽃에 있고 우리는 그 꽃을 지각함으로써 꽃에 형상이 있음을 안다고 생각하기 때문이다. 그런데 현재의 대상이 아니라 과거의 대상을 인식(기억)할 때에는 대상형상이 앎 속에 있다는 것을 의심하지 않는다. 그렇다면 기억 속의 대상의 형상은 어디에서 온 것일까? 외계대상인 꽃에서 올 리는 없다. 왜냐하면 꽃은 생기자마자 소멸하기 때문이다. 그렇다면 꽃을 파악하는 인식 속에 있어야 한다. 따라서 대상을 파악하는 인식 속에 대상형상과 주관형상이 있어야만 그것을 근거로 과거의 대상을 기억할 수가 있을 것이다. 그러므로 앎에는 대상형상과 주관형상이 내재하고 있다.

371.

[반론]

과거의 존재를 대상으로 할 때 인식은 개체를 대상으로 하지 않는다. 그러나 그것은 보편을 대상으로 한다. 보편은 현재 순간에도 실재한다. 따라서 거기에 현현하는 대상형상은 보편에 속하는 것이다. 결코 인식 자신에 속하는 것이 아니다.

[답론]

그것(푸른색 등의 현현의 차이)을 갖지 않는 보편자는 [과거의 존재를 대상으로 한 인식의] 대상일 수가 없다. 왜냐하면 [과거의 대상에 대한 인식에는] 푸른색 등의 현현의 차이가 있기 때문이다. 또한 그 보편자는 무상이 아니다. 가령, [보편자가] 상주라고 한다면 어떻게 [그것이 인식을] 생기게 하는 작인일 수 있는가?

nīlādyābhāsabheditvān na artho jātir atadvatī/

sā ca anityā na jātiḥ syān nityā vā janikā katham//(k.371)

案

대론자에 의하면 과거의 존재를 대상으로 하는 인식, 즉 기억은 자상을 대상으로 하는 것이 아니라 보편자, 즉 공상을 대상으로 한다. 이는 모든 인식은 공상을 대상으로 한다는 공상 실재론자들의 일관된 주장이다. 그런데 공상에는 색깔과 모양 등의 차이가 없다. 반면 과거의 대상에 대한 인식에는 색깔과 모양 등의 차이가 인식된다. 따라서 공상이 과거의 존재를 대상으로 한 앎의 대상이라고 할 수가 없다. 또한 공상 실재론자에 의하면 모든 공상은 상주이다. 상주인 존재는 인과적 효과성을 결여하기 때문에 인식을 생기게 하는 원인이 될 수가 없는 것이다.

372.

[반론]

과거에 대한 앎의 대상은 이름(nāman) 내지 형상(nimitta)이다.

[답론]

[만약 그대가 과거에 대한 인식의 대상은 이름(名) 내지 상(相)이라 주장한다면] 이름 등[의 존재]은 앞에서 논박되었다. [눈앞의] 대상을 갖는 것(지각)에 이 계기성(외계대상의 인과적 효력을 기다리지 않고 생기는 것)은 [있을 수] 없다. [그러나 과거에 관한 인식은] 욕망에 의해서만 수반되기 때문에 대상의 능력이 [그 인식을 생기게 한다는 것은] 확립되지 않는다.

nāmādikaṃ niṣiddhaṃ prāṅ/

na ayam arthavatāṃ kramaḥ/

icchāmātrānubandhitvād arthaśaktir na sidhyati//(k.372)

案

오직 인과적 효과성을 본질로 하는 찰나멸하는 현실적 존재(자상)만이 인식의 대상이 될 수가 있다. 그렇기 때문에 공상이나 이름[名] 내지 상(相)과 같은 설일체유부의 심불상응행의 다르마(dharma, 法)는 현실적 존재가 아니기 때문에 인식의 대상이 될 수가 없다.

373.

[반론]

과거의 대상에 관한 앎이 자신 속에 대상형상을 갖는 것은 분명하다고 해도, 그러나 눈앞의 대상에 관한 직접적 경험에 관해서도 마찬가지로 대상형상을 자신 속에 갖는다고 말할 수 있을까?

[답론]

이와 같은 [과거에 대한] 인식은 기억이다. 그것(기억)은 또한 [우리의] 직접적 경험으로부터 생기는 것이다. 만약 그것(직접적 경험)이 대상형상을 가지고 있지 않다면, 어떻게 지금 그것(기억)은 그것(대상형상)을 가질 수 있을까?

smṛtiś ca īdṛgvidhaṃ jñānaṃ tasyāś ca anubhavād bhavaḥ/
sa ca arthākārarahitaḥ sā idānīṃ tadvatī katham//(k.373)

案

대론자는 과거의 대상에 대한 인식인 기억에는 대상형상이 있다고 인정하면서도 그 기억이 발생하는 근거인 대상에 대한 직접적 경험(지각)에는 대상형상이 없다고 한다. 만약 직접적 경험에 대상형상이 없다면 그것을 근거로 발생하는 기억에는 대상형상이 없어야 할 것이다. 그렇지만 기억에는 대상형상이 존재한다. 따라서 대상에 대한 직접적 경험에도 대상형상이 존재해야만 한다.

대론자와 대론: 기억은 외계대상을 인식하지 않는다

374.

[반론]

기억은 외계대상으로부터 생기며, 외계대상에 의해 직접적으로 대상형상이 주어진다.

[답론]

[기억은 외계]대상으로부터 생기는 것이 아니다. 왜냐하면 [외계대상은] 그 시점(기억이 발생하는 시점)에는 존재하지 않기 때문이다. [또한 만약 기억 속의 대상형상이 외계대상에 의해 직접적으로 주어진다고 한다면] 마찬가지로 [우리의] 직접적 경험에 있어서도 그 [대상]형상[은 외계대상에 의해 주어진다고 인정해야 할 것]이다. 또한 그것은 [외계]대상[에 의해서 직접적으로 주어진] 형상은 아니다. 왜냐하면 그것(기억에 현현한 대상형상)은 [외계대상으로부터 주어진] 선명한 형상과 구별되기 때문이다.

na arthād bhāvas tadā abhāvāt syāt tathā anubhave api saḥ/
ākāraḥ sa ca na arthasya spaṣṭākāravivekataḥ//(k.374)

案

과거의 대상에 대한 인식인 기억이 생성되는 과정을 그림으로 제시하면 다음과 같다.

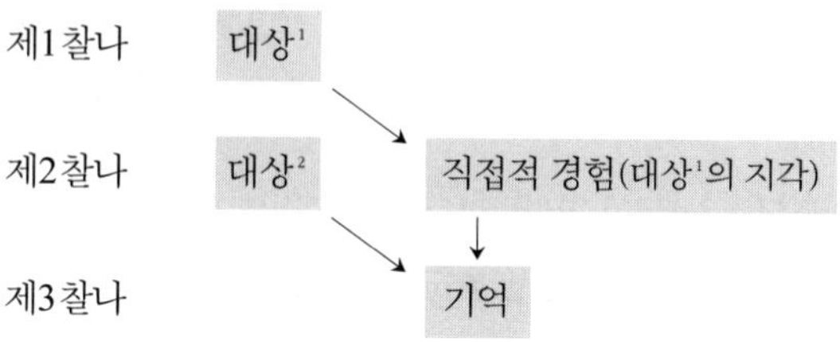

이 그림에서도 보는 바와 같이 외계대상^{1}에서 기억이 생기는 것이 아니라 기억은 대상^{2}와 직접적 경험을 근거로 생긴다. 만약 기억 속의 대상형상이 외계대상에 의해 주어진다면 마찬가지로 직접적 경험도 외계대상에 의해 대상형상이 주어져야 할 것이다. 하지만 대론자는 직접적 경험에는 대상형상이 없고 기억에만 있다고 하여 우리의 경험에는 위배된다. 또한 외계대상에 의해 대상형상이 주어진다면 기억에 현현하는 대상형상은 선명해야 할 것이다. 하지만 기억에 현현하는 대상형상은 선명하지가 않다. 따라서 기억은 외계대상에서 생기는 것이 아니며 외계대상의 형상이 직접적으로 주어지는 것도 아니다.

375.

[반론]

기억이 외계대상을 인식하는 것이다.

[답론1]

[만약 기억에 의해서 파악된 것이 인식과 다른 외계대상이라고 한다면] 또한 다른 사람도 [인식과] 다른 [외계대상의] 그 형상을 인식해야 할 것이다. [여기서 만약 기억에 의해서 파악되는 외계대상은] 항상 [기억하는] 당사자에게만 결합된다면 [그 경우 그것이] 말해져도 [다른 사람은 그것을] 인식할 수 없을 것이다.

vyatiriktaṃ tadākāraṃ pratīyād aparas tathā/
nityam ātmani sambandhe pratīyāt kathitañ ca na//(k.375)

案

기억이 외계대상에 대한 인식이라면 가까이에 있는 다른 사람도 같은 대상을 기억해야 할 것이다. 그러나 사실 기억은 당사자만의 경험이지 타인과 공유하는 경험이 아니다. 또 만약 기억에 의해 파악된 대상형상이 항상 기억하는 당사자에게만 결합된다면 다른 사람에게 기억의 대상을 이야기해도 다른 사람은 인식할 수 없게 된다. 그러나 기억된 사실을 타자에게 말하면 타자는 그 대상을 인식한다. 따라서 기억의 대상은 당사자에게만 결부되기 때문에 타인은 그 대상을 인식하지 못한다고 할 수 없다.

376.

[답론2]

[서로 다른 외계대상이 말하는 사람과 듣는 사람] 각자에게 결합된다면 동일한 대상이라고 판단하는 것을 본질로 하는 말하는 사람의 인식과 듣는 사람의 인식을 결합하는 것은 올바르지 않다.

ekaikena abhisambandhe pratisandhir na yujyate/

ekārthābhiniveśātmā pravaktṛśrotṛcetasoḥ//(k.376)

案

누군가에게 무엇인가를 말할 때 청자에게도 앎이 생긴다. 그러나 만약 청자의 앎이 말하는 당사자인 화자의 앎의 대상과는 다른 대상을 인식하는 것이라면, 화자의 앎과 청자의 앎을 결합하는 것, 즉 "그가 말한 바로 같은 것을 그의 그 말에 의해서 나는 인식한다"라고 하는 것처럼 대상의 비차이를 판단하는 것이 있을 수 없게 될 것이다.

377.

[반론]

만약 [말하는 사람의 인식대상과 듣는 사람의 인식대상이] 유사하기 때문에 그것들을 '동일'하다고 표현한다면?

tadekavyavahāraś cet sādṛśyād atadābhayoḥ/

[답론]

어떻게 본질을 달리하는 대상이 그 [서로 다른] 현현이 아닌 것(말하는 사람의 앎과 듣는 사람의 앎)의 파악대상일 수 있는가? 그 경우(대상이 서로 다른 경우) 앎은 대상을 갖지 않는 것이 될 것이다.

bhinnātmārthaḥ kathaṃ grāhyas tadā syād dhīr anarthikā//(k.377)

案

이 송에 대해 도사키는 다음과 같이 설명한다. "대론자의 생각은 이러하다. 화자의 앎의 대상과 청자의 앎의 대상은 서로 유사하기 때문에 '동일'하다고 간주할 수 있다. 그런 까닭에 화자의 앎과 청자의 앎은 대상을 같이한다. 즉, 현현(내용)을 같이한다고 말할 수 있는 것이다. 이 대론자의 견해에 대해 다르마키르티의 반론은 다음과 같다. 두 대상은 유사하다고 말할 수 있다고 해도 서로 본질을 달리하는 것이다. 서로 본질을 달리하는 두 대상이 어떻게 해서 현현(내용)을 같이하는 두 앎의 대상일 수가 있을까? 또한 대상이 서로 다른데도 앎의 내용은 다르지 않다고 한다면 그 앎은 대상을 가지지 않게 될 것이다. 왜냐하면 대상과 같은 앎은 존재하지 않고 앎과 같은 대상은 존재하지 않기 때문이다."(T하.62)

논증 2. 대상인식과 대상인식에 대한 인식은 서로 다르기 때문이다

378.

[반론]

앎에 대상형상이 존재한다는 것을 어떻게 논증할 수 있는가?

[답론1]

또한 [대상을] 직접적으로 경험하는 [최초의] 앎은 하나의 형상(주관형상)에 [대상형상을] 부가한 두 부분(대상형상과 주관형상)을 인식대상으로 하는 [다음의] 앎에 의해서 뒤따른다(인식된다·기억된다).

tac ca anubhavavijñānam ubhayāṃśāvalambinā/
ekaākāraviśeṣeṇa tajjñānena anubadhyate//(k.378)

379.

[답론2]

만약 그렇지 않고 실로 [최초의 앎에] 그 [대상]형상이 없다면 어떻게 [최초의 앎이 대상형상을 가진 것으로 다음의] 앎에 생길 수 있을까? 실로 이와 같이 다음의 앎은 하나의 형상씩 차례대로 증가한다.

anyathā hy atadākāraṃ kathaṃ jñāne adhirohati/
ekākārottaraṃ jñānaṃ tathā hy uttaram uttaram//(k.379)

案

여기서 '대상을 직접적으로 경험하는 최초의 앎'이란 지각이다. 이 지각은 대상을 직접적으로 경험하는 것이다. 그리고 이 지각은 대상형상^{1}과 주관형상(=경험형상)^{1}으로 구성된다. 이것이 인식대상이 되어 제2의 앎이 생기는데, 이것이 과거의 대상에 대한 인식인 기억이다. 이 기억은 대상형상^{2}(대상형상^{1}+주관형상)와 주관형상^{2}로 구성된다. 그림으로 제시하면 다음과 같다.(T하.64)

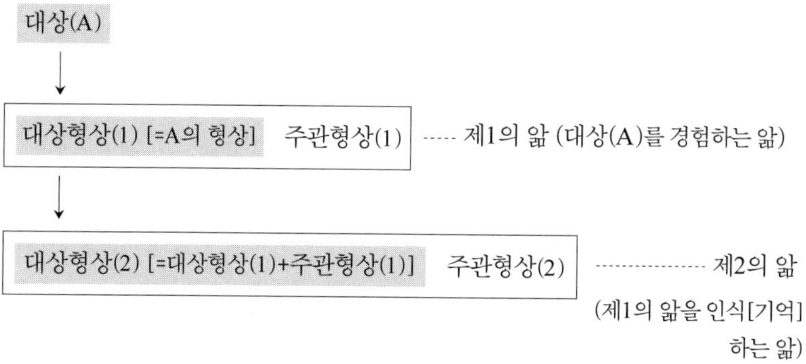

380.

[답론3]

왜냐하면 그 제2의 앎의 두 개의 형상과 어떤 자기형상(주관형상)이 대상형상으로써 제3의 앎에 의해 인식되기 때문이다.

tasya artharūpeṇa ākārāv ātmākāraś ca kaścana/

dvitīyasya tṛtīyena jñānena hi vivicyate//(k.380)

案

제3의 앎은 제2의 앎을 인식(기억)하는 것이다. 이 제3의 앎까지의 과정을 그림으로 제시하면 다음과 같다.(T하.66)

대상형상(2) [=대상형상(1)+주관형상(1)]	주관형상(2)	----- 제2의 앎 (기억)
대상형상(3) =[대상형상(2)+주관형상(2)] └[대상형상(1)+주관현상(1)]	주관형상(3)	----- 제3의 앎 (기억)

이렇게 기억은 주관형상이 하나씩 증가함에 따라 인식 내용이 왜곡되어 간다는 것을 볼 수 있다. 기억은 주관형상의 증가로 인해 점점 왜곡되어 간다. 그러면서 본래의 대상은 이 기억이 심화될수록 희미해지게 된다. 요컨대 기억은 왜곡된 자기인식이다.

381.

[반론]

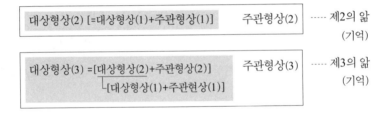

만약 '[제1의] 앎을 기억할 때 대상을 기억하는 까닭은 [제1의 앎이] 대

상의 결과이기 때문이다. [따라서 앎에 대상형상을] 결합하는 것은 착오에 의한 것이다'라고 한다면?

arthakāryatayā jñānasmṛtāv arthasmṛter yadi/
bhrāntyā saṃkalanaṃ

[답론1]

빛과 주의집중에 의해서도 그것(기억)은 생겨야 할 것이다.

jyotir manaskāre ca sā bhavet//(k.381)

382.

[답론2]

이와 같이 모든 결과들이 원인들과 함께 파악될 것이다. 그러므로 도공(陶工) 등과 별도로 [오직] 항아리가 기억되지는 않을 것이다.

sarveṣām api kāryāṇāṃ kāraṇaiḥ syāt tathā grahaḥ/
kulālādivivekena na smaryeta ghaṭas tataḥ//(k.382)

案

대론자는 제1의 앎을 기억할 때 대상을 기억하는 까닭은 제1의 앎에 대상형상이 있기 때문이 아니라 제1의 앎이 대상의 결과이기 때문이라고 말한다. 이렇게 제1의 앎을 기억할 때 대상을 기억하기 때문에 착오에 의해 제1의 앎에 대상형상이 있다고 생각한다는 것이다. 그렇다면 제1의 앎이 생길 때 최초의 여건이 되는 것은 대상만이 존재하는 것이 아니다. 빛과 주의집중 및 감관 등도 인식이 생기는 데 원인이 되기 때문에 제1의 앎을 기억할 때 대상뿐만 아니라 빛 등도 기억해야 할 것이다. 그런데 사실은 대상만 기억하지 빛 등은 기억하지 않는다. 이에 대해 다르마키르티는 도공의 사례를 든다. 대론자의 논리대로 한다면 우리가 항아리를 기억할 때 항아리를 만든 도공이나 화로의 불의 온도 등도 기억해야 할 것이다. 그런데 항아리만 기억하지 도공이나 화로의 불의 온도 등은 기억에 없다. 따라서 제1의 앎을 제2의 앎이 기억할 때 대상을 기억하기 때문에 착오를 하여 대상형상이 제1의 앎에 있다고 잘못 생각한다는 대론자의 논리는 옳지 않다.

383.

[반론]

대상에는 어떤 측면에서 빛·주의집중 등과의 차이가 있고, 그것은 인식 자체에도 부여된다. 그러므로 그 형상(인식)을 파악(기억)하는 것에 의해서 대상도 기억된다.

[답론]

[제1의] 앎이 대상과의 결합(대상에 대한 기억)에 근거가 되는 것은 [앎에 진입한 대상의] 탁월성 때문이라고 할 때 그것(탁월성)은 유사성과 무엇이 다른가? 또한 쌍둥이 등에서 경험되기 때문이다.

yasmād atiśayāj jñānam arthasaṃsargabhājanam/
sārūpyāt tat kim anyat syād dṛṣṭeś ca yamalādiṣu//(k.383)

案

제1의 앎(지각)이 생길 때 최초의 여건이 되는 것은 대상, 감관, 빛, 주의집중 등이다. 그런데 이들 최초의 여건 가운데 대상만이 객체적 여건이 되는 까닭은 대상은 다른 여건과 달리 인식에 자기의 형상을 부여할 수 있는 탁월한 능력이 있기 때문이다. 이 탁월성은 대상유사성 혹은 대상형상성과 같다. 따라서 제1의 앎에는 대상형상이 존재한다.

384.

[반론]

앎에는 대상형상이 없다.

[답론1]

실로 제1[의 앎]에 두 개의 형상이 없다면 제2[의 앎]에도 하나의 형상[만을 갖는 것]으로 판단되어 반성적 사고[인 제3의 앎과 제1의 앎]는 구별되지 않을 것이다.

ādyānubhayarūpatve hy ekarūpe vyavasthitam/
dvitīyaṃ vyatiricyeta na parāmarśacetasā//(k.384)

案

앎에 대상형상이 없다면 제1의 앎과 제2의 앎, 제3의 앎은 주관형상만이 존재하여 앎의 내용적 차이는 있을 수 없을 것이다. 그런데 사실은 제1의 앎과 그 앎에 대한 제2의 앎 그리고 제2의 앎에 따라 제3의 앎은 각각 앎의 내용이 다르다. 그 이유는 그 앎에 내재하는 대상형상이 주관형상에 의해 한정되어 왜곡되기 때문이다.

385.

[답론2]

[왜냐하면 앎에 대상형상이 있다는 것을 인정하지 않을 경우 이와 같은 오류를 범하기 때문이다.] 따라서 대상과 결합한 것(제1의 앎의 대상형상)과 관계를 맺는 제2의 앎은 푸른색 등의 형상을 가지고 현재 눈앞에 현현하는 [제1의] 앎에 의거한다.

arthasaṃkalanāśleṣā dhīr dvitīyāvalambate/
nīlādirūpeṇa dhiyaṃ bhāsamānāṃ puras tataḥ//(k.385)

386.

[답론3]

만약 그렇지 않으면 최초의 하나[의 앎]만이 대상으로부터 생기는 것에 근거하여 [기억에 의해서 대상과] 결합될 것이다. [그렇게 되면] 이전의 대상에 의한 그 이후의 앎(제2의 앎)과 그보다 이후의 앎(제3의 앎)의 관계는 경험되지 않는다. [따라서 기억에 의해 대상과 결합되지 않을 것이다.]

anyathā hy ādyam eva ekaṃ saṃyojyeta arthasambhavāt/
jñānaṃ na adṛṣṭasambandhaṃ pūrvārthena uttarottaram//(k.386)

案

385, 386송은 앎에는 대상형상이 존재하지 않는다는 대론자의 주장에 대해 기억을 근거로 앎에 대상형상이 존재한다는 것을 총괄적으로 반론한 것이다. 즉, 대론자에 의하면 제1의 앎이 대상에서 생기기 때문에 착오를 하여 앎에 대상형상이 있다. 그러나 사실은 착오이지 실제로 대상형상이 앎에 있는 것이 아니다. 그렇다면 제2의 앎과 제3의 앎, 제4의 앎에 대상형상이 있다고 대론자는 인정하는데, 제2의 앎과 제3의 앎은 대상에서 생긴 것이 아니기 때문에 착오를 일으킬 근거가 없다. 따라서 제

1의 앎에 이미 대상형상과 주관형상의 두 개의 형상이 있어야만 제2의 앎, 제3의 앎 등의 기억에 대상형상이 있음을 설명할 수가 있는 것이다.

논증 3. 동시에 한꺼번에 인식되기 때문이다

387.

[반론]

대상과 앎은 본체를 달리하는가?

[답론]

대상이 반드시 앎과 함께 동시에 인식되고 있음에도 불구하고, 어떻게 해서 [대상이] 그것(앎)과 본체를 달리한다고 성취될 수 있는가?

sak ṛtsaṃvedyamānasya niyamena dhiyā saha/
viṣayasya tato anyatvaṃ kena ākāreṇa sidhyati//(k.387)

案

대상과 앎을 동시에 인식하는 앎이란 자기인식, 즉 앎 자신이다. 즉, 푸른색의 대상과 앎 자신은 동시에 앎 자신에 의해 인식된다. 이것을 달리 말하면 앎은 앎 자신 속에 대상형상을 갖는다는 것과 같은 의미이다.

388.

[반론]

일반 사람의 경험에서 대상과 앎은 본질을 달리하는 것처럼 현현하는 것은 무슨 까닭인가?

[답론1]

또한 착오에 의한 인식을 지닌 사람들에 의해서 [대상과 앎은 서로 형상을 달리하는] 차이가 경험될 것이다. 마치 두 개가 아닌 달[이 눈병에 걸린 사람에 의해 두 개로 보이는 것]처럼. 서로 [형상을] 달리하는 푸른색과 노란색은 반드시 '일거에 획기적으로' 인식되지는 않는[경우도 있]다.

bhedaś ca bhrāntivijñānair dṛśyeta indāv iva advaye/
saṃvittiniyamo na asti bhinnayor nīlapītayoḥ//(k.388)

案

앞에서도 언급한 바와 같이 외계대상과 앎은 본질을 달리하는 별체이다. 왜냐하면 외계대상은 물질성이며 앎은 정신성이기 때문이다. 이렇게 본질을 달리하는 것은 관계를 맺을 수가 없다. 따라서 엄밀한 의미에서 앎이 외계대상을 인식한다는 것은 외계대상 그 자체가 아니라 그것이 앎 속에 진입하여 대상형상으로 존재할 때 그 대상형상을 인식주관이 인식하는 것이다. 이런 측면에서 앎과 대상은 본질을 달리하지 않지만 일반 사람의 무지에 의한 미혹 때문에 대상과 앎이 본질적으로 다르다고 간주하는 것이다. 그렇지만 푸른색과 노란색은 서로 별개의 존재이다. 이것들은 때로는 동시에 인식되기도 하고 때로는 동시에 인식되지 않기도 한다. 예를 들면 푸른색을 지각하고 동시에 노란색을 지각하는 경우는 불가능하지만 푸른색을 지각하고 동시에 노란색을 분별하는 경우 이때는 동시일 수가 있다.

389.

[답론2]

앎이 없는 대상 혹은 대상이 없는 앎이 지금 인식되고 있다는 것은 결코 경험되지 않는다. 따라서 그것(대상과 인식) 두 가지는 서로 다른 것이 아니다.

na artho asaṃvedanaḥ kaścid anarthaṃ va api vedanam/
dṛṣṭaṃ saṃvedyamānaṃ tat tayor na asti vivekitā//(k.389)

案

앎을 떠나서 대상이 존재한다거나 대상을 떠나서 앎이 따로 존재할 수도 없다. 앎을 떠난 대상이나 대상을 떠난 앎은 일상적 언어 차원에서나 가능하지만 궁극적 차원(현실적 존재의 차원)에서는 있을 수 없다. 오직 있는 것은 인식(식, 마음)뿐이다.

390.

[답론3]

그러므로 인식할 때 현현하는 대상이 인식으로부터 배제되지 않는 것은 부정되지 않는다.

tasmād arthasya durvāraṃ jñānakālāvabhāsinaḥ/

[반론]

대상도 앎 자신 속의 형상이라면 외계대상은 존재하지 않는 것일까?

[답론1]

차이[를 본질로 하는] 원인[인 외계대상]은 추론될 것이다.

jñānād avyatirekitvaṃ hetubhedānumā bhavet//(k.390)

391.

[답론2]

[감관 등의] 다른 여러 원인들이 존재한다고 해도, 감관에 의한 인식이 생기지 않기 때문이다. [따라서 결여되어 있는 것은 외계대상인 것이다. 하지만 그러한 추론도 감관지각의 생성과 불생성의] 한정이 등무간연[의 유·무]에 근거한다고 설해지지 않는 한[타당한 것]이다.

abhāvād akṣabuddhīnāṃ satsv apy anyeṣu hetuṣu/
niyamaṃ yadi na brūyāt pratyayāt samanantarāt//(k.391)

案

불교 내에서 외계대상 실재론을 표방하는 학파로는 설일체유부와 경량부 등이 있다. 그런데 두 학파 모두 외계대상의 실재성을 인정한다는 점에서 견해를 같이하지만, 그 외계대상이 어떻게 앎에 의해 인식되는가 하는 인식론은 다르다. 즉, 설일체유부는 외계대상은 객관적으로 실재하며, 그 실재하는 대상을 우리의 앎이 인식한다고 하는 반면, 경량부는 그 실재하는 대상이 우리의 앎에 직접적으로 인식되는 것이 아니라 앎에 현현하는 대상형상을 근거로 외계대상의 존재성이 추론된다는 것이다. 그림을 그리면 다음과 같다.

〈설일체유부의 인식 전개 과정〉

제1찰나 대상 — 감관 등 — 감관지각 — 분별적 인식

〈경량부의 인식 전개 과정〉

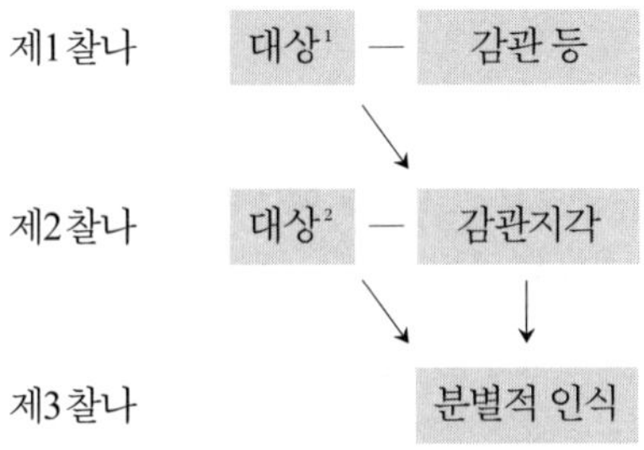

그런데 이러한 감관지각이 전 찰나의 대상이 아니라 내부의 마음의 흐름(심상속)인 등무간연을 근거로 생성된다면 외계대상 실재론은 붕괴되고 유식에 의한 인식론이 구축되는 것이다. 즉, 유식에 근거한 인식론에 의하면 푸른색의 감관지각은 전 찰나의 푸른색의 형상을 가진 앎을 생기게 하는 인과적 효과로서의 능력이 있는 습기(종자)가 원인이 되어 다음 찰나에서 푸른색의 감관지각이 생긴다. 이것을 그림으로 제시하면 다음과 같다.

〈유식의 인식 전개 과정〉

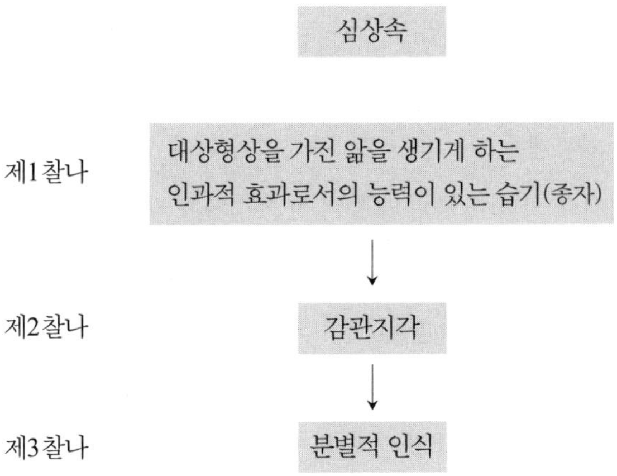

392.

[반론]

만약 유식학파가 말하는 바와 같이 외계대상이 존재하지 않는다면 '종자에서 싹이 생긴다'라는 앎은 어떻게 해석해야만 하는가? 종자와 싹이 외계에 존재하지 않는다면 인과관계는 인정되지 않을 것이다. 또한 불과 연기에 관해서도 마찬가지로 인과관계는 인정되지 않는 것이다. 따라서 연기에 근거한 불의 추론(인과관계에 근거한 추론)은 불가능하다.

[답론1]

'종자에서 싹이 생긴다'라든가 '연기로부터 불이 증명된다'라고 하는, 이와 같은 원인이나 인식의 작인의 확정은 외계대상에 의존해서 이루어질 수도 있을 것이다.

bījād aṅkurajanmāgner dhūmāt siddhir itīdṛśī/
bāhyārthāśrayiṇī yā api kārakajñāpakasthitiḥ/(k.392)

案

경량부에 의하면 종자·싹·연기·불은 외계의 물리적 사건[dharma, 법]으로서 실재하는 것이다. 이 실재하는 하나의 물리적 사건과 다른 물리적 사건이 인과관계를 맺는다. 가령 "종자에서 싹이 생긴다"거나 "불에서 연기가 생긴다"와 같이 종자와 불이 원인이 되고 싹과 연기가 결과가 되는 인과관계는 물리적 세계의 근간이 되는 인과법칙이다. 이러한 인과법칙을 근거로 싹(결과)을 보고 이미 소멸한 종자(원인)를, 연기(결과)를 보고 산 너머에 있어 보이지 않는 불(원인)을 추론하는 논리적 관계도 성립하는 것이다. 이러한 물리적 세계의 인과법칙과 그것을 근거로 논리적 관계의 타당성도 성립한다는 것을 다르마키르티는 인정한다.

393.

[답론2]

[그러나] 그것(원인이나 인식의 작인의 확정)이 [외계대상에 의존하지 않고] '그것(종자 등)들의 형상의 현현을 가진 한정된 인식'에 근거해서 이루어진다면 무슨 모순이 있는가?

sā api tadrūpanirbhāsās tathāniyatasaṃgamāḥ/
buddhir āśritya kalpyeta yadi kiṃ vā virudhyate//(k.393)

案

그러나 "종자에서 싹이 생긴다"거나 "연기를 근거로 불을 추론한다"라고 할 때, 물리적 사건으로서 종자·싹·연기·불이 존재하며 그 사건과 사건의 인과관계 및 그것에 근거한 논리적 관계의 타당성을 주장하는 경량부의 이론은 외계대상 실재론에 근거한 것이다. 위에서도 말한 바와 같이 다르마키르티도 경량부의 주장을 인정한다. 하지만 다르마키르티는 "일체는 마음에서 생긴다"고 하는 유식으로 나아가 인과관계와 논리적 관계를 설명한다. 외계대상의 실재성을 인정하지 않는 유식에서 물리적 사건으로서의 종자·싹·연기·불 등은 객관적으로 실재하는 것이 아니다. 오직 실재하는 것은 식(마음, 심상속)뿐이다. 즉, 종자가 존재하는 것이 아니라 '종자의 현현을 가진 앎[인식]', 싹이 존재하는 것이 아니라 '싹의 현현을 가진 앎[인식]', 연기가 존재하는 것이 아니라 '연기의 현현을 가진 앎[인식]', 불이 존재하는 것이 아니라 '불의 현현을 가진 앎[인식]'이 존재한다. 그리고 종자의 현현을 가진 앎[인식]에서 싹의 현현을 가진 앎[인식]이 생기며, 불의 현현을 가진 앎[인식]에서 연기의 현현을 가진 앎이 생긴다고 하여 종자와 싹, 불과 연기의 물리적 인과관계를 심리적 인과관계로 설명한다. 논리적 관계도 마찬가지인데, 현재 지각되는 싹으로부터 이미 소멸한 종자를 추론하는 논리적 관계나 지금 눈에 보이는 연기를 통해 저 산 너머 눈에 보이지 않는 불을 추론하는 논리적 관계도 물리적 인과관계에 근거한 것이 아니라 심리적 인과관계에 근거한 것이라고 한다. 이것은 다음 송에서 기술된다.

394.

[반론]

[만약 그렇게 된다면] 불에서 생기지 않는 연기가 있을 수 있을 것이다. 따라서 그 결과로부터 원인에 대한 인식(추론)은 [있을 수] 없을 것이다. 혹은 [연기의 현현을 가진 앎이 불의 현현을 가진 앎의] 원인이라 한다면, 어떻게 [그] 인식(원인에 의한 결과의 추론)에 필연성이 있을 수 있을까?

anagnijanyo dhūmaḥ syāt tat kāryāt kāraṇe gatiḥ/
na syāt kāraṇatāyāṃ vā kuta ekāntato gatiḥ//(k.394)

案

이 반론에 대해 도사키는 "만약 '연기의 현현을 가진 앎'에서 '불의 현현을 가진 앎'이 생긴다면 불이 연기의 결과라고 말해져야만 하며 (왜냐하면 '종자의 현현을 가진 앎'에서 '싹의 현현을 가진 앎'이 생기는 것이 '싹은 종자의 결과이다'라고 말해지기 때문에), 연기가 불의 결과일 수 없을 것이다. 따라서 연기에 근거하여 불을 인식하는 것은 소위 '결과에 근거한 원인의 추론'이 아닌 것이 된다. 나아가 '연기의 현현을 가진 앎'이 '불의 현현을 가진 앎'의 원인이라면 전자는 후자를 잡란 없이 결정할 수 없을 것이다. 왜냐하면 원인은 결과를 잡란 없이 결정할 수 없기 때문"(T 하.76)이라고 해설한다.

395.

[답론1]

[유식설에서는] 그 경우(연기에 근거하여 불을 추리하는 경우)에도, '연기의 현현을 가진 앎'이 각성하여 민감한 습기를 [원인으로] 갖는 '불의 현현을 가진 앎'에 이르는 것이지, [외계의] 불[에 이르는 것]은 아니다.

tatra api dhūmābhāsā dhīḥ prabodhapaṭuvāsanām/
gamayed agninirbhāsāṃ dhiyam eva na pāvakam//(k.395)

案

경량부에 의하면 연기[煙]를 추론인으로 하여 불[火]이라는 추론대상을 추론한다. 반면 "유식설에 의하면 연기에 근거하여 불을 추론한다고 하는 것은 '연기의 현현을 가진 앎'에 근거해서 '불의 현현을 가진 앎'을 얻는 것이다. 그리고 그것은 '결과에 근거한 원인의 추론'이다. 이것을 프라즈냐카라굽타는 다음과 같이 해설한다. 실로 '연기의 현현을 가진 앎'은 '불의 (현현을 가진 앎을 생기게 하는 능력이 있는) 습기'와 (인과) 관계에 있다(전자가 결과이고 후자가 원인이다). 그러므로 그 습기(인)는 (전자, 즉 결과에 근거해서) 추론된다. (그때) 그 습기는 각성하기 때문에 '불의 현현(을 가진 앎)'을 생기게 한다. 따라서 '불의 현현(을 가진 앎)'을 얻기 때문에 인식수단[量]이다. 즉, '연기의 현현을 가진 앎'(A)은 '불의 현현을 가진 앎을 생기게 하는 능력이 있는 습기'(B)에서 생긴다. 전자가 결과이고 후자가 원인이다. 따라서 전자(결과)에 근거해서 후자(원인)가 추론된다. 그리고 그때 후자, 즉 '불의 현현을 가진 앎을 생기게 하는 능력이 있는 습기'(B)는—전자(A)에 의해서 각성되어—'불의 현현을 가진 앎'(C)을 생기게 한다. 결국 A(결과)에 근거해서 B(원인)를 추론할 때 결과적으로 C가 얻어진다. 따라서 이와 같이 '연기의 현현을 가진 앎'(A)에 근거해서 '불의 현현을 가진 앎'(C)을 얻는 것은 '결과에 근거한 원인의 추론'이라고 할 수 있다."(T하.77)

396.

[답론2]

그것을 가능하게 하는(불의 현현을 가진 앎을 생기게 하는 능력이 있는) 습기를 내장한 마음의 연속체만이 '불의 현현을 가진 앎'을 현현하게 한다. 따라서 '불에서 연기가 생긴다'[라고 말할 수 있다].

tadyogyavāsanāgarbha eva dhūmāvabhāsinīm/
vyanakti cittasantāno dhiyaṃ dhūmo agnitas tataḥ//(k.396)

案

"'불의 현현을 가진 앎을 생기게 하는 능력이 있는 습기'를 내장한 심상속이야말로 '연기의 현현을 가진 앎'을 생기게 한다. 이것이 유식설에서 불과 연기의 인과관계이다. 프라즈냐카라굽타는 다음과 같이 해설한다. '연기의 현현(을 가진 앎)'에 대해서는 '연기의 (현현을 가진 앎을 생기게 하는 능력이 있는) 습기'가 질료인이며, '불의 (현현을 가진 앎을 생기게 하는 능력이 있는) 습기'가 공동인이다. 또한 미래의 '불의 현현(을 가진 앎)'에 대해서는 '불의 (현현을 가진 앎을 생기게 하는 능력이 있는) 습기'가 질료인이며, '연기의 현현(을 가진 앎)'이 —('불의 현현을 가진 앎을 생기게 하는 능력이 있는 습기'를) 각성하게 하기 때문에 — 공동인이다. (마찬가지로) '연기의 (현현을 가진 앎을 생기게 하는 능력이 있는) 습기'도 (공동인이다)."(T하.78)

397.

[답론3]

이 [유식]설은 성인들이 말한 것이다. 그러나 [평범한 사람들을 위해 경량부가 승인하는] 외계[의 현실적 존재]에 근거하여 [앎에 대상형상과 주관형상의] 두 가지 형상이 [있다는 것이] 설해진다. 그리고 그것은 [대상이] 반드시 [동시에] 일거에 인식되는 것에 한정해서 확증된다.

asty eṣa viduṣāṃ vādo bāhyaṃ tv āśritya varṇyate/
dvairūpyaṃ sahasaṃvittiniyamāt tac ca sidhyate//(k.397)

案

인도불교인식논리학에서 인식의 대상이기 위한 조건은 두 가지라고 이미 기술했다. 하나는 인식이 대상에 의해 생긴다는 대상생기성과 또 하나는 인식에 형상을 부여하는 대상형상성 내지 대상유사성이다. 경량부는 이러한 인식의 대상이기 위한 조건을 충족시키는 것은 외계에 존재하는 대상뿐이라고 한다. 반면 외계대상을 인정하지 않는 유식론에서도 외계대상이 인식을 생성시키는 것이 아니라 전 찰나의 앎이 다음 찰나의 앎의 대상이 된다고 한다. 그리고 이 대상은 심상속 내에 존재하는 앎뿐이다. 그런데 성인들은 유식설을 인정하지만 범부들은 경량부의 이론을 수용한다.

논증 4. 감관의 차이에 의해 앎에 선명함과 불선명함의 차이가 있기 때문이다

398.

[반론]

앎에 대상형성과 주관형상의 두 개의 형상이 존재한다는 것을 다른 근거를 제시하여 설명해 줄 수 있는가?

[답론1]

비록 동일한 대상이라고 해도 감관의 차이에 의해 선명함·어두움·혼탁 등의 현현의 차이가 있는 인식이 경험에 의해 알려진다.

jñānam indriyabhedena paṭumandāvilādikām/
pratibhāsabhidām arthe bibhrad ekatra dṛśyate//(k.398)

399.

[답론2]

만약 [외계]대상으로부터 [주어진] 그것(대상)의 현현이 이것(앎)에는 없다고 한다면, 그 대상에 대한 앎은 모두 동일한 형상을 지닌 게 될 것이다. 왜냐하면 [외계]대상[그 자체]에는 형상의 차이가 없기 때문이다.

arthasya abhinnarūpatvād ekarūpaṃ bhaven manaḥ/
sarvaṃ tadartham arthāc cet tasya na asti tadābhatā//(k.399)

案

동일한 대상을 청정하거나 불청정한 감관을 가진 사람이 지각할 때 그 사람의 앎에 선명하게 현현하거나 불선명하게 현현하기도 하며, 또한 동일한 대상을 질환이 없거나 혹은 질환이 있는 사람이 지각할 때 그 사람의 앎에 혼탁하거나 청정하게 현현하기도 한다. 이렇게 앎에 대상형상이 없고 다만 직접적 경험을 본질로 하는 주관형상만이 있다면 감관의 차이가 존재한다고 해도 앎에 현현의 차이는 없게 된다는 오류를 범하게 될 것이다. 그런데 사실 우리는 동일한 대상에 대해서 다양하게 인식하는 것은 그 앎에 내재하는 대상형상의 차이 때문임을 경험한다. 따라서 앎에는 대상형상이 존재한다는 것을 인정해야 한다.

400.

[반론]

앎에 대상형상이 있다고 해도 대상은 하나의 형상을 갖기 때문에 그것과 유사한 앎도 하나의 형상을 갖는 것이 아닌가? 그렇다면 선명함과 불선명함, 청정과 혼탁 등의 형상은 없을 것이다.

[답론1]

그것(앎)은 대상에 의거해 생기고 그것(대상)의 형상을 수반하지만, 어떤 부분적인 차이는 다른 것(감관 등의 차이)에 의해서도 발생할 것이다.

arthāśrayeṇa udbhavatas tadrūpam anukruvataḥ/
tasya kenacid aṃśena parato api bhidā bhavet//(k.400)

401.

[답론2]

가령 실로 아버지에 의거해서 그 외모를 닮은 자식도 어떤 것(자식 자신의 업 등) 때문에 부분적으로 아버지와 어떤 차이를 갖는 것과 같다.

tathā hy āśritya pitaraṃ tadrūpo api sutaḥ pituḥ/
bhedaṃ kenacid aṃśena kutaścid avalambate//(k.401)

案

아버지의 외모는 자식의 외모를 생기게 하는 원인이라는 점에서 대상생기성을, 자식의 외모와 유사하다는 점에서 대상형상성(대상유사성)을 충족시켜 인식대상의 요건을 충족시킨다. 하지만 대상의 절대적 한정을 받지 않고 부분적인 자식의 개인적인 업의 차이 등에 의해 차이가 발생하듯이, 앎도 대상에 의해 절대적 한정을 받지 않고 감관의 차이 등에 의해 형상의 차이가 발생한다.

논증 5. 실재하지 않는 만다라가 눈병에 걸린 눈의 인식에 현현한다

402.

[반론]

앎에 대상형상과 주관형상의 두 개의 형상이 존재한다는 것을 또 다른 근거를 제시하여 설명해 줄 수 있는가?

[답론]

눈이 침침한 사람들은, 등불 등에서 공작 깃털의 무늬와 같이, 푸른색과 노란색으로 빛나는 만다라를 본다.

mayūracandrakākāraṃ nīlalohitabhāsvaram/
sampaśyanti pradīpāder maṇḍalaṃ mandacakṣuṣaḥ//(k.402)

案

가령 등불들을 켜 놓을 때 눈이 침침한 사람들은 그것을 마치 공작 깃털의 무늬처럼, 푸른색과 붉은색으로 빛나는 만다라와 같이 본다. 그때 외계에는 등불만 있을 뿐 만다라는 존재하지 않는다. 그럼에도 불구하고 눈이 침침한 사람의 지각[앎]에는 외계에 존재하지 않는 만다라의 형상이 존재한다. 따라서 앎에 대상형상이 현현한다. 다시 말하면 앎은 대상형상을 갖는 것이라고 해야 한다.

403.

[반론]

만약 그것(만다라)이 외계[대상]의 형상이라고 한다면?

tasya tadbāhyarūpatve

[답론1]

눈이 밝은 사람은 왜 [그것을 보지] 못하는가? 또한 그것(만다라)을 보는 사람이 [객관적으로] 존재하는 것을 보고 있는 것이라면, 어떻게 해서 눈의 손상을 입은 자라고 하는가?

kā prasannekṣaṇe akṣamā/

bhūtaṃ paśyaṃś ca taddarśī kathañ ca upahatendriyaḥ//(k.403)

404.

[답론2]

[만다라와 같은] 초감각적인 것을 보는 그의 눈은 눈병에 의해서 밝아진 것이 분명하다. 그렇다면 다른 [사람의] 눈에 보여진 대상에 대해서 그

것(만다라를 보는 그 사람의 눈)은 왜 [더욱] 밝다고 하지 않는가?

śodhitaṃ timireṇa asya vyaktaṃ cakṣur atīndriyam/
paśyato anyākṣadṛśye arthe tad avyaktaṃ kathaṃ punaḥ//(k.404)

405.

[답론3]

빛·감관·주의집중 외에 [만다라를 현현하게 하는] 하나의 존재(등불)에 [만 인과적 효과의] 능력이 알려진다. 따라서 [만다라라는] 다른 원인은 [허용될 수] 없다. 그리고 원인이 아닌 것이 어떻게 대상일 수 있는가?

ālokākṣamanaskārād anyasya ekasya gamyate/
śaktir hetus tato na anyo ahetuś ca viṣayaḥ katham//(k.405)

406.

[반론]

만약 실로 그것(만다라)이 [만다라의] 앎의 원인이라면,

sa eva yadi dhīhetuḥ

[답론]

왜 [만다라의 현현은] 등불을 필요로 하는가?

kiṃ pradīpam apekṣate/

[반론]

등불과 만다라의 두 가지가 만다라의 지각의 원인이다.

[답론]

[등불과 만다라의] 두 가지가 [직접적인·객관적인] 원인인 것도 아니다. 등불에 의해서만 [만다라의] 인식이 생기기 때문이다. [이러한 이유로 만다라는 외계에 실재하는 대상이 아니다. 그러나 그것은 결함이 있는 감관지각에 의해서 보인다. 따라서 감관지각은 대상형상을 갖는다고 할 수 있다.]

dīpamātreṇa dhibhāvād ubhayaṃ na api kāraṇam//(k.406)

案

대론자에 의하면 만다라의 지각의 원인은 외계에 실재하는 만다라와 등불이다. 만약 만다라가 만다라의 지각의 원인이라면 등불이 존재하지 않는다고 해도 만다라의 지각이 생겨야 할 터이지만 그러한 일은 일어나지 않는다. 또한 만다라와 등불 둘이 만다라의 지각의 원인이라고 해도 이치에 맞지 않다. 왜냐하면 빛·감관·주의집중 이외에 등불만이 존재해도 만다라의 지각은 발생하기 때문이다. 따라서 만다라와 등불 둘을 만다라의 지각의 원인이라고 할 수는 없다. 결국 만다라의 지각은 외계에 실재하는 만다라를 대상으로 하는 것이 아니라 내적인 감관의 결함이나 근본적인 무지에 의한 미혹으로 만다라는 존재하지 않는데 존재하는 것처럼 착각하는 것이다. 따라서 감관지각은 대상형상을 갖는다고 할 수 있다.

논증 6. 원근의 차이에 의해 앎에 선명함과 불선명함의 차이가 있기 때문이다

407-1.

[반론]

감관의 차이에 의해 앎에 선명함과 불선명함의 차이가 있다는 것을 근거로 앎에 대상형상과 주관형상이 있다는 것을 논증한다면, 거리의 멀고 가까움에 의해 앎에 선명함과 불선명함의 차이가 있다는 것을 근거로 앎에 대상형상과 주관형상이 있다는 것을 논증할 수 있을까?

[답론]

[거리의] 멀고 가까움 등의 차이에 의해서 [대상 그 자체에] 선명함과 불선명함[의 차이가 있다는 것]은 적절하지 않다.

dūrāsannādibhedena vyaktāvyaktaṃ na yujyate/(k.407-1)

案

우리는 멀리 떨어져 있는 대상을 희미하게 보고 가까이에 있는 대상을 선명하게 본다는 것을 경험한다. 그런데 대상 그 자체는 멀리 떨어져 있든 가까이에 있든 간에 선명함과 불선명함(희미함)의 차이는 있을 수 없다. 따라서 멀리 떨어져 있는 대상이 희미하게 보이거나 혹은 가까이에 있는 대상이 선명하게 보이는 것은 대상 그 자체에 기인하는 것이 아니라 그 대상을 인식하는 앎 그 자신에 기인한다. 또한 만약 앎에 파악을 본질로 하는 주관형상만이 존재한다면 멀리 떨어져 있는 대상이든 가까이에 있는 대상이든 간에 똑같이 인식되어야 할 것이다. 왜냐하면 대상 그 자체에는 선명함과 불선명한의 차이가 없을 뿐만 아니라 그 대상을 인식하는 앎 그 자체에도 대상형상을 가지지 않고 주관형상만 있다면 선명함과 불선명함의 차이는 있을 수 없기 때문이다.

407-2.

[반론]

만약 [멀고 가까움 등의 차이에 의해서] 빛의 차이가 있기 때문에 그것(선명한 존재·불선명한 존재)이 있다고 한다면?

tat syād ālokabhedāc cet(k.407-2)

案

대론자의 반론을 추론식으로 구성하면 다음과 같다.

주장명제 : 대상 그 자체에 선명함과 불선명함의 차이가 있다.

이유명제 : 왜냐하면 대상이 인식주체와의 거리가 멀고 가까움에 따라 빛에 차이가 있기 때문이다.

유례명제 : 멀리 떨어져 있는 사람에게 대상은 불선명하게 보이고 가까이에 있는 사람에게 대상은 선명하게 보인다.

407-3, 408-1.

[답론]

그것(빛)이 차단될 때 지각되지 않거나 혹은 차단되지 않을 때 지각되는 것은 [누구에게나] 같다.

tat pidhānāpidhānayoḥ//(k.407-3)

tulyā dṛṣṭir adṛṣṭir vā(k.408-1)

案

빛이 무엇인가에 의해 차단된다면 지각은 발생하지 않을 것이다. 또한 빛이 무엇인가에 의해 차단되지 않는다면 모든 사람들에게 똑같이 그 대상은 선명하게 지각될 것이다. 따라서 빛이 무엇인가에 의해 차단되든 차단되지 않든 간에 대상에는 선명함과 불선명함이라는 형상이 있을 수 없다.

408-2.

[반론]

만약 '그것(대상)의 미세한 부분은 결코 지각되지 않는다. 왜냐하면 [먼지나 안개 등에 의해서] 희미해진 빛 때문이다. 따라서 [선명함과 불선명함의] 차이가 있다'라고 한다면?

sūkṣmo aṃśas tasya kaścana/

ālokena na mandena dṛśyate ato bhidā yadi//(k.408-2)

案

인식주관과 인식대상 사이의 거리가 멀리 떨어져 있어 그 공간 사이에 먼지나 안개로 인해 빛이 희미해진 경우, 대상의 미세한 부분은 지각되지 않는다. 한편 인식주관과 인식대상 사이의 거리가 멀지 않아 그 공간 사이에 먼지나 안개의 장애를 받지 않음으로 인해 빛이 강렬해진 경우, 대상의 미세한 부분까지도 지각된다. 따라서 멀리 떨어진 대상의 경우 불선명하게 지각되고 가까이에 있는 대상의 경우 선명하게 지각되기 때문에 대상 그 자체에 선명함과 불선명함이라는 형상이 존재한다는 것이 대론자의 반론의 요지이다.

409.

[답론]

외계대상이 일자(부분을 갖는 것)라면 지각되는 것(부분)과 지각되지 않는 것(부분)의 차이는 어떻게 있을 수 있는가? [외계대상이] 다자라면 극미에 이르기까지 분할될 때, 어떻게 지각되는 것(극미)과 지각되지 않는 것(극미)의 차이가 있을 수 있는가?

ekatve arthasya bāhyasya dṛśyādṛśyabhidā kutaḥ/
anekatve aṇuśo bhinne dṛśyādṛśyabhidā kutaḥ//(k.409)

案

대론자가 지각되지 않는 미세한 부분이 외계대상에 존재한다고 했을 때, 그 외계대상은 어떤 방식으로 존재하는가를 따져 보아야 한다. 만약 그 외계대상이 일자의 방식으로 존재한다면 그 대상에 지각되는 부분과 지각되지 않는 부분의 차이는 있을 수 없다. 왜냐하면 일자는 분할할 수 없는 하나의 전체이기 때문이다. 한편 만약 그 외계대상이 다자의 방식으로 존재한다면 그것은 다수의 극미들로 분할될 것이다. 이렇게 분할된 극미는 미세하기 때문에 지각되지 않는다. 만약 지각된다면 그것은 극미일 수가 없기 때문이다. 따라서 지각되지 않는 미세한 부분이 외계대상에 존재한다는 대론자의 반론은 논리적으로 성립할 수가 없다.

410.

[반론]

만약 빛의 명암의 차이로 인해 인식[의 명암]에 차이가 생긴다면?

māndyapāṭav abhedena bhāso buddhibhidā yadi/

[답론]

비록 다른 것에 차이가 있다고 하더라도 [본래] 차이가 없는 것(대상)이 어떻게 해서 다르게 현현할 수 있는가?

bhinne anyasminn abhinnasya kuto bhedena bhāsanam//(k.410)

案

대론자에 의하면 대상형상은 외계대상에 있기 때문에 빛의 강약에 관계없이 대상은 앎에 있는 그대로 현현한다. 그렇기 때문에 빛의 강약으로 인해 앎에 선명하게 현현하거나 불선명하게 현현하는 차이는 발생할 수가 없다. 따라서 다른 것에 어떠한 차이가 있다고 하더라도 앎에 선명하게 현현하는가 아니면 불선명하게 현현하는가의 차이는 있을 수가 없다. 그럼에도 불구하고 멀리 떨어져 있는 대상은 불선명하게 지각되고 가까이에 있는 대상은 선명하게 지각되는 이유는 무엇인가? 따라서 인식주관과 인식대상 사이의 공간의 원근에 의한 지각의 선명함과 불선명함의 원인은 빛의 강약의 차이에 의한 것이라고 할 수 없다.

411.

[반론]

저 [멀리 떨어진 대상의 경우] 빛은 왜 약한가? [안개나 먼지 등이] 방해하기 때문이다[라고 한다면?].

mandaṃ tad api tejaḥ kim āvṛtter

[답론]

[그렇다면] 여기(대상이 가까이 있는 경우의 빛)에도 그것(안개나 먼지 등

에 의한 방해)이 왜 없는가? [안개나 먼지 등이] 소량이기 때문이다. 그것(소량인 것)은 빛에도 있다. [한편, 대상이 멀리 있는 경우에는 먼지나 안개 등이 다량인 것과 같이] 다른 것(빛)도 다량이다.

iha sā na kim/

tanutvāt tejaso apy etad asty anyatra apy atānavam//(k.411)

案

대론자는 거리의 원근에 의해 지각의 선명함과 불선명함이 발생하는 것은 그 공간을 비추는 빛이 안개나 먼지 등의 방해를 받아 희미하기 때문에 대상도 불선명하게 앎에 현현한다고 한다. 그렇다면 대상이 가까이에 있는 경우에는, 그 공간을 비추는 빛이 안개나 먼지 등에 방해를 받지는 않는가? 방해를 받긴 하지만 인식주관과 인식대상 사이의 공간적 거리가 가까우면 공간도 상대적으로 협소해지기 때문에 방해 요소인 안개나 먼지 등의 양도 소량으로 존재할 것이다. 그렇기 때문에 가까운 거리에 있는 대상은 선명하게 지각되고 먼 거리에 있는 대상은 불선명하게 지각된다는 것이 대론자의 입장이다. 하지만 먼 거리에 있는 대상과 주관 사이의 넓은 공간에는 먼지나 안개와 같은 방해 요소들도 많겠지만, 역으로 빛도 많을 것이다. 그렇기 때문에 먼 거리에 있는 대상은 선명하게 지각되어야 할 터이다. 그렇지만 실제 우리는 멀리 떨어져 있는 대상을 불선명하게, 가까이에 있는 대상을 선명하게 지각한다는 것을 경험한다. 따라서 앎의 선명함과 불선명함의 차이는 거리의 원근이나 빛의 강약에 기인하는 것이 아님을 알 수 있다.

412.

[반론]

대상이 멀리 떨어져 있는 경우, 먼지나 안개 등에 의해 방해받기 때문에 빛은 약하고 따라서 지각도 불선명하다.

[답론]

또한 [외계대상이] 아주 가까이 있을 때 빛이 대단히 밝아서 그것(대상에 대한 지각)도 또한 아주 선명해야 할 것이다. [그러나 사실은 그렇지 않다.]

atyāsanne ca suvyaktaṃ tejas tat syād atisphuṭam/

[반론]

만약 그 경우에도 지각할 수 없는 [어떤] 것(힘)에 근거하여 다른 형상(선명한 형상과 불선명한 형상)이 생길 것이라고 한다면?

tatra apy adṛṣṭam āśritya bhaved rūpāntaraṃ yadi//(k.412)

413, 414-1.

[답론]

그것(선명한 형상과 불선명한 형상)들은 서로 방해할 것이다. 따라서 [한쪽에 대해서는] 빛의 장애가 있다. 그 경우 [멀리 있는 사람이든, 가까이에 있는 사람이든, 모든 사람에게는] 한쪽(빛이 가리어져 있지 않은 형상)만이 지각될 것이다. 만약 그것들이 서로 방해하지 않는다면 한 사람이 선명한 형상과 선명하지 않은 형상을 동시에 보게 될 것이다.

anyonyāvaraṇaṃ teṣāṃ syāt tejo vihatis tataḥ/
tatra ekam eva dṛśyeta tasya anāvaraṇe sakṛt//(k.413)
paśyet sphuṭāsphuṭaṃ rūpam eko(k.414-1)

案

위 송에 대한 도사키의 해설은 다음과 같다. "대론자에 의하면 지각할 수 없는 [어떤] 것(힘)에 의해 대상에 선명함과 불선명함의 형상이 생기는 것이지 원래부터 앎 속에 대상형상이 있었던 것은 아니다. 만약 지각할 수 없는 [어떤] 것(힘)에 의해 대상의 선명함과 불선명함이 생긴다고 한다면 선명한 형상과 불선명한 형상 가운데 한쪽이 다른 쪽을 방해할 것이다. 그렇기 때문에 빛은 한쪽에만 도달하고 다른 쪽에는 도달하지 않을 것이다. 그러나 이것은 사실이 아니다. 또한 만약 선명한 형상과 불선명한 형상이 서로 방해하지 않고 따라서 둘 모두 빛이 차단되지 않는다면 그의 위치의 원근에 관계없이 한 사람의 인식주관은 동시에 선명한 형상과 불선명한 형상을 지각해야만 한다. 하지만 이것도 사실이 아니다."(T하.92)

414-2.

[반론]

지각할 수 없는 [어떤] 것(힘)에 의해 생긴 선명한 형상과 불선명한 형상이 대상에 존재함에도 불구하고, 한쪽은 지각할 수 없는 [어떤] 것(힘)에 의해서 은폐되기 때문에 현현하지 않는다.

[답론]

만약 지각할 수 없는 [어떤] 것(힘)에 의해 방해를 받게 된다면 [인간에게] 이로움과 해로움이 없는 것이 왜 지각할 수 없는 [어떤] 것(힘)에 의해 초래되는가?

adṛṣṭena vāraṇe

arthānarthau na yena stas tadadṛṣṭaṃ karoti kim//(k.414-2)

案

원래 지각할 수 없는 어떤 존재[법, 올바른 행위]나 비존재[비법, 잘못된 행동]는 인간에게 무엇인가의 이익이나 손해를 초래하는 원인이다. 그런데 지각할 수 없는 [어떤] 것(힘)에 의해 은폐된 형상은 인간에게 어떠한 이익이나 손해도 끼치지 않는다. 그렇기 때문에 지각할 수 없는 어떤 존재나 비존재에 의해 원근에 따른 지각의 선명함과 불선명함의 차이가 초래되는 것은 아니다.

415.

[결론]

그러므로 앎이 대상에 의지하여 생길 때, 원인에 따라(자신의 습기의 각성의 차이에 따라) 현현(형상)의 차이를 갖는다. 다른 [빛이나 원근의 차이 등의] 경우에는 어리석은 자의 잘못된 사고이다. [따라서 앎 자신이 대상 형상을 갖는다고 할 수 있다.]

tasmāt saṃvid yathāhetu jāyamānārthasaṃśrayāt/

pratibhāsabhidāṃ dhatte śeṣāḥ kumatidurnayāḥ//(k.415)

案

이 송은 대상에 대한 인식주관의 위치의 원근에 따른 지각의 선명한 형상, 불선명한 형상의 차이는, 빛이 완전히 차단되든가 그렇지 않든가 혹은 먼지나 안개 등의 장애요인에 의해 방해를 받든가 그렇지 않든가에 의한 빛의 강약이나 지각할 수 없는 어떤 것(힘)에 근거한 것이 아니라 앎 자체의 내적인 요인에 기인한다는 것을 기술하고 있다. 그 내적인 요인을 설명하면 다음과 같다. 즉, 앎이 외계대상에 의존해서 생길 때, 대상에 의해서 주어진 대상형상이 앎 자신의 내적인 요인, 즉 습기의 각성의 차이에 의해 선명하기도 하고 선명하지 않기도 하다는 것이다. 따라서 앎 자신이 대상형상을 갖는다고 할 수 있다.

논증 7. '대상은 앎에 의해서 현현한다'라고 할 수 없는 오류를 범하지 않기 때문이다.

416, 417-1.

[반론]

앎은 대상형상을 갖지 않는다.

[답론]

[전 찰나의] 앎·음성·등불은 지각이나 [지각이 아닌] 다른 것(인식)의 작인이기 때문에, [다음 찰나의 앎보다] 이전의 존재이다. [게다가] 찰나멸을 본질로 하는 것(앎·음성·등불과 같은 작인들)은 소멸하는데, 존재하지 않는 앎으로부터 어떻게 현현할 수 있을까?

jñānaśabdapradīpānāṃ pratyakṣasya itarasya vā/

janakatvena pūrveṣāṃ kṣaṇikānāṃ vināśataḥ//(k.416)

vyaktiḥ kuto asatāṃ jñānād(k.417-1)

案

[전 찰나의] 앎, 음성, 등불은 [다음 찰나의] 앎을 생기게 하는 작인이라면 이것들은 다음 찰나의 앎보다 이전에 존재하는 것이다. 역으로 말하면 앎이 생기는 순간 작인이 되는 전 찰나의 앎과 음성 그리고 등불은 찰나멸하여 존재하지 않는다. 그렇다면 이렇게 찰나멸하여 존재하지 않는 전 찰나의 여건(작인)으로부터 다음 찰나의 앎에 대상의 형상이 현현한다고 어떻게 말할 수 있을까? 따라서 대상에 의해 앎에 대상형상이 주어진다는 것은, 달리 말하면 앎이 대상에 의해서 주어진 대상형상을 가지고 생긴다는 것, 그것이 '대상은 앎에 의해 현현한다'라고 표현되는 것이다. 여기서 주의를 요하는 것은 '앎이 대상에 의해서 생긴다'는 것이 아니라 '앎이 대상에 의해 주어진 대상형상을 가지고 생긴다'는 것이다. 전자의 경우 앎은 정신성을, 대상은 물질성을 본질로 하기 때문에 서로 본질을 달리하는 이질적인 존재들이다. 이렇게 이질적 존재들 사이에 관계맺음이란 불가능하다. 반면 대상형상과 앎은 둘 다 정신성을 본질로 하기 때문에 관계맺음이 가능하다. 결국 앎이 대상형상을 갖기 때문에 '대상은 앎에 의해서 현현한다'라고 표현될 수 있는 것이다.

417-1, 417-2.

[반론]

제1 찰나의 앎^{1}, 음성^{1}, 등불^{1}에 의해 제2찰나에 앎^{2}와 앎^{2}의 지각, 음성^{2}

와 음성^{2}의 지각, 등불^{2}와 등불^{2}의 지각이 생긴다. 그런데 제1찰나의 앎^{1}, 음성^{1}, 등불^{1}은 찰나멸하여 앎^{2}의 지각, 음성^{2}의 지각, 등불^{2}의 지각에 현현할 수가 없지만 그 지각과 동시에 존재하는 앎^{2}, 음성^{2}, 등불^{2}는 지각에 현현한다.

案

이것을 그림으로 제시하면 다음과 같다.

〈앎의 지각〉

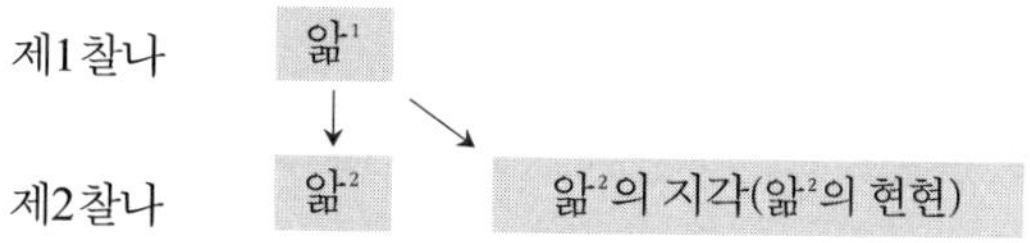

〈음성의 지각〉

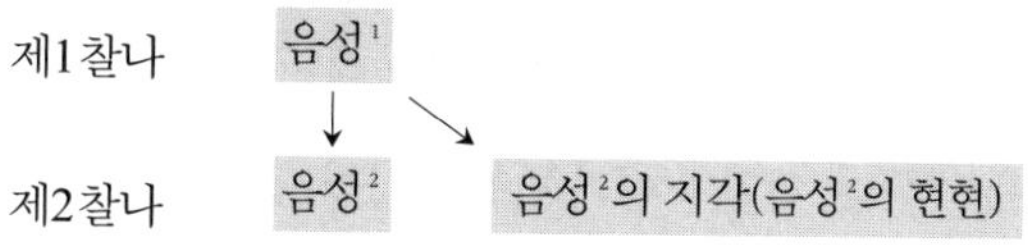

〈등불의 지각〉

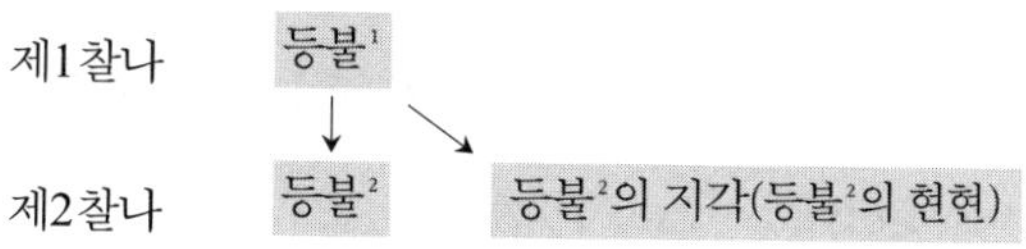

앎^{1}, 음성^{1}, 등불^{1}은 찰나멸하지만 다음 찰나에 동류인 앎^{2}, 음성^{2},

등불²가 생기고 이것이 동일한 순간에 존재하는 앎²의 지각, 음성²의 지각, 등불²의 지각에 현현한다는 것이 대론자의 반론이다.

[답론]

[앎의 생성에] 도움이 되지 않는 다른 것이 [앎에 의해서] 현현한다면, [앎의 생성과 무관한] 모든 존재가 현현하게 될 것이다.

anyasya anupakāriṇaḥ/(k.417-1)

vyaktau vyajyeta sarvo arthas(k.417-2)

案

서로 본질을 달리하는 앎², 음성², 등불²와 앎²의 지각, 음성²의 지각, 등불²의 지각이 동일한 순간에 존재하게 되면 서로에게 어떠한 영향도 미치지 못한다. 다시 말하면 동시적 시간 속에 존재하는 두 존재는 서로 관계를 맺는 것이 불가능하다. 그런데 앎², 음성², 등불²가 지각에 현현한다고 한다면 그 지각과 전혀 관계가 없는 모든 존재들이 그 앎에 현현하게 될 것이다. 하지만 이러한 것은 사실이 아니다.

417-3.

[반론]

만약 '그 원인[을 같이 하는 것]에 의거한다'라는 한정이 있다고 한다면?

tadhetor niyamo yadi//(k.417-3)

案

음성²에는 음성²의 지각(음성²의 현현)과 원인을 같이한다'라는 한정이 있다. 따라서 무제한으로 모든 것이 음성[2]의 지각에 의해서 현현하는 것으로는 되지 않는다.

418.

[답론]

이 분별[적 인식]도 앎에 있어서 [이치에 맞는 것도] 아니다.

na eṣā api kalpanā jñāne

[반론]

그렇다면 '앎은 대상을 현현하게 한다'는 표현은 무엇을 의미하는가?

[답론1]

그것(대상)으로부터 생긴 앎은, 그것(대상)이 존재하지 않아도 대상현현[을 자신 속에 갖고 있기] 때문에 '그것을 현현케 한다'라고 표현할 수 있을 것이다.

jñānaṃ tv arthāvabhāsataḥ/

taṃ vyanakti iti kathyeta tadabhāve api tatkṛtam//(k.418)

419.

[답론2]

[앎과] 동시에 일거에 생성된 다른 존재는 자기의 형상으로 앎을 성립시킬 수 없다. 왜냐하면 [그 대상은 앎의 생성에] 도움을 주지 못하기 때문이다. [앎을] 성립시킬 수 없는 것이 어떻게 [앎에] 현현할 수 있을까?

na ākārayati ca anyo artho anupakārāt sahoditaḥ/

vyakto na ākārayan jñānaṃ svākāreṇa kathaṃ bhavet//(k.419)

案

다르마키르티는 전 찰나의 대상이 원인이 되어 다음 찰나에 앎이 생긴다는 경량부의 인과적 인식론을 부정하지 않는다. 그러나 앎의 내용인 대상형상이 외계의 대상에 존재하는 것이 아니라 심상속인 앎 자신 속에 내재한다는 입장을 취한다. 그런데 유형상유식론을 인정하지 않는 대론자는 전 찰나의 대상[1]은 찰나멸하여 존재하지 않는다고 해도 다음 찰나에 대상[2]와 대상[2]의 지각이라는 앎을 낳고, 이 동시적 시간 속에 존재하는 대상[2]가 자신의 형상을 앎에 진입시키기 때문에 대상[2]가 앎에 의해 현현한다고 주장하는 것이다. 이에 대해 다르마키르티는 동시적 시간 속에 있는 다른 두 존재는 서로의 생성에 대해 인과적 효과의 능력이 없기 때문에 인식적 연관을 맺을 수가 없다고 한다. 따라서 이렇게 앎을 성립시키는 인과적 효과의 능력이 없는 동시적 사태인 대상[2]가 앎에 현현한다고 말하는 것은 이치에 맞지 않다.

420.

[반론]

전 찰나의 앎이나 음성 및 등불 등은 일상언어 차원에서는 무상한 존재들이라는 것은 누구나 인정하는 것이다. 하지만 금강석 등과 같은 것은 일상언어 차원에서는 상주하는 존재라고 간주된다. 따라서 금강석 등과 같은 존재는 다음 찰나에 상주하여 이것이 앎에 현현한다고 대론자는 반론한다.

[답론]

상주하는 대상인 금강석 등도 다른 것을 필요로 하지 않기 때문에 [금강석] 스스로 모든 사람의 앎들을 동시에 생기게 할 것이다.

vajropalādir apy arthaḥ sthiraḥ so anyānapekṣaṇāt/
sakṛt sarvasya janayej jñānāni jagataḥ svayam//(k.420)

案

다르마키르티에 의하면 모든 존재는 인과적 효과성을 본질로 하는 찰나멸하는 것이다. 금강석도 예외는 아니다. 그런데 만약 금강석은 상주하는 것이며 상주하는 것은 다른 것을 필요로 하지 않는 부동의 원동자라고 한다면 동시에 자기의 결과를 생기게 할 것이다. 다시 말하면 금강석에 대해 모든 사람들의 앎이 동시에 발생해야 할 것이다. 하지만 이것은 사실에 위배된다. 또한 상주하는 존재는 인과적 효과성을 결여하기 때문에 이것이 앎에 현현한다고 할 수가 없다. 앎에 현현하려면 그것은 인과적 효과성을 본질로 하는 무상한 존재일 때에만 가능하다.

421.

[반론]

금강석 등이 앎(결과)을 생기게 하기 위해서는 감관이나 주의집중, 빛과 같은 다른 원인들을 필요로 하기 때문에 동시에 생길 수는 없다.

[답론]

이것(금강석 등)의 그것(금강석 등에 대한 앎)은 공동인의 도움[을 필요로 하기] 때문에 찰나마다 서로 다른 것이 계기적으로 생성된다고 기술하고 있다. 이 경우에도 앞과 같은 오류(전 찰나의 앎·음성·등불에 대해서 지적된 오류)가 발생한다.

kramād bhavanti tāny asya sahakāryupakārataḥ/
āhuḥ pratikṣaṇaṃ bhedaṃ sa doṣo atra api pūrvavat//(k.421)

案

다르마키르티는 존재를 being이 아니라 becoming으로 간주한다. 다시 말해 존재는 인과적 효과성을 본질로 하는 찰나멸하는 것이다. 찰나멸하는 존재는 반드시 타자와 의존적 관계를 맺는다. 따라서 금강석이 감관 등에 의존한다면 그것은 인과적 효과성을 본질로 하는 찰나멸하는 존재라고 해야 한다. 금강석뿐만 아니라 일체의 존재는 찰나멸을 본질로 한다는 것이 다르마키르티의 제1테제이다.

논증 8. 기억에 근거하여

422.

[반론]

앎에 대상형상과 주관형상의 두 개의 형상이 존재한다는 주장의 타당성의 근거를 기억에서 구할 수 있는가?

[답론]

앎은 그것(직접적 경험)을 본질로 한다는 것에 대해서 누구도 이론은 없다. [그러나] 그것(앎)에 대상형상이 있다는 것은 [그 누구에 의해서도] 확립된 적이 없지만, 그것(대상형상)도 기억에 근거해서 확립된다.

saṃvedanasya tādātmye na vivādo asti kasyacit/
tasya artharūpatā siddhā sā api sidhyati saṃsmṛteḥ/(k.422)

案

"앎이 그것을 본질로 한다"고 했을 때 '그것'은 대상에 대한 직접적 경험(anubhava)이다. 이 직접적 경험은 주관형상(능취형상)이다. 그런데 앎에 주관형상이 있다는 것은 누구나 인정하지만, 대상형상이 존재한다는 것은 그 누구에 의해서도 확립된 적이 없다. 그러나 대상형상이 앎에 있다는 것은, 과거의 대상에 대한 앎인 기억에 근거해서 확립된다. 즉, 과거의 앎을 기억할 때 우리는 과거의 앎 속에 존재하는 내용까지도 기억한다. 가령 어제 본 푸른 연꽃을 오늘 기억하는 경우 연꽃에 대한 직접적인 경험인 주관형상만 있는 것이 아니다. 동시에 푸른색이라는 대상형상까지도 기억한다. 이것은 이미 어제 푸른 연꽃을 지각할 때 그 지각 안에 주관형상과 대상형상이 모두 존재했기 때문에 가능한 것이다.

423.

[반론]

만약 앎이 대상에 의해서 주어진 대상형상을 가지지 않는다면 무슨 문제가 있는가?

[답론]

그것(앎)이 자기의 영역(대상형상)에 의해서 구별되지 않고, '이것은 이것이지 실로 이것이 아니다'라는 [대상형상의] 차이에 의하여 직접적으로 경험되지 않으면, 그것(기억)에 차이는 없는 것이다. [결국 만약 앎이 대상에 의하여 주어진 대상형상을 갖지 않는다면 그 앎의 기억은 다른 앎의 기억으로부터 구별되지 않게 된다는 모순을 범하게 된다.]

bhedena ananubhūte 'sminn avibhakte svagocaraiḥ/
evam etan na khalv evam iti sā syān na bhedinī//(k.423)

案

우리가 대상의 푸른색을 지각하고 나서 노란색을 지각하면 이 두 지각(앎)은 동일한 대상에 대한 직접적 경험이라는 동일한 주관형상을 갖게 된다. 그런데 만약 앎에 주관형상만이 있다고 한다면 푸른색의 지각과 노란색의 지각 사이에는 어떠한 차이도 존재하지 않는다. 그러나 우리는 푸른색의 지각과 노란색의 지각을 기억할 때 두 지각의 내용이 다르다는 것을 경험한다. 이 지각 내용의 차이성은 바로 그 앎의 내용을 한정하는 대상형상이 존재하기 때문이다. 만약 앎에 대상형상이 없다고 한다면 푸른색의 지각에 대한 기억이나 노란색의 지각에 대한 기억이 똑같아져 아무 차이도 없게 될 것이다. 그런데 이것은 우리의 실제적 경험에 위배된다. 따라서 앎에는 주관형상뿐만 아니라 대상형상도 존재한다.

424.

[반론]

앎은 다른 원인(감관 등)에 의해서 차이가 있다.

[답론]

직접적 경험(주관형상)이라는 것만으로는 어떠한 차이도 [인식의 차이가] 구별되지 않는다. 또한 차이가 명확하지 않을 때 인식(기억)에 구별은 [있을 수] 없다. 가령, 쌍둥이 등[을 기억하는 것]과 같이.

na ca anubhavamātreṇa kaścid bhedo vivecakaḥ/

vivekinī na ca aspaṣṭabhede dhīr yamalādivat//(k.424)

案

앎의 최초의 여건인 감관이나 주의집중 및 빛 등은 앎이 생기게 하는 인과적 효과성을 갖고 있지만, 그것들은 푸른색의 지각을 노란색의 지각으로부터 구별하는 요인이 되지 못한다. 그렇다면 주관형상은 어떠한가? 이것도 푸른색의 지각과 노란색의 지각이 동일한 직접적 경험(파악)이라는 정보만을 알려 줄 뿐 두 앎의 차이를 알려 주는 요인이 되지 못한다. 다만 앎 속에 있는 대상형상만이 두 앎의 차이를 알게 해 준다. 이렇게 대상형상이 존재해야만 과거의 대상에 대한 기억과 그 기억에 대한 재(再)기억, 그 재기억에 대한 재재기억이 동일한 기억이 되지 않고 다른 기억으로 경험된다는 것을 설명할 수가 있는 것이다. 그러므로 앎을 다른 앎으로부터 차이화하는 요인으로서 대상형상은 앎에 내재하는 것(대상형상)을 인정해야만 한다.

4. 앎의 자기인식의 논증

[디그나가의 견해]

또한 [기억에 근거해서] 자기인식도 확립된다. 어떻게 해서 그런가 하면 [이전에] 인식된 적이 없다면 그것(기억)은 있을 수 없기 때문이다. [이전에] 직접적으로 경험된 적이 없이 대상을 기억하는 것은 경험적으로 알려지지 않는다. 가령 [이전에 지각된 적이 없는] 색깔 있는 모양[色] 등의 기억이 없는 것과 같다.

만약 앎도 색깔 있는 모양 등과 같이 다른 앎에 의해서 인식된다고 한다면 그것도 이치에 맞지 않다. 왜냐하면 다른 앎에 의해서 직접적으로 경험된다면 무한소급의 오류를 범하게 될 것이다. 무한소급의 오류를 범한다는 것은 앎이 다른 앎에 의해서 직접적으로 경험되는 경우이다. 왜냐하면 그것에 대해서도 기억이 있기 때문이다. 즉, 그 앎이 어떤 다른 앎에 의해서 직접적으로 경험된다면 그러나 그것에 대해서도 뒤에 기억이 있음을 알 수 있기 때문이다. 그런 이유로 그것에 대해서도 다른 앎에 의한 직접적 경험이 있다고 간주하지 않으면 안 되기 때문에 무한소급의 오류를 범하게 된다. 이리하여 앎이 다른 대상으로 이행하는 것도 있을 수 없게 될 것이다. 그런데 그것(앎의 이행)은 인정된다. 그러므로 반드시 자신을 인식하는 앎은 인정되지 않으면 안 된다. 그리고 그것이 실로 인식의 결과이다. 이와 같이 해서 지각은 무분별이라고 확립된다.(T하.104)

'앎의 두 개의 형상에 관한 논증'에 의한 논증

425.

[반론]

앎은 다른 앎에 의해서 인식된다.

[답론]

[앎의 본질이] 자기인식[이라는 것]은 '두 개의 형상에 관한 논증'에 의해

서도 대부분 확립되었다. 그[앎에 두 개의 형상이 있다는 것을 논증할]때 [앎] 자신의 형상에 내재하는 현현이 인식된다고 간주되기 때문이다.

dvairūpyasādhanena api prāyaḥ siddhaṃ svavedanam/
svarūpabhūtābhāsasya tadā saṃvedanaekṣaṇāt//(k.425)

案

앎은 대상인식을 본질로 하는 것이 아니라 자기인식을 본질로 한다. 자기인식이란 앎 자신이 자신을 대상으로 인식한다는 것이다. 그런데 앞서 "앎에는 대상형상과 주관형상이라는 두 가지 형상이 존재한다"는 것을 다양하게 논증하는 과정에서 앎은 자기인식을 인식결과로 한다는 것도 논증하였다. 요컨대 앎 자신 속에 내재하는 대상형상이 앎 자신에 의해 인식된다는 것은 앎이 앎 자신을 인식하는 것과 같은 의미이다.

앎은 다른 앎에 의해서 인식된다고 하는 경우의 오류

426.

[반론]

앎은 다른 앎에 의해서 인식된다. 즉, 전 찰나의 앎은 같은 형상을 가지고 생기는 다음 찰나의 앎에 의해 인식된다.

[답론]

앎이 소멸할 때, 어떻게 해서 그것(앎)의 형상을 가진 [다음 순간의] 앎에 의해 직접적으로 경험된다고 할 수 있는가? 그리고 [당신의 주장에 의하면] 그것(다음 순간의 앎)은 자기 [자신 속에 진입한] 형상을 인식하지 못하기 때문에 [결국 대상에 대해서도, 앎 자신에 대해서도] 직접적 경험은 전혀 없게 될 것이다.

dhiyā atadrūpayā jñāne niruddhe anubhavaḥ kutaḥ/
svañ ca rūpaṃ na sā vetti ity utsanno anubhavo akhilaḥ//(k.426)

案

대론자는 앎에 대한 직접적 경험(anubhava)을 인정하지 않기 때문에 다음 순간의 다른 앎에 의해 앎이 파악된다는 입장을 취한다. 그런데 만약 전 찰나의 앎을 다음 찰나의 앎이 파악한다고 한다면 다음과 같은 오류가 발생할 것이다. 즉, 이미 전 찰나의 앎은 찰나멸하여 다음 순간에는 존재하지 않는데 그 존재하지도 않는 것을 다음 찰나의 앎이 인식한다고 하는 것은 어불성설이다. 따라서 앎은 앎 자신에 의해 직접적으로 파악된다. 즉, 자기인식을 본질로 하는 것이다.

427.

[반론]

앎은 앎 자신을 직접적으로 경험하지 않는다.

[답론]

또한 대상현현[대상형상]을 지닌 앎은 밖을 향해 드러난다. 반면 앎[자신]을 파악하는 앎은 언제나 자기 자신 안을 향해 드러난다.

bahir mukhañ ca tajjñānaṃ bhāty arthapratibhāsavat/
buddheś ca grāhikā buddhir nityam antarmukhātmani//(k.427)

案

앎이 앎 자신을 직접적으로 경험하지 않는다는 것은 우리의 직접적 경험과 모순된다. "자신 속에 대상형상을 가진 앎은 밖을 향해서 현현한다. 가령, 푸른색의 형상을 자신 속에 가진 앎은 '푸른색'(외계대상의 앎)으로서 나타난다. 환언하면 앎 자신에 있는 대상형상이 마치 외계에 있는 대상과 같이 현현한다. 이것에 반해서 앎을 파악하는 앎은 항상 안을 향해서 현현한다. 결국 파악되는 앎은 앎 자신 속에 내재적으로 현현한다. 결코 앎 자신 이외의 것으로서 경험되지 않는다. 이것은 우리들이 직접 경험하는 명백한 사실이다. 따라서 만약 앎이 다른 앎에 의해서 인식되는 것이라면 그것은 푸른색 등과 같이 외재적으로 현현해야 할 것이다. 이와 같이 앎이 다른 앎에 의해서 인식된다고 하는 주장은 위에서 기술한 것과 같은 우리들의 직접적 경험에 명백한 사실과 모순하게 된다. 따라서 앎은 앎 자신에 의해서 자각된다=자증된다고 인정해야 한다."(T하.108~109)

대상형상을 가진 앎의 자기인식성을 인정하지 않는 경우의 오류

428-1.

[반론]

[앎 자신 속에 있는] 대상현현(대상형상)을 가진 그것(앎)이 [자신을 인식]하지 않는다고 한다면[그것은]?

yo yasya viṣayābhāsas taṃ vetti

[답론]

그것(대상)을 인식하지 않는다[는 결론]에 이르게 될 것이다.

na tad ity api/prāptaṃ(k.428-1)

案

대론자는 대상형상을 가진 앎이 앎 자신이 아니라 다른 앎에 의해 인식된다는 주장을 계속 고수한다. 그러나 그러한 주장을 고수하게 되면 결국에는 대상도 인식되지 않는다는 결론에 이르게 될 것이라고 다르마키르티는 반론한다. "직전의 송에서 기술된 것처럼 앎 자신 속의 대상형상이 인식대상으로서 외재적으로 현현한다. 그것은 달리 말하면 앎 자신 속의 대상형상이 외적 존재로서 받아들이는 것이다. 그리고 실은 그것이야말로 '대상의 인식'이라 표현되는 것이다. 그런데 만약 앎이 인식되지 않으면 앎 자신에 있는 대상형상도 인식되지 않을 터이다. 만약 그렇다면 그 대상형상을 외적 존재로서 받아들이는 것, 요컨대 '대상인식'도 있을 수 없게 된다. 따라서 앎은 인식된다고 인정하지 않으면 안 된다. 게다가 다른 앎에 의해서 인식된다고 하는 생각은 앞서 지적한 것처럼 오류가 있기 때문에 앎은 앎 자신에 의해서 인식된다고 인정해야만 한다. 그와 같이 인정함으로써 비로소 대상형상의 인식도 인정되며 따라서 '대상의 인식'이라는 것도 이치에 맞게 된다."(T하.110)

428-2.

[반론]

만약 그것(대상)과 유사하다는 것 이외에 다른 어떠한 인식이 존재하는가[즉, 대상인식이란 대상형상을 띠고서 생기는 것이기 때문에 자기인식과 같은 다른 인식작용은 필요로 하지 않는다]라고 생각한다면?

kā saṃvid anyā asti tādrūpyād iti cen matam//(k.428-2)

429-1.

[답론1]

[당신의 견해에 따른다면] 유사한 것들이 모두 서로 인식하게 된다는 결론에 이르게 된다.

prāptaṃ saṃvedanaṃ sarvasadṛśānāṃ parasparam/(k.429-1)

429-2.

[답론2]

만약 그것(대상)을 인식하는 것이 유사한 앎이라고 한다면, 그때 인식은 유사성을 본질로 한다고 할 수 없다.

buddhiḥ sarūpā tadvic cet na idānīṃ vit sarūpikā//(k.429-2)

案

대론자는 외계대상이 인식대상이 되기 위한 조건인 대상유사성 혹은 대상형상성을 갖추고 있다는 것은 인식주관이 대상형상을 통해 외계대상을 파악하는 것이지 앎 자신을 파악하는 것은 아니라고 반론한다. 즉, 대상유사성 이외에 다른 어떠한 인식이 존재하는가? 라는 대론자의 물음에는 자기인식을 인정하지 않겠다는 의도가 깔려 있다고 볼 수 있다. 그런데 대상을 인식하는 것은 대상유사성 혹은 대상형상성만으로 성립할 수가 없다. 그 대상유사성 혹은 대상형상성에 대한 인식, 즉 자기인식이 작동할 때 비로소 앎은 성립하는 것이다.

430-1.

[반론]

직접적인 경험은 다른 것에서 생긴다.

[답론]

그것(앎)에 대한 직접적인 경험은 그 [앎] 자신으로부터[생기는 것]이지, 그것(직접적인 경험)은 [대상과의] 유사성을 원인으로 [생기]하는 것이 아니다.

svayaṃ so anubhavas tasyā na sa sārūpyakāraṇaḥ/(k.430-1)

案

그리고 앎에 대한 직접적인 경험(anubhava)은 대상과의 유사성, 즉 외계의 대상에 의해서 생기는 것이 아니라 앎 자신에 의해서 생기는 것이다. 요컨대 앎은 앎 자신을 인식대상으로 하는 것이지 대상형상을 매개로 한 외계대상을 인식대상으로 하는 것이 아니다.

430-2.

[반론]

그렇다면 대상유사성은 앎에 대해서 어떠한 효용도 행하지 못하는 것일까?

[답론]

[외계대상이 객관적으로 존재한다고 생각하는] 일상[언어 차원]에서는 그것(대상과의 유사성)이 [인식]행위와 결과를 판단하는 요인일 것이다.

kriyākarmavyavasthāyās tal loke syān nibandhanam//(k.430-2)

案

대상유사성이 앎에 어떤 효용을 행하는가 하는 것은 외계대상을 인정하지 않는 유식설을 향한 반론이다. 사실 다르마키르티는 궁극적 차원에서는 경량부의 외계대상→대상형상→앎이라는 인과적 인식 과정을 인정하지 않지만 일상언어 차원에서는 인정하고 있다. 왜냐하면 일상언어 차원에서 푸른색의 지각과 노란색의 지각의 차이의 원인을 설명하기 위해서는 대상형상이 결정적인 역할을 하기 때문이다.

431.

[반론]

그렇다면 앎에 대한 직접적인 경험은 앎 자신에 현현하는 대상형상을 인식하는 것일 텐데, 어떻게 외계의 푸른색 등을 인식한다고 말할 수 있는가?

[답론]

[인식의] 본질에 내재하는 그 형상을 인식함에도 불구하고 '푸른색 등이 직접적으로 경험되었다'라고 말해지는 것은, [그것을 외계대상의 인식과] 동일시하는 미혹 때문이지, 다른 [외계의 푸른색 등 그] 자체가 직접적으로 경험되었기 때문은 아니다.

svabhāvabhūtatadrūpasaṃvid āropaviplavāt/

nīlāder anubhūtākhyā na anubhūteḥ parātmanoḥ//(k.431)

案

"푸른색 등이 직접적으로 경험되었다"라고 하는 말은 외계에 존재하는 푸른색을 직접 지각한 것이 아니라 푸른색의 형상을 가진 내적인 습기(종자)를 직접 지각한 것이다. 그럼에도 불구하고 그 심상속의 흐름 속에 있는 내적인 습기를 외계의 대상과 동일시하려는 '잘못 놓인 구체성의 오류', 즉 근본적인 무지에 비롯되는 미혹 때문에 푸른색 등이 직접적으로 경험되었다고 말하는 것이지 외계의 푸른색 그 자체가 직접적으로 경험되었다는 것은 아니다. 만약 그렇게 되면 유식설은 근간에서 무너지게 된다. 요컨대 내적인 경험을 외적인 경험으로 믿어 버리는 것은 근본적 무지에서 비롯된 미혹 때문이다.

432-1.

[주장]

만약 [궁극적 차원에서는] 앎이 푸른색 등의 형상을 갖는[것으로 자기 인식된]다면, 외계대상은 어떤 인식수단에 의해서[알려지는 것]일까?

dhiyo nīlādirūpatve bāhyo arthaḥ kiṃ pramāṇakaḥ/(k.432-1)

案

그러므로 일상언어 차원에서는 앎에 있는 푸른색 등의 형상을 통해 대상을 파악하는 대상인식이 앎의 본질이라면, 궁극적 차원에서는 앎에 있는 푸른색 등의 형상은 앎 자신에 의해 자기를 파악하는 자기인식이 앎의 본질이다. 단, 대상인식이 앎의 본질이라고 했을 때, 진실은 대상형상의 원인이 내적인 습기(종자)에 있음에도 불구하고 외계의 대상이라고 착오하는 인간의 근원적 무지에서 비롯된 미혹으로 인해 대상인식이 앎의 본질이라고 말하는 것에 불과하다는 것이다.

432-2.

[반론]

외계대상만이 형상을 가지며 앎은 무형상이다.

[답론1]

만약 앎이 푸른색 등의 형상을 갖지 않는다면, 어떻게 해서 그것이 '그것(대상 등)의 직접적인 경험'이라고 할 수 있을까?

dhiyo anīlādirūpatve sa tasya anubhavaḥ katham//(k.432-2)

433.

[답론2]

인식 그 자신이 [대상과의] 유사성에 기인하지 않을 때, 그것(인식 그 자체)은 자신에 의해서만 확립된다. [따라서] 대상에 의해서 무엇이 그것(인식)에 진입할 수 있는가?

yadā saṃvedanātmatvaṃ na sārūpyanibandhanam/
siddhaṃ tat svata eva asya kim arthena upanīyate//(k.433)

案

경량부에 의하면 외계대상은 앎을 생기게 하는 원인(대상생기성)이며, 앎에 형상을 부여하는 원인(대상형상성)이다. 하지만 이것은 일상언어 차원에서 논의한 것이다. 그런데 궁극적 차원, 즉 유식의 차원으로 입각점을 바꾸어 보면 앎이 생기는 원인은 전 찰나의 앎이며, 아울러 앎에 형상을 부여하는 것도 전 찰나의 앎이 되기 때문에 외계대상에 의해 앎이 생긴다거나 형상이 부여된다는 것도 있을 수가 없는 것이다.

434.

[반론]

앎은 대상과 유사하다. 따라서 대상인식은 대상형상을 근거로 외계대상을 인식대상으로 한다.

[답론]

[앎과 대상이] 전체적으로 유사하다면 앎은 [대상과 같이] 앎이 아니[게 되는 오류를 범하]게 될 것이다. 또한 어떤 부분적으로만 유사하다면 모든 것(인식)이 모든 것(대상)을 인식하게 될 것이다. [따라서 대상인식은 대상과의 유사성에 기인하는 것이 아니라 인식 자신에 기인한다.]

sarvātmanā hi sārūpye jñānam ajñānatāṃ vrajet/
sāmye kenacid aṃśena syāt sarvaṃ sarvavedanam//(k.434)

案

만약 앎이 대상과 유사하다면 두 개의 선택지가 가능할 것이다. 하나는 앎이 대상과 전체적으로 유사하다는 것, 또 하나는 부분적으로 유사하다는 것이다. 만약 전자라면 앎은 대상과 똑같아져서 앎이 아니게 될 것이다. 만약 후자라면 모든 앎과 모든 대상은 어떤 측면에서 특성이 부분적으로 서로 유사할 수 있기 때문에 모든 앎은 모든 대상을 인식하게 될 것이다. 가령, '항아리의 앎'과 '천'[布] 이 둘은 다 같이 현실적 존재(vastu)이며 인식대상이 된다는 특성을 가지고 있어서 부분적으로 서로 유사하기 때문에 '항아리의 앎'은 '천'을 인식할 수 있게 되며, 또한 특정의 '푸른색의 앎'이나 일체의 '푸른색' 이 둘은 다 같이 푸른색의 보편[靑性]을 특성으로 한다는 점에서 유사하기 때문에 특정의 '푸른색의 앎'은 모든 푸른색, 즉 짙은 푸른색이나 옅은 푸른색 등의 모든 푸른색 계통의 색깔을 다 인식하게 될 것이다. 하지만 항아리의 앎은 항아리만을 인식할 뿐 천을 인식하지는 못하며, 특정의 푸른색의 앎은 특정의 푸른색만을 인식할 뿐 모든 영역의 푸른색을 다 인식하는 것은 아니다. 따라서 앎은 외계대상과 유사하다는 것은 인정되기 어렵다.

435.

[반론]

앎은 대상을 달리하는 다음 순간의 앎에 의해서 인식된다.

[답론]

[앎이] 푸른색 등의 형상을 갖기 때문에 '푸른색 등의 직접적 경험'이라고 생각되는 것과 같이, [다른 것을 대상으로 하는 그 다음의 앎도] 직접적 경험의 형상을 갖기 때문에 그것(이전 순간의 앎)을 [직접적으로] 경험하게 될 것이다.

yathā nīlādirūpatvān nīlādyanubhavo mataḥ/
tathā anubhavarūpatvāt tasya apy anubhavo bhavet//(k.435)

案

앎이 푸른색 등의 형상을 갖기 때문에 '푸른색 등의 직접적 경험'이라고 하는 것처럼 다른 것, 즉 노란색 등의 앎도 직접적 경험이기 때문에 노란색을 파악할 것이다. 이렇게 되면 대상을 달리하는 다음 순간의 앎이 이전의 앎을 파악한다는 것은 있을 수 없다.

436.

[반론]

만약 대상[이 존재할 때 '대상이 직접적으로 경험되었다'라는 판단이 있는 것]과 같이, '직접적 경험[앎]이 직접적으로 경험되었다'라는 그것에 대한 판단은 [있을 수] 없다. 따라서 [앎은 대상을 달리하는 다음 순간의 앎에 의해서 인식된다는] 오류는 [있을 수] 없다고 한다면?

na anubhūto anubhava ity arthavat tadviniścayaḥ/

tasmād adoṣa iti cet

[답론1]

[그것은 바르지 않다. 왜냐하면] 대상[에 대한 인식]이라고 해도 그것('인식되었다'라는 판단)은 모든 경우에 [있다고 할 수는] 없[기 때문이]다.

na arthe apy asty eṣa sarvadā//(k.436)

437-1.

[답론2]

혹은 직접적인 경험(앎)에서 [판단이] 존재하는 요인이 있음에도 불구하고, 무슨 까닭으로 [직접적 경험이 '직접적으로 경험되었다'라는 판단이] 없다고 하는가?

kasmād vā anubhave na asti sati sattānibandhane/(k.437-1)

案

대론자에 의하면 '인식[앎]의 대상'이기 위한 조건은 대상생기성과 대상형상성이며, '대상의 인식[앎]'이기 위한 조건은 세 가지이다. 하나는 인식은 대상으로부터 생긴다는 것(인식생기성), 둘은 인식은 대상의 형상을 지닌다는 것(인식유사성, 인식형상성), 셋은 '이 대상 등은 나에 의해서 직접적으로 경험되었다'라는 대상에 관한 판단이 있는 것이다. 그런데 외계대상을 인정하지 않는 앎의 인식(자기인식)에 관해서는 인식생기성과 인식유사성이라는 두 가지 조건을 갖추고 있지만 세번째 조건을 결여하기 때문에 앎의 인식(자기인식)은 있을 수 없다는 것이 대론자의 반론 요지이다.

이에 대해 다르마키르티는 두 가지 측면에서 논박한다. 하나는 대론자가 말한 대상의 인식이기 위한 세 가지 조건 가운데 세번째가 충족되지 않는 사례가 있을 수 있다는 것이다. 즉, 어떤 하나의 대상에 대해 앎이 연속적으로 생길 경우 각 찰나의 대상이 "이 대상은 나에게 직접적으로 경험되었다"라고 판단되는 것은 아니기 때문이다. 또 하나는 대론자가 말한 "앎이 나에게 직접적으로 경험되었다"라는 판단이 없기 때문에 앎의 인식[자기인식]이 성립하지 않는다는 것에 대한 논박이다. 직접적 경험(앎)에서 판단이 존재한다는 것은, 다시 말하면 앎의 인식에도 앎이 직접적으로 파악되었다는 판단이 존재하기 위해서는 전 찰나의 앎이 다음 찰나의 앎을 생기게 하는 요인과 전 찰나의 앎이 다음 찰나의 앎에 형상을 부여하는 요인이라는 두 가지 요인을 갖추어야 하는데 앎의 인식(자기인식)은 이 두 가지 요인을 다 갖추고 있다. 따라서 이 두 가지 요인이 원인이 되어 앎에 대해서도 "앎이 나에게 직접적으로 경험되었다"라고 판단되기 때문에 대론자의 반론, 즉 "앎은 나에게 직접적으로 경험되었다"라고 판단되지 않는다는 주장은 거두어들여야 한다. 따라서 대상의 인식이 대상과의 유사성에 기인하는 것이 아니라 앎 자신에 기인한다는 것을 확인할 수 있다.

느낌은 앎과 다른가, 다르지 않은가?

437-2, 438.

[반론]

느낌[受]은 앎과 다르다.

[답론]

또한 흰색 등이 지금 지각될 때 사람에게는 흰색 등의 현현을 형상으로 하는 앎이 선명하게 드러나는 것, 그것이 '흰색 등의 현현'과는 다른 형상인가? 그렇지 않으면 [그것] 자체인가?

api ca idaṃ yad ābhāti dṛśyamāne sitādike//(k.437-2)
puṃsāḥ sitādyabhivyaktirūpaṃ saṃvedanaṃ sphuṭam/
tat kiṃ sitādyabhivyakteḥ pararūpam atha ātmanaḥ//(k.438)

案

사람들이 흰색 등을 지각할 때 그 사람에게는 '흰색 등의 현현(형상)'과 '흰색 등의 현현을 형상으로 하는 앎(느낌)'이 선명하게 드러난다. 전자인 '흰색 등의 현현'은 외계대상인 흰색 등에 대한 앎이며, 후자인 '흰색 등의 현현을 형상으로 한 앎(느낌)'은 흰색 등의 대상에 대한 앎을 형상으로 한 앎(느낌)이다. 그렇다면 이 둘은 다른 것인가 아니면 같은 것인가라고 다르마키르티는 스스로 묻고 있다.

439.

[반론]

'흰색 등의 현현'과 '흰색 등의 현현을 형상으로 한 느낌(앎)'은 다른 것이다.

[답론]

만약 [흰색 등의 현현과 흰색 등의 현현을 형상으로 한 앎이] 다른 것이라고 한다면 현현은 드러나지 않음에도 불구하고, 어떻게 흰색이 [인식 당사자에게] 현현할 수 있는가? 현현이란 인식(앎)이다. [당신의 주장에 의하면] 그것은 [인식자에게는] 현현하지 않는다. 따라서 세계는 모두 [그에게] 전혀 현현하지 않을 것이다.

pararūpe aprakāśāyāṃ vyaktau vyaktaṃ kathaṃ sitam/
jñānaṃ vyaktir na sā vyaktā ity avyaktam akhilaṃ jagat//(k.439)

案

만약 흰색 등의 현현과 흰색 등의 현현을 형상으로 한 앎(느낌)이 별개라고 한다면 흰색 등의 현현은 인식 당사자에게 드러나지 않을 것이다. 흰색 등의 현현이 인식 당사자에게 드러나지 않으면 흰색 등은 드러나지 않을 것이다. 그런데 현현은 앎이다. 그러한 현현인 앎이 인식 당사자에게 드러나지 않으면 흰색뿐만 아니라 이 세계에 존재하는 모든 것들이 그에게 드러나지 않게 될 것이다. 그런데 이 세계에 존재하는 모든 대상은 우리의 감관에 의해 지각된다.

440.

[반론]

현현(앎)은 대상을 지각할 때, 인식 당사자에게는 현현하지 않고 그다음 순간의 다른 현현(앎)에 의해 드러난다.

[답론]

또한 현현이 다른 현현에 의해 현현한다면 [무한소급의] 오류를 범할 것이다. 혹은 앎과의 결합관계가 알려져 있지 않은 것(흰색 등의 대상)을 어떻게 해서 [사람은] 그것(지각)에 의해서 한정('이것은 지각되었다'라고 한정)할 수 있을까?

vyakter vyaktyantaravyaktāv api doṣaprasaṅgataḥ/
dṛṣṭyā vā ajñātasambandhaṃ viśinaṣṭi tayā katham//(k.440)

案

현현(앎)이 다음 순간의 다른 현현(앎)에 의해 드러난다는 것은 자기인식의 부정을 전제하는 발상의 귀결이다. 현현이 자기 자신에 의해 드러나는 것이 아니라 다른 현현에 의해 드러난다고 한다면 그 다른 현현은 무엇에 의해 드러나는가? 그것은 다름 아닌 그것과 다른 현현에 의해 드러나게 되어 무한소급의 오류를 범하게 될 것이다. 따라서 현현은 자기 자신에 의해 현현하는 자기인식이라고 해야만 한다.

441.

[반론]

어떻게 해서 대상은 앎과의 결합관계가 알려지지 않는 것인가라고 한다면?

[답론]

[그것은] 양자 가운데 [어느] 한쪽이 지각될 때, 제2의 편(다른 쪽)은 지각되지 않기 때문이다. 결합관계에 있는 양자(대상과 앎)가 [동시에] 지각될 때, '[대상은] 지각되었다'라는 판단이 [있을 수] 있을 것이다.

yasmād dvayor ekagatau na dvitīyasya darśanam/
dvayoḥ saṃsṛṣṭayor dṛṣṭau syād dṛṣṭam iti niścayaḥ//(k.441)

案

대론자에 의하면 대상과 앎은 동시에 인식되지 않는다. 대상과 앎이 동시에 인식되지 않을 때 대상과 앎의 관계는 알려지지 않는다. 이렇게 되면 대상이 지각에 의해서 한정될 수가 없다. 반면 대상과 앎이 동시에 인식될 때 양자의 관계는 알려지며 따라서 대상이 지각되었다는 판단이 가능한 것이다.

442.

[반론]

만약 어떤 것(대상)과 유사한 형상을 가진 지각이 다른 인식에 의해 지각될 때 그것에 대해서 '지각되었다'라고 표현된다고 한다면?

sarūpaṃ darśanaṃ yasya dṛśyate anyena cetasā/
dṛṣṭākhyā tatra cet

[답론1]

그것(앎)이 [대상과] 유사한 형상을 지니고 있다면, [오히려 앎의] 자기인식은 확립된다.

siddhaṃ sārūpye asya svavedanam//(k.442)

案

대론자에 의하면 '대상이 지각되었다'라고 판단되는 것은 대상과 지각과의 양자를 동시에 한꺼번에 인식하는 경우가 아니다. 그러한 것이 아니라 대상과 같은 형상을 가진 지각, 즉 달리 말하면 대상형상을 가진 지각을 다른 지각에 의해서 인식할 때이다. 그때 대상 그 자체는 이미 소멸하여 인식되지 않는다. 그런데 대상형상이 앎에 내재한다면 실로 대상형상이 인식될 때 동시에 앎 자신도 인식되는 것이다. 따라서 대상형상을 가진 앎은 앎 자신에 의해서 인식된다. 즉, 자기인식된다고 해야만 한다.

443-1.

[답론2]

만약 [대상형상을 가진 앎이] 자신의 형상을 인식하지 못한다면 어떻게 '다른 형상을 인식한다'라는 것이 있을 수 있을까?

atha ātmarūpaṃ no vetti pararūpasya vit katham/(k.443-1)

案

우리는 앞(428송)에서도 말한 바와 같이 '대상인식'이란 대상형상을 가진 앎이 자신을 인식할 때, 즉 앎 자신이 자신을 인식할 때, 그 대상형상을 외계대상이라고 착오를 한다는 것이다. 따라서 앎이 자기 자신을 인식하지 않을 때 대상인식은 설명하기 어렵다.

443-2.

[반론]

앎이 대상과 유사한 것이 '대상의 인식'이라고 표현되는 것이지, 앎의 자기인식에 근거하여 '대상의 인식'이 있는 것은 아니다.

[답론]

또한 [대상과] 유사한 형상을 하기 때문에 '[대상의] 인식'이라는 표현은 [이치에 어긋난다고] 앞에서 설명했다.

sārūpyād vedanākhyā ca prāg eva pratipāditā//(k.443-2)

案

이것은 이미 428~429송에서 언급되었다.

444.

[반론]

지각 이전에 대상이 지각되는 것은 있을 수 없다.

[답론]

지각된 두 개의 존재에 대해서만 유사성이 파악된다. 그런데 대상을 이전에 지각한 적이 없는데, 어떻게 [사람은] 그것(대상)과 인식의 유사성을 판단할 수 있는가?

dṛṣṭayor eva sārūpyagraho arthañ ca na dṛṣṭavān/

prāk kathaṃ darśanena asya sārūpyaṃ so adhyavasyati//(k.444)

案

대상과 대상을 파악하는 앎을 동시에 파악하지 않는다면 대상과 앎의 유사성의 판단은 있을 수 없다.

445.

[반론]

앎은 자기 자신뿐만 아니라 대상형상을 갖는 것도 아니다. 따라서 유형상인식론은 성립할 수가 없다.

[답론]

[앎의 자기인식뿐만 아니라 대상과] 유사한 형상을 갖는 것도 인정하지 않는 사람에게는 양쪽의 인식(자기인식과 대상인식)은 [있을 수] 없다. 그 경우 [대상과 인식에 대해서] '대상이다', '앎이다'라는 표현과 또한 '[대상이] 인식되었다'라는 표현은 [있을 수] 없을 것이다.

sārūpyam api na icched yaḥ tasya na ubhayadarśanam/

tadā artho jñānam iti ca jñāte ca iti gatā kathā//(k.445)

案

만약 앎이 대상형상을 갖지 않는다고 한다면 '이것은 이 대상의 앎이다'라는 판단이 있을 수 없을 뿐만 아니라 대상인식도 성립할 수가 없다. 또한 만약 앎의 자기인식을 인정하지 않는다면 앎 그 자신도 알려지지 않는다. 따라서 대상도 앎도 인식되지 않기 때문에 '대상이다', '앎이다', '대상이 지각되었다' '앎이 알려졌다'라는 표현은 있을 수가 없게 된다. 이렇게 되면 일상의 언어공동체를 살아가는 모든 사람들은 색깔 있는 모양[色]을 전혀 보지 못하는 맹인이 되거나 소리를 전혀 듣지 못하는 농아처럼 될 것이다.(T하.127)

446.

[반론]

즐거움 등의 마음작용[느낌]은 앎이 아니라 앎의 대상이다.

[답론]

만약 [인식 당사자에게 선명하게 드러나는 '흰색 등의 현현을 형상으로 한 느낌(受)'만이 앎의] 자기형상이라고 한다면, 그 경우 그것은 바로 스스로 현현한 것이다. 왜냐하면 그것이 [스스로] 현현한 것이 아니라면, 대상도 현현하지 않을 것이기 때문이다.

atha svarūpaṃ sā tarhi svayam eva prakāśate/
yat tasyām aprakāśāyām arthaḥ syād aprakāśitaḥ//(k.446)

案

우리가 아름다운 그림을 보고 아름다움을 느낄 때 그 느낌은 현현(앎)에 다름 아니다. 또한 아름다운 그림이 인식하는 당사자에게 선명하게 현현함과 동시에 그 그림에 대한 느낌도 선명하게 현현하는 것이다. 그리고 이것은 자기 자신에 의해서 현현하는 것이지 다른 것에 의해 현현하는 것이 아니다. 따라서 앎의 본질은 자기가 자기를 인식하는 자기인식이다. 하지만 궁극적 차원에서는 '인식'만 존재할 뿐 자기라는 것도 착오이다.

447.

[반론]

미망사학파에 의하면 앎은 지각되지 않는다.

[답론]

'자기인식은 없다고 주장할 때 그 어떠한 대상도 지각되지 않는다'라는 이것(위의 주장)에 의해서 '앎은 지각되지 않는다'고 주장하는 자들(미망사학파)도 이미 논파되었다.

etena anātmavit pakṣe sarvārthādarśanena ye/

apratyakṣāṃ dhiyaṃ prāhus te api nirvarṇitottarāḥ//(k.447)

案

앎은 지각되지 않는다는 미망사학파의 견해에 대해서 샤바라스바민(Śabarasvāmin)과 쿠마릴라 두 논사는 다음과 같이 말한다. 먼저 샤바라스바민의 언급은 다음과 같다. "실로 '대상'이 인식되지 않을 때, 그 누구도 '앎'을 인식할 수 없다. 그러나 대상이 인식되었을 때, 사람은 '앎'을 추론에 의해서 인식한다. 그 경우 대상의 인식과 '앎의 인식'이 동시일 수가 없다. …'앎'은 '대상의 인식'보다 앞서 생기지만 앞서 인식되지는 않는다."(T하.129) 도사키는 이에 대해 "요컨대 '앎'은 '대상인식'보다 이전에 생기지만, '대상인식'보다 이전에 인식될 수는 없다. 또한 '대상인식'과 동시에 '앎'이 인식될 수도 없다. '앎'은 '대상인식'에 근거하여 뒤에 추론에 의해서 인식된다. 이상이 샤바라스바민의 견해이다"(T하.129)라고 주석한다. 다음으로 쿠마릴라의 언급을 기술한다. "또한 이 경우 그것(앎)은 대상을 파악하는 수단이기 때문에 '대상의 파악'보다 앞서 파악된다고 생각한다면, 그 견해도 확정하기가 어렵다. 눈 등의 감관이 색깔 있는 모양 등보다 앞서 파악되지 않기 때문이다. 또한 앎이 생길 때 앎의 파악에 대해서 장애가 없기 때문에 앎은 파악되어야만 한다고 그대는 말하지만, 그러나 그것은 그때 생기지 않는다. 그런 이유로 그 경우에는 앎을 직접적으로 경험하는 원인은 아니기 때문에 그것(앎)은 직접적으로 경험되지는 않는다. 그렇지 않고 앎이 없다면 대상의 존재가 알려지는 것도 있을 수 없다는 것에 근거하여 앎은 인식된다. 따라서 앎을 인식하는 인식수단은 그것(대상인식)보다 뒤에 생긴다."(T하.130) 이러한 쿠마릴라의 언급에 대해 도사키는 즉, "쿠마릴라는 앎은 의준량(依準量), 즉 현재 존재하는 대상인식은 앎이 없이는 있을 수 없다는 것에 근거하여 앎을 인식한다는 것에 의한다고 생각한다"라고 주석한다.(T하.129~130)

448, 449-1.

[반론]

즐거움 등은 다른 앎에 의해서 인식된다. 즉, 즐거움 등은 앎이 아니라 앎의 대상이다.

[답론]

즐거움·괴로움·욕망 등의 차이가 다르게 발생하는 것은, [인식]근거(감관)·[인식]대상·수행(대상에 대한 정신집중)의 차이 때문이다. [따라서]

그것들(즐거움·괴로움·욕망 등)은 실로 앎이다. 그리고 [즐거움·괴로움·욕망 등은 직접] 지각되는 것이다. 그것들을 떠나서 그것들을 인식하는 다른 어떠한 것도 승인되지 않는다.

āśrayālambanābhyāsabhedād bhinnapravṛttayaḥ/
sukhaduḥkhābhilāṣādibhedā buddhaya eva tāḥ//(k.448)
pratyakṣās tadviviktañ ca na anyat kiñcid vibhāvyate/
yat tajjñānam(k.449-1)

案

각종의 즐거움이나 괴로움 및 욕망 등의 마음작용은 감관지각과 같은 원인을 갖는다. 달리 말하면 감관지각(앎)이라는 결과가 발생하기 위해서 감관, 대상, 주의집중 등의 원인을 필요로 하는 것과 마찬가지로 즐거움 등의 마음작용도 그들 원인들에 의해서 생긴다는 것이다. 감관지각이 앎이듯이 즐거움 등도 앎임에 틀림없다. 그리고 감관지각이 생기자마자 그 감관지각에 대한 앎, 즉 자기인식이 생기는 것과 마찬가지로 즐거움 등의 마음작용도 생기자마자 동시에 지각된다(느껴진다). 요컨대 즐거움 등의 마음작용은 다른 앎에 의해 인식되는 것이 아니라 자기가 자기를 인식(느낌)하는 자기인식을 본질로 한다. 일상적 표현으로 설명한다면 다음과 같다. 우리는 타자를 사랑하거나 미워하거나 할 수 없다. 이때 사랑의 대상이나 미움의 대상은 타자가 아니다. 바로 사랑하고 미워하는 자기 자신이다. 즉, 자기가 자기를 사랑하는 것이며 자기가 자기를 미워할 뿐이다. 따라서 사랑과 미움의 본질은 자기인식이다. 마찬가지로 즐거움도 자기 자신을 대상으로 자신이 즐거워하는 자기인식을 본질로 한다.

449-2.

[반론]

즐거움 등은 다른 앎에 의해서 인식된다.

[답론]

만약 다른 것(앎)에 의해 인식된다면 다른 사람도 그것들을 향유할 것이다. [왜냐하면 당사자의 다른 앎이나 타인의 앎은 다르다는 측면에서 차이가 없고, 또한 모두 즐거움 등을 대상으로 하기 때문이다. 그러나 그것은 사실과 맞지 않다. 사실은 당사자만이 즐거움 등을 향유할 뿐 타인은 타인의 즐거움 등을 향유할 수 없다.]

paro apy enāṃ bhuñjīta anyena vid yadi//(k.449-2)

案

즐거움 등의 마음작용을 즐거움 등의 마음작용 그 자체가 인식하는 것이 아니라 즐거움 등을 느끼는 당사자의 다른 앎에 의해 인식된다고 한다면, 다른 사람도 그 즐거움을 향유할 것이다. 왜냐하면 당사자의 다른 앎이나 타인의 앎은 모두 타자인 점에는 차이가 없을 뿐만 아니라 그들 모두 즐거움 등을 대상으로 하기 때문이다. 그러나 이것은 사실에 위배된다. 어떤 사람의 즐거움 등은 그 당사자에게만 향유되는 것이지 다른 사람에게도 똑같이 향유되는 것이 아니다. 따라서 즐거움 등의 마음작용을 당사자의 다른 앎에 의해 인식된다고 한다면 다른 사람도 그 즐거움 등을 향유하게 된다는 오류를 범하게 된다.

450, 451-1, 451-2.

[반론]

즐거움 등에 대한 당사자의 다른 앎과 다른 사람의 앎에는 무엇인가의 차이가 있다. 그러므로 전자에게는 '즐거움 등의 향유'가 있고, 후자에게는 그것이 없다.

[답론]

만약 그것(즐거움 등)으로부터 생기거나, 혹은 그것(즐거움 등)의 현현을 가진 앎은 [즐거움 등을] 인식하지만 다른 [앎이 인식하는] 것은 아니라고 한다면, [그러나 즐거움 등을] 외적 대상[所緣]으로 하는 다른 사람의 앎에게도 이들 두 가지(즐거움 등에서 생긴 것과 즐거움 등의 현현을 갖는 것)가 있다는 것은 확실하다. 만약 [다른 사람의 앎이] 그것(즐거움 등)으로부터 생기지 않고 또한 그것(즐거움 등)의 현현을 갖지 않는다면 그 앎은 대상을 갖지 않는 것으로 된다.

tajjā tat pratibhāsā vā yadi dhīr vetti na aparā/

ālambamānasya anyasya apy asty avaśyam idaṃ dvayam//(k.450)

atha na utpadyate tasmān na ca tat pratibhāsinī/(k.451-1)

sā dhīrn nirviṣayā prāptā(k.451-2)

案

대론자의 반론은 이러하다. 즐거움 등에 대한 당사자의 다른 앎과 다른 사람의 앎에는 차이가 있기 때문에 전자에는 즐거움 등의 향유가 있고 후자에는 그것이 없다는 것이다. 즉, 당사자의 다른 앎은 즐거움 등으로부터 생기고 즐거움 등의 현현을 가지고 있기 때문에 즐거움 등을 향유하지만, 다른 사람의 앎은 즐거움 등으로부터 생기는 것도 아니고 또한 즐거움 등의 현현을 가지고 있는 것도 아니기 때문에 즐거움 등을 향유할 수 없다는 것이 반론 요지이다. 이에 대해 다르마키르티는 즐거움 등에 대해 당사자의 다른 앎이나 다른 사람의 앎 모두 즐거움 등으로 생기는 것도 아니고, 즐거움 등의 현현을 갖는 것도 아니기 때문에 둘 다 즐거움 등을 향유할 수 없다고 역설한다.

451-3, 452-1.

[반론]

당사자의 다른 앎과 다른 사람의 앎에는 대상의 차이가 있다. 즉, 전자의 대상은 즐거움 등 그것 자체이며, 후자의 대상은 즐거움 등의 공상이다. 따라서 전자의 경우에는 '즐거움 등의 느낌'이 있고 후자의 경우에 그것은 없다.

[답론]

그것(즐거움 등)을 파악하지 못할 때, 공상은 파악되지 않는다고 이미 기술했다. 또한 그것(공상)은 결코 현실적 존재가 아니[라는 것도 이미 기술했]다.

sāmānyañ ca tadagrahe//(k.451-3)

na gṛhyata iti proktaṃ na ca tad vastu kiñcana/(k.452-1)

案

대론자는 계속해서 당사자의 다른 앎의 대상은 즐거움 등 그 자체이고,

다른 사람의 앎의 대상은 공상이기 때문에 전자에는 즐거움 등의 향유가 있고 후자에는 즐거움 등의 향유가 없다고 반론한다. 하지만 당사자의 다른 앎의 대상이 즐거움 등 그 자체, 즉 자상일 수가 없다. 왜냐하면 즐거움 등 그 자체인 자상은 즐거움 등의 앎 자신에 의해 인식될 때, 즉 자기인식될 때 그 인식의 대상은 자상이기 때문이다.

452-2, 453-1.

[결론]

이러한 까닭으로 이 대상현현은 그 앎과 다른 것이 아니다. 따라서 [그 앎은] 지각되는 존재이며, 자기인식임이 확립된다.

tasmād arthāvabhāso asau na anyas tasyā dhiyas tataḥ//(k.452-2)

siddhe pratyakṣabhāvātmavidau/(k.453-1)

案

이 게송은 다르마키르티의 결론이다. 즉, 대상현현은 그 앎과 다른 것이 아니다. 그리고 그 앎은 다른 앎에 현현하는 것이 아니라 자신에 의해 현현하는 자기인식인 것이다.

453-2.

[반론]

당사자의 다른 앎은 직접적이지만, 다른 사람의 앎은 직접적이지 않다는 차이가 있다. 따라서 전자에는 '즐거움 등의 향유'가 있고, 후자에게는 그것이 없다.

[답론]

만약 그것들을 파악한다고 해도 [한쪽은] 직접적으로 지각하지 않는다고 한다면, [즐거움 등] 대상을 같이하는 두 존재에 대해 [한쪽은 직접 지각하기 때문에 즐거움 등을 향유하고, 다른 쪽은 직접 지각하지 못하기 때문에 즐거움 등을 향유하지 못한다는] 차이가 어떻게 해서 있을 수 있는가?

gṛhṇāti tān punaḥ/

na adhyakṣam iti ced eṣa kuto bhedaḥ samarthayoḥ//(k.453-2)

案

즐거움 등에 대해 즐거움을 느끼는 당사자의 다른 앎은 직접적이기 때문에 즐거움 등을 향유하는 반면, 다른 사람의 앎은 직접적이지 않기 때문에 즐거움 등을 향유할 수 없다는 것이 대론자의 반론 요지이지만, 둘 다 즐거움 등을 직접적으로 지각하는 것이 아니라는 점에서 동일하다. 따라서 그 둘은 즐거움 등을 향유할 수 없는 것이다.

454.

[반론]

만약 [인식을 초월한] 인식 불가능한 것(힘)과 일자인 대상(아트만)과의 결합 등으로부터 [당사자의] 앎에[만 '즐거움 등의 향유'가 있다는] 한정이 있다면?

adṛṣṭaikārthayogādeḥ saṃvido niyamo yadi/

案

반론의 요지는 다음과 같다. "즉, 당사자(A)의 다른 앎과 타인(B)의 앎은 대상을 같이하지만, 즉, 함께 그것(A)의 즐거움 등을 대상으로 하지만, 당사자(A)의 앎에만 '즐거움 등의 향유'가 있다고 하는 이 한정은 그 당사자에게 있는 인식을 초월한 인식 불가능한 힘에 의한다. 즉, 즐거움 등을 규제하는 인식 불가능한 힘(잠재력, 법과 비법)이 당사자에게 있기 때문에 당사자의 앎에 '즐거움 등의 향유'가 있다. 그러나 타인에게는 그 즐거움 등을 규제하는 인식 불가능한 힘이 없기 때문에 타인의 앎에는 '즐거움 등의 향유'는 없다. 혹은 그 한정은 '아트만과의 결합'에 의한다. 즉, 앎도 즐거움 등도 당사자의 아트만에 화합하고 있다. 그리고 그 아트만에 화합하고 있는 앎만이 같은 아트만에 화합하고 있는 앎 등을 인식한다. 그것이 '즐거움 등의 향유'이다. 타인(B)의 앎은 그(A)의 아트만과 화합하지 않는다. 따라서 타인에게는 '즐거움 등의 향유'는 없는 것이다."(T하.135~136)

[답론]

다른 사람은 전혀 파악할 수 없을 것이다. 또한 [두 개의 앎이 같은 대상을 지닐 때 한쪽이 드러나고 다른 쪽이 드러나지 않는다고 하는] 앎의 차이도 부정된다.

sarvathā anyo na gṛhṇīyāt saṃvid bhedo apy apoditaḥ//(k.454)

案

대론자는 동일한 대상에 대해 한쪽은 드러나고 다른 쪽은 드러나지 않는 것의 차이는 대상에 기인하는 것이 아니라 인식수단에 기인한다는 입장이다. 따라서 즐거움 등은 그것을 느끼는 당사자에게는 지각 불가능한 어떤 것(힘)과 아트만과의 결합을 갖추고 있기 때문에 즐거움 등이 현현하고 그것을 갖추고 있지 못한 타인의 앎에는 즐거움 등이 현현하지 않는다. 이에 대해 두 앎이 대상을 같이하는 것이 아니라 대상을 달리하기 때문에 현현과 불현현의 차이가 발생한다고 답론함과 동시에 아울러 즐거움 등이 당사자의 다른 앎에 의해서 인식된다면 그 즐거움 등을 다른 사람도 인식해야만 한다는 터무니없는 결론에 이르기 때문에 즐거움 등은 즐거움 자신에 의해 스스로 인식된다(느껴진다)고 해야만 한다.

455.

[반론]

즐거움 등이 즐거움 등 자신의 앎에 의해서가 아니라 다른 앎에 의해서 인식된다.

[답론]

또한 다른 어떤 사람들[의 주장]에 있어서, 요가수행자들은 감관지각[現量]에 의해서 다른 [사람의] 즐거움 등을 인식한다(느낀다)[고 한다]. [만약 그렇다고 한다면] 동일한 직접적 경험을 갖는 그들(요가수행자)도 그 [괴로움을 느끼는 타인]와 같이 괴로워할 것이다. [그러나 요가수행자에게는 직접적인 고통은 있을 수 없다.]

yeṣāñ ca yogino anyasya pratyakṣeṇa sukhādikam/
vidanti tulyānubhavās tadvat te api syur āturāḥ//(k.455)

案

여기서 어떤 사람들이란 주석에 의하면 바이세시카학파 등에 속한 논사들이다. 이들은 즐거움 등이 즐거움 등 자체의 앎에 의해서가 아니라 다른 앎에 의해서 인식된다는 입장을 취한다. 즉, 수행으로 뛰어난 능력을 가진 요가수행자들은 타인의 즐거움 등을 인식한다(느낀다, 향유한다)는 것이다. 하지만 즐거움 등은 즐거움 등의 당사자의 다른 앎이나 다른 사람의 앎에는 인식되지 않는 것처럼 요가수행자의 감관지각도 타인의 즐거움 그 자체를 인식하지 못하는 것은 마찬가지이다. 요가수행자가 곧바로 타인의 즐거움이나 괴로움을 느끼는 것은 불가능하다. 아무리 뛰어난 공감능력을 갖고 있다고 할지라도.

456-1, 456-2, 456-3, 457-1.

[반론]

만약 그들(요가수행자)에게는 대상과 감관의 결합이 존재하지 않기 때문에 그것(대상과 감관과의 결합)으로부터 생기는 괴로움은 발생하지 않는다고 한다면? [즉, 즐거움이나 괴로움 등은 가령 아름다운 여성 등과 같은 대상과 감관의 결합에서 생기는 것이다. 그러나 요가수행자에게는 대상과 감관의 결합은 없기 때문에 그에게는 즐거움이나 괴로움 등은 일어나지 않는다고 한다면?]

viṣayendriyasampātābhāvāt teṣāṃ tadudbhavam/(k.456-1)
na udeti duḥkham iti cet/(k.456-2)

[답론]

[그러나 당신에 주장에 의하면] 괴로움의 생성이 괴로움의 인식(느낌)은 결코 아니다. 그러한 것이 아니라 [괴로움의 인식(느낌)이라는 것도] 괴로움에 대한 인식의 생성이다. [즉, 그들에 의하면 사람이 괴로움을 느끼는가, 느끼지 않는가 하는 것은 그에게 괴로움이 생기는가, 생기지 않는가가 아

니라 괴로움에 대한 인식이 생기는가, 생기지 않는가에 달려 있다.]

na vai duḥkhasamudbhavaḥ//(k.456-3)

duḥkhasya vedanaṃ kintu duḥkhajñānasamudbhavaḥ/(k.457-1)

案

대론자에 의하면 일반 사람들이 즐거운 대상을 보고 즐거워하고 괴로운 대상을 보고 괴로워하는 것은 대상과 그들의 감관이 밀접하게 결합해 있기 때문이라고 하는 반면 수행이 깊은 요가수행자는 그 수행의 힘으로 인해 대상과 그들의 감관이 단절되어 있기 때문에 즐거움이나 괴로움이 생기지 않는다는 것이다. 이러한 주장의 이면에는 즐거움이나 괴로움 등의 마음작용은 마음작용 그 자신에 의해 현현한다는 것을 인정하지 않고 다른 앎에 의해 현현한다는 생각이 전제되어 있다. 따라서 그들에 따르면 괴로움 등의 생성은 곧 괴로움 등 그 자체의 느낌(앎, 감수)이 아니다. 괴로움의 느낌은 괴로움에 대한 앎의 생성을 기다려야 한다. 요컨대 괴로움에 대한 앎의 생성이 괴로움의 느낌인 것이다. 결국 그들은 사람들이 괴로움을 느끼는가, 아닌가 하는 것은 그들에게 괴로움이 생기는가, 아닌가 하는 것이 아니라 괴로움에 대한 앎이 생기는가, 아닌가 하는 것이다. 하지만 괴로움은 다른 앎에 의해서 인식되는 것(느껴지는 것)이 아니라 자기 자신에 의해서 인식되는 자기인식을 본질로 하는 앎이라는 것이 다르마키르티의 입장이다.

457-2.

[반론]

괴로움은 그것 자신에 의해서 현현하는 것이 아니라 다른 앎에 의해서 현현한다(느껴진다).

[답론1]

실로 인식되지(느껴지지) 않는 괴로움 등은 고통이나 쾌락의 원인이 아니다.

na hi duḥkhādyasaṃ vedyaṃ pīḍānugrahakāraṇam//(k.457-2)

458.

[답론2]

그 자신의 형상에 의해서 지금 현현하는 자기의 괴로움이 고통이다. 그것을 외적인 [인식]대상[所緣]으로 하는 [요가수행자의] 인식이 [고통이] 아닌 경우, 그 경우에는 이와 같이 [요가수행자도 괴로워하게 된다는] 오류를 범하지 않는다.

bhāsamānaṃ svarūpeṇa pīḍā duḥkhaṃ svayaṃ yadā/
na tadālambanaṃ jñānaṃ na tadā evaṃ prayujyate//(k.458)

案

계속해서 논의되고 있는 것이지만, 대론자는 괴로움 등의 마음작용은 자기가 자기를 인식하는(느끼는) 자기인식이 아니라 타자의 앎에 의해 인식되는(느끼는) 타자인식을 본질로 한다는 것이다. 이러한 반론과 다르마키르티의 답론을 도사키는 다음과 같이 정리한다. "대론자는 괴로움은 그 자신에 의해서 현현하는 것이 아니라 다른 앎에 의해서 현현한다(인식된다)고 생각했다. 그렇기 때문에 타인의 괴로움을 인식하는 요가수행자의 앎도 '다른 앎'임에 틀림없기 때문에 괴로움을 느끼는 당사자의 앎과 마찬가지로 괴로움을 느낀다는 오류를 범하게 된다. 이와 같은 오류는 대론자가 '괴로움은 다른 앎에 의해서 인식된다'라고 간주하였기 때문에 귀결되는 것이다. 그러나 괴로움은 다른 앎에 의해서 인식되는 것이 아니라 괴로움 자신이 자신에 의해서 현현한다(다르마키르티의 입장)고 간주한다면 그와 같은 오류는 범하지 않을 것이다. 즉, 괴로움은 괴로움 자신에 의해서 스스로 현현한다. 바꾸어 말하면 괴로움의 생성이 그대로 괴로움의 느낌(앎, 감수)이다. 그것은 당사자에게만 일어나는 사태이다. 한편 요가수행자는 타인의 괴로움을 인식대상[所緣]으로 할 때, 타인의 괴로움을 인식할 뿐 그에게는 괴로움 자체는 생기지 않는다. 따라서 그에게는 괴로움의 느낌(앎, 감수)은 없는 것이다."(T하.141)

459.

[답론3]

따라서 모든 앎에 있어서 '외적인 [인식]대상[所緣]으로 하는 것'과 '[직접적으로] 인식하는 것(느끼는 것)'은 [각기 서로] 다른 것이다. '외적인 [인식]대상[所緣]으로 하는 것'이란 대상과 유사하다는 것이며, '[직접적으로] 인식하는 것(느끼는 것)'이란 인식(느낌) 자신이 스스로 선명[하게 현현하는 것]이다.

bhinne jñānasya sarvasya tena ālambanavedane/
arthasārūpyam ālamba ātmā vittiḥ svayaṃ sphuṭaḥ//(k.459)

案

요가수행자는 타인의 괴로움을 인식대상(소연)으로 하지만, 타인의 '괴로움의 느낌'을 직접적으로 경험하지(느끼지) 않는다. 즐거움 등도 마찬가지이다. 도사키는 즐거움 등의 느낌을 다음과 같이 설명한다. "'즐거움 등의 느낌'에 관해서 말하면 일종의 인식인 즐거움 등은 가령 아름다운 여성의 형상을 비추고 있다. 다르게 말하면 대상과 유사하다. 그런 까닭에 아름다운 여성이라는 대상을 소연으로 하고 있다고 말해진다. 그것과 동시에 즐거움 등은 자기가 자기에 의해서 현현한다. 그것이 '즐거움 등의 느낌'이라고 말해지는 측면이다. 한편 요가수행자가 타인의 즐거움 등을 인식하는 경우, 타인의 즐거움 등의 형상을 비추는 것, 즉 '즐거움 등을 소연'으로 하는 측면이 있다. 그리고 요가수행자의 인식 그 자신이 자신에 의해서 현현하는 것, 즉 '인식의 느낌'의 측면이 있다. 그러나 거기에는 즐거움 등이 자신에 의해서 현현하는 것, 즉 '즐거움 등의 느낌'은 없다."(T하.142)

앎은 추론된다는 견해를 논파한다

460.

[반론]

앎은 지각되는 것이 아니라 추론된다.

[답론1]

또한 앎이 직접적으로 지각되지 않는다면, [앎은] 추론인에 의해 인식(추론)될 것이다. 그리고 그것(추론인으로 고려될 수 있는 것)은 감관·대상·[직후의 대상]인식·직전의 주의집중일 것이다.

api ca adhyakṣatā abhāve dhiyaḥ syāl liṅgato gatiḥ/
tac ca akṣam artho dhīḥ pūrvo manaskāro api vā bhavet//(k.460)

461-1, 461-2.

[답론2]

이 결과나 원인의 결합체 중에서 [감관·대상·직후의 대상인식·직전의 정신집중 등 이외에] 다른 것(아트만이나 붓디 등)은 [추론되어야 할 앎과] 관계가 없다. 왜냐하면 [아트만이나 붓디 등에는 앎을 생기게 하는 인과적 효과의] 능력이 보이지 않기 때문이다.

kāryakāraṇasāmagryām asyāṃ sambandhi nā aparam/(k.461-1)
sāmarthyādarśanāt(k.461-2)

案

앎이 직접적으로 지각되지 않는다면 그것은 추론인에 의해 간접적으로 인식되어야 할 것이다. 왜냐하면 디그나가나 다르마키르티는 인식수단으로 지각과 추론 둘밖에 인정하지 않기 때문이다. 그런데 대론자는 앎은 지각되는 것이 아니라 추론된다는 입장을 취한다. 주지하다시피 추론이란 지각하고 있는 대상의 공상을 추론인으로 하여 미지의 대상의 공상인 추론대상을 논증하는 것이다. 불교의 입장에서 추론인으로 거론할 수 있는 것은 감관, 대상, 대상인식, 주의집중 등이다. 그런데 대론자에 의하면 아트만이나 붓디도 앎의 원인이기 때문에 추론인이다. 하지만 전자 이외에 아트만이나 붓디에는 앎을 생기게 하는 인과적 효과를 결여하고 있기 때문에 추론이라고 할 수가 없다. 왜냐하면 아트만이나 붓디는 인과적 효과성을 본질로 하는 찰나적 존재가 아니라 상주하는 존재이기 때문이다.

461-3.

[반론]

추론인에는 감관·대상·대상인식·주의집중 등이 존재한다.

[답론1]

그 가운데 감관은 [추론인이] 아니다. 왜냐하면 [감관은 앎에 대해서] 일탈이 있기 때문이다. [다시 말하면 감관이 존재한다고 해도, 앎이 생기지 않는 경우도 있다.]

tatra na indriyaṃ vyabhicārataḥ(k.461-3)

462-1, 462-2.

[답론2]

대상도 마찬가지(감관이 앎에 대해서 일탈이 있는 것과 같이, 대상도 앎에 대해서 일탈이 있는 것은 마찬가지)이다. [대상]인식과 정신집중은 앎이다. 그런데 [대상인식과 정신집중] 이 두 가지는 확립되어 있지 않다. 확립되어 있지 않은 것은 추론인이 될 수 없다.

tathā artho dhīmanaskārau jñānaṃ tau ca na sidhyataḥ/(k.462-1)
na aprasiddhasya liṅgatvaṃ(k.462-2)

案

대론자에 의하면 감관·대상·대상인식·주의집중 등이 추론인이 되어 앎이라는 추론대상이 추론된다. 이에 대해 다르마키르티는 감관과 대상, 대상인식과 주의집중으로 나누어 반박하고 있다. 먼저 감관과 대상이 추론인이 되어 앎이라는 추론대상을 추론할 수가 없다. 왜냐하면 그것들이 존재한다고 해도 앎이 결과로서 생긴다고 할 수 없을 뿐만 아니라 또한 다른 요인, 즉 전 찰나의 앎이 등무간연으로 존재해야만 앎이 생기기 때문이다. 요컨대 감관과 대상은 앎에 대해 착오가 있다. 다음으로 대상인식과 주의집중도 추론인이 될 수가 없다. 왜냐하면 대상인식과 주의집중이라는 추론인을 통해 앎을 추론할 경우, 추론인인 대상인식과 주의집중이 먼저 확립되어 있어야만 한다. 그런데 이들은 일종의 앎이기 때문에 아직 확립되어 있지 않다. 가령, 연기에서 불을 추론할 경우, 연기는 이미 확립되어 있기 때문에 불을 추론하는 것이 가능하지만, 아직 확립되어 있지 않은 대상인식과 주의집중을 가지고 앎이라는 추론대상을 추론할 수가 없는 것이다. 결국 확립되지 않은 것은 추론인이 될 수가 없다.

462-3, 463.

[반론]

현현한 대상이 추론인이다. 단순한 대상만이 추론인인 것은 아니다.

[답론1]

만약 대상의 현현이 추론인이라고 간주한다면, 바로 그것은 앎이 아닌가?

vyaktir arthasya cen matā//(k.462-3)

liṅgaṃ sā eva nanu jñānaṃ

案

대상의 현현도 앎에 다름 아니다. 그런데 앎은 지금 추론되고 있는 것으로 아직 확립되어 있지 않다. 따라서 대상의 현현은 대상의 인식이나 정신집중과 마찬가지로 추론인이 될 수 없다.

[답론2]

이것에 의해 현현한 대상[을 추론인이라고 하는 주장도 성립하지 않는다는 것]이 이미 기술되었다. 왜냐하면 현현이 직접적으로 파악되지 않을 경우, [대상이] 현현되었다고 판단되지 않기 때문이다.

vyakto artho anena varṇitaḥ/
vyaktāv ananubhūtāyāṃ tadvyaktatvāviniścayāt//(k.463)

案

여기서 말하는 현현도 앎이다. 그런데 이것이 직접적으로 파악되지 않았다면 대상이 현현되었다고 판단할 수가 없기 때문에 현현도 추론인이 될 수가 없는 것이다.

464, 465-1.

[반론]

현현은 앎이 아니다. 그것은 앎에 의해서 지어진 '대상의 특수한 상태' 이다. 그것을 추론인으로 하여 앎을 추론한다.

[답론]

만약 현현이 어떤 특수한 상태의 대상이[지, 앎이 아니]라고 인정한다면 [그러나 당신에 의하면] 생성과 소멸이 없는 대상의 특수한 상태는 결코 [있을 수] 없[을 것이]다. 혹은 그것을 인정한다면, [그 경우 대상은] 앎과 같이 찰나멸[을 본질로]하는 존재가 되는 오류를 범하게 된다.

atha arthasya eva kaścit sa viśeṣo vyaktir iṣyate/
na anutpādavyayavato viśeṣo arthasya kaścana//(k.464)
tad iṣṭau vā pratijñānaṃ kṣaṇabhaṅgaḥ prasajyate/(k.465-1)

案

대론자에 의하면 현현은 앎이 아니라 대상의 특수한 상태이며, 이것을 추론인으로 하여 추론대상인 앎을 추론한다. 만약 대상의 현현(vyakti)이 대상의 특수한 상태라고 한다면 불현현을 본질로 하는 대상이 소멸하여 현현을 본질로 하는 것이 생긴다는 것이 된다. 그렇게 되면 대상은 불현현이면서 상주를 본질로 한다는 실재론자의 견해를 위배하는 것이 된다. 또한 대상의 특수한 상태를 인정한다고 해도, 그것이 앎에 의해 파악될 때 현현을 본질로 하는 것이 생긴다고 한다면, 찰나멸을 본질로 하는 각각의 앎에 각각의 다른 대상의 특수한 상태가 생기게 될 것이다. 그렇게 되면 불변을 본질로 하는 대상이 찰나멸하게 되어 자기의 견해와 모순하는 결론으로 귀결된다.

465-2, 466-1.

[반론]

현현이 앎이 아니라 대상의 특수한 상태이다.

[답론1]

또한 그것(특수한 상태의 대상)은 이미 인식된 것이든가 그렇지 않으면 아직 인식되지 않은 것이든가[둘 중의 어느 하나]일 것이다. 만약 이미 인식된 것이 추론인이라면 앎이 아직 확정되지 않았는데, 어떻게 '이것이 인식되었다'라고 할 수 있을까?

sa ca jñāto athavā ajñāto bhavej jñātasya liṅgatā//(k.465-2)

yadi jñāne aparicchinne jñāto asāv iti tat kutaḥ/(k.466-1)

466-2.

[답론2]

[만약 아직 인식되지 않은 것이 추론인이라고 한다면, 그러나] 그것은 인식되었다고 확정되지 않았는데, 어떻게 해서 알게 하는 것(추론인)이라고 할 수 있을까?

jñātatvena aparicchinnam api tad gamakaṃ katham//(k.466-2)

案

465송은 대상의 특수한 상태가 이미 인식되었을 때, 그것의 추론인이 되어 앎을 추론한다는 것에 대한 반론이며, 466송은 대상의 특수한 상태가 아직 인식되지 않았을 때, 어떻게 그것이 추론인이 될 수 있는가에 대한 반론이다. 우선 전자에 대해서 다르마키르티는 추론대상인 앎 그 자체가 확정되지 않았기 때문에 추론인인 대상의 특수한 상태가 인식되었다고 말할 수 없는 것이라고 답론하고, 후자에 대해서는 추론인이 확정되었을 때 비로소 추론인이 될 수 있는데, 아직 대상의 특수한 상태가 인식되지 않았다면 그것을 추론인이라고 할 수 없다고 답변한다.

467-1.

[반론]

왜 앎이 알려지지 않을 때 대상의 특수한 상태도 '알려졌다'라고 확인(판단)되지 않는 것인가?

[답론]

[어떤 사람이 지각한 대상은] 다른 사람에 의해서 '[대상이]지각되었다'라는 것은 결코 지각되지 않는다. 왜냐하면 [어떤 사람의] 지각은 [다른 사람에게는] 지각되지 않기 때문이다.

adṛṣṭadṛṣṭayo anyena draṣṭā dṛṣṭā na hi kvacit/(k.467-1)

案

가령, 어떤 사람이 대상을 지각했을 때, 다른 사람은 어떤 사람의 앎(지각)을 인식할 수 없다. 따라서 다른 사람은 어떤 사람이 대상을 지각했다고 판단할 수 없는 것과 같이, 마찬가지로 대상을 지각하는 당사자도 자기의 앎을 지각하지 못했다면 자신도 대상을 지각했다고 판단할 수 없는 것이다.

467-2.

[반론]

대상의 특수한 상태는 앎에 의해서 지어진 결과이다. 그것을 추론인으로 하여 앎을 추론한다.

[답론]

저 특수한 상태[의 대상]는 다른 사람이 [그 대상을] 지각하는 경우에도 있[을 것이]다. 따라서 당사자 자신의 앎을 [타인도 그 특수한 상태에 근거해서] 인식(추론)할 수 있을 것이다.

viśeṣaḥ so anyadṛṣṭāv apy asti iti syāt svadhīgatiḥ//(k.467-2)

案

어떤 사람이 특수한 상태의 대상을 지각하여 특수한 상태의 대상에 대한 앎이 생겼다면, 그 같은 대상을 다른 사람이 지각하여, 그것을 근거로, 즉 추론인으로 하여 어떤 사람의 앎을 추론할 수 있을 것이다. 그런데 이것은 불합리한 귀결일 뿐이다. 실제로 어떤 대상에 대해 다른 사람이 어떻게 생각하고 있는가를 정확히 알 수가 없다.

468-1, 468-2.

[반론]

인식주관 자신의 속성과 관계가 없는 단순한 대상의 속성이 추론대상인 앎을 추론하기 위한 추론인이다.

[답론]

따라서 [인식주관] 자신의 속성을 필요로 하지 않는, 오직 대상의 속성에 의해서만 앎을 추리하는 것은 [있을 수] 없다.

tasmād anumitir buddheḥ svadharmanirapekṣiṇaḥ/(k.468-1)

kevalān na arthadharmāt(k.468-2)

案

인식주관 자신의 속성과 관계가 없는 단순한 대상의 속성은, 그것이 무엇이든지 간에 모든 사람들에게 공통하는 것이다. 따라서 단순한 대상의 속성은 인식주관 자신의 앎을 추론하는 추론인이 될 수가 없다.

468-3, 469-1.

[반론]

인식주관 자신의 앎을 추론하는 데 추론인이 될 수 있는 것은 인식주관 자신의 무엇인가의 속성이어야 한다.

[답론]

직접적으로 지각되는 [인식자] 자신의 앎 이외에 어떠한 [인식자] 자신의 속성이 앎(추론)의 [추론]인이 될 수 있는가?

kaḥ svadharmaḥ svadhiyo paraḥ//(k.468-3)

yaḥ pratyakṣo dhiyo hetuḥ(k.469-1)

案

여기서 인식주관 자신의 속성이란 그 자신에게 생기는 앎이다. 인식주관 자신에게 생기는 앎을 추론인으로 하고, 인식주관 자신의 앎을 추론 대상으로 하여 추론한다고 할 때, 인식주관 자신에게 생기는 앎 그 자체가 추론인이 되기 위해서는 그것이 직접적으로 파악(지각)되어야 한다. 그런데 대론자에 의하면 앎이 직접적으로 파악된다는 것을 인정하지 않기 때문에 앎은 추론인이 될 수가 없다.

469-2.

[반론]

인식주관 자신의 속성(가령, 즐거움 등)은 추론인이 될 수 있다. 즐거움 등은 앎과 같은 원인들의 집합에서 생긴 것이며, 그들(즐거움 등)에 근거해서 앎이 추론된다. 왜냐하면 그것들은 인식주관 자신의 속성이기 때문이다.(T.150 주 155참조)

[답론]

만약 그것(인식주관 자신의 속성)이 [앎과] 동일한 원인으로부터 생기한다면 어떻게 [앎과] 서로 다르다고 할 수 있는가? 만약 다른 것(원인)으로부터 생기는 것이라면, 그것은 [앎으로부터] 일탈한 [벗어난] 것이다.

tulyakāraṇajanmanaḥ/
tasya bhedaḥ kuto buddher vyabhicāry anyajaś ca saḥ//(k.469-2)

案

다르마키르티는 인식주관 자신의 속성과 앎의 관계를 둘로 나누어 답론한다. 하나는 인식주관 자신의 속성이 앎과 같은 원인으로부터 생기는 것이라고 한다면, 인식주관 자신의 속성은 앎의 대상이 아니라 앎 그 자체이기 때문에 같은 것에서 같은 것을 추론한다는 것은 있을 수 없다는 것이다. 또 하나는 인식주관 자신의 속성이 앎과 다른 원인에서 생기는 것이라고 한다면 그것은 앎과 본질적 관계를 맺고 있지 않기 때문에 추론인이 될 수가 없다는 것이다.

470, 471-1.

[반론]

어떤 앎이 다른 것을 추론인으로 하여 추론될 수가 있다.

[답론]

색깔 있는 모양[色] 등의 다섯 대상(색·성·향·미·촉)들과 감관(안·이·비·설·신)들과 인식(안식·이식·비식설식·신식)을 제외하고, 그것들 이외에 그것(인식)의 결과는 발견되지 않는다. 그들 가운데 [감관과 인식] 두 가지는 감관지각을 넘어서 있는 것이다. [따라서 감관과 인식은 추론인이 될 수 없다.]

rūpādīn pañca viṣayān indriyāṇy upalambhanam/
muktvā na kāryam aparaṃ tasyāḥ samupalabhyate//(k.470)
tatrātyakṣam dvayaṃ(k.471-1)

案

앎이라는 추론대상을 추론할 수 있는 추론인으로서는 [인식]대상, [인식]기관, 인식[작용]을 들 수 있다. 전통적 용어로 말하면 경(境), 근(根), 식(識)이다. 그런데 이들 가운데 인식작용, 인식기관은 지각을 넘어서 있다. 즉, 인식작용이나 인식기관은 직접적으로 지각되지 않는다. 따라서 직접적으로 지각되지 않는 인식작용과 인식기관은 추론인이 될 수가 없다.

471-2, 472-1.

[반론]

그렇다면 색깔 있는 모양[色] 등의 인식대상은 추론인이 될 수 있는 것이 아닌가?

[답론]

다섯 대상 가운데 하나라도, 색깔 있는 모양[色]의 앎에서 생기고, 그렇지 않을 때(앎이 없을 때) [대상의] 존재가 부정되는 것은 인정되지 않는다. 만약 이와 같이 [앎과의 본질적 관계가] 알려지지 않는 그것(대상)이 추론인이라고 한다면, [그것은] 세간의 통념을 넘어선 것이다.

pañcasv artheṣv eko api na īkṣyate/
rūpadarśanato jāto yo anyathā vyastasambhavaḥ//(k.471-2)
yad evam apratītaṃ tal liṅgam ity atilaukikam(k.472-1)

案

색깔 있는 모양[色] 등의 대상이 추론인이 되어 색깔 있는 모양[색]의 앎(추론대상)을 추론할 때, 이것이 타당한 추론이 되기 위해서는 존재론적 차원에서 추론인인 색깔 있는 모양[색, 경]과 추론대상인 색깔 있는 모양의 앎[인식] 사이에 본질적 결합관계가 있어야 한다. 만약 본질적 결합관계를 맺는다고 한다면, 두 항은 인과관계이거나 동일관계 둘 중의 하나일 것이다. 그런데 두 항은 동일관계일 수가 없다. 왜냐하면 그 둘은 본질을 달리하기 때문이다. 그렇다면 두 항은 인과관계여야 하는데 색깔 있는 모양의 앎의 결과가 색깔 있는 모양이라는 대상이 되어야 하지만 정신성(mentality)을 본질로 하는 앎에 물질성(coporality)을 본질로 하는 색깔 있는 모양이라는 대상의 결과일 수 없다. 따라서 색깔 있는 모양[色] 등의 다섯 대상은 모두 추론인이 될 수가 없다. 결국 감관과 인식은 지각을 넘어서 있는 것이고, 또한 대상은 앎의 결과가 아니기 때문에 이 셋은 추론인이 될 수가 없는 것이다.

472-2, 473-1.

[반론]

그들이 추론인일 수가 있다고 해도, 그러나 원래 성취된 존재인 앎이 이전에 한 번도 인식된 적이 없는 것이기 때문에 추론은 불가능하다.

[답론]

비록 추론인이 지금 존재하고 있다고 하더라도, 그것(추론인)과 함께 일거에 그것(앎)을 지각하지 못하는 사람에게 어떻게 해서 인식(추론)이 [있을 수] 있을까? 실로 추론인은 아직 지각되지 않은 것(대상)을 비출 수는 없다.

vidyamāne api liṅge tāṃ tena sārdham apaśyataḥ//(k.472-2)
kathaṃ pratīti liṅgaṃ hi na adṛṣṭasya prakāśakam/(k.473-1)

案

앞에서 언급한 바와 같이 타당한 추론이 되기 위해서는 추론인과 추론대상 사이에 존재론적으로 본질적 결합관계가 있어야 한다. 그리고 이 두 항 사이의 본질적 결합관계가 이전에 미리 알려져 있을 때 비로소 추론인은 추론대상을 알게 하는 것이 될 수가 있다. 이 본질적 결합관계, 여기서는 인과관계는 추론인과 추론대상과의 긍정적 수반관계, 즉 추론대상이 지각될 때 추론인이 지각되는 관계와 부정적 수반관계, 즉 추론대상이 지각되지 않을 때 추론인도 지각되지 않는 것이 없이는 성립하지 않는다. 그런데 추론대상인 앎이 대론자에 의하면 지각되지 않는 것이기 때문에 이전에 한 번도 지각된 적 없는 것이다. 이렇게 추론인과 추론대상의 긍정적 수반관계가 알려져 있지 않기 때문에 추론인에 근거해 추론대상인 앎을 추론할 수가 없다.

473-2, 474-1.

[반론]

따라서 만약 그 추론인에 의해 이전에 그것(앎)은 논증되었다고 한다면?

tata eva asya liṅgāt prāk prasiddher upavarṇane//(k.473-2)

[답론]

그것(이전의 그 추론)도 다른 유례에 의해서 논증되어야 한다. 따라서 [추론인과 앎(추론대상)이 함께 일거에 지각에 의해서 알려지지 않는 한, 어떤 유례는 다른 유례를 필요로 하고, 다른 유례는 또 다른 유례를 필요로 하는] 무한소급의 오류를 범하게 된다.

dṛṣṭāntāntarasādhyatvaṃ tasya api ity anavasthitiḥ(k.474-1)

案

대론자에 의하면 이전에 색깔 있는 모양[色] 등의 추론인에 의해 추론대상인 앎이 추론된 적이 있다. 지금 그것을 유례로 하여 동일한 추론인에 의해 추론대상인 앎을 추론하는 것이다. 따라서 앎이 지각에 의해서 인식할 필요가 없다.(T하.155) 하지만 바로 거기서 유례로서 사용되는 과거의 추론도 무엇인가 다른 유례에 의해서 성취되지 않으면 안 된다. 왜냐하면 추론은 유례 없이는 있을 수 없기 때문이다. 따라서 추론인과 추론대상인 앎이 일거에 한꺼번에 지각에 의해 알려지는 것이 없는 한 유례는 무한히 소급될 것이다. 따라서 추론은 불가능하다.(T하.156)

474-2, 475-1.

[결론]

이상으로 앎에 의해 대상이 확립되는 것이지, [반면] 대상에 의해 그것(앎)[이 확립된다는 것]은 결코 [있을 수] 없다. 왜냐하면 그것(앎)이 확립되지 않을 때, 대상은 [대상] 자신만에 의해서는 확립되지 않기 때문이다.

ity arthasya dhiyaḥ siddhir na arthāt tasyāḥ kathañcana//(k.474-2)

tadaprasiddhāv arthasya svayam eva aprasiddhitaḥ/(k.475-1)

475-2, 476-1, 476-2.

[반론]

타인의 마음(앎)은 어떻게 알려지는가?

[답론]

[또한 앎이 자기 자신에 의해 지각되지 않는다는 당신의 주장에 의하면 자신에 의해] 지각되는 앎과 그것(인식)에 근거한 행동이나 발언 등을 인식한 다음, [다른 사람의 행동이나 발언 등을 인식하여] 다른 사람의 마음을 추론할 수 없을 것이다. 왜냐하면 자신에게는 ['앎'과 그것에 근거하여 생기는 '동작' 등이 지각에 의해 파악되고 또한 그들의 본질적] 관계가 알려져 있지 않기 때문이다.

pratyakṣāñ ca dhiyaṃ dṛṣṭvā tasyāś ca

iṣṭābhidhādikam//(k.475-2)

paracittānumānaṃ ca na syād ātmany adarśanāt/(k.476-1)

sambandhasya(k.476-2)

案

동양의 고전 『장자』(莊子)의 「추수」(秋水)에는 다음과 같은 에피소드가 있다. "장자와 혜시가 냇물의 징검다리 위에서 놀았다. 장자가 말했다. '피라미가 한가롭게 헤엄치는 걸 보니 물고기가 즐거운 모양이오.' 혜시가 말했다. '당신은 물고기가 아닌데 어찌 물고기의 즐거움을 안단 말이오?' 장자가 말했다. '그대는 내가 아닌데 어찌 내가 물고기의 즐거움을 알지 못한다는 점을 안단 말이오?' 혜시가 말했다. '그렇소. 나는 당신이 아니니까 당신을 알지 못하고 마찬가지로 당신은 물고기가 아니니까 물고기의 즐거움을 알지 못한다는 것이 논리상 옳지 않겠소?' 장자가 말했다. '질문의 처음으로 돌아갑시다. 당신은 어찌 당신이 물고기의 즐거움을 안단 말이오라고 했지만, 이미 당신은 그것을 알고 있다는 것을 알고서 나에게 반문한 것이오. 내가 물 위에서 지각한 것은 물속의 물고기가 즐겁다는 것이었소.'" 이 에피소드는 물고기가 맑은 물에서 한가롭게 헤엄치는 것을 보고서 장자는 물고기가 즐겁다는 것을 느끼고(인식하고) 물고기가 즐거운 모양이라고 말한다. 장자의 친구 혜시는 당신은 물고기가 아닌데 어찌 물고기가 즐거운 줄을 아는가라고 묻는다. 다르마키르티의 타심의 존재 논증과 같은 이야기이다. 우리는 타인의 마음(앎)이 있다는 것을 어떻게 알 수 있는가? 타인의 행동을 보거나 타인의 발언을 듣고서 타인에게 마음(앎)이 있다는 것을 추론할 수 있다. 그런데 이러한 추론이 가능하기 위해서는 자기의 마음(앎)에 근거해서 행동이나 발언 등을 하는 것이 직접 지각에 의해 파악되고 그들 사이의 본질적 결합관계, 즉 마음이 원인이 되어 행동이나 발언 등이 결과로 생긴다는 인과

관계가 자신에게 이미 알려져 있어야만 한다. 다시 말하면 자기의 행동이나 발언 등을 추론인으로 하여 자기에게 마음(앎)이 있다는 것을 추론하기 위해서는 이미 존재론적 차원에서 마음이 직접 지각에 의해 파악되어야 한다는 것이다. 만약 대론자와 같이 앎이 직접 지각에 의해 인식된다는 것을 인정하지 않는다면 타인의 행동과 발언을 근거로 타인에게 마음이 있다는 것을 추론할 수가 없다. 따라서 앎은 자신에 의해 직접적으로 인식된다. 즉, 자기인식된다는 것을 인정해야 한다.

476-3.

[반론]

대상을 추론인으로 하여 의식(의근에 의한 인식)이 추론된다.

[답론]

의근에 의한 인식(분별적 인식인 의식)에 대해서[도 추론은 있을 수 없다]. 왜냐하면 추론인의 대상이 확립되지 않았기 때문이다.

manobuddhāv arthaliṅgāprasiddhitaḥ//(k.476-3)

案

감관지각은 대상을 갖기 때문에 대상을 추론인으로 하여 감관지각이라는 앎을 추론하는 것은 가능할 수 있지만, 의근에 의한 인식(분별적 인식인 의식)은 내적인 질료인(upādāna)인 습기(vāsanā)의 각성만으로 생기며 외계의 대상을 필요로 하지 않는다. 따라서 의식에 대해서는 대상은 전혀 관여하지 않기 때문에 대상을 추론인으로 하여 추론대상인 의식을 추론할 수도 없다.

앎은 다른 앎에 의해서 현현하게 된다(지각된다)라는 견해를 논파하다

477.

[반론]

앎은 다른 앎에 의해 직접적으로 인식된다.

[답론]

당신들에 의하면 [이전의 앎과 이후의 다른 앎은] 현현을 본질로 하지 않는데, 어떻게 해서 앎은 다른 앎에 의해서 현현할 수 있는가? 혹은 어떻게 해서 [양자의] 유사성에 근거해서 '[한쪽의 앎이] 드러나게 되는 것(현현하게 되는 대상)이고, [다른 쪽의 앎이] 드러나게 하는 것(현현하게 하는 주관)이다'라고 할 수 있는가?

prakāśitā kathaṃ vā syāt buddhir buddhyantareṇa vaḥ/
aprakāśātmanoḥ sāmyād vyaṅgyavyañjakatā kutaḥ//(k.477)

案

대론자의 반론에 의하면 전 찰나의 앎이 다음 찰나의 앎에 의해 직접적으로 인식된다. 왜냐하면 전 찰나의 앎이 대상(등무간연)이 되어 다음 찰나의 앎을 낳을 뿐만 아니라 자신의 형상을 다음 찰나의 앎에 부여하기 때문이다. 따라서 앎은 앎 자신에 의해 직접적으로 인식되는 것이 아니라 다른 앎에 의해 직접적으로 인식되는 것이다. 결국 앎의 자기인식을 부정하는 것이 대론자의 반론 요지이다. 이 대론자의 견해는 경량부의 대상이 되기 위한 두 가지 조건을 적용한 것이다. 즉, 푸른색 등의 외계대상과 앎에 관해서 푸른색 등의 외계대상에서 앎이 생기고(대상생기성), 그 대상의 형상을 부여받아 대상과 유사하기(대상유사성) 때문에 '대상은 앎에 의해서 파악된다'고 하는 것을 그대로 수용하여 푸른색 등의 외계대상에 전 찰나의 앎을 대체한 것이다. 단순하게 말하면 다음과 같다.

〈경량부〉

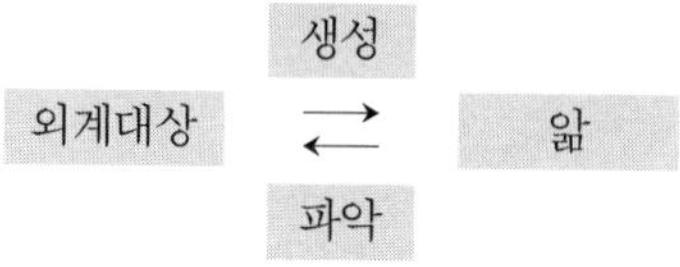

〈대론자〉

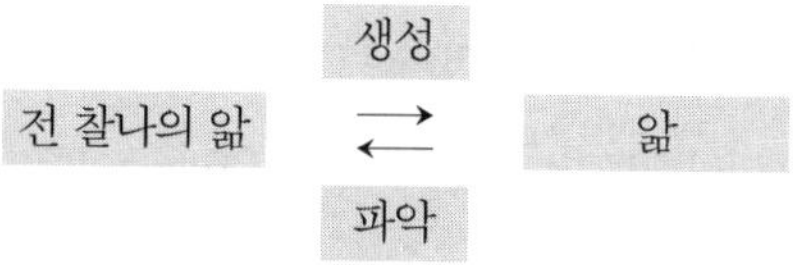

대상은 앎에 의해 파악된다고 하는 경량부의 주장이나 전 찰나의 앎은 다음 찰나의 앎에 의해 파악된다고 하는 대론자의 주장 모두 앎은 앎 자신에 의해 직접적으로 인식되는 것이 아니라 다른 앎에 의해 인식된다고 주장하는 점에서 동일하다. 하지만 다르마키르티는 전 찰나의 앎이 다음 찰나의 앎에 의해 직접적으로 인식되기 위해서는 대상생기성과 대상형상성(대상유사성)의 두 조건뿐만 아니라 앎은 빛과 같이 스스로 현현하는 것이라는 전제를 충족시켜야 한다고 주장한다. 전 찰나의 앎과 다음 찰나의 앎이 스스로 비추지(자기인식) 않는다면 마치 '항아리와 천'의 관계처럼 되어 인식이 불가능하게 된다. 따라서 전 찰나의 앎이

다음 찰나의 앎에 의해 직접적으로 인식되기 위해서는 앎 자신에 의해 직접적으로 인식된다는 것이 전제되어야 한다.

478, 479.

[반론]

그렇다면 '대상의 현현'이라는 것은 무슨 의미인가?

[답론1]

대상의 현현[이란 표현]은 어떻게 해서 가능한가? [앎이 스스로] 현현할 때, [대상의] 형상이 [스스로 현현하는 앎에] 이행하기 때문[에 '대상의 현현'이라는 표현이 가능하기 때문]이다.

viṣayasya kathaṃ vyaktiḥ prakāśe rūpasaṃkramāt/
sa ca prakāśas tadrūpaḥ svayam eva prakāśate//(k.478)

案

그렇다면 대상은 스스로 현현하는 것이 아닌데 어떻게 해서 대상의 현현이라고 말하는가? 이것은 다름 아닌 스스로 현현하는 앎에 대상의 형상이 이행할 때 '대상이 현현한다'고 표현되는 것이다. '앎이 스스로 현현한다'는 것은 대상에 의해서 주어진 대상형상을 가지고 현현한다는 것을 의미한다.

[답론2]

만약 [이전의] 앎이 [이후의] 앎에 대해서 그와 같다(이전의 앎에 대한 이후의 앎에 관해서도 푸른색 등의 대상의 인식과 같다)고 인정한다면, 앎[의 본질]은 자기인식임이 확립될 것이다. 만약 그렇지 않으면(앎 스스로 현현하게 되는 것을 인정하지 않으면) 대상도 앎과 같은 속성을 갖는 존재가 될 것이다.

tathā abhyupagame buddher buddhau buddhiḥ svavedikā/
siddhānyathā tulyadharmā viṣayo 'pi dhiyā saha(k.479)

案

스스로 현현한다는 것은 자기인식에 다름 아니다.

480.

[답론3]

따라서 우리들에 의하면, 현현을 형상으로 하는 앎이 스스로 드러난다. 다른 것(대상)은 [자신의] 형상을 그것(앎)으로 이행함으로써 현현하는 것으로 드러난다.

iti prakāśarūpā naḥ svayaṃ dhīḥ samprakāśate/
anyo asyāṃ rūpasaṃkrāntyā prakāśaḥ san prakāśate//(k.480)

案

푸른색의 대상이 앎에 의해 인식되는 경우에도 앎은 스스로 현현하며 대상은 그 앎에 자신의 형상을 이행함으로써 현현한다.

481.

[반론]

푸른색 등의 대상을 앎이 인식할 때 앎이 스스로 현현하고 대상은 그 앎에 자신의 형상을 이행함으로써 현현하듯이 전 찰나의 앎도 다음 찰나의 앎에 자신의 형상을 이행함으로써 현현한다.

[답론1]

비록 [선행하는 앎과 후행하는 앎이] 유사하다고 해도 [선행하는] 다른 앎이 [후행하는] 그것(앎)에 의해서 현현한다는 것은 인정할 수 없다. 왜냐하면 [선행하는 앎도] 스스로 현현하기 때문이다. 대상은 그것(앎)의 형상에 의해 현현한다.

sādṛśye api hi dhīr anyā prakāśyā na tayā matā/
svayaṃ prakāsanād arthas tadrūpeṇa prakāśate//(k.481)

案

전 찰나의 앎은 스스로 현현하는 것이기 때문에 대상과 달리 다음 찰나의 앎에 자신의 형상을 이행하지 않는다.

482.

[답론2]

마치 '두 개의 등불'이나 '등불과 항아리'의 경우와 같이, [한쪽이] 드러나게 되는 것(현현의 대상)이며, [다른 쪽은] 드러나게 하는 것(현현의 주관)이라는 [일상적] 표현은, 그것(전자는 스스로 드러나지 않는 것이며 후자는 스스로 드러나는 것)에 근거하여 이루어진다.

yathā pradīpayor dīpaghaṭayoś ca tadāśrayaḥ/
vyaṅgyavyañjakabhāvena vyavahāraḥ pratanyate//(k.482)

案

등불은 스스로 현현하는 것이며, 항아리는 스스로 현현하는 것이 아니다. 그래서 두 개의 등불은 전 찰나의 앎과 다음 찰나의 앎을 비유한 것으로 한쪽이 현현하게 하는 것이며 다른 쪽은 현현하게 되는 것이라는 관계는 있을 수 없다. 다만 '한쪽이 다른 쪽을 현현하게 한다'라는 표현은 전자가 스스로 현현하는 것이고 후자는 스스로 현현하는 것이 아닌 것에 근거해서 말해지는 것이다. 두 개의 등불처럼 둘 다 스스로 현현한다든지, 항아리와 천과 같이 둘 다 스스로 현현하지 않는 경우에는 해당 사항이 없다.

앎은 지각되지 않는다는 견해를 논파하다

483.

[반론]

가령 미망사학파 등은 앎이 [자기 자신에 의해] 직접적으로 인식된다(지각된다)는 것을 승인하지 않는다. 그들은 앎은 지각을 초월한 것이라고 한다.

[답론]

대상이나 감관만으로는 '지각되었다'라는 판단은 [있을 수] 없다. 그러므로 [대상이나 감관 이외에] 다른 그것(판단)을 초래하는 이것(앎)에 의해서 '지각된다'라고 말해져야만 한다.

viṣayendriyamātreṇa na dṛṣṭam iti niścayaḥ/

tasmād yato ayaṃ tasya api vācyam anyasya darśanam//(k.483)

案

다르마키르티에 의하면 앎은 다른 앎에 의해 현현하는 것이 아니라 앎 자신 스스로 현현하는 것이다. 다르게 말하면 앎은 다른 앎에 의해 직접적으로 인식되는 것이 아니라 앎 자신에 의해 직접적으로 인식되는 것이다. 하지만 대론자는 대상이나 감관이 존재하지 않을 때 앎은 생길 수가 없고 그것들이 존재해야만 앎이 생기기 때문에 대상과 감관에 근거하여 앎을 추론할 수 있다는 입장을 견지한다. 그러나 '대상이 인식되었다'라는 판단은 대상이나 감관으로부터 주어지는 것이 아니라 앎에 의해 주어지는 것이다. 아울러 앎 자체는 앎 당사자에게만 알려지는 것이며, 또한 그것은 당사자에게는 지각 불가능한 어떤 것이 아닌 것이다.

기억에 근거한 논증

484-1.

[반론]

기억은 자기인식을 본질로 하는 앎의 근거가 될 수 있는가?

[답론]

[과거의 앎에 대한] 기억으로부터도 자기인식은 확립된다.

smṛter apy ātmavit siddhā(k.484-1)

案

이전에 인식된 적이 없는 대상은 기억되지 않는다. 역으로 말하면 이전에 인식된 것만이 기억된다. 그런데 이전에 인식된 것, 즉 과거의 앎은 과거의 앎 자신에 의해 직접적으로 인식된 것이지 다른 것에 의해 인식된 것이 아니다.

484-2.

[반론]

앎은 다른 앎에 의해 인식된다.

[답론]

[과거의] 앎이 다른 것(다른 앎)에 의해서 인식된다고 한다면, [그 경우] 2마트라의 장모음(長母音) 등은 파악되지 않게 될 것이다. 왜냐하면 [찰나멸을 본질로 하는 앎은] 다수의 마트라에 걸쳐서 지속할 수는 없기 때문이다.

jñānasya anyena vedane/
dīrghādigrahaṇaṃ na syād bahumātrānavasthiteḥ//(k.484-2)

案

만약 앎이 다른 앎에 의해 인식된다면 2마트라의 장모음 등은 인식되지 않을 것이다. 왜냐하면 앎은 찰나멸하는 것으로 2마트라가 요하는 시간동안 지속할 수가 없기 때문이다. 그런데 여러 찰나의 시간을 요하는 글자의 음을 구성하는 부분음성에 대해 각각 앎이 생기지만, 그 앎이 찰나멸해 버리면서 자기인식이 되지 않는다면 최종의 음의 단계에서 자음(字音) 전체는 기억되지 않을 것이다. 그런데 순간순간 음이 앎에 의해 자기인식되어야 그것이 기억으로 축적되어 최종 기억에 이르러 전체의 자음이 기억되는 것이다. 따라서 기억에 근거하여 앎은 자신에 의해 직접적으로 인식되는 것이 논증된다.

485, 486-1.

[반론]

앎은 찰나멸하는 존재가 아니다. 단일한 앎은 어떤 자음이 완성되기까지의 기간 동안 존속한다. 그리고 그 단일한 앎이 장모음(2마트라의 모음 등)을 인식한다.

[답론]

[만약 당신은 단일한 앎이] 지속한다고 [주장]한다면, 계시적[으로 생기는 것]이 아닌 [단일한] 앎에는 [자음의 각 부분음성이] 동시에 현현하기 때문에, 자음은 계시적[으로 생기는 것]이 아닌 것으로 된다. [따라서 2마트라의 모음도] 2마트라의 모음이 아닌 것으로 될 것이다. [그렇다면] 계시적[으로 생기는] 자음의 부분은 서로 결합하지 않는데, 어떻게 계시적[으로 생기는 것]이 아닌 단일한 앎을 생기게 할 수 있을까?

avasthitāv akramāyāṃ sakṛd ābhāsanān matau/
varṇaḥ syād akramo adīrghaḥ kramavān akramāṃ katham//(k.485)
upakuryād asaṃśliṣyan varṇabhāgaḥ parasparam/(k.486-1)

案

단일한 앎이 찰나멸하는 것이 아니라 지속한다면 계시적으로 생기는 글자의 음성의 각 부분음성이 동시에 현현할 것이다. 따라서 장모음은 있을 수가 없을 것이다. 요컨대 단일한 앎이 자음이 완결될 때까지 지속한다고 할 수가 없다.

486-2.

[반론]

자음의 각 부분음성은 찰나멸하는 존재가 아니다. 앞서 생긴 부분음성도 최종 부분음성이 생기는 시점까지 지속하며, 그 최종시점에서 그것들 모든 부분음성이 단일한 앎에 의해서 파악된다.

[답론]

앞[의 각 부분음성]이 최종시점까지 지속한다면, 음은 뒤로 갈수록 증폭될 것이다. [그러나 실제 음은 뒤로 갈수록 증폭되는 것이 아니라 약화된다.]

āntyaṃ pūrvasthitāv ūrdhvaṃ vardhamāno dhvanir bhavet// (k.486-2)

487-1, 487-2.

[반론]

자음의 최종시점에 존재하고 있는 모든 부분음성을 파악한 단일한 앎이 무릇 그 뒤에도 존속하고 그것들을 계시적으로 파악한다.

[답론]

또한 [자음의] 최종[부분음성이 생기는]시점에서는 [모든 부분음성이] 비계시적(동시적)으로 파악되기 때문에, 계시[성]를 [본질로] 갖는 앎(dhī)은 존재하지 않는 것이다. 앎은 [그 뒤에도] 스스로 지속하지 않는다. 왜냐하면 대상이 그 뒤에[도] 지속하지 않기 때문이다.

akrameṇa grahād ante kramavad dhīś ca no bhavet(k.487-1)

dhiyaḥ svayañ ca na sthānaṃ tadurdhvaviṣayāsthiteḥ//(k.487-2)

488-1.

[반론]

일시에 생기며 비계시적인 하나의 자음이 그 뒤에도 지속하면서 앎에 의해서 계시적으로 파악된다.

[답론1]

만약 [대상은 지속하지 않는다고 해도 앎은 찰나멸을 본질로 하지 않기 때문에] 스스로 지속한다고 한다면, 그것(앎)은 뒤에도 소멸하지 않을 것이다. 왜냐하면 [앎이 찰나멸을 본질로 하지 않는 것은, 뒤에도] 차이는 없을 것이기 때문이다.

sthāne svayaṃ na naśyet sā paścād apy aviśeṣataḥ/(k.488-1)

案

만약 부분음성이 동시에 생기고 비계시적인 하나의 자음은 찰나멸을 본성으로 하는 것이 아니기 때문에 뒤에도 계속 지속한다면, 그 자음은 소멸하지 않고 계속 지속할 것이다. 그러나 자음은 어디선가 소멸한다.

488-2.

[답론2]

계시적[으로 생기는 것]이 아니라 동시적으로 생기는 [하나의] 자음이 [계시적으로 파악하는 인식이 생기는 시간까지] 지속하는 경우에도 이러한 오류는 [범할 수] 있다.

doṣo ayaṃ sakṛd utpannākramavarṇasthitāv api//(k.488-2)

489.

[답론3]

또한 [한 번의] 노력으로 동시에 [각 부분의 음성이] 생기기 때문에, 뒤에 이어지는 [그 다음의] 노력은 아무 소용이 없게 될 것이다. [그러나 그것은 이치에 맞지 않다. 지속하는] 자음들이 현현한다고 [주장]하는 경우에도 이 오류는 범하게 된다.

sakṛd yatnodbhavād vyarthaḥ syād yatnaś ca uttarottaraḥ /
vyaktāv apy eṣa varṇānāṃ doṣaḥ samanuṣajyate//(k.489)

案

동시에 각 부분음성이 생긴다는 대론자의 견해에 의하면 입술 등을 움직이는 한 번의 노력에 의해 모두 부분음성이 생기게 될 것이다. 따라서 입술 등을 계속해서 움직이려는 그다음의 노력은 아무 소용이 없을 것이다. 그러나 이것은 사실이 아니다. 또한 상주를 본질로 하는 자음이 현현한다고 하는 주장도 송에서 언급한 오류를 범하게 된다. 즉, 자음의 각 부분이 동시에 현현한다고 간주하는 한, 한 번의 노력으로 각 부분음성이 동시에 현현하게 된다. 마찬가지로 그다음의 노력도 아무 소용이 없을 것이다.

490.

[반론]

다수[의 앎]에 의해 그것(2마트라의 장모음)을 파악할 때, 최종의 앎이 [다른 앎에 의해서] 직접적으로 파악된다[고 한다면 다수의 앎에 의해 그 다수의 근거를 본질로 하는 자음을 파악하는 것이 행해진다면, 뒤의 최종적인 부분을 파악하는 최종의 앎이 다른 앎에 의해서 직접적으로 경험된다. 그 앎에 의해 2마트라 등의 장모음에 대한 앎이 있을 것이다].

anekayā tadgrahaṇe yā antyā dhīḥ sā anubhūyate/

[답론]

(그러나) 그것(최종의 앎)도 또한 '2마트라 장모음'을 파악하지 못한다. 그 '2마트라 장모음을 파악했다'라는 기억은 있을 수 없[다는 오류를 범하]게 될 것이다. [그런데 2마트라의 장모음에 대한 앎이라는 기억은 존재한다.]

na dīrghagrāhikā sā ca tan na syād dīrghadhīsmṛtiḥ//(k.490)

案

위의 송은 2마트라 모음 등의 장모음에 대해서는 다수의 앎이 차례로 생기며, 그리고 그 최종의 앎만이 다음 찰나의 다른 앎에 의해 직접적으로 경험된다는 견해를 논파한 것이다. 덧붙여 도사키는 다음과 같이 설명한다. "선행하는 각 부분음성에 대한 앎들은 단절 없이 생기기 때문에 다른 앎에 의해서 직접적으로 경험되지 않고 소멸한다. 또한 대론자는 그들 앎이 자기 자신을 인식한다는 것은 인정하지 않는다. 그런데 이전에 직접적으로 경험된 적이 없는 것은 뒤에 기억되지 않기 때문에 그 선행하는 앎은 기억되지 않는 것이다. 또한 최종의 앎은 다른 앎에 의해서 직접적으로 경험되며 그런 까닭으로 뒤에 기억된다고 해도 그 최종의 앎은 최종의 부분음성만을 파악할 뿐 2마트라의 모음을 파악하지 않는다. 따라서 뒤의 2마트라의 모음을 인식했다고 기억하는 것은 있을 수 없다. 그러나 사실은 그와 같은 기억은 있기 때문에 대론자의 그 견해는 바르지 않다."(T하.176)

491-1.

[반론]

선행하는 앎에 대해서도 각각 다른 앎이 생기며 그것들을 직접적으로 경험한다. 따라서 각 부분음성에 대한 앎은 모두 직접적으로 경험되기 때문에 모두 기억된다. 그 경우 '2마트라의 장모음을 인식했다'라고 기억된다.

[답론]

또한 여러 앎들이 각각 인식된다고 해도, 그 소리를 듣는 것(청각)은 단절됨이 없이 [연속적으로] 현현하지 않[는다는 오류를 범하]게 될 것이다.

pṛthak pṛthak ca buddhīnāṃ saṃvittau taddhvaniḥ śruteḥ/
avicchinnābhatā na syād(k.491-1)

案

대론자에 의하면 선행하는 앎이 자기 자신에 의해서 인식되는 것이 아니라 다른 앎에 의해 인식된다는 것이다. 대론자의 주장을 그림으로 제시하면 다음과 같다.(T하.176~177)

	부분음성	앎(청각)	다른 앎
제1찰나	음성[1]		
제2찰나		청각[1]	
제3찰나	음성[2]		청각[1]의 앎
제4찰나		청각[2]	
제5찰나	음성[3]		청각[2]의 앎
제6찰나		청각[3]	
제7찰나			청각[3]의 앎

그림에서 보는 바와 같이 청각도 다른 앎에 의해 방해를 받아 단절되어 현현하게 된다. 이렇게 되면 장모음은 들리지 않게 된다는 오류를 범하게 된다.

491-2.

[반론]

사실은 띄엄띄엄 단절되어 들리는 것이지만 그들 들리는 것이 신속하게 생기기 때문에 그것들은 연결된다. 달리 말하면 연속한 하나의 들림[聞], 즉 하나의 장모음의 들림인 것처럼 경험된다.

[답론1]

[각각 단절되어 들리는 것이지만, 그 소리를 듣는 청각이 신속하게 생기기 때문에] 연속된다는 [당신의 주장은] 이미 논박되었다.

ghaṭanañ ca nirākṛtam//(k.491-2)

492.

[답론2]

만약 그(청자)가 단절되어 [소리를] 듣는다고 해도, [청각이 신속하게 생기기 때문에] 단절없[이 연속적으로 들리]는 것이 착오라고 한다면, 두 개의 단모음을 발음하는 경우에도 [마찬가지로 청각이 신속하게 생기기 때문에] 단절없[이 연속적으로 들리]는 것이 착오라고 해야만 할 것이다.

vicchinnaṃ śṛṇvato apy asya yady avicchinnavibhramaḥ/
hrasvadvayoc cāraṇe api syād avicchinnavibhramaḥ//(k.492)

案

그러나 그렇지 않다. 두 개의 단모음을 발음하면 그 각각의 모음은 단절되어 발음되지, 하나의 연속적인 장모음으로 발음되지는 않기 때문이다. 따라서 신속성을 연속성의 착오의 원인으로 간주할 수 없다.

493.

[반론]

실제로 귀에 띄엄띄엄 단절되어 들리는데도 불구하고 감관의 무엇인가의 결함에 의해 연속하는 것처럼 증익(착오)되는 것이다.

[답론1]

또한 감관에 의한 인식(청각)이 단절[되어 생김]에도 불구하고 단절되지 않는 것(연속적으로 생기는 것)으로 증익되는 것은 감관에 의한 것이 아니다. 왜냐하면 [만약 그렇게 되면 연속적으로 생기는] 감관에 의한 인식(시각·청각·미각 등)들은 모두 허망한 것이 되는 오류를 범할 것이기 때문이다.

vicchinne darśane ca akṣād avicchinnādhiropaṇam/

na akṣāt sarvākṣabuddhīnāṃ vitathatvaprasaṅgataḥ//(k.493)

案

청각이 단절됨에도 불구하고 단절되지 않는 것처럼 증익되는 것이 감관의 결합에 의한 것이라고 한다면 단절 없이 연속적으로 지각하는 다른 감관지각은 모두 허망한 것이 될 것이다.

494.

[답론2]

실로 모든 [자음 가운데] 최소단위의 자음 그 자체도 순간과 같이 [짧은 시간] 지속하는 것이다. 그리고 그것(순간이라는 짧은 시간)은 다수의 극미와 결합함으로써 계시적으로 완결되는 것이다.

sarvāntyo api hi varṇātmā nimeṣatulitasthitiḥ/

sa ca kramād anekāṇusambandhena nitiṣṭhati//(k.494)

495.

[답론3]

그리고 찰나[라는 시간]는 '극히 짧은 시간'이며 하나의 극미를 통과하는 시간이라 생각된다. 또한 앎은 찰나적인 것이다. 따라서 자음은 계시적으로 인식되는 것이다.

ekāṇvatyayakālaś ca kālo alpīyān kṣaṇo mataḥ/

buddhiś ca kṣaṇikā tasmāt kramād varṇān prapadyate//(k.495)

496.

[답론4]

따라서 자음이나 '색깔 있는 모양'[色] 등에 관한 앎이 다른 것(앎)에 의해서 단절됨에도 불구하고 단절되지 않는 것처럼 현현하는 [그들 인식의] 모두는 허망한 것이 될 것이다.

iti varṇeṣu rūpādāv avicchinnāvabhāsinī/

vicchinnā apy anyayā buddhiḥ sarvā syād vitathārthikā//(k.496)

案

위의 493~496송을 일괄해서 도사키는 해설한다. "자음의 최소단위는 가령 'a' 등의 단모음과 같이, 1마트라의 자음이지만, 그 단모음의 자음조차 여러 찰나를 요한다. 달리 말하면, 그 자음을 구성하는 부분음성이 계시적으로 생기며, 여러 찰나를 경과하여 자음이 완결된다. 한편 인식은 찰나적 존재이다. 따라서 자음은 그 부분음성이 계시적으로 인식된다고 보지 않으면 안 된다. 따라서 만약 그 각 부분음성에 대한 청각($A_{1,2,3}$)이 각각 나아가 다른 청각에 의해서 인식되는 것이라면 청각은 다른 청각에 의해서 단절되는 것이다. 요컨대 단음(短音)의 자음조차 단절되어 들리게 되는 것이다. 그러나 그것은 우리들의 경험에 위배된다. 만약 단절된 청각인 것이지만 마치 연속하여 들리는 것처럼 감관의 무엇인가의 결함에 의해서 착오를 범하는 것이라면 우리들의 연속적인 청각은 허망한 것이 된다. 이것은 단음의 자음뿐만 아니라 장음(長音)의 자음에 관해서도 똑같이 말할 수 있는 것이다. 또한 청각뿐만 아니라 색깔 있는 모양을 연속적으로 지각하는 시각 등도 마찬가지로 허망한 것이 된다. 그러나 그것은 이치에 맞지 않다."(T하.180)

순간이란 찰나이며 눈 깜빡할 사이의 극히 짧은 시간이며 하나의 극미를 통과하는 데 걸리는 시간이다. 그런데 자음의 최소단위인 1마트라의 자음조차도 수 찰나가 걸린다. 따라서 자음도 그 부분음성이 계시적으로 인식된다고 해야만 한다. 그런데 그 각각의 부분음성에 의해 청각(앎)이 생기는데, 그다음 부분음성을 계시적으로 듣기 위해서는 이전의 청각(앎)이 다른 앎에 의해서 인식되는 것이 아니라 청각(앎) 자신에 의해 인식되어야만 한다. 그다음 청각도 마찬가지로 다른 앎에 의해서가 아니라 자기 자신에 의해 인식되어야만 음성의 연속성이 보장되는 것이다. 만약 대론자와 같이 자음이나 색깔 있는 모양과 같은 색 등에 관한 앎이 다른 앎에 의해 단절됨에도 불구하고 단절됨이 없이 현현한다고 한다면 그들 앎 모두는 허망한 것으로 된다.

497.

[반론]

재인식이 부분음성을 동일한 것으로 결합한다.

[답론1]

또한 감관의 착오 이외에 다른 존재들을 ['이것이 바로 그것이다'라고 전후의 존재를 동일한 것으로] 결합하는 것[으로 생각되는 재인식]은 [존재들의 전후의] 특징의 차이를 [간과하는] 착오인 기억이며, 그것은 분별[적 인식]이다.

ghaṭanaṃ yac ca bhāvānām anyatra indriyavibhramāt/
bhedālakṣaṇavibhrāntaṃ smaraṇaṃ tad vikalpakam//(k.497)

498.

[답론2]

그 언어와 결합한 그것(재인식)이 어떻게 해서 [대상을] 선명하게 현현할 수 있을까? '[자상이] 감관에 의해 파악될 때, 언어들과의 결합은 존재하지 않는다'라고 이전에 논술되었다.

tasya spaṣṭāvabhāsitvaṃ jalpasaṃsargiṇaḥ kutaḥ/
na akṣagrāhye asti śabdānāṃ yojanā iti vivecitam//(k.498)

案

대론자에 의하면 우리가 소리를 들을 때 연속해서 우리의 귀에 들리는 것은 사실은 띄엄띄엄 단절되어 들리는 부분음성이 재인식에 의해 동일한 것으로 결합하기 때문이다. 그런데 우리의 귀에 들리는 소리는 매우 선명하다. 만약 재인식에 의해 동일한 것으로 결합한다면 그 소리는 희미하게 들려야 할 것이다. 왜냐하면 재인식은 기억을 본질로 하며, 언어와 결합한 분별적 인식이기 때문이다. 따라서 재인식은 거기에 개입하는 것이 아니다. 결국 장모음 등이 들리는 것은 실은 띄엄띄엄 단절되어 들리는 것이지만, 재인식이 띄엄띄엄 들리는 부분음성을 동일한 것으로 인식하기 때문에 연속해서 들리는 것처럼 경험된다고 할 수가 없다.

499.

[반론]

만약 [자기에 대한 앎에 의해서 단절된] 감관들[에 의한 지각]에 의해서 [사람은] 단절된 것(대상)을 지각한다고 해도, [이어서 생기는] 분별[적 인식]이 [그 단절된 대상을] 결합할 것이라고 한다면?

vicchinnaṃ paśyato apy akṣair ghaṭayed yadi kalpanā/

[답론]

대상과 그것(대상)의 앎은 [각각] 연속해서 현재 현현하고 있지만 그것에 대한 바른 논리적 반증이 없는 경우, 어떻게 '[그것들이] 단절된다'라고 말할 수 있을까?

arthasya tat saṃvitteś ca satataṃ bhāsamānayoḥ//(k.499)

bādhake asati san nyāye vicchinna iti tat kutaḥ/

案

위의 송에 대해 도사키는 "대론자는 '단절되는 감관지각($A_{1,2,3}$)이 단절되는 대상($a_{1,2,3}$)을 지각하는데, 분별적 인식이 그것들을 단절이 없는 것으로 착오한다'라고 하지만, 원래 대상이든 감관지각이든 그것들이 단절하고 있다고 말할 수 있는가? 사실, 장모음 등을 들을 때, 우리들의 경험 안에서 그것들은 단절 없이 현현한다. 따라서 특히 그와 같은 우리들의 경험에 대해서 바른 논리적인 반증이 없는 한, '단절한다'라고는 말할 수 없는 것이다"(T하.183)라고 설명한다.

요컨대 대론자의 반론 요지는 대상도 대상을 인식하는 감관지각도 모두 띄엄띄엄 단절하여 생기지만, 분별적 인식이 그것들을 단절이 없는 것으로 착오를 한다는 것이다. 그런데 이것은 우리의 경험에 반한다. 장모음 등을 연속해서 듣는다고 하는 이에 대한 논리적 반증이 없는 한 단절되어 있다고 말할 수 없다.

500.

[반론]

만약 앎들에는 [각각 하나의 앎만을 생기게 하는 인과적 효과의] 능력의 한정[이 있어, 인식대상의 앎과 인식주관의 앎이 동시에 생기는 것은 있을 수 없기] 때문이라고 한다면?

buddhīnāṃ śaktiniyamād iti cet

案

반론의 취지는 다음과 같다. "앎은 다음 찰나에 앎을 생기게 하지만 그 능력에는 제한이 있으며 하나의 앎만을 생기게 한다. 두 개의 앎을 생기게 하지 않는다. 따라서 두 개의 앎이 동시적으로 생긴다는 것은 있을 수 없다. 지금의 문제에 맞추어서 말하면 인식대상인 앎과 인식주관인 앎이 동시적으로 생긴다는 것은 있을 수 없다. 이와 같이 두 개의 앎이 동시적으로 생길 수 없다는 것이 청각$A_{1,2,3}$…이 인식주관인 앎($A'_{1,2,3}$)에 의해서 단절된다고 간주하지 않으면 안 되는 근거가 있다."(T하.183)

[답론]

그것(인식에 인과적 효과의 능력의 한정이 있고, 두 개의 인식이 동시에 생기지 않는다는 것)은 어떠한 것(근거)에 의해서 승인되는가?

sa kuto mataḥ//(k.500)

案

여기서 두 개의 앎이란 '인식대상에 대한 앎'과 '인식주관에 대한 앎'이다. 그런데 대론자는 일관되게 두 개의 앎은 계시적으로 생기지만 신속하게 생기기 때문에 동시적으로 생기는 것으로 착오를 한다는 것이다. 요컨대 그는 이심병기(二心竝起), 즉 두 앎의 동시 생성을 인정하지 않는 입장이다. 다르마키르티는 두 개의 앎이 동시에 생기지 않는다는 주장의 근거는 무엇인가라고 다시 되묻고 있는 것이다.

501-1.

[반론]

만약 동시에 [생긴 두 개의] 인식은 보이지 않기[不見] 때문이라고 한다면?

yugapad buddhyadṛṣṭeś cet

[답론]

바로 이것이 검토되어야 한다.

tad eva idaṃ vicāryate/(k.501-1)

案

대론자의 반론은 추론식으로 제시하면 다음과 같다.

주장명제 : 두 개의 앎은 동시에 존재하는 것이 아니다.

이유명제 : [두 개의 앎은 동시에 존재하는 것이] 인식되지 않기 때문이다.

이것은 비인식에 근거한 추론이다. 그런데 '두 개의 앎의 동시 생기'가 '비인식'을 추론인으로 하여 부정된다면 띄엄띄엄 단절되어 들리는 것은 인식되지 않기 때문에 부정되어야 한다. 그런데 대론자는 띄엄띄엄 단절되어 들리는 것은 인정한다. 따라서 두 개의 앎의 동시 생기를 부정하는 근거를 제시한 비인식[不見]은 바른 근거라고 할 수 없다. 바른 근거란 어떤 경우에는 맞고 어떤 경우에는 틀릴 수 있는 것이 아니다. 똑같이 적용되는 것이다.

501-2, 502-1.

[반론]

불교 성전에도 두 개의 앎이 동시적으로 생길 수 없다고 하지 않는가?

[답론]

동류의 존재에 관해서 그것(앎)들에 있어서는 [동류에 대한 두 개의 앎을 생기게 하는 인과적 효과의] 능력의 한정이 있을 것이다. 예를 들면 분별[적 인식]은 계시적으로 생기는 것으로 인정되지만 [그러나] 그것은 바르다.

tāsāṃ samānajātīye sāmarthyaniyamo bhavet//(k.501-2)

tathā hi samyak lakṣyante vikalpāḥ kramabhāvinaḥ/(k.502-1)

案

다르마키르티에 의하면 '두 개의 앎이 동시에 생긴다'(二心竝起)는 동류의 인식과 이류의 인식으로 나누어서 고찰해야 한다. 그 두 개의 앎이 동류일 때, 가령 푸른색의 지각과 노란색의 지각은 동류의 눈에 의한 지각이기 때문에 동시에 생길 수가 없다. 가령 푸른색의 지각에 푸른색이라는 언어가 개입되어 '저것은 푸른색이야!'라는 분별적 인식과 노란색의 지각에 노란색이라는 언어가 개입되어 '저것은 노란색이야!'라는 분별적 인식도 동류의 분별에 의한 인식이기 때문에 동시에 생길 수가 없다. 그러나 연극을 관람할 경우, 눈으로 배우의 연기를 보고, 귀로 노래를 들으며, 혀로 과자를 맛보며, 공연이 끝나면 저 배우에게 꽃을 선물해야지라는 분별적 인식은 동시에 생긴다. 그것이 동시에 가능한 것은 다 이류이기 때문이다. 다르마키르티는 "'두 개의 마음이 동시에 생긴다는 것은 이치에 맞지 않다'라고 하신 세존의 말씀은, 바로 동류의 마음을 두고 하신 것이다"라고 해석한다. 요컨대 이류인 무분별 인식과 분별적 인식의 동시생기는 부정되지 않는다.

502-2, 503-1.

[반론]

미망사학파에 의하면 재인식은 지각이다.

[답론]

이것에 의해서(분별적 인식과 무분별적 인식이 동시에 생길 수 있다는 것에 의해서) '눈앞의 대상에 대한 재인식인 분별[적 인식]은 선명하게 현현하는 지각이다'라고 생각하는 자(미망사학파 논사의 주장)도 부정된다.

etena yaḥ samakṣe arthe pratyabhijñānakalpanām//(k.502-2)
spaṣṭāvabhāsāṃ pratyakṣāṃ kalpayet so api vāritaḥ/(k.503-1)

案

재인식은 직접적 인식이 아니라 간접적 인식이다. 그런데 재인식이 감관지각과 동시에 생기기 때문에 감관지각에 의해 선명하게 현현한 것으로 착오를 하여 재인식이야말로 선명한 것처럼 미망사학파의 논사는 믿어 버린다. 따라서 재인식은 지각이 아니라 기억에 근거한 분별적 인식이다.

503-2, 504.

[반론]

재인식은 지각이다.

[답론1]

[새로 난] 털이나 [마법사의] 공, [찰나멸하는] 등불 등은 차이[를 본질로 하는 개체]라는 것이 알려져 있는데[만약 그것들에 관한 재인식이] 선명하게 현현하기 때문에 [지각이라고 한다면, 그러나] 이와 같은 앎(재인식)이 어떻게 직접지각이라고 할 수 있는가? 따라서 재인식을 근거로 자음 등의 동일성을 판단해서는 안 된다.

keśagolakadīpādāv api spaṣṭāvabhāsanāt//(k.503-2)
pratītabhede apy adhyakṣā dhīḥ kathaṃ tādṛśī bhavet/
tasmān na pratyabhijñānād varṇādyekatvaniścayaḥ//(k.504)

案

지금 눈에 보이는 머리털이나 마법사의 공 및 등불의 빛을 보고 '이것이 바로 그것이다'라고 하는 것이 재인식이다. 설령 그 재인식이 선명하게 현현한다고 해도 그것도 서로 다른 두 현실적 존재를 같은 것으로 착오를 하는 것이기 때문에 지각이 아니라 분별적 인식이다. 따라서 재인식에 근거하여 자음 등의 동일성을 판단해서는 안 된다. 그것은 착오에 지나지 않을 뿐이다.

505.

[답론2]

'이전에 직접적으로 경험한 것을 기억'하지 않고, [또한] '그것(이전에 직접적으로 경험한 것)의 속성을 [현재의 대상에] 가탁'하지 않고서, '이것이 바로 그것이다'라는 앎(재인식)은 [있을 수] 없다. 무엇을 근거로 그것(재인식)이 감관에 의해 생긴 것이라 하는가? [따라서 재인식이 감관지각이라고 간주하는 미망사학파의 주장은 논파된다.]

pūrvānubhūtasmaraṇāt taddharmāropaṇād vinā/
sa eva ayam iti jñānaṃ na asti tac ca akṣaje kutaḥ//(k.505)

案

재인식은 이전에 직접 경험한 것을 기억하고 또한 이전에 직접 경험한 것의 속성을 현재의 대상에 가탁하여 생기는 것이기 때문에 감관에 근거한 앎, 즉 감관지각이라 할 수가 없다.

506, 507-1.

[반론]

대론자는 청1각($A_{1,2,3}\cdots$)이 단절된다는 오류를 피하기 위해 앎($A'_{1,2,3}$)은 각각 청각($A_{1,2,3}\cdots$)과 동시에 생긴다고 한다.

[답론]

또한 '대상의 앎'과 '[대상의] 앎에 대한 앎'이 동시에 생기지는 않는다.

왜냐하면 대상의 현현과 대상의 앎의 현현이 별개로 인식되지는 않기 때문이다. 실로 '대상현현을 가진 앎'과 '다만 외계의 대상뿐'[이라는 두 개의 현현]은 없다.

na ca arthajñānasaṃvittyor yugapat sambhavo yataḥ/
lakṣyate pratibhāso vā na arthārthajñānayoḥ pṛthak//(k.506)
na hy arthābhāsi ca jñānam artho bāhyaś ca kevalaḥ/(k.507-1)

案

만약 '대상의 앎'(지각)과 '대상의 앎에 대한 앎'이 동시에 생긴다고 한다면 두 앎의 대상인 대상과 대상의 앎이 별도로 현현해야만 할 것이다. 왜냐하면 대상이 달라야만 대상에 대한 앎도 다르기 때문에, 앞에서도 말한 바와 같이 이류일 때 동시에 생긴다는 원칙에 부합하게 된다. 하지만 실로 대상[소리]과 대상의 앎[청각]이 별개로 현현하지 않는다. 따라서 '대상의 앎'과 '대상의 앎에 대한 앎'은 동시에 생긴다고 할 수가 없다.

507-2.

[반론]

'대상의 앎'과 '대상의 앎에 대한 앎'에는 전자는 외계대상을 현현하고 후자는 대상형상을 가진 대상의 앎을 현현한다는 차이가 있지만, 그러나 직후에 생기는 분별적인 앎이 양자를 같은 것으로서 파악한다. 그러므로 대상과 대상의 앎이 별도로 우리들에게 의식되는 것은 아니다.

[답론]

[대상의 앎과 대상의 앎에 대한 앎이] 동일한 형상을 가진 앎(다른 분별적

앎)에 의해서 파악된다면, [대상의 앎과 대상의 앎에 대한 앎은] 차이가 없다는 오류를 범하기 때문이다.

ekākāram atigrāhye bhedābhāvaprasaṅgataḥ//(k.507-2)

案

존재(대상)의 차이는 앎[인식]의 차이에 기인하는 것이다. 그 역은 아니다. 앎[인식]이 다수의 형상을 가지고 생길 때 그것을 근거로 다수라고 알려진다. 따라서 '대상의 앎'과 '대상의 앎에 대한 앎'의 동일한 하나의 형상을 가진 다른 분별적 앎에 의해 파악된다고 하는 것은, '대상의 앎'과 '대상의 앎에 대한 앎'은 동일체라는 것을 의미한다. 따라서 '대상의 앎'과 '대상의 앎에 대한 앎'이라는 두 개의 앎(인식)은 동시에 생긴다고 할 수 없다. 왜냐하면 그 두 앎은 이류(異類)가 아니라 동류(同類)이기 때문이다.

508.

[반론]

'대상의 앎'과 '대상의 앎에 대한 앎'은 동시에 생긴다.

[답론]

대상과 대상의 앎이 인식될 때, 분명한 차이에 의해 알려지지 않는다. [그런데] 어떻게 해서 그것(대상과 대상의 앎)들이 뒤에 ['이러이러한 대상이 있었다' 또는 '이러이러한 대상의 앎이 있었다'라고] 별도로 기억될 수 있는가?

sūpalakṣyeṇa bhedena yau saṃvittau na lakṣitau/

arthārthapratyayau paścāt smaryete tau pṛthak katham//(k.508)

案

'이러이러한 대상이 있었다'라든가 '이러이러한 대상의 앎이 있었다'라는 기억이 있을 수 있으려면, 대상과 대상의 앎이 직접적으로 인식될 때 명백한 차이에 의해서 별개의 존재로 인식되어야만 한다. 그런데 대상과 대상의 앎이 직접적으로 인식될 때 명백한 차이에 의해 인식되지 않는데, 어떻게 다른 기억들이 생길 수 있는가? 그런 일은 결코 있을 수 없다. 따라서 '대상의 앎' '대상의 앎에 대한 앎'은 동시적으로 생기는 것이 아니다.

509.

[반론]

만약 '대상의 앎'과 '대상의 앎에 대한 앎'이 계시적으로 생긴다고 한다면 무슨 오류가 있는가?

[답론1]

대상에 대한 직접적 경험과 대상의 앎에 대한 직접적 경험이 계시적으로 생긴다고 하는 경우에도, 현현의 차이가 [알려져야만 하는데도 실제로는 알려지지 않는다는] 비난을 받게 되는 오류는 제거하기 어렵다.

kramena anubhavotpāde apy arthārthamanasor ayam/
pratibhāsasya nānātvacodyadoṣo duruddharaḥ//(k.509)

510.

[답론2]

이와 같이 푸른색 등의 형상은 일자이며, [푸른색 등의] 느낌[앎] 또한 일자라고 특징 지어진다. 그러나 푸른색의 현현을 인식할 때, [그] 인식[느낌]은 다른 것(다른 인식)이 아니다. [그것은 자기인식(느낌)에 다름 아니다.]

tathā hi nīlādyākāra eka ekaṃ ca vedanam/
lakṣyate na tu nīlābhe vedane vedanaṃ param//(k.510)

案

'대상의 앎'과 '대상의 앎에 대한 앎'이 동시적으로 생긴다고 해도, 계시적으로 생긴다고 해도 '대상의 앎'과 '대상의 앎에 대한 앎'이 별도로 존재하는 것이 아니다. 또한 푸른색의 형상은 '대상의 앎'에만 현현할 뿐, '대상의 앎에 대한 앎'에는 현현하지 않는다. 도사키는 "또한 느낌(능취)도 대상의 앎이 행하는 느낌뿐이며, 그 외에 대상의 앎의 앎이 행하는 느낌은 알려지지 않는다. 요컨대 존재하는 것은 대상의 느낌, 그것은 푸른색의 현현(소취형상)과 느낌(능취형상)을 갖는 것일 뿐이며 대상의 앎에 대한 앎이 별개로 존재하는 것은 아니다"(T하.192)라고 주석한다.

511, 512-1.

[반론]

앎은 다른 앎에 의해 인식된다.

[답론]

[앎은] 다른 앎에 의해서 직접적으로 파악된다고 한다면, 그것(다른 앎)에 대해서도 기억이 있다고 경험적으로 알려져야만 할 것이다. 그것(다른 앎)의 인식은 무엇에 의한 것인가? 만약 그것(다른 앎)도 다른 것(앎)에 의해 인식된다고 한다면, 이 연속되는 앎의 인식이라는 연쇄[관계]를 무엇이 생기게 하는가?

jñānāntareṇa anubhavo bhavet tatra api ca smṛtiḥ/
dṛṣṭā tadvedanaṃ kena tasya apy anyena ced imām//(k.511)
mālāṃ jñānavidāṃ ko ayaṃ janayaty anubandhinīm/(k.512-1)

案

'대상의 앎'이 자기 자신에 의해서가 아니라 다른 앎에 의해 직접적으로 경험된다면, '대상의 앎'과 '대상의 앎을 파악하는 다른 앎'도 기억되어야 할 것이다. 그런데 이전에 인식된 것만이 기억되는데, 대상의 앎은 다른 앎에 의해 파악되기 때문에 기억될 수 있지만, 그것을 파악하는 다른 앎은 인식된 적이 없기 때문에 기억되지 않을 것이다. 그런데 다른 앎이 기억되기 위해서는 또 다른 앎에 의해 다른 앎이 파악되어야 할 것이다. 이렇게 되면 무한소급의 오류를 범하게 된다. 따라서 앎은 다른 앎에 의해 파악되는 것이 아니라 앎 자신에 의해 파악된다는 자기인식을 인정해야만 한다.

512-2.

[반론]

선행하는 대상이나 감관에 의해서 후행하는 앎이 생기는 것이 아니다.

선행하는 앎이 후행하는 앎을 생기게 하는 것이다.

[답론1]

만약 선행하는 그 앎만이[후행하는 앎을 생기게 한다]라고 한다면, [앎은] 다른 대상으로 이행할 수 없을 것이다.

pūrvā dhīḥ sā eva cen na syāt sañcāro viṣayāntare//(k.512-2)

513.

[답론2]

후행하는 앎은, 파악대상으로서의 특성을 획득한, [후행하는 앎] 가까이에 있는, [후행하는 앎을] 생기게 하는 그 [선행하는] 인식을 파악하지 않고서, 어떻게 다른 것(외계대상)을 파악할 수 있을까?

tāṃ grāhyalakṣaṇaprāptām āsannāṃ janikāṃ dhiyam/
agṛhītvā uttaraṃ jñānaṃ gṛhṇīyād aparaṃ katham//(k.513)

案

만약 후행하는 앎이 선행하는 대상이나 감관에 의해서 생기는 것이 아니라 선행하는 앎에 의해 생긴다고 한다면, 그 선행하는 앎은 그보다 앞서 존재하는 앎에 의해서 생길 것이다. 그런데 선행하는 앎은 후행하는 앎의 파악대상으로서의 특성을 갖는 것이다. 다시 알기 쉽게 말하면 선행하는 앎은 후행하는 앎에 의해 파악된다는 것이다. 이렇게 선행하는 앎은 계속해서 후행하는 앎에 의해 파악된다면, 그 앎은 다른 대상으로 이행할 수 없게 된다. 그런데 우리의 앎은 앎의 앎, 그 앎의 앎의 앎 이런 식으로 무한소급해 가는 것이 아니라 다른 대상으로 이행해 간다는 것을 경험한다. 따라서 선행하는 앎이 후행하는 앎을 생기게 한다고 할 수도 없다.

514.

[반론]

가까이에 있는 [외계]대상은 앎의 연속을 방해하고 앎의 능력을 자기 쪽으로 이끌기 때문에 앎은 대상으로 이행한다.

[답론1]

자기인식을 생기게 하는 본질을 가진 것으로 한정된 내적인 부분을, 다른 외적인 부분이 어떻게 방해할 수 있을까?

ātmani jñānajanane svabhāve niyatāñ ca tām/
ko nāma anyo vibadhnīyād bahiraṅge antaraṅgikām//(k.514)

515.

[답론2]

실로 외계대상이 [앎에] 근접해 있다고 해도 그것(앎)을 방해할 수 없을 것이다. 만약 그렇지 않으면(외계대상이 앎을 방해한다면) [외계]대상은 [앎에 언제나] 근접해 있기 때문에 어떤 사람도 결코 [자신의] 앎을 [자신 스스로] 직접 경험할 수 없을 것이다.

bāhyaḥ saṃnihito apy arthaḥ tāṃ vibandhuṃ hi na prabhuḥ/
dhiyaṃ na anubhavet kaścid anyathā arthasya saṃnidhau//(k.515)

516.

[답론3]

[앎] 가까이에 [외계]대상이 없는 경우는 결코 없다. 이것으로 말미암아 [분별적] 앎인 기억도 뿌리째 붕괴되어 소멸한다. 이것은 [너무나] 놀라운 발상이다.

na ca saṃnihitārthā asti daśā kācid ato dhiyaḥ/
utsannamūlā smṛtir apy utsannā ity ujjvalaṃ matam//(k.516)

案

선행하는 앎에 의해 후행하는 앎이 생긴다고 하는 것은 마음의 상속, 즉 심상속의 과정 내에서의 사건이다. 그런데 이러한 마음 내적인 사건에 대해 외계대상이 방해하는 것은 불가능하다. 그런데 설령 외계대상이 마음의 내적인 흐름을 방해한다고 한다면 외계에는 언제나 대상이 존재하기 때문에 항상 마음의 흐름에 개입하게 될 것이다. 이렇게 되면 앎이 앎을 직접적으로 경험한다는 것은 결코 있을 수 없다. 그런데 우리는 우리의 마음의 연속적 흐름을 경험한다. 따라서 가까이에 있는 대상이 앎의 연속을 방해하여 앎의 능력을 자기 쪽으로 이끌기 때문에 앎은 대상으로 이행한다고 할 수 없다.

517.

[반론]

앎이 다른 대상으로 이행하는 것은 외계에 존재하는 그 다른 대상이 앎을 방해하기 때문이다.

[답론]

과거[의 사건] 등을 분별할 때 [외계]대상은 [그 분별에] 근접하지 않는다. 따라서 이행[하게 하는] 원인이 없기 때문에 [외계]대상에 대한 앎은 [뿌리째] 붕괴되어 버릴 것이다.

atītādivikalpānāṃ yeṣāṃ na arthasya saṃnidhiḥ/
saṃcārakāraṇābhāvād utsīded arthacintanam//(k.517)

案

'자기 자신을 생기게 하는 본질을 가진 것으로 한정된 내적인 부분'이란 선행하는 앎에 의해 후행하는 앎이 생기고, 그 후행하는 앎이 원인이 되어 다음의 앎을 생기게 하는 일련의 심상속의 과정이다. 이렇게 심상속 과정에는 외계의 존재가 방해할 여지가 없다. 그런데 만약 외계대상이 방해한다면 외계에는 언제나 대상이 존재하기 때문에 항상 앎을 방해할 것이다. 이렇게 되면 앎이 앎 자신을 직접적으로 파악하는 자기인식이란 불가능하게 될 것이다. 이렇게 앎 자신이 자신을 직접적으로 파악할 수가 없다면 기억은 불가능하다. 왜냐하면 이전에 이미 파악된 것을 전제로 기억이라는 분별적 인식작용이 가능하기 때문이다. 우리의 사유작용에서 기억이 없는 인식작용이란 결코 생각할 수가 없다. 또한 만약 앎이 다른 대상으로 이행하기 위해서는 외계에 존재하는 대상의 방해가 요구된다고 한다면, 이러한 방해는 현재의 대상에 대한 직접적 인식인 지각에는 영향을 미칠 수가 있지만, 과거의 대상에 대한 간접적 인식인 분별적 인식에는 영향을 미칠 수가 없을 것이다. 왜냐하면 분별적 인식에는 외계대상이 가까이 존재하는 상황은 있을 수 없기 때문이다. 따라서 일단 과거의 사건에 대해 분별적 인식이 생긴 사람에게는 현재 순간의 다른 대상에 대해 분별적 인식이 일어나지 않게 된다. 그런데 현재 순간의 다른 대상에 대해 지각뿐만 아니라 분별적 인식도 일어난다는 것을 우리는 경험한다. 따라서 대론자의 반론은 사실을 위배한다고 할 수 있다. 결국 외계대상이 앎을 방해한다는 반론은 인정하기 어렵다.

518.

[반론]

만약 [선행하는 앎이] 자신의 앎을 생기게 한다고 하더라도 [앎을 생기게 하는 인과적 효과의] 능력이 점점 소진하기 때문에 다른 대상으로 이행한다고 한다면?

ātmani jñānajanane śaktisaṃkṣayataḥ śanaiḥ/

viṣayāntarasaṃcāro yadi

[답론1]

만약 이전의 앎이 [후행하는 앎을 생기게 하는 인과적 효과의] 능력을 소진해 버린다면, 바로 그 대상에 대한 앎은 어떻게[생길 수 있는가]?

sā eva arthadhīḥ kutaḥ//(k.518)

śaktikṣaye pūrvadhiyaḥ

案

대론자에 의하면 선행하는 앎이 후행하는 앎을 생기게 하지만, 앎은 후행하는 앎을 생기게 하는 인과적 효과의 능력이 점차 소진되다가 결국은 앎을 생기게 하는 능력이 완전히 소진되게 되면 다음의 앎을 낳지 못하고 다른 대상으로 이행한다. 따라서 앎은 대상에로의 이행이 가능하다는 것이다. 하지만 인과적 효과의 힘을 다 소진한 앎이 외계대상의 앎을 생기게 할 수는 없다.

519.

[답론2]

실로 앎은 선행하는 앎 없이는 [생길 수] 없다. 왜냐하면 [선행하는] 앎이 다른 대상에 [장애를 받아 인식을 생기게 하는 인과적 효과의] 능력을 결여할 때, [후행하는] 앎이 생긴다는 것은 알려지지 않기 때문이다.

na hi dhīḥ prāg dhiyā vinā/
anyārthāsaktiviguṇe jñāne jñānodayāgateḥ//(k.519)

案

요컨대 선행하는 앎이 인과적 효과의 능력을 소멸할 때, 다른 대상에 대한 앎도 생기지 않을 것이다.

520.

[반론]

아뢰야식(阿賴耶識, ālayavijñāna)에서 육전식(六轉識, 안식·이식·비식·설식·신식·의식)이 동시에 생긴다고 말해지는 것은 아닌가? 그렇기 때문에 그것(육전식)들은 가령 선행하는 식이 대상에 집착해 있고 (뒤의 앎을 생기게 하는) 능력을 갖지 않아도 다른 아뢰야식으로부터 생길 것이다. 왜냐하면 아뢰야식의 능력은 저지되지 않기 때문이다.

[답론1]

비록 [아뢰야식으로부터] 동시에 이류[의 인식들]가 생길 때에도, 단일하며 한층 강렬한 앎에 의해서 무능력하게 된 아뢰야식으로부터 다른 것(인식)은 생기지 않는다.

sakṛd vijātīyajātāv apy ekena paṭīyasā/
cittenāhitavaiguṇyād ālayān nānyasambhavaḥ//(k.520)

521.

[답론2]

만약 그렇지 않다면(선행하는 앎이 후행하는 앎의 원인이 아니라면) 다른 [후행하는] 앎은 [선행하는] 앎의 활동의 동일성(능력)을 필요로 하지 않을 것이다. [분별적 인식인] 앎이 계시적으로 생기는 것도 역시 [후행하는 앎이 선행하는 앎을] 필요로 한다는 것을 증명한다.

na apekṣeta anyathā sāmyaṃ manovṛtter mano antaram/
manojñānakramotpattir apy apekṣā prasādhanī//(k.521)

案

다른 강렬한 앎에 의해 인과적 효과의 능력을 상실한 아뢰야식 대신에 동시에 존재하는 다른 앎에 의해 뒤의 전식이 생기게 된다. 아뢰야식으로부터 앎이 생길 때에도 선행하는 앎이 작용에 따라 생긴다. 따라서 후행하는 앎은 선행하는 앎에 의해서 생긴다는 것을 인정해야 한다. 그런데 만약 분별적 인식인 마나스(manas, 意)가 선행하는 앎을 필요로 하지 않는다면 분별적 인식들은 아뢰야식으로부터 동시에 생기게 된다. 그러나 사실 분별적 인식들은 동시적으로 생기는 것이 아니라 계시적으로 생기는 것이다. 따라서 분별적 인식인 마나스는 선행하는 앎을 원인으로 하여 생긴다는 것을 인정해야 한다.

522.

[반론]

만약 "[직전의 분별적 인식인] 의식은 일자이기 때문에 [그것이] 어떤 것(가령, 눈)에 밀착해 있을 때 다른 것(가령, 귀)에는 이르지 못하므로, [눈의 지각인 시각과 동시에] 다른 인식(귀의 지각인 청각)은 생기지 않는다"라고 한다면?

ekatvān manaso anyasmin saktasya anyāgater yadi/
jñānāntarasya anudayo

[답론1]

[일자인 의식(마나스)이 눈과 결합함과 동시에 귀와 결합하는 것은 불가능하다. 따라서 눈의 지각과 귀의 지각은 동시에 생기지 않는다고 하는 주장은] 바르지 않다. 왜냐하면 어떤 경우에는 [이류의 여러 앎들이] 동시에 생기기 때문이다.

na kadācit sahodayāt//(k.522)

523.

[답론2]

그런데 [당신의 주장에 의하면, 대상이나 인간의 의지적] 행위가 같을 때[에도 같지 않을 때에도, '의식은 항상 하나의 감관과 결합하고, 다른 감관과 결합하지 않는다는 조건'은] 같기 때문에 언제나 다른 것을 인식하지 않는 것이 될 것이다. 또한 아트만과 의식의 결합만으로 생기는 것(과거 등에 관한 각종의 분별적 인식)이 동시에 생기게 될 것이다. [그러나 이것은 사실에 위배된다. 왜냐하면 눈에 의한 지각(안식)이나 귀에 의한 지각(이식)과 같은 이류의 인식들은 동시에 생기지만, 2개의 눈에 의한 지각이나 2개의 의식과 같은 동류의 인식들은 동시에 생기지 않기 때문이다.]

samavṛttau ca tulyatvāt sarvadā anyāgatir bhavet/
janma ca ātmamano yogamātrajānāṃ sakṛd bhavet//(k.523)

案

바이세시카학파에 의하면 앎들이 동시에 생기지 않는 것은 선행하는 앎에 의한 것이 아니다. 일자이며 상주이고 극미인 마나스에 기인하기 때문이다. 즉, 마나스는 일자이기 때문에 눈과 결합함과 동시에 귀와 결합할 수가 없다. 따라서 눈의 지각(시각)과 귀의 지각(청각)은 동시에 생길 수가 없다는 것이다. 이 학파의 논리는 두 개의 마음이 동시에 생길 수 없다고 하는 설일체유부의 '두 개의 마음의 동시 생기'[二心同時竝起] 부정설과 일맥상통한다. 또한 대론자의 견해에 의하면 대상이나 인간의 의지적 행위가 같든 다르든 간에 마나스는 항상 하나의 감관과 결합하고 다른 감관과 결합하지 않기 때문에 다른 앎은 생기지 않는다는 것이다. 하지만 대상이나 인간의 의지적 행위가 같을 때에는 모든 앎들이 동시에 생기고, 다르다면 어떤 앎은 생기지 않을 것이다. 앞서 든 예를 다시 들면 연극을 관람할 때 우리는 우리의 전오식(前五識)과 함께 제6식도 함께 동시에 작용한다는 것을 경험한다.

이것은 이류의 앎이기 때문에 가능한 것이다. 그리고 과거 등에 관한 분별적 인식이 아트만과 마나스의 결합만으로 생긴다면 동류의 분별적 인식들이 동시에 생겨야 할 것이다. 하지만 다르마키르티는 이류의 앎(안식과 이식, 안식과 분별적 인식)은 동시에 생기지만, 동류(두 개의 안식, 두 개의 이식, 두 개의 분별적 인식)의 앎은 동시에 생길 수가 없다고 답론한다.

524-1.

[반론]

단일한 것으로부터 단일한 행위가 있다. 의식은 단일하기 때문에 단일한 행위, 즉 단일한 분별적 인식만을 행하는 것이다.

[답론1]

만약 [의식이] 일자이기 때문에 단일한 [인식]행위만이 존재한다고 한다면 왜 [하나의] 등불에 다수의 [사람들의] 지각이 있는가?

ekā eva cet kriyā ekasmāt kiṃ dīpo anekadarśanaḥ/(k.524-1)

案

단일한 하나의 것(마나스)으로부터 단일한 하나의 행위가 발생한다는 것이 대론자의 원칙이다. 따라서 마나스(의식)는 단일한 하나이기 때문에 하나의 분별적 인식작용만을 행하는 것이다. 하지만 다르마키르티는 등불이 다수의 사람들의 지각을 생기게 한다는 반증 사례를 들어 단일한 하나의 것(마나스)이 단일한 하나의 행위만을 한다는 주장을 논파하고 있다.

524-2.

[반론]

원래 의식(마나스)은 계시적으로 작용을 하는 것이다.

[답론1]

[의식은] 계시적으로도 [인식을 생기게 할 수 있는 인과적 효과의] 능력을 가질 수 없을 것이다. 왜냐하면 [의식은 이전과] 이후에도 [어떠한] 차이가 없을 것이기 때문이다.

krameṇa api na śaktaṃ syāt paścād apy aviśeṣataḥ//(k.524-2)

案

마나스(의식)가 애당초 하나의 분별적 인식만을 낳고 동시적으로 다른 분별적 인식을 낳지 못한다면 계시적으로도 다른 분별적 인식을 낳을 수 없는 것이다. 왜냐하면 마나스는 이전과 이후에도 어떠한 차이가 없을 것이기 때문이다.

525-1.

[답론2]

이상으로 신체와 사람(아트만)에 관해서 검토되었다.

anena deha puruṣāv uktau(k.525-1)

案

522송에서 524송까지는 바이세시카학파의 마나스에 의해 다수의 분별적 인식들이 동시에 생길 수가 없다는 반론에 대한 다르마키르티의 답론이다. 마나스와 마찬가지로 신체와 사람, 즉 아트만도 상주이며 일자이기 때문에 다른 앎을 동시적으로 낳을 수 없다는 것이다.

525-2.

[반론]

여러 앎은 동시에 생기지 않는다. 달리 말하면 한정된 앎만이 생긴다는 결정은 잠재력에 기인하는 것이며 선행하는 앎에 기인하는 것은 아니다. 따라서 선행하는 앎이 후행하는 앎의 인이라고는 말할 수 없다.

[답론]

만약 형성력(잠재력, 습기)이 [후속하는 인식을] 한정한다고 한다면, 그것(형성력)은 무엇으로부터 생기는가? 만약 [형성력이] 뒤에 [선행하는] 인식으로부터 생긴다고 한다면, 그럴 것이다. [우리 불교인식논리학파도 그와 같은 의견에] 동의한다.

saṃskārato yadi/
niyamaḥ sa kutaḥ paścād buddheś ced astu sammatam//(k.525-2)

案

이 답론을 간략하게 제시하면 다음과 같다.

제1찰나 앎^{1}(因)

↓

제2찰나 형성력(잠재적인 힘, 습기)(果)(因)

↓

제3찰나 앎^{2}(果)

이렇게 전 찰나의 앎[1]에 의해 형성력이 생기고 이것이 다시 원인이 되어 다음 찰나의 앎[2]가 생기는 심상속의 과정을 다르마키르티는 인정하고 있다.

526.

[반론]

앎(선행하는 앎)이 후행하는 앎의 질료인인 것만은 인정되지만, [전자가] 후자의 인식대상인 것은 아니다. 그러므로 [후자는] 다른 대상으로 이행한다.

[답론]

[앎을] 생기게 하는 것(能生性) 이외에 다른 파악되는 것(파악대상, 所取性)은 [있을 수] 없다. [앎을] 생기게 하는 것이 파악되는 것(파악대상)의 특징이다. 실로 빛은 파악되는 것(파악대상, 所取性)이 아니라고 할 수 없다. 그리고 부분을 갖지 않는 것(하나의 획기적 전체로서 존재하는 앎)에는 미세성 등은 존재하지 않는다.

na grāhyatā anyā jananāj jananaṃ grāhyalakṣaṇam/
agrāhyaṃ na hi tejo asti na ca saukṣmyādy anaṃśake//(k.526)

案

앎은 빛과도 같다. 빛은 비춤의 주체(질료인)이면서 비춤의 대상(파악대상)인 것과 같이, 앎도 앎을 생성시키는 주체(질료인)이면서 생성되는 앎에 의해 파악되는 대상이기도 하다. 이것은 화이트헤드의 자기초월적 주체라는 발상과 아주 흡사하다. 화이트헤드는 "현실적 존재는 경험하는 주체인 동시에 그 경험의 자기 초월체이다. 그것은 자기 초월적 주체이며 이 두 측면의 기술은 어느 한 순간도 간과되어서는 안 된다."(앨프리드 노스 화이트헤드, 『과정과 실재』, 오영환 옮김)고 한다. 우리의 인식적 경험인 앎도 현실적 존재(vastu)이다. 이 앎이 다음 순간의 앎을 낳는다는 점에서 주체이지만, 낳자마자 찰나멸하여 다음 순간의 앎에 객체적 대상이 된다는 점에서 앎은 자기 초월적 주체이다. 이 자기 초월적 주체라는 개념은 불변의 실체인 아트만을 상정하는 것이 아니라 찰나멸을 본질로 하는 안아트만을 상정하는 사유체계에서는 아주 중요한 발상이라고 할 수 있다.

527-1.

[반론]

파악되는 것(파악대상, 所取性)으로서의 [인과적 효과의] 능력은 소실될 수 있지만, [후행하는 앎을] 생기게 하는 것(能生性)을 본질로 하는 다른 것(후행하는 인식을 생기게 하는 능력의 소실)은 없을 것이다.

grāhyatāśaktihāniḥ syān na anyasya jananātmanaḥ/(k.527-1)

527-2.

[답론1]

확실히 파악되는 것(파악대상)을 특징으로 하는 것에는 파악되는 것(파악대상) 이외에 다른 [인식을] 생기게 하는 것(능생성)은 [있을 수] 없다. [따라서 인식을 생기게 하는 것(능생성)으로서의 인과적 효과의 능력은 잔존하지만, 파악되는 것(파악대상)으로서의 인과적 효과의 능력이 소실된다고 하는 것은 있을 수 없다.]

grāhyatāyā na khalv anyaj jananaṃ grāhyalakṣaṇe//(k.527-2)

案

다시 말하면 "앎에는 [인식을] 생기게 하는 것(能生)으로서의 힘과 인식대상(所取)으로서의 힘, 두 개의 힘이 있으며 그 가운데 인식대상으로서의 힘은 계시적으로 소실되어 가지만, [인식을] 생기게 하는 힘만은 남는다. 따라서 앎은 다른 대상으로 이행한다"(T하. 207)는 반론이다. 하지만 파악되는 것(파악대상)을 특징으로 하는 것에는 파악되는 것(파악대상)을 특징으로 하는 다른 앎을 생기게 하는 것(능생성)은 있을 수 없다. 따라서 인식을 생기게 하는 것으로서의 인과적 효과의 능력은 소실되지만, 파악대상으로서의 인과적 효과의 능력이 소실된다고 하는 것은 있을 수 없다.

528.

[답론2]

실로 색깔 있는 모양 등은 [파악되는 것(파악대상) 이외에] 다른 양상으로 인식[의 생성]을 직접적으로 보조하지는 않는다. 그것(색깔 있는 모양 등)이 파악대상으로서의 특징(장소 등이 벗어나 있지 않은 것, 즉 색깔 있는 모양 등이 인식을 직접적으로 생기게 하는 능력을 갖는 것) 이외에 다른 무엇이 '[색깔 있는 모양 등이] 그것(파악대상)인 것'을 한정할 수 있을까?

sākṣān na hy anyathā buddhe rūpādir upakārakaḥ/

grāhyatālakṣaṇād anyas tadbhāvaniyamo asya kaḥ//(k.528)

529.

[답론3]

앎에도 그것(후행하는 앎을 직접적으로 생기게 하는 힘)이 존재하기 때문에, 그것(인식)도 그것(파악되는 것)이라고 확립된다. [그러나] 앎(cetas)의 '파악되는 것으로서의 특성'은 [색깔 있는 모양과는 달리 후속하는 앎인] 파악하는 것(파악주관)의 질료인이자 앎[이라는 특성을 갖는다는 것]이다.

buddher api tad asti iti sā api tattve vyavasthitā/
grāhyupādānasaṃvittī cetaso grāhyalakṣaṇam//(k.529)

案

위의 송에 대해 도사키는 다음과 같이 주석한다. "앎도 후속하는 앎을 생기게 하기 때문에 색깔 있는 모양[色] 등의 경우와 마찬가지로 파악대상[소취]이라고 말해야만 한다. 앎도 색깔 있는 모양[色]도 그 파악의 대상성[소취성]은 생성의 주체성[능생성]에 다름 아니다. 그 점에서 양자의 파악의 대상성[소취성]에는 차이는 없다. 그 둘 모두 생성의 주체성이 곧 파악의 대상성[능생성즉소취성]이다. 그러나 그 생성의 주체성[능생성]에 대해서는 양자에 차이가 있다. 즉, 색깔 있는 모양[色] 등의 경우는 앎을 조력하는 것(upakāraka)으로서 생성의 주체[능생]이며 앎의 경우는 후속하는 앎(=능취)의 질료인(upādāna)으로서의 생성의 주체[능생]인 것이다. 따라서 전자의 경우는 조력의 주체성이 곧 파악의 대상성[능조성즉소취성]임에 대해서, 후자는 조력의 질료인성이 곧 파악의 대상성[질료인성즉소취성]인 것이다. 또한 색깔 있는 모양[色] 등은 앎은 아니지만 앎은 앎이라는 점도 서로 다르다. 그들의 차이를 구체적으로 말하면 색깔 있는 모양[色] 등이 앎을 조력하는 경우 색깔 있는 모양 등이 가까이에 있든가 미세하지 않든가 눈 등의 활동이 있는 등의 것이 필요조건이다. 그러나 앎이 후속하는 앎의 질료인으로서 작동할 때는 어떠한 필요조건도 없다고 하는 차이는 있다."(T하. 209~210)

530.

[반론]

만약 미세하다든지 은폐되었다든지 혹은 가까이에 있는 색깔 있는 모양 등은 파악대상이 아니며 또한 질료인이 아닌 앎(타인의 앎)은 파악대상이 아니라고 한다면, 요가수행자들이 그것들을 파악하는 것은 어떻게 해서 가능한 것인가?

[답론]

색깔 있는 모양 등이나 앎의 파악대상의 특징에 관한 이와 같은 고찰은, 청정하지 않은 앎을 가진 자[衆生]에 관한 것이다. 요가수행자의 인식은 고찰하기 어렵다.

rūpādeś cetasaś ca evam aviśuddhadhiyaṃ prati/
grāhyalakṣaṇacintā iyam acintyā yogināṃ gatiḥ//(k.530)

案

'색깔 있는 모양 등이나 앎의 파악대상의 특징'은 비실재이다. 왜냐하면 색깔 있는 모양 등은 본래 공한 것이지만 사유 분별에 의해 증익된 것이며, 부정(不淨)이나 골쇄(骨鎖), 그리고 지편(地遍) 등의 앎의 파악대상의 특징도 본래 공한 것으로 비실재이다. 하지만 이러한 앎도 무의미한 것은 아니다. 왜냐하면 일상의 언어공동체인 중생의 세계에서는 유의미한 것들이기 때문이다. 하지만 비실재에 대한 허망한 앎임에 틀림없다. 반면 요가수행자의 앎에서 파악대상의 특징은 원성실성, 진여일 뿐이다. 이 앎이야말로 진실한 여실한 앎이다.

531.

[반론]

파악대상으로서의 힘은 소실되지만 생성의 주체로서의 힘은 소실되지 않는다.

[답론]

그 중에서 파악되는 것(所取, 파악대상)인 색깔 있는 모양 등은 미세한 존재 등이 됨으로 인해 파악되지 않을 수도 있지만, 앎에 관해서는 이전에 존재하지 않았던 것이 어떻게 이후에 생길 수 있을까?

tatra sūkṣmādibhāvena grāhyam agrāhyatāṃ vrajet/

rūpādi buddheḥ kiṃ jātaṃ paścād yat prāṅ na vidyate//(k.531)

案

파악대상에는 색깔 있는 모양 등의 외계의 존재일 수도 있고, 또한 심상속 내의 앎일 수도 있다. 그런데 우선 파악대상으로서의 색깔 있는 모양 등의 외계 존재는 미세하든지, 혹은 은폐되어 있다든지 아니면 멀리 떨어져 있다든지 하여 파악대상이 아닐 수도 있다. 즉, 색깔 있는 모양 등의 외계대상은 파악대상으로서의 힘이 소실될 수도 있다. 하지만 다음으로 파악대상으로서의 앎의 경우에는 미세하다든지, 혹은 은폐되어 있다든지 아니면 멀리 떨어져 있다든지 하는 제약은 없기 때문에 언제나 파악대상이 되는 것이다. 요컨대 앎은 파악대상으로서의 힘은 결코 소실될 수가 없다.

결론

532.

[결론]

따라서 [다른 앎에 의해서] 자기의 앎을 파악한다고 할 때, '직전의 원인인 것' 바로 그것이 앎의 파악대상이다. 그러므로 [앎은] 다른 대상으로 이행할 수가 없다.

sati svadhīgrahe tasmāt yā eva anantarahetutā/
cetaso grāhyatā sā eva tato na arthāntare gatiḥ//(k.532)

案

다르마키르티는 앎은 다른 앎에 의해서 인식되는 것이 아니라 자기 자신에 의해서 인식된다는 것을 강조한다. "인식자의 자기 마음속의 사상(事象)으로서 선행하는 앎이 후행하는 앎에 의해서 인식된다고 허용하는 경우, 그 선행하는 앎의 인식대상은 그것이 후행하는 앎에 대해서 '직전의 원인인 것' 이외의 어떠한 것도 아닌 것이다. 요컨대 능생성즉소취성이다. 그런데 앎이 그 능생성을 갖는 한, 소취성을 소실하지 않는다. 이와 같이 앎은 자기의 소취성을 소실하지 않기 때문에 다른 대상이 인식되는 사태는 있을 수 없다. 그러나 사실은 앎은 다른 대상으로 이행한다. 따라서 앎이 다른 앎에 의해서 인식된다는 견해는 허용되지 않는

다."(T하.211~212)

533-1.

[반론]

무릇 존재는 다수의 힘을 갖추고 있을 때 다수의 결과를 초래하며 하나의 힘을 갖추고 있을 때 하나의 결과를 초래한다. 그런 까닭에 앎(그것은 '인식된다는 결과'와 '인식주관의 앎의 생성이라는 결과'를 갖는다)에는 '파악대상으로서의 능력'과 '다음 인식을 생기게 하는 것으로서의 능력'이 상호간에 별개의 것으로서 존재한다. 그런 까닭에 '파악대상으로서의 능력'이 소실되어도 '다음 인식을 생기게 하는 것으로서의 능력'은 잔존한다.

[답론]

비록 존재가 다수의 힘 혹은 하나의 힘을 갖지 않는다고 하더라도, 실로 본성에 의해서 다수의 결과 혹은 하나의 결과를 낳는다고 [이미] 기술되었다.

nānaikaśaktyabhāve api bhāvo nānaikakāryakṛt/
prakṛtyā eva iti gaditaṃ(k.533-1)

案

다르마키르티는 『프라마나바르티카』 제1장 추리론에서 다음과 같이 논한다. "어떤 여러 (존재)는 (상호간에) 다르다고 해도, 동일한 판단(재인식)이나 대상인식 등의 동일한 목적을 성취한다고 본성적으로 정해진다. 가령 감관 등(이 하나의 색깔 있는 모양에 대한 지각을 낳게 하는 것)

과 같이(73송). 가령 감관, 대상, 빛, 주의집중이 하나의 색깔 있는 모양의 지각을 낳게 하는 것과 같이. 이와 같이 (상호간에) 상위하는 싱샤빠나무 등도 상호간에 공통하지 않지만(목성이라는 공상을 가지지 않지만), (나무라는) 하나의 형상을 가진 하나의 재인식을 본성적으로 생기게 한다. 혹은 인연에 의해서는 목재에 의해서 성취되는 다른 인과적 효과성—연소, 집 등—을 낳게 한다. 혹은 어떤 종류의 약초는 각각 (상호간에) 다르다고 해도 하나가 되어 혹은 하나하나가 열병 등을 치료하지만 다른 것은 (치료하지) 못한다는 것이 경험적으로 알려진다(74송)."(T하.212~213)

533-2.

[반론]

만약 '다수[의 결과]가 하나[의 원인]에서 생기지 않을 것이다'라고 한다면?

nānaikasmān na ced bhavet//(k.533-2)

534-1.

[답론]

[결과가] 하나[이든, 다수이든] 하나[의 원인]에서는 결코 생기지 않는다. [결과는] 모든 원인 총체에서 생긴다.

na kiñcid ekam ekasmāt sāmagryāḥ sarvasambhavaḥ/(k.534-1)

案

대론자에 의하면 하나의 현실적 존재를 원인으로 다수의 결과가 생기는 것이 아니라 다수의 결과는 다수의 원인에서 생긴다. 이에 대해 다르마키르티는 결과가 다수이든 아니면 하나이든 간에 하나의 원인에서 생기는 것이 아니라 모든 원인 총체에서 생긴다고 답론한다.

534-2.

[반론]

왜 그렇다면 다르마키르티 당신 자신은 "하나가 다수의 결과를 초래한다"라고 기술한 것인가?

[답론]

하나가 존재한다고 해도 두 개의 원인 총체에 속하기 때문에, '그것(하나의 원인)은 다수[의 결과]를 낳는다'라고 말해졌던 것이다.

ekaṃ syād api sāmagrayor ity uktaṃ tad anekakṛt//(k.534-2)

案

위의 송은 왜 "하나가 다수의 결과를 초래한다"라고 기술한 것인가에 대한 다르마키르티의 답론이다. 도사키는 보다 자세한 설명을 부가한다. "앞서 '하나가 다수의 결과를 초래한다'라고 말하였지만 그것은 결코 '모든 결과는 원인의 집합으로 생긴다'라는 것과 모순하지 않는다. 즉, '하나가 다수의 결과를 초래한다'라고 한 것은 하나(X)가 어떤 원인의 집합(갑, 을, 병…의 집합)에 속하고 다른 원인(갑, 을, 병…)과 함께 어떤 결과를 낳게 하고, 또한 그것(X)이 다른 원인의 집합(A, B, C…)에 속하고 다른 원인(A, B, C…)과 함께 다른 결과를 낳게 한다는 의미이다. 가령, 색은 자신의 질료인(upādāna)이 되며 맛 등인 공동인(sahakārin)

과 하나의 원인의 집합을 형성하고 동류의 색을 생기게 하며, 또한 눈 등과 함께 스스로 공동인이 되어, 식(等無間緣)인 질료인과 하나의 원인의 집합을 형성하여 색에 대한 인식을 낳게 한다. 그 의미에서 '색은 다수의 결과(동류의 색, 색에 대한 인식)를 초래한다'라고 말할 수 있는 것이다."(T하.211)

535-1, 535-2, 536-1.

[반론]

만약 후속하는 앎(dhi)이 대상과 선행하는 앎(vijnana)을 파악하기 때문[에 다른 대상으로의 이행이 있을 수 있을 것]이라고 한다면?

artharṃ pūrvañ ca vijñānaṃ gṛhṇīyād yadi dhīḥ parā/(k.535-1)

[답론1]

[a 등의 자음에 대해] 고찰 등을 할 때, 이전의 대상과 이후의 대상이 [하나의 앎에 동시에] 현현하기 때문에, 하나의 앎에 두 개의 낱말(자음)이 언제나 비계시적(동시적)으로 [현현하게] 될 것이다. [그러나] 실제로는 계시적으로 [현현하는 것이] 경험된다.

pūrvāparārthabhāsitvāc cintādāv ekacetasi//(k.535-2)

abhilāpadvayaṃ nityaṃ syād dṛṣṭakramam akramam/(k.536-1)

536-2.

[답론2]

또한 하나임에도 불구하고 두 번씩이나 현현하게 될 것이다. 왜냐하면 '자기[의 인식]'와 '그것 (자기의 인식)의 인식'에 현현하기 때문이다.

dvir dvir ekañ ca bhāseta bhāsanād ātmatadvidoḥ//(k.536-2)

案

위의 송에 대해 도사키는 다음과 같이 설명한다. "다음 찰나의 앎[X^2]은 전 찰나의 앎(X^1, 대상[x]을 파악하는 앎)과 다른 대상[y]을 파악한다면 다음 찰나의 앎[X^2]에는 대상(x)과 대상(y)이 동시에 현현하게 된다. 왜냐하면 앎(X^1)에는 대상(x)이 이행하기 때문에 앎(X^1)이 앎(X^2)에 의해서 파악될 때 대상(x)도 현현하는 것이다. 따라서 가령 a자음(字音, x)을 사려하고 직후에 i자음(y)를 사려할 때 대론자의 견해에 의하면 i자음의 사려(X^2)는 'i자음'과 'a자음의 사려(X^1)'를 인식하는 것이 되기 때문에 위에서 기술한 논법에 의해서 i자음의 사려(X^2)에 a자음과 i자음이 동시에 현현하게 된다. 이것은 우리들의 경험적 사실에 반한다. 대상(x)은 앎(X^1)과 앎(X^2)에 현현할 것이기 때문에 두 번 현현하는 것이 된다. 이것은 불합리하다. 따라서 후속하는 앎이 대상과 대상과 선행하는 앎의 양쪽을 파악한다고는 말할 수 없을 것이다."(T하.217)

537.

[반론]

앎이 후속하는 앎에 의해서 파악된다고 인정해도 앎의 다른 대상에로의 이행과 모순하지 않는다는 것을 기술했기 때문에 다음과 같이 말할지도 모른다. 즉, 대상의 앎이 생기고, 이어서 그것에 대한 앎이 생길 때 대상의 지각은 완성된다. 그런 까닭에 나아가 그 뒤의 앎은 다른 대상을 파악한다. 이와 같이 하여 다른 대상에로의 앎의 이행은 존재한다.

[답론]

다른 대상으로 [최종의 앎이] 이행할 때, 만약 최종[의 앎]이 [인식주관 자신에 의해] 직접적으로 경험(파악)되지 않는다면, [대상과 대상인식은] 전혀 직접적으로 파악되지 않게 될 것이다. 가령 타인에 의한 직접적 경험[된 대상이나 타인의 그 대상인식]과 같이.

viṣayāntarasañcāre yady antyaṃ na anubhūyate/
parānubhūtavat sarvān anubhūtiḥ prasajyate//(k.537)

案

이 송에 대해 샨타라크시타는 다음과 같이 주석한다. "'또한 만약 최종의 하나의 앎은 직접적으로 경험되지 않고, 또한 기억되지 않는다고 한다면 무슨 오류가 있는가?'라고 한다면 그것에 대해 다음과 같이 답한다. '다른 대상으로 이행할 때 최종[의 (앎)]은 자신에 의해서도 또한 타자에 의해서도 성취되지 않는다고 한다면, 그것(최종의 앎)이 성취되지 않을 때, 그 어떠한 것도 성취되지 않을 것이다. 그리고 그런 까닭에 세간 사람들은 모두 맹인인 것이 된다.(『타트바상그라하』). 그러나 최종[의 (앎)]이 자신에 의해서 성취된다면, 다른 것(선행하는 앎)에도 그것(자신에 의해서 성취되는 것)은 반드시 그러하다. 왜냐하면 앎이라는 측면에서는 다르지 않기 때문이다. 그렇지 않으면 그것들은 앎이 아닐 것이다. 병 등과 같이.'(『타트바상그라하』) (대론자는 앎의) 자기인식을 승인하지 않기 때문에 (최종의 앎은) 자기 자신에 의해서 성취되지 않는다. 또한 다른 것(앎)에 의해서도 성취되지 않는다. 왜냐하면 무한소급의 오류를 범하기 때문이다. (이와 같이) 최종의 그것이 성취되지 않을 때 선행하는 (앎)도 성취되지 않는다. 왜냐하면 (그것들을) 인식하는 (앎)이 지각되지 않기 때문이다. 그리고 그런 까닭에 대상도 성취되지 않는다. 따라서 어떠한 것에서도 아무것도 인식되지 않는다. 그러므로 세간 사람들은 모두 맹인이 될 것이다. 만약 위에서 기술한 오류를 두려워하여 (그것을 피하기 위해서) 최종의 앎은 자기인식에 의해서 실로 스스로 성취한다고 승인한다면 바로 마찬가지로 모든 것이 인식인 것에 상위는 없기 때문에 자기인식된다는 것이다. 논증식은 다음과 같다.

주장명제: 앎은 자기를 인식하는 것이므로, 타자의 활동을 필요로 하지 않는다.

이유명제: 앎은 인식이기 때문이다.

유례명제: 최종의 앎과 같이. 논의의 주제인 앎도 인식이다.

이것은 본질로서의 추론인이다. 실로 그렇지 않고 실로 자기에 의해서 성취되지 않는 것은 병 등과 같이, 물질적인 것이 되기 때문에 인식이라는 것을 상실한다. 이것은 논파의 인식수단이다."(T하. 218~219)

538.

[반론]

만약 [인식주관] 자신에 의해 직접적으로 경험되는 것이 '지각되는 것'이며, 타인에 의해서 직접적으로 경험되는 것은 [지각되는 것이] 아니라고 한다면?

ātmānubhūtaṃ pratyakṣaṃ na anubhūtaṃ parair yadi/

[답론]

[그러나] 그와 같이 말해지는 '자기 자신의 직접적 경험'은 무엇에 의해서 확립되는 것인가?

ātmānubhūtiḥ sā siddhā kuto yena evam ucyate//(k.538)

539.

[반론]

눈 등은 인식되지 않지만 그러나 눈 등에 의해서 색깔 있는 모양 등은 인식된다고 말해진다. 마찬가지로 앎도 인식되지 않아도 앎에 의해서 대상은 인식된다고 말할 수 있을 것이다.

[답론]

현현의 원인(눈 등)은 확립되지 않을 것이다. [그러나] '[대상은] 현현(인식, 앎)에 의해서 드러난다'고 인정할 때, [현현이 확립되지 않은 것은 이치에 맞는 것이] 아니다. 만약 '현현'이 확립되지 않음에도 불구하고 [대상이] 현현한다고 한다면, 이 세계는 [모두] 현현하게 될 것이다.

vyaktihetvaprasiddhiḥ syān na vyakter vyaktam icchataḥ/
vyaktyasiddhāv api vyaktaṃ yadi vyaktam idaṃ jagat//(k.539)

案

도사키는 이 마지막 송에 대해서 다음과 같이 주석한다. "대상을 인식할 때 대상이 현현한다. 그때 인식(=현현, 영납, 지)의 원인인 눈 등은 현현하지 않는다. 그러나 '현현'은 실로 그 시점에 확립—인식, 자각—되어야만 한다. '현현'이 확립되지 않고서는 대상이 현현할 수가 없다. 만약 '현현'이 확립되지 않아도 대상은 현현한다고 한다면 이 세계는 모두 무제한으로 현현하게 될 것이다. 따라서 지(=현현, 영납, 인득)가 인식되지 않아도 이치에 맞지 않는 것은 아니라고 하는 적자의 견해는 인정될 수 없다. 이렇게 해서 지는 인식되어야만 한다. 게다가 다른 지에 의해서 인식된다고 하는 견해는 지금까지 상세하게 논파되었던 것이다. 그러므로 지는 자신에 의해서 인식된다—자증된다—라고 인정해야만 한다. 이상에 의해서 『프라마나바르티카』의 지각론을 마친다."(T하. 221~222)

『인식론평석』 지각론 해제

1. 다르마키르티의 생애와 그 시대

A.D. 7세기, 이 시기 동아시아 문명에서는 위대한 철학자이자 종교인들이 종교적 수행을 근간으로 철학적 상상력을 펼치고 있었다. 중국에서는 삼장법사 현장(玄奘, 602~664)과 화엄학의 대가 현수 법장(法藏, 643~712), 한국에서는 원측(圓測, 613~696)과 의상(義湘, 625~702) 그리고 동아시아 불교교학의 완성자이자 선불교의 문을 연 원효(元曉, 617~686) 등이 같은 시대, 같은 공간에서 서로에게 영향을 주면서 집단적 지성의 연대가 이루어진 시대가 7세기이다.

이들과 같은 시기에 인도 문명에서는 위대한 종교인이자 철학자가 출현하는데 그가 바로 다르마키르티(Dharmakīrti)이다. 그의 생몰연대는 프라우발너(Erich Frauwallner)의 연대 산정에 따르면 600~660년이다. 정확히 현장과 동시대인이었는데, 현장에 의해 많은 인도불교철학자들이 한문문화권에 소개되었지만 다르마키르티만은 그의 저서들이 한역되지 못했다. 다르마키르티의 다르마는 법(法)이며 키르티는 칭(稱)이다. 그래서 한역이름으로는 법칭(法稱)이라 한다. 타의 추종을 불

허하는 깊은 사유와 논리적 언설로 부처님의 법을 전했다고 칭송되는, 법에 있어서는 최고라고 평가되는 인물임을 함의하는 사상가가 다르마키르티이다.

다르마키르티는 디그나가(Dignāga, 480?~540?)로부터 시작되는 불교인식논리학을 집대성한다. 그의 전기는 인도의 전적에는 전혀 남아 있지 않지만 티베트나 중국의 전적에는 남아 있다. 전자로는 부통(Bu-ston, 1290~1364)의 『불교사』와 타라나타(Tāranātha, 1575~?)의 『인도불교사』, 후자로는 현장의 『대당서역기』(大唐西域記)와 의정(義淨, 635~713)의 『남해기귀내법전』(南海寄歸內法傳)이다. 하지만 상세한 전기는 티베트의 전적에만 남아 있기 때문에 그것에 의존할 수밖에 없다. 그의 전기를 대략 언급하면 다음과 같다.

> 다르마키르티는 남인도 추다마니(Cūḍāmaṇi)령 트리말라야(Trimalaya) 지역에서 태어났다. 바라문 가정이며 그의 아버지는 파리브라자카 코르난다라 불리는 바라문의 편력자였다. 다르마키르티는 어려서 명민하였으며 청년기에 이르기까지 베다 성전을 비롯한 바라문 문헌들을 학습하여 완전히 통달하였다. 불교 강의도 자주 청강했다. 청년 시절, 그는 불교에 경도되었던 것 같다. 붓다의 교설이 진실임을 통감하여 우바새의 옷을 몸에 걸치기에 이르자 이윽고 바라문으로부터 추방당했다.
>
> 중인도의 날란다 대학에 있는 다르마팔라(Dharmapāla, 530~561)를 멀리서 찾아가 그에게 출가하여 득도하였다. 그리고 경량부 및 진언 다라니 5백 부에 정통했다고 한다. 그러나 그의 흥미를 끈 것은 논리학이었다. 거기서 많은 논리학 서적을 배웠지만 그다지 만족하지 못하고 디그나가의 제자인 이슈바라세나(Īśvarasena)로부터 『프라마나삼웃차야』

(Pramāṇasamuccaya)를 배웠다. 스승을 능가할 정도로 상달(上達)한 그는 디그나가 논리학설의 약간의 오류조차 발견할 정도였다. 이슈바라세나는 그에게 『프라마나삼웃차야』를 자유롭게 비판적으로 설명하는 주해서를 저술할 것을 권하였기 때문에 그는 스승의 허가를 얻어 『평석』을 저술했다. 그 뒤에도 저술이나 제자의 지도 혹은 포교와 대론자와의 논의에 헌신했다.

공개 석상에서의 논의는 미망사학파의 논사 쿠마릴라(Kumārīla, 650?~700?)와의 논쟁이 압권이었다. 진작 바라문의, 성스러운 티르타의 비밀스러운 가르침을 알고 싶어 했던 다르마키르티는 노예의 몸으로 위장하여 남인도로 여행을 떠났다. 쿠마릴라의 명성을 듣고서 그의 저택에서 노예가 되어 일을 하였는데 그의 근면함과 성실함으로 인해 쿠마릴라 부부는 그로 하여금 비밀스러운 가르침을 배울 것을 허락하였다. 다르마키르티는 비교(祕敎)를 훔치고 난 뒤, 쿠마릴라의 집을 떠날 것을 결심하기 직전 바라문들을 초대하여 대향연을 베풀었다. 그 자리에서 바이세시카학파의 학자인 카나다굽타를 비롯한 많은 바라문과 논쟁하였다. 3개월 뒤 그들을 모두 불교도로 개종시켰다. 이것 때문에 분노한 쿠마릴라는 500인의 바라문과 함께 다르마키르티에게 도전하였다. 쿠마릴라는 패자가 된 자는 죽여도 좋다는 조건을 내걸었다. 하지만 다르마키르티는 쿠마릴라의 죽음을 바라지 않았기 때문에 패자는 승자의 진리에 승복해야 한다는 조건을 제시했다. 쿠마릴라가 다르마키르티의 조건을 수용하고 나서 토론이 시작되었다. 그 결과 쿠마릴라는 패배하였기 때문에 그는 500인의 바라문과 함께 불교에 귀의하였다.

또한 빈디야 산속의 자이나교 학자인 라후브라틴들과 토론했다. 그 뒤에도 학원을 다시 일으켜서 혹은 한적한 숲속에서 요가 수행을 했다.

말년에는 동인도의 칼링가 지방에 승원을 건립했다고 한다. 그리고 그곳을 근거지로 하여 많은 사람들을 교화하였다. 만년에 이 승원에서 많은 제자들에게 에워싸여 다채로웠던 생애를 마감했다. 다르마키르티를 화장했을 때 장엄하고 화려한 꽃비가 하늘에서 내렸으며 7일간 온 나라가 향기와 아름다운 음악으로 가득 찼다고 전해진다.

다르마키르티의 작품이 당시 세상에서 환영을 받지 못했다고 하는 것과 관련하여 흥미 있는 에피소드가 남아 있다. 그의 반대자들이 다르마키르티의 작품(패엽)을 개의 꼬리에 매달아 거리에 풀어놓자 개는 내달리기 시작했다. 그러자 개의 꼬리에 매달린 패엽은 이러저리 휘날리기 시작했다. 이 광경을 본 다르마키르티는 "이 개가 온 거리를 내달리는 것처럼 나의 작품 또한 전 세계에 널리 유포될 것이다"라고 하였다.(권서용, 『다르마키르티와 불교인식론』)

이 전기에 의하면 그는 바라문 출신으로 어릴 때 베다성전과 바라문 성전에 정통했지만 만족하지 못하고 불교로 귀의했다는 것, 인도불교인식논리학의 정초자인 디그나가의 제자 이슈바라세나로부터 인도불교인식논리학의 고전인 디그나가의 『프라마나삼웃차야』를 배웠고 아울러 스승으로부터 그 텍스트의 평석을 쓸 것을 권유받았다는 것, 그 당대에 패엽으로 기술된 자신의 저서가 개의 꼬리에 매달려 허공에 날리는 수모를 당하는 광경을 목도하면서 열반에 들었다는 것 등이 특기할 만하다. 그의 연대는 티베트 자료보다는 한문 자료를 더 신뢰했던 오스트리아의 불교연구자인 프라우발너에 의하면 600~660년으로 비정(比定)된다. 오늘날 대부분의 인도불교 인식논리학의 연구자들은 프라우발너에 비정에 따르는 것 같다.

2. 다르마키르티의 저서

다르마키르티의 사상을 격렬하게 반대했던 당대의 지적 풍토에서 자신의 저서가 개의 꼬리에 처량하게 매달려 허공에 뿌려지는 광경을 보면서 '이 개가 온 거리를 내달리는 것처럼 나의 저서도 또한 전 세계에 널리 유포될 것'이라고 스스로 예견한, 당대에서는 제대로 된 평가를 받지 못한, 다르마키르티의 저서는 모두 7권이다. 티베트에서는 그 7권의 저서를 '7부의 프라마나론'이라 부른다. 다음과 같다.

『프라마나바르티카』(Pramāṇavārttika, 양평석量評釋, pv라 약칭)
『프라마나비니쉬차야』(Pramāṇaviniścaya, 양결택量決擇)
『니야야빈두』(Nyayabindhu, 정리일적론正理一滴論)
『헤투빈두』(Hetubindhu, 인일적론因一滴論)
『바다니야야』(Vādanyāya, 쟁논리론爭論理論)
『삼반다파리크샤』(Sambandhaparīkṣā, 결합의 고찰)
『산타나안타라싯디』(Santānāntarasiddhi, 타인의 존재증명)

이 '7부의 프라마나론' 중에서 다르마키르티의 주저는 『프라마나바르티카』이다. 이것은 디그나가의 주저인 『프라마나삼웃차야』(pramāṇasamuccaya, ps라 약칭)의 평석이기 때문에 『프라마나바르티카』라 한다. 여기서 프라마나는 양(量), 바르티카는 비평적 해석, 삼웃차야는 집성의 의미이다. 그래서 전자는 양평석(量評釋), 후자는 양집성(量集成)이라 한역된다. 앞에서도 말한 바와 같이 인도불교인식논리학은 디그나가의 『프라마나삼웃차야』에서 시작하여 다르마키르티의 『프라마나바르티카』에서 완성된다. 원조격인 디그나가의 『프라마나삼웃차야』의 구성은 다음과 같다.

1장 지각론
2장 추리론
3장 변증론
4장 유례론
5장 아포하론
6장 오류론

여기서 1, 2, 5장은 인식론과 언어철학을 개진한 부분이며 3, 4, 6장은 토론의 기술과 방법을 제시한 부분이다. 인도의 논리학은 디그나가 이전과 이후로 나누는데, 이전을 고인명(古因明)이라고 하며 이후를 신인명(新因明)이라 한다. 디그나가는 신인명의 문을 열었던 것이다. 『프라마나삼웃차야』의 평석인 다르마키르티의 『프라마나바르티카』의 구성은 다음과 같다. 이것은 모두 1,453개의 게송(시)으로 되어 있다.

1장 추리론(342)
2장 종교론(286)
3장 지각론(539)
4장 변증론(286)

제1장 추리론만은 다르마키르티 자신의 주석이 달려 있으며 342개의 게송, 제2장 종교론은 286개의 게송, 제3장 지각론은 539개의 게송,

제4장 변증론은 286개의 게송으로 구성된다. 그리고 제3장 지각론의 구성은 다음과 같다.(T.35)

I. 인식수단의 수	(PS, 94a~b	PV, k.1~122)
II. 지각의 정의	(PS, 94b	PV, k.123~190)
III. 지각의 명칭	(PS, 94b~95a	PV, k.191~193)
IV. 아비달마의 지각 정의와의 회통	(PS, 95a	PV, k.194~230)
V. 지각의 대상	(PS, 95a	PV, k.231~238)
VI. 지각의 종류	(PS, 95a~b	PV, k.239~287)
VII. 사이비지각	(PS, 95b	PV, k.288~300)
VIII. 인식결과 = 인식수단	(PS, 95b	PV, k.301~319)
IX. 인식결과 = 자기인식	(PS, 95b~96b	PV, k.320~539)

PS는 디그나가의 주저인 『프라마나삼웃차야』의 약어이며, PV는 다르마키르티의 주저인 『프라마나바르티카』의 약어이다. 대부분의 고전들과 마찬가지로 다르마키르티도 지각론에서 각 장을 나누고 있지 않다. 위의 장 구분은 다르마키르티의 지각론 연구의 세계적인 권위자인 도사키 히로마사(戸崎宏正)의 장 구분을 그대로 가져왔다. 뿐만 아니라 지각론의 번역과 역안의 내용들은 도사키 히로마사의 연구에 전적으로 의존하고 있다. 그리고 독자 여러분들께서 기억하셔야 할 것은 다르마키르티가 지각론이라는 논문을 산문이 아니라 운문(게송)으로 썼다는 사실이다. 그래서 지각론은 난해하다.

3. 프라마나란 무엇인가?

철학은 광의로는 형이상학이지만 협의로는 인식론이다. 원래 인식론이라는 말은 동아시아 문명권에서는 존재하지 않았던 것이다. 19세기말 일본의 메이지 유신의 과정에서, 서양을 배워 전근대적 일본을 근대적 일본으로 개조하기 위한 정치적 프로젝트 하에 진행된 서양문물 배우기의 일환으로 서유럽의 지적인 텍스트를 번역하는 작업의 과정에서 탄생한 말이 인식론이다. 이것은 그리스어 에피스테메(epistēmē)에서 유래한 에피스테몰로지(épistémology, 지식, 참된 앎)를 일본의 니시아마네(西周)라는 근대 계몽주의 철학자가 번역한 말이다. 한자문화권에서는 전혀 생소한 인식론이라는 개념은 인도유럽어를 근간으로 하는 유럽 문명과 인도 문명에서는 핵심이 되는 것이다. 서양의 에피스테몰로지에 해당하는 인도말은 프라마나바다(pramāṇavada)이다. 프라마나(pramāṇa)는 인도불교인식논리학의 고유개념이 아니라 인도철학 전반에서 일반적으로 널리 사용되는 주요한 철학적 개념이었던 것이다. 가령 인도의 정통 육파철학 가운데 철학적 사유를 가장 잘 표방하고 있는 니야야학파의 대표적인 경전인 『니야야수트라』의 서두에서는 논리학 연구의 대상인 16원리를 다음과 같이 기술한다.

> 인식수단(pramāṇa), 인식대상(prameya), 의심, 동기, 실례, 정설, 지분, 음미, 확정, 논의, 논쟁, 논힐, 의사적 이유, 궤변, 잘못된 논란, 패배의 근거의 진리 인식에 의해 지복의 달성이 있다.(제1편 제1장)

이 16원리에서 첫번째로 제시된 것이 대상을 인식하는 수단으로서의 프라마나(pramāṇa)이다. 두번째의 원리가 인식의 대상으로서의 프라메야(prameya)이다. 이 제1원리와 제2원리가 인식론의 두 기둥이 되는 원리라면, 나머지 14원리는 토론의 원리들이다. 니야야 논사들이 연구 대상으로 삼았던 가장 중요한 원리가 바로 인식론의 두 원리였던 것이다. 인도불교뿐만 아니라 인도철학 역시 종교적 해탈이라는 목적을 성취하기 위해서는 기본적으로 프라마나에 근거해야 한다는 것을 시사하는 것이다.

그렇다면 프라마나란 무엇인가? 우선 어원을 살펴보면 pramāṇa에서 pra는 접두어로 '~에 대하여', mā는 동사어근으로 헤아리다, 재다, aṇa는 접미어로 수단, 방법, 도구를 의미한다. 따라서 프라마나는 계측수단, 계량수단이며 철학적 의미로는 인식수단, 인식방법, 인식도구의 의미로 번역된다. 현장은 이것을 양(量)이라 한역한다. 어떠한 유기체이든 어떤 것에 대해서 헤아리지 않으면 존립할 수가 없다. 헤아림은 유기체의 수단이자 도구이다. 저 느티나무도 프라마나가 있고, 꿈틀거리며 기어가는 지렁이도 프라마나가 있으며, 개미 등의 곤충이나 사자나 호랑이와 같은 동물도 프라마나가 있다. 물론 만물의 영장인 인간에게도 프라마나는 당연히 있다. 이 프라마나에 관한 이론(vada)이 바로 에피스테몰로지에 해당한다. 한역으로 양론(量論) 혹은 양명학(量明學)이다. 다르마키르티는 우리의 삶에서 인식이 얼마나 중요한지를 다음과 같이 말한다.

모든 목적 성취는 바른 인식에 근거한다.

인간의 삶의 목적은 다양하다. 하지만 두 부류로 나누면 하나는 일상언어 차원, 즉 세속의 차원에서의 목적과 궁극적 차원에서의 목적이 있다. 전자는 보석의 빛을 지각하여 보석을 손에 넣는 것이나 항아리를 천과 구분하여 '항아리를 가져와'라는 명령을 수행하게 하는 것 등이며, 후자는 깨달은 자 붓다를 성취하는 것 등이다. 이러한 세속과 초세속의 목적 성취를 위해서는 반드시 바른 인식수단, 즉 프라마나에 근거해야 한다는 것이다. 아는 것이 지혜이며 지혜를 증득한 자가 깨달은 자이다. 여기서 종교와 철학은 이분하지 않는다. 종교와 철학은 불일불이(不一不二)의 관계이다. 요컨대 성스러운 철학과 합리적 종교는 둘이 아니다.

다르마키르티에 의하면 프라마나에는 2종이 있다. 왜 2종뿐인가? 프라마나의 대상이 2종뿐이기 때문이다. 여기서 2종의 프라마나는 지각(pratyakṣa, 직접적 인식, 現量)과 추론(anumāna, 간접적 인식, 比量)이며 2종의 대상은 자상(自相, svalakṣaṇa)과 공상(共相, sāmānyalakṣaṇa)이다. 자상에 의해 지각이 생성되고 공상에 의해 추론이 형성된다. 역으로 말하면 지각에 의해 자상을 파악하고 추론에 의해 공상을 파악한다. 왜냐하면 자상은 지각의 대상이고 공상은 추론의 대상이기 때문이다.

다르마키르티는 『프라마나바르티카』 2장 종교론에서 프라마나를 다음과 같이 정의한다.

> 프라마나란 정합적인 인식이다. 정합적이란 목적 실현으로 결정되는 것이다. 언어에 근거한 인식에도 화자의 발화 의도를 나타내는 활동이 있기 때문에 청자의 인식에 현현하는 화자가 지시하는 사상(事象)에 관해서 언어에 프라마나성이 있다. 그러나 프라마나성은 사상 그것에는 의거하지 않는다. 개념적 인식은 이미 알고 있는 것을 파악하기 때문에 프라마나라고는 인정되지 않지만 인식은 취사해야 할 사상에로의 행위에

있어서 그것이 가장 중요한 한에서 또한 인식에는 인식의 결과의 차이에 근거하여 대상 영역의 형상에 차이가 있는 한에서 프라마나이다. 왜냐하면 대상의 형상이 존재하는 경우에만 인식의 결과는 존재하기 때문이다. 인식 그것 자신은 자신에 의해서 알려지지만 인식의 참됨은 행위를 매개로 하여 알려진다. 또한 학문적 영위는 오류를 배제한다. 혹은 미지의 실재를 밝히는 것이다. 개체의 인식 뒤에 있는 보편의 인식은 프라마나가 될 수 없다. 미지의 개체에 대한 인식이 프라마나라고 의도되기 때문이다. 실재인 개체만이 탐구되는 것이기 때문이다. 세존은 그것들을 지닌 프라마나이다. 생성이라는 말은 불생인 존재의 배제를 위한 것이다. 따라서 세존이 프라마나임은 논증에 근거하여 타당하다.

요컨대,

프라마나의 정의

① 프라마나의 제1정의=프라마나는 정합적 인식=정합성(coherence)

② 프라마나의 제2정의=프라마나는 미지의 실재를 밝히는 인식=새로움(novelty)

후대의 다르마키르티안들은 '프라마나란 정합적인 인식'과 '미지의 실재를 밝히는 것'을 프라마나의 제1, 제2정의라고 간주했다. 제1정의인 '프라마나는 정합적인 인식이다'는 프라마나가 '정합성'(coherence)을 본질로 한다는 것이며, 제2정의인 '프라마나는 미지의 실재를 밝히는 것이다'는 프라마나가 '새로움'(novelty)을 본질로 한다는 것이다. 여기서 '정합성'이란 대상에 대한 인과적 효과성을 실현시키는 것이자 프라마나가 부여하는 정보가 사람의 기대에 어긋나지 않는 것이며, '새로움'이란 이미 알고 있는 정보와는 다른 새로운 정보를 사람에게 가져오는 것이다. 이렇게 인식수단이 정합성과 새로움을 충족시킬 때 프라마나라 할 수 있다.

4. 현실적 존재, 지각과 추론

지각의 대상은 자상이며, 추론의 대상은 공상이라고 하는 것을 다르게 표현하면 지각은 자상에 의해 생성되며 추론은 공상에 의해 생성된다고 할 수도 있고 또한 자상은 지각에 의해 파악되며 공상은 추론에 의해 파악된다고 할 수도 있다. 그렇다면 지각의 대상인 자상의 본질은 무엇인가? 다르마키르티는 자상을 존재로 보는 것이 아니라 생성, 즉 힘으로 인식한다. 그래서 그는 자상의 본질을 인과적 효과성(결과를 낳는 힘, 목적을 성취하게 하는 능력)이라고 하며 그것이야말로 궁극적 차원의 존재라 한다. 이것과 관련하여 『인식론평석』 지각론 3송과 논리학 개론서인 『니야야빈두』에서는 다음과 같이 중요한 언급을 한다.

> 여기서 인과적 효과성 그것은 궁극적 차원의 존재[勝義有]이며, 다른 것은 일상언어 차원의 존재[世俗有]이다. 이 둘은 [전자는] 자상(自相), [후자는] 공상(共相)이라 불린다. (『인식론평석』 지각론, k.3)
>
> 그것(자상)만이 궁극적 존재이다. 왜냐하면 현실적 존재는 인과적 효과성을 특징으로 하기 때문이다. (『니야야빈두』 14, 15)

다르마키르티는 존재를 둘로 나눈다. 하나는 일상언어 차원의 존재이며 또 하나는 궁극적 차원의 존재이다. 전자를 세속유(世俗有)라 하고 후자를 승의유(勝義有)라 한다. 일상언어 차원의 존재란 사유로 분별되고 언어로 규정된 차원의 존재를 의미한다. 한편 궁극적 차원의 존재란 사유 분별을 떠나고 언어로 규정되기 이전의 존재를 의미한다. 이 궁극적 차원의 존재는 추론의 대상인 공상이 아니라 지각의 대상인 자상이라는 것이 다르마키르티의 독창적 발상이다. 다르마키르티는 이 궁극적 차원의 존재를 바스투(vastu)라 부른다. 바스투는 한역에서는 실유(實有)라고 하지만, 그 실유의 의미는 현실적으로 혹은 실질적으로 존재한다는 의미에서 현실적 존재(actual entity)라 부를 수 있다. 따라서 궁극적인 현실적 존재는 바로 자상이다.

자상=인과적 효과성
공상=비인과적 효과성

자상=현실적 존재=vastu
공상=비현실적 존재=avastu

나아가 다르마키르티는 『니야야빈두』에서 2종의 인식수단, 즉 프라마나인 지각과 추론에 대해서 다음과 같이 정의한다.

> 지각이란 분별을 떠나 있고 착오가 없는 인식이다. 분별이란 언어와 결합 가능한 형상을 가진 인식이다. 추론은 2종이다. 하나는 자기를 위한 추론과 또 하나는 타인을 위한 추론이다. 자기를 위한 추론은 세 가지 조건(인의 삼상)을 갖춘 추론인으로부터 추론대상을 인식하는 수단이다.

간략하게 정리하면 다음과 같다.

지각 = 분별을 떠나 있고, 착오가 없는 인식
= 무분별적 인식, 비착오적 인식
= 무분별현량(無分別現量)
분별 = 언어와 결합 가능한 형상을 가진 인식
추론 = 추론인으로부터 추론대상을 분별하는 인식
= 유분별적 인식, 착오적 인식
= 유분별비량(有分別比量)

다르마키르티는 지각론 539송에서 많은 부분을 지각의 무분별성을 논증하는 데 할애하고 있다. 왜냐하면 비불교논사들은 지각의 무분별성을 인정하지 않고 이미 지각의 단계에 분별이 개입한다고 주장하기 때문이다. 하지만 직접적 인식인 지각에 사유에 의한 분별이나 언어에 의한 한정이 개입된다면, 이는 대상에 대한 직접적 인식이 아니라 간접적 인식으로 전락하게 된다. 그렇기 때문에 다르마키르티는 지각의 무분별성을 강조했던 것이다. 그에 의하면 지각에는 4종이 있다. 즉, 감관에 의한 지각, 의근에 의한 지각, 즐거움 등의 마음작용의 자기인식, 요가수행자의 지각이다. 지각의 종류를 『니야야빈두』에서는 다음과 같이 열거한다.

그것(직접지각)은 4종이다. 첫째, 감관에 의한 지각이다. 둘째, 감관에 의한 지각 자신의 대상 직후의 대상을 공동인으로 하는 등무간연인 감관지각에 의해서 생기는 의근에 의한 지각(의지각)이다. 셋째, 일체의 마음

및 마음작용(즐거움과 괴로움 등)에는 자기인식이 성립한다. 그리고 넷째, 진실한 대상을 명상수행을 통한 고도의 극한에서 생기는 요가수행자의 지각이다.

4종의 지각의 종류를 정리하면 다음과 같다.

① 감관지각
② 의근지각
③ 즐거움 등의 자기인식
④ 요가수행자의 지각

여기서 특기할 것은 우리가 보통 지각이라고 하면 감관에 의한 지각만을 생각하지만, 다르마키르티는 감관에 의한 지각뿐만 아니라 의근에 의한 지각 그리고 즐거움 등 감정작용이라고 하는 마음작용조차도 지각에 포함시킬 뿐만 아니라 요가수행자의 직관도 지각의 범주에 포함시킨다는 것이다. 지각론에 의하면 앞의 세 가지 지각은 일상언어 차원에서의 지각이며 궁극적 차원에서의 지각은 마지막 요가수행자의 지각이라고 하여 구분하지만, 하여튼 지각이라는 프라마나는 일상언어 차원에서의 목적 성취를 위한 중요한 수단이 될 뿐만 아니라 해탈이라는 종교적 목적 성취를 위한 중요한 수단이 된다는 것을 시사한다. 중생의 지각과 부처의 지각이 따로 있는 것이 아니다. 그 지각 행위의 목적이 무엇인가에 따라 일상언어 차원의 지각으로, 궁극적 차원의 지각으로 규정될 뿐이다.

또한 추론은 2종이 있다. 하나는 자기를 위한 추론이며 또 하나는 타인을 위한 추론이다. 전자를 위자비량(爲自比量)이라 하며 후자를 위타비량(爲他比量)이라 한다. 자기를 위한 추론은 입론자가 추론인(推論因)에 의거해 추론대상을 인식하는 것이며, 타자를 위한 추론은 스스로 유도한 결론을 타자에게 이해시키기 위해서 추론인을 타자에게 언어로 표현하는 것이다. 요컨대 자기를 위한 추론은 추론대상의 인식을 본질로 하며, 타인을 위한 추론은 타인을 위해 추론인을 표현하는 언어를 본질로 한다.

추론

① 자기를 위한 추론=위자비량=인식(본질)

② 타인을 위한 추론=위타비량=언어(본질)

5. 인식의 과정—외계 실재론과 유식론

다르마키르티는 인식수단의 수는 인식대상의 수에 의해 한정된다는 것과 지각의 정의와 지각의 명칭 그리고 지각의 종류 등을 차례로 논의한다. 그 과정에서 인식은 어떻게 생성되는가, 다시 말하면 인식은 어떻게 대상을 파악하는가 하는 대론자의 반론에 답론하는 형식으로 논의를 진행해 간다.

대상이 어떻게 인식되는가 혹은 인식은 대상을 어떻게 파악하는가 하는 질문에는 외계대상(존재)을 객관적 실재로 인정하는 견해와 외계대상을 마음의 현현으로 보고서 외계대상의 객관적 실재성을 부정하는 견해로 담론이 달라진다. 전자의 견해를 외계 실재론이라 하고, 후자의 견해를 유식론이라 한다. 그리고 외계 실재론은 외계대상이 실재하며 그것은 인식에 의해 직접 파악된다는 설일체유부(說一切有部)의 입장과 대상의 실재성을 인정하기는 하지만 그것이 인식에 의해 직접적으로 파악되는 것이 아니라 그것의 형상만을 파악하여 그것을 근거로 외계에 대상이 존재한다는 것을 추론하는 경량부(經量部)의 입장, 이 두 입장으로 나뉜다.

설일체유부의 입장에 의하면 인식은 동시에 존재하는 감관[根], 대상[境], 인식[識] 이 세 가지 요소가 화합하여 앎(지각)이 생기는 것이다. 전통적 용어로 표현하면 근(根)과 경(境)과 식(識)의 삼사화합(三事和合)으로 인해 앎이 생기는 것이다. 그리고 의식은 이것을 토대로 다음 찰나에 생기는 것이다.

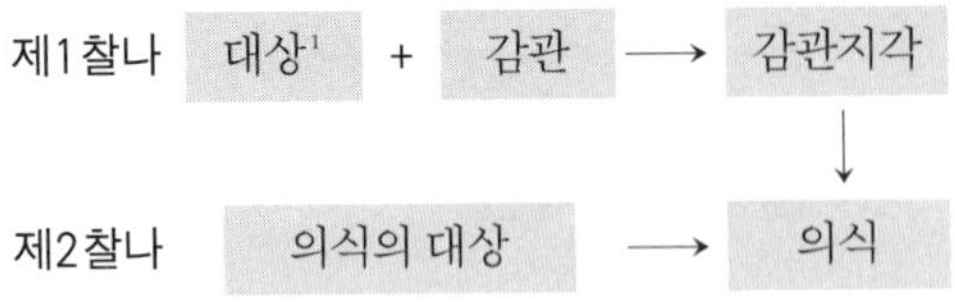

〈설일체유부의 인식 전개 과정〉

예를 들어 우리가 지금 꽃을 눈으로 본다고 했을 때 꽃은 대상, 눈은 감관, 본다는 것은 인식작용이다. 이 삼사가 화합하여 나는 꽃을 보았다는 앎이 이루어진다. 하지만 존재의 본질을 찰나멸로 인식하는 경량부에 의하면 우리가 보고 있는 꽃이라는 대상은 지금 보고 있는 그 꽃이 아니라 이전 찰나의 과거의 꽃을 보고 있다는 것이다. 예를 들면 우리가 태양을 볼 때 설일체유부에 의하면 지금 보고 있는 태양은 보는 나와 동시적으로 존재하는 태양 그것이라고 하는 반면 경량부에 의하면 그것은 적어도 8분 전의 태양을 우리는 보는 것이다. 왜냐하면 태양의 빛이 지구에 있는 나의 망막에 비치는 시간은 약 8분 정도 소요되기 때문이다. 따라서 경량부에 의하면 일체는 찰나 생멸하기 때문에 8분 전에 소멸한 그 태양을 보는 것이 아니라 그 태양이 빛을 통해 부여한 8분 전의 태양의 형상만을 보는 것에 지나지 않는 것이다. 즉, 경량부에 의하면 우리는 대상 그 자체를 그대로 인식한다는 것은 불가능하다. 그래서 그들은 근경식의 삼사화합 내지 대상(원인)과 앎(결과)의 동시적 인과(同時的 因果)에 근거한 인식론을 거부하고 전 찰나의 대상이 원인이 되어 다음 찰나의 인식이 결과가 되어 생성된다고 하는 이시적 인과(異時的 因果)에 근거한 인식론을 피력한다. 경량부의 인식 생성 과정을 제시하면 다음과 같다.

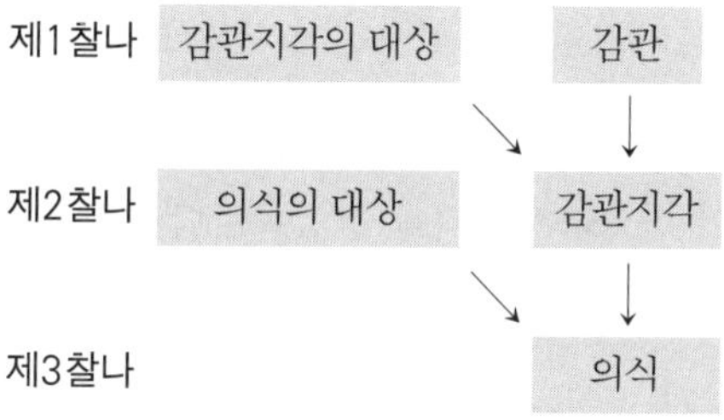

〈경량부의 인식 전개 과정〉

여기까지는 우리의 상식에 부합하는 인식이론이라 볼 수 있다. 그런데 일체는 오직 식의 현현일 뿐, 일체의 세계는 오직 마음이 만든 것에 지나지 않는다는 유식사상을 근간으로 하는 유식학파에 이르게 되면 이러한 인식론은 완전히 그 구도를 달리하게 된다. 이들에 의하면 제1찰나의 대상과 감관은 전 찰나의 앎(인식)이 되며 이것이 등무간연(等無間緣)이 되어 다음 찰나의 앎[지각]을 낳고 이것이 등무간연이 되어 다음 찰나의 앎[분별적 인식]을 생성한다는 것이다. 다음과 같다.

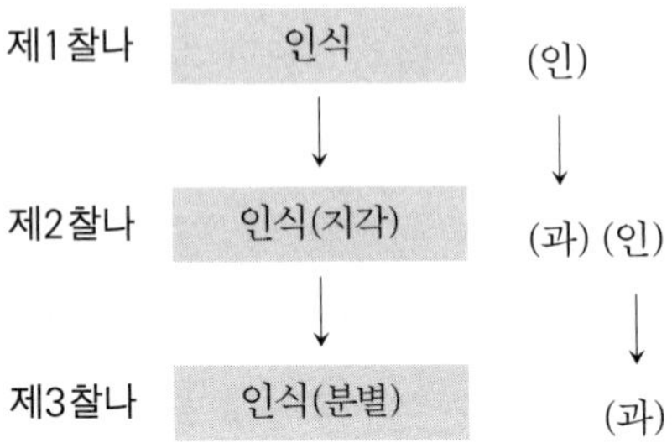

〈유식의 인식 전개 과정〉

경량부의 이시적 인과에 근거한 인식론과 유식학파 인식론의 구도는 완전히 같다. 다만 외계대상이 식 혹은 마음 안에 포섭되었다는 것만 다를 뿐이다. 다르마키르티는 일상언어 차원에서는 경량부의 인식론을 수용하면서 궁극적 차원에서는 유식학파의 인식론을 포섭한다. 그래서 티베트 논사들이 다르마키르티를 경량유식학파라고 부르는 것도 의미가 없는 것이 아니다.

그런데 대상과 인식의 동시적 인과에 근거한 인식론자인 설일체유부 논사들은 인식(지각)이 생성되는 시점에는 외계대상이 찰나멸해 버렸다면 대상의 인식은 불가능한 것은 아닌가, 그렇게 되면 대상에 대한 앎은 생길 수가 없는 것이 아닌가라고 반문한다. 다시 말하면 "앎은 어떻게 시간을 달리하는 대상을 파악하는 것인가"라는 것이다. 다르마키르티는 다음과 같이 답한다.

> '만약 시간을 달리하는 것이 어떻게 파악될 수 있는가?'라고 한다면, 이치에 통한 합리적인 인간은 실로 인식에 형상을 부여할 능력이 있는 원

인만이 파악되는 것이라고 안다.

실로 결과[인 인식]는 다수의 [최초의] 원인을 갖는다고 해도, [그 다수의 최초의 원인 가운데] 어떤 것[이 객관적 원인이 되어 그것]에 의해 생성할 때, '그것(인식)이 그것(객관적 원인인 존재)에 의해 주어진 그것의 형상을 갖는다'라든가 '그것(객관적 원인인 존재)은 그것(인식)에 의해서 파악된다'라고 말해진다.

다르마키르티는 대상이 인식의 대상이 되기 위해서는 두 가지 인과적 효과성을 지녀야 한다고 본다. 하나는 대상은 인식을 생성시키는 힘(능력, 인과적 효과성)을 가진 것이며 또 하나는 대상은 인식에 자신의 형상을 부여할 수 있는 힘(능력, 인과적 효과성)을 가진 것이다. 전자는 대상생기성이라고 하고 후자는 대상형상성(대상유사성)이라 한다. 즉,

인식대상의 조건

① 대상생기성=인식을 생기시키는 힘(능력, 인과적 효과성)

② 대상형상성=인식에 자신의 형상을 부여할 수 있는 힘(능력, 인과적 효과성)

대상이 인식을 생기게 하려면, 달리 말해 대상이 원인이 되어 결과인 인식을 낳으려면, 앎과 동시적 사태 속에 존재해서는 안 된다. 사실 동시적으로 존재하는 두 항은 인과관계를 맺는 것이 가능하지 않고 오직 이시적으로 존재하는 두 항만이 인과관계를 맺을 수가 있다. 그리고 이시적으로 존재하는 대상이 앎의 대상이 되기 위해서는 대상생기성과

대상형상성(대상유사성)을 초래하는 인과적 효과성을 갖추어야 한다.

그런데 이 인식대상이기 위한 조건은 경량부에만 적용되는 것이 아니라 유식학파에도 그대로 적용된다. 즉, 전 찰나의 마음[識]에 의해 다음 찰나의 마음[識]이 생성된다는 점에서 대상생기성의 조건을, 전 찰나의 마음에는 대상의 형상이 존재하고 그 자신 속에 있는 형상을 다음 찰나의 마음에 부여하기 때문에 대상형상성의 조건도 만족시킨다. 따라서 전 찰나의 마음은 인식대상이 되기 위한 두 가지 조건을 모두 충족시키기 때문에 인식대상의 자격을 갖는다.

6. 인식의 구조와 본질

그렇다면 대상에 의해 생성되고 대상을 파악하는 그 앎(인식)의 내재적 구조는 어떠한가? 그 앎의 구조에 대해서 디그나가는 3분설을 주장한다. 3분설이란 우리의 앎이 세 가지 측면으로 구성된다는 것이다. 즉, 앎은 대상의 측면과 주관의 측면 및 인식의 측면이다. 전통적으로는 대상의 측면을 상분(相分), 주관의 측면을 견분(見分), 자기인식의 측면을 자증분(自證分)이라 한다. 요컨대 우리의 앎은 견분과 상분 그리고 자증분으로 구성된다. 예를 들면 "나는 꽃을 본다"(I see a flower)라는 인식적 경험에서 '나'(I)는 인식주관=견분, '꽃'(flower)은 인식대상=상분, '본다'(see)는 자기인식=자증분으로 분석할 수 있다. 여기서 자증분, 즉 자기인식은 약간 어려운 개념이다. 우리가 꽃을 볼 때, 인식주관인 '나'가 인식대상인 '꽃'을 본다는 것만으로 앎이 완결되는 것이 아니라 인식대상인 '꽃'을 인식하는 인식주관인 '나'를 인식해야만 그 앎은 완결된다. 즉, 꽃을 보는 나를 보는 것, 이것이 자기인식이다. 디그나가는 대상의 측면인 상분을 대상형상[所量], 주관의 측면인 견분을 주관형상[能量], 자기인식인 자증량을 인식결과[量果]라고 한다. 정리하면 다음과 같다.

인식대상=대상형상=상분(相分)=소량(所量)

인식주관=주관형상=견분(見分)=능량(能量)

인식결과=자기인식=자증분(自證分)=양과(量果)

그렇다면 인식의 본질은 무엇인가? 경량부의 관점과 유식학파의 관점으로 나누어서 설명이 가능하다. 경량부는 인식의 결과는 '대상인식'이라 보는 반면 유식학파는 '자기인식'으로 간주한다. 외계대상의 실재성을 인정하는 경량부로서 앎의 결과는 대상을 아는 것이라 말하는 것은 자연스러운 귀결이다. 한편 외계대상의 실재성을 인정하지 않고 오직 식의 흐름, 즉 심상속(心相續)만을 인정하는 유식학파로서 앎의 결과는 대상을 아는 것이 아니라 대상에 투사된 자신의 모습을 아는 것이라는 자기인식은 자연스러운 귀결이다. 다르마키르티는 이러한 3분설조차도 다음과 같이 비판적으로 해설한다.

[궁극적 존재의 차원에서는] 인식 자체는 [하나의 획기적 전체로서 생기며, 또한 생기자마자 소멸하기 때문에] 분할할 수 없는 것이다. [다만] 전도된 견해를 가진 사람들이 [하나의 획기적 전체로서 생기며, 또한 생기자마자 소멸하는 인식 자체를] 마치 파악되는 대상과 파악하는 주관과 인식(자기인식)이 차이를 갖는 것처럼 본다.(k.353)

가령, 주문 등에 의해서 감관이 미혹된 사람들에게는 [진흙무더기 등에] 그것(코끼리)의 모습이 없음에도 불구하고, 진흙무더기 등이 [코끼리 등과 같은] 다른 모습으로 나타난다.(k.354)

왜냐하면 미혹되지 않은 눈을 가진 사람들은 그것들을 실로 그와 같이 (진흙무더기를 코끼리로 보는 것과 같이) 보지 않기 때문이다. 마치 사막에서 멀리 [떨어져] 있거나 혹은 작은 것도 크게 보이는 것처럼.(k.355)

또한 이 [인식]대상·[인식]수단·인식결과라는 확립은 [궁극적 차원에서는] 존재하지 않는다고 해도, [일상언어 차원에서는] 지각에 따른 분별에 의해 파악되는 대상·파악하는 주관·[파악을 본질로 하는] 인식[작용의 확립]이 행해진다.(k.356)

앎 자체는 하나의 획기적 전체로서 생성하는 것이며 생성하자마자 소멸하는 찰나멸하는 존재이다. 그렇기 때문에 대상형상, 주관형상을 실재하는 부분으로 갖는 것이 아니다. 다만 무시이래의 무명에 의한 미혹 때문에 두 요소가 각기 실재한다고 파악하여 외계대상이 있고 내계에 인식주관이 있고 그 인식주관이 인식대상을 인식하는 것이라 하여 서로 다른 것이 존재한다고 착오를 한다는 것이다. 하지만 궁극적 차원에서는 그러한 요소들의 객관적 차이성이란 있을 수 없다. '나는 꽃을 본다'(I see a flower)에서 실재하는 것은 '나의 지각하는 꽃'(my seeing flower)뿐이다. 결국 인식은 대상을 아는 것이 아니라 자기 자신을 아는 것, 이것이 다르마키르티의 결론이다.

참고문헌

『니야야빈두』(Nyāyabindu)
『니야야빈두티카』(Nyāyabinduṭīkā)
『아비달마구사론』(阿毘達摩俱舍論)
『중론』(中論)
『프라마나바르티카』(Pramāṇavārttika)
『프라마나바르티카바샤』(Pramāṇavārttikabhāṣya)
『프라마나비니쉬차야』(Pramāṇaviniścaya)
『프라마나삼웃차야』(Pramāṇasamuccaya)
다르마키르티 · 다르못타라, 『니야야빈두 · 니야야빈두띠까』, 박인성 옮김, 경서원, 2000.
목샤카라굽타, 『타르카바샤』; モークシャーカラグプタ, 『論理のことば』, 梶山雄一 譯, 中央公論社, 1975.

권서용, 「연기에 관하여」, 『철학논총』, 2003.
______, 「다르마끼르띠와 화이트헤드 사상의 접점」, 『인도철학』, 2007.
______, 「다르마끼르띠의 존재와 인식의 본질에 관한 고찰」, 『보조사상』, 2007.
______, 「인식의 과정-다르마끼르띠의 지각론을 중심으로」, 『동아시아불교문화』, 2009.
______, 『다르마키르티와 불교인식론』, 그린비, 2010.
______, 「다르마키르티와 화이트헤드 사상의 접점(1)」, 『화이트헤드연구』, 2010.
______, 「불교의 인식론과 서양의 인식론에 관한 비교연구」, 『동아시아불교문화』, 2012.

_____, 「대상인식과 자기인식으로서의 지각과 추리에 관한 다르마키르티의 논증」, 『인도철학』, 2012.
_____, 「의상과 화이트헤드」, 『불교학보』, 2012.
_____, 「다르마키르티와 화이트헤드 사상의 접점(3)」, 『동아시아불교문화』, 2015.
_____, 「다르마키르티의 의지각과 화이트헤드의 현시적 직접성의 양태로서의 지각에 관한 연구」, 『동아시아불교문화』, 2015.
_____, 「다르마키르티의 인과이론—외계실재론과 유식론을 중심으로」, 『인도철학』, 2017.
_____, 「유식(唯識)과 기억[念]에 관하여—『유식이십론』과 『양평석』을 중심으로」, 『동아시아불교문화』, 2017.
_____, 「화이트헤드의 파악(prehension)과 다르마키르티의 인식(pramāṇa)에 관한 비교연구」, 『인도연구』, 2017.
_____, 「다르마키르티의 기억에 관한 소고」, 『인도철학』, 52, 2018.
_____, 「앎[識]의 구조에 대한 논쟁—법칭과 원효를 중심으로」, 『한국불교학』, 89집, 2018.
_____, 「원효와 화이트헤드사상의 접점에 관한 비교연구」, 『코기토』, 2018.
_____, 「원효의 불확정[不定] 원리와 법칭의 선험적 원리에 관한 연구」, 『동아시아불교문화』, 2018.
_____, 「다르마키르티와 화이트헤드의 종교철학에 관한 고찰」, 『동아시아불교문화』, 2019.
권오민, 『유부아비달마와 경량부철학의 연구』, 경서원, 1994.
김성철, 「용수의 중관논리의 기원」, 동국대학교 박사학위 논문, 1996.
문창옥, 『화이트헤드 과정철학의 이해』, 통나무, 1999.
우제선, 「증득과 논증」, 『한국선학』 제3호, 2003.
_____, 「인식의 전환」, 『보조사상』 22집, 2004.
이지수, 「불교논리학파의 지각(현량)론」, 『불교학보』 제30집, 동국대학교 불교문화연구소, 1993.
_____, 「다르마키르티(법칭)의 관계비판」, 『불교학보』 제34집, 동국대학교 불교문화연구소, 1997.
이태승, 「『이제분별론소』의 연구」; 「『二諦分別論細疏』の硏究」, 駒澤大學博士學位論文, 1993.
전치수, 「4종의 지각에 관한 상관성 고찰」, 『한국불교학』 제15집, 1990.

_____, 「법칭의 타상속의 존재증명」, 『백련불교논집』 제1집, 1991.

가쓰라 쇼류, 「다르마키르티에 있어 '자기인식'의 논리」; 桂紹隆, 「ダルマキールティにおける'自己認識'の理論」, 『南都佛教』 第23號, 1969.

_____, 「디그나가의 아포하 이론」; 「The Apoha Theory of Dignāga」, 『印佛研』 28-1, 1979.

_____, 「다르마키르티의 인과론」; 「ダルマキールティの因果論」, 『南都佛教』 第50號, 1983.

_____, 「디그나가의 인식론과 논리학」; 「ディグナーガの認識論と論理學」, 『講座大乘佛教』, 春秋社, 1984.

_____, 『인도인의 논리학』(권서용 외 옮김, 산지니, 2009); 『インド人の論理学—問答法から帰納法へ』, 中公新書, 1998.

_____, 「다르마끼르티의 타심 존재 논증」, 세계불교석학 초청 특강, 우제선 옮김, 2004.

가쓰라 쇼류 · 이나미 마사히루 · 후나야마 토루 외, 『불교인식론과 논리학』(권서용 옮김, 운주사, 2014); 桂紹隆 · 稲見正浩 · 船山徹 外, 『認識論と論理学』, 春秋社, 2012.

가와사키 신조, 「일체지자의 존재논증」; 川崎信定, 「一切智者の存在論證」, 『講座大乘佛教』 9, 春秋社, 1984.

_____, 『일체지사상의 연구』; 『一切智思想の研究』, 春秋社, 1992.

가지야마 유이치, 「목샤카라굽타의 논리학」; 梶山雄一, 「Mokṣakaraguptaの論理學」, 『印佛研』 6-1, 1958.

_____, 「라트나카라샨티의 아포하론」; 「ラトナーカラシャーンティのapoha論」, 『印佛研』 8-1, 1960.

_____, 「후기 인도불교의 논리학」; 「後期印度佛教の論理學」, 『講座佛教思想』 第2卷, 理想社, 1974.

가토 준쇼, 『경량부의 연구』; 加藤純章, 『經量部の研究』, 春秋社, 1987.

기무라 도시히코, 「양평석 · 프라마나싯디 장의 종교론과 해탈론」; 木村俊彦, 「量評釋·プラマーナシッディ章の宗教論と解脫論」, 『印佛研』 20-1, 1971.

_____, 『다르마키르티 종교철학의 원전연구』; 『ダルマキールティ宗教哲學の原典研究』, 木耳社, 1980.

_____, 「프라마나바르티카 · 프라마나싯디 장에 대하여」; 「プラマーナヴァルッティカ·プラマーナシッディ章について」, 『東北印度學宗學會論集』 第2號, 1980.

_____, 「다르마키르티에 있어 인식과 존재의 문제」; 「ダルマキールティにおける認識と存在の問題」, 『南都佛教』 第50號, 南都佛教研究會, 1983.

_____, 『다르마키르티의 철학과 종교』(권서용 옮김, 산지니, 2011); ダルマキールティにおける哲學と宗教, 大東出版社, 1999.

기무라 세이지, 「프라즈냐카라굽타의 다르마키르티 이해」; 木村誠司, 「Prajñākaraguptaのダルマキールティ理解」, 『印佛硏』 37-1, 1988.

나마이 치쇼, 『윤회의 논증』; 生井智紹, 『輪廻の論證』, 東方出版, 1996.

니시카와 다카후미, 「다르마키르티에 있어 현량의 정의」; 西川高史, 「Dharmakīrtiにおける現量の定義」, 『曹洞宗研究員研究生研究紀要』 第16號, 1984.

다니 다다시, 「역행하는 인식론과 논리 — 다르마키르티에 있어 프라마나(인식론 및 논리적 진리 결정 기준)의 구조」; 谷貞志, 「逆行する認識論と論理 — ダルマキールティにおけるpramāṇa(認識論および論理的眞理決定基準)の構造」, 『佛教思想の諸問題』, 平川彰博士古稀記念論集, 1985.

_____, 「다르마키르티에 있어 자기차이성으로서의 SVABHAVA(순간적 존재성), 그 경계선상의 시점」; 「ダルマキールティにおける自己差異性としてのSVABHAVA(瞬間的存在性), その境界線上の視點」, 『印佛硏』 39-1, 1989.

_____, 「다르마키르티 'SVALAKSANA'(獨自相)의 문제 — 자기차이화하는 현전부재의 대상」; 「ダルマキールティ 'SVALAKSANA'(獨自相)の問題 — 自己差異化する現前不在の對象」, 『宮坂宥勝博士古稀記念論文集』, 1993.

_____, 『무상의 철학 — 다르마끼르띠와 찰나멸』(권서용 옮김, 산지니, 2008); 『無常の哲學』, 春秋社, 1996.

_____, 『찰나멸의 연구』; 『刹那滅の研究』, 春秋社, 1999.

_____, 「다르마키르티 '지각에 있어 순간적 존재성 논증'의 전개」; 「ダルマキールティ '知覺による瞬間的存在性論證'の展開」, 『インドの文化と論理』, 戸崎宏正博士古稀記念論文集, 九州大學出版會, 2000.

다케무라 마키오, 『인도불교의 역사』(도웅 · 권서용 옮김, 산지니, 2018); 竹村牧男, インド佛教の歴史, 講談社, 2004.

다케무라 쇼호, 『불교논리학의 연구 — 지식의 확실성의 논구』; 武邑尙邦, 『佛教論理學の研究 — 知識の確實性の論究』, 百華苑, 1968.

도사키 히로마사, 『불교인식론연구』 상 · 하; 『佛教認識論の研究』 上·下, 大同出版社,

1979·1985.
마쓰모토 시로, 「불교논리학파의 이제설」 상·중·하 ; 「佛教論理學派の二諦說」 上·中·下, 『南道佛教』 45~47, 1980.
______, 「스바브하바 프라티반디」 ; 「Svabhāva pratibandha」, JIBS 30-1, 1981.
______, 『티베트 불교철학 — 티베트 불교철학의 의의와 가치』(이태승·권서용 외 옮김, 불교시대사, 2008) ; 『チベット佛教哲學』, 大藏出版社, 1997.
모리야마 세이테쓰, 「후기 중관학파의 학계와 다르마키르티의 인과론」 ; 森山清徹, 「後期中觀派の學系とダルマキールティの因果論」, 『佛教大學研究紀要』 第73號, 1989.
______, 「후기 중관학파와 다르마키르티」 ; 「後期中觀派とダルマキールティ」, 『佛教大學研究紀要』 第74號, 1990.
미야사카 유쇼, 「양평석에 있어 법칭의 현량론의 일고찰」 ; 宮坂宥勝, 「量評釋に於ける法稱の現量論の一考察」, 『印佛研』 3-1, 1955.
______, 「양평석의 논리와 저작적 입장」 ; 「量評釋の論理と著作的立場」, 『印佛研』 5-2, 1957.
______, 「양평석에 있어 프라마나 싯디에 관하여」 ; 「量評釋におけるpramāṇa siddhiについて」, 『印佛研』 7-2, 1959.
______, 「pramāṇa-phala-vyavastha와 다르마키르티의 입장」; 「pramāṇa-phala-vyavasthaとダルマキールティの立場」, 『印佛研』 8-1, 1960.
______, 「다르마키르티의 인식론 소고」 ; 「ダルマキールティの認識論小考」, 『智山學報』 第11輯, 1963.
______, 「다르마키르티의 생애와 작품」 상·하 ; 「ダルマキールティの生涯と作品」 上·下, 『密教文化』 94, 1971.
______, 『인도고전론』 상·하 ; 『印度古典論』 上·下, 筑摩書房, 1984.
사이구사 미쓰요시 편, 『인식론·논리학』(심봉섭 옮김, 불교시대사, 1996) ; 三枝充悳, 『認識論·論理学』, 講座仏教思想 2, 理想社, 1975.
사쿠라베 하지메, 『구사론의 연구』 ; 櫻部建, 『俱舍論の研究』, 法藏館, 1969.
스에키 후미히코, 『근대일본과 불교』(이태승·권서용 옮김, 그린비, 2009); 末木文美士, 『近代日本と仏教』, トランスビュー, 2004.
아카마쓰 아키히코, 「다르마키르티 이후의 아포하론의 전개 — 다르못타라의 장합」 ; 赤松明彦, 「Dharmakīrti以降のApoha論の展開 —Dharmottaraの場合」, 『印佛研』 28-1,

1979.
_____,「다르마키르티의 아포하론」;「ダルマキールティのアポーハ論」,『哲學研究』540, 1980.
야이타 히데오미,「Tarkarahasya에 있어『삼반다파리크사』」; 矢板秀臣,「Tarkarahasyaにおける Sambandhaparīkṣā」,『印佛研』38-1, 1989.
_____,「Tarkarahasya 연구」;「Tarkarahasya 研究」I · II · III · VII · IX,『成田山佛教研究所紀要』, 1989~1996.
에지마 야스노리,「대승불교에 있어 시간론」; 江島惠教,「大乘佛教における時間論」,『講座佛教思想』第一卷, 1974.
_____,『중관사상의 전개 ―Bhavaviveka 연구』;『中觀思想の展開 ―Bhavaviveka 研究』, 春秋社, 1980.
오키 가즈후미,「다르마키르티의 citrādvaita 이론」; 沖和史,「ダルマキールティの citrādvaita 理論」,『印佛研』21-2, 1974.
_____,「'citrādvaita' 이론의 전개 ― 프라즈냐카라굽타의 논술」;「'citrādvaita' 理論の展開 ―Prajñākaraguptaの論述」,『東海佛教』第20輯, 1975.
_____,「무상유식과 유상유식」;「無常唯識と有相唯識」,『講座大乘佛教』8, 春秋社, 1982.
와타나베 조코,「불교논리학파와 찰나멸론의 논증」; 渡邊照宏,「佛教論理學派と利那滅論の論證」,『哲學年譜』第14號, 1953.
이나미 마사히로,「다르마키르티에 있어 인과관계의 결정」; 稲見正浩,「ダルマキールティにおける因果關係の決定」,『哲學』39, 1984.
_____,「다르마키르티의 자비 수습의 의론」;「ダルマキールティの慈悲の修習の議論」,『印佛研』35-1, 1986.
_____,「다르마키르티에 있어 불도」;「ダルマキールティにおいて佛道」,『日本佛教學會年譜』54, 1989.
_____,「다르마키르티에 의한 윤회의 논증」上;「ダルマキールティによる輪廻の論證」上,『南都佛教』56, 1992.
_____,「『프라마나바르티카』 프라마나싯디 장 연구」1;「『プラマーナ·ヴァールティカ』プラマーナシッディ章の研究」1,『廣島大學文學部紀要』51, 1992.
_____,「불교논리학파의 인과관계의 결정방법에 관하여」;「佛教論理學派の因果關係の

決定方法について」,『印佛研』47-1, 1998.
이와타 다카시,「Pratyaksa의 장의 구조에 의한 해명」1 ; 岩田孝,「Pratyaksaの場の構造による解明」1,『Philosophia』第61號, 1973.
_____,「동시인식에 관하여」;「同時認識について」,『東洋の思想を宗敎』創刊號, 1984.
_____,「불교논리학파의 현량제분별성의 증명에 있어 시간요소」;「佛敎論理學派の現量除分別性の證明における時間要素」,『佛敎における時機觀』, 平樂寺書店, 1984.
핫토리 마사키,「불교논리학파의 현량설으로 하는 일고찰」; 服部正明,「佛敎論理學派の現量說にする一考察」,『印佛研』3(2-1), 1953.
_____,「디그나가의 지식론」상·하 ;「ディグナーガの知識論」上·下,『哲學硏究』462·463號, 1959.
_____,「중기 대승불교의 인식론」;「中期大乘佛敎の認識論」,『講座佛敎思想』第2卷, 理想社, 1974.
후쿠야마 도루,「가라마시라의 직접지각에 있어 '의에 의한 인식'」; 船山徹,「カマラシーラの直接知覺における'意による認識'」,『哲學硏究』第569號, 2000.
_____,「다르마키르티의 육식구기설」;「ダルマキールティの六識倶起說」,『インドの文化と歷史』, 九州大學出版會, 2000.
히라카와 아키라,『법과 연기』;『法と緣起』, 春秋社, 1988.

듄, 존 다울링,『다르마키르티 철학의 기초』; Dunne, John Dowling, *Foundation of Dharmakīrti's Philosophy*, Wisdom Publications, 2004.
드레이퍼스, 조지,『실재 인식』; Dreyfus, Georges. B. J., *Recognising reality : Dharmakīrti's Philosophy and Its Tibetan Interpretations*, State University of New York Press, 1996.
마티랄, 비말 크리슈나,『지각』; Matilal, B. K., *Perception*, Clarendon Press Oxford, 1986.
바트, S. R.·A.메로트라,『불교인식론』(권서용 · 원철 · 유리 옮김, 예문서원, 2013) ; Bhatt, S. R. and A. Mehrotra, *Buddhist Epistemology*, Greenwood Press, 2000.
시더리츠, 마크 외,『아포하』(권서용 · 원철 · 박종식 옮김, 그린비, 2019); Siderits, Mark, Tillemans, Tom, Chakrabarti, Arindam, *Apoha*, Columbia University Press, 2011.
제임스, 윌리엄,『근본적 경험론』; James, William, *Essays in Radical Empiricism*, Harvard University Press, 1977.

체르바츠키, 테어도르, 『불교논리학』 I · II(임옥균 옮김, 경서원, 1995) ; Stcherbatsky, Theodore, *Buddhist Logic*, Motilal Barnasidass, 1962.
프랑코, 엘리, 『다르마키르티에 있어 자비와 환생』; Franco, Eli, *Dharmakīrti on Compassion and Rebirth*, Universität, 1997.
화이트헤드, 앨프리드 노스, 『상징작용 — 그 의미와 효과』(정연홍 옮김, 서광사, 1989) ; *Symbolism*, 1927.
_____, 『과정과 실재』(오영환 옮김, 민음사, 1991) ; *Process and Reality*, 1929.
_____, 『관념의 모험』(오영환 옮김, 한길사, 1996) ; *Adventures of Ideas*, 1933.